1 주먹도끼류 각종(구석기시대)
2 양양 오산리 유적 C지구 출토 토기 각종(신석기시대)

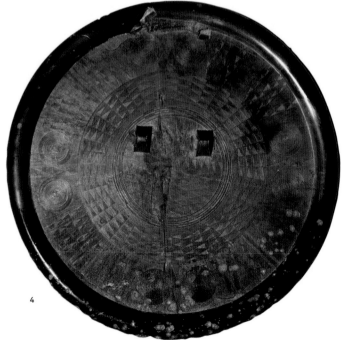

3 비파형동검과 마제석검 각종(청동기시대)
4 논산 출토 다뉴세문경(초기철기시대)

5

6

5 평양 석암리 9호분 금제 띠고리(원삼국시대)
6 인천 운북동 유적 오수전과 동촉(원삼국시대)
7 김해 양동리 200호 목곽묘 수정 목걸이(원삼국시대)
8 창원 다호리 1호묘 목관(원삼국시대)

7

8

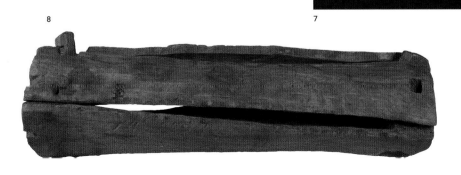

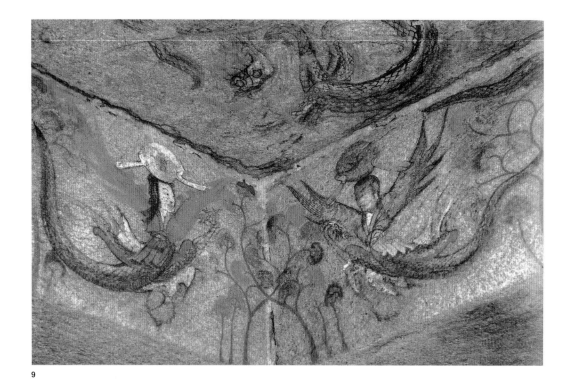

9

9 집안 오회분 4호묘 벽화의 해신과 달신(고구려)
10 서울 아차산 4보루 고구려 토기 각종(고구려)

10

11

11 익산 미륵사지 석탑 금제 사리호와 관련 유물(백제)
12 부여 능산지 금동 대향로(백제)

12

13 경주 황남대총 북분 목관부 장신구 출토 상태(신라)

14 경주 황남대총 남분 비단벌레 날개 장식 말안장 복원품(신라)
15 김해 덕산 출토 기마인물상 토기(가야)

16 경주 안압지 금동 가위(통일신라)
17 와당과 전돌(발해)

16

17

개정 신판

한국 고고학 강의

편집위원회

위원장   최병현(숭실대학교 사학과)

위원   이선복(서울대학교 고고미술사학과)

위원   권오영(서울대학교 국사학과)

위원   김무중(〈재〉중원문화재연구원)

편집지원   강병학(〈재〉한양문화재연구원), 김민경

편집보조   정명주, 오필훈

집필자

강현숙(동국대학교 고고미술사학과)   권오영(서울대학교 국사학과)

김무중(〈재〉중원문화재연구원)   김용성(〈재〉중원문화재연구원)

김장석(서울대학교 고고미술사학과)   박천수(경북대학교 고고인류학과)

서현주(한국전통문화학교 문화유적학과)   성정용(충북대학교 고고미술사학과)

성춘택(경희대학교 사학과)   송기호(서울대학교 국사학과)

송만영(숭실대학교 사학과)   이선복(서울대학교 고고미술사학과)

이재현(〈재〉신라문화유산연구원)   이청규(영남대학교 문화인류학과)

임상택(부산대학교 고고학과)   정인성(영남대학교 문화인류학과)

최병현(숭실대학교 사학과)   홍보식(공주대학교 사학과)

협조기관

강원문화재연구소, 겨레문화유산연구원, 경기도박물관, 경기문화재연구원, 경남대학교박물관, 경남발전연구원 역사문화센터, 고려문화재연구원, 공주대학교박물관, 국립가야문화재연구소, 국립문화재연구소, 국립중앙박물관, 동북아지석묘연구소, 백제문화재연구원, 서울대학교박물관, 서울역사박물관 한성백제박물관건립추진반, 세종대학교 역사학과, 숭실대학교 한국기독교박물관, 영남대학교 문화인류학과, 영남문화재연구원, 예맥문화재연구원, 우리문화재연구원, 전남문화재연구원, 중부고고학연구소, 중앙문화재연구원, 중원문화재연구원, 창원대학교박물관, 충남대학교 고고학과, 충청남도역사문화원, 충청문화재연구원, 토지박물관, 한강문화재연구원, 한국고고환경연구소, 한백문화재연구원, 한신대학교박물관, 호남문화재연구원(이상 가나다 순)

한국 고고학 강의

2007년 2월 20일 초판 1쇄 찍음   2022년 8월 10일 개정판 10쇄 발행

지은이 한국고고학회   **펴낸이** 고하영·권현준   **펴낸곳** (주)사회평론아카데미

편집 최세정·이소영·엄귀영·김혜림   **본문·표지 디자인** 김진운   **마케팅** 최민규

등록번호 2013-000247(2013년 8월 23일)   **전화** 02-326-1545   **팩스** 02-326-1626

주소 서울시 마포구 월드컵북로 6길 56   **이메일** academy@sapyoung.com

홈페이지 www.sapyoung.com

ISBN 979-11-85617-35-0 93900

ⓒ 한국고고학회, 2007·2010

개정 신판

한국 고고학 강의

한국고고학회

사회평론아카데미

일러두기

- 이 책은 한국 고고학의 각 시대와 지역별로 해당 분야 연구자들이 집필한 원고를 편집위원회가 수정·보완하여 펴냈다. 이 책의 체제와 본문의 내용, 사진과 도면 자료는 모두 편집위원회의 검토를 거쳤다.
- 이 책의 내용은 시대순으로, 원삼국시대 이후는 각 시대 안에서 지역이나 국가별로 배치하였다. 다만 삼국시대의 영산강 유역은 역사적 관계와 지리적 위치를 감안하여 백제 아래에 배치하여 독립된 항으로 다루었다.
- 한반도의 지역구분에서 신석기시대의 중서부지역은 대동강과 한강을 중심으로 하는 지역, 원삼국시대의 중서부지역은 대체로 충청도지역을 가리킨다.
- 이 책에 실린 사진과 도면은 발굴보고서나 도록, 연구논문에 실린 것을 이용한 것이 많지만 발굴기관이나 출판기관으로부터 직접 전송받은 자료도 적지 않다. 유구와 유물의 도면 및 지도는 대부분 (재)중부고고학연구소에서 다시 정사하였다.
- 하나의 도면에 실린 복수의 실측도는 동일한 축소비율로 그려진 것이 아니며, 축척이 같은 경우에는 공동 축척을 표시하였다. 특히 유물 사진의 경우는 축소비율이 일정하지 않다.
- 참고문헌은 특별한 경우의 예외 몇 개를 제외하고는 모두 국내에서 출간된 학술지나 단행본 등 공간물에 수록된 것만 채택하였다. 따라서 그 내용이 중요하더라도 해외 간행물, 학술대회 발표문 등 고고학 전공자가 아닌 독자가 찾기 어려운 간행물은 소개하지 않았다. 또, 예외를 둘 수밖에 없는 특정 주제를 제외하고는 가능한 한 신진 연구자를 포함한 여러 연구자의 연구 성과를 소개하기 위해 각 편마다 한 사람의 저작물은 2편 이내로 제한하였다.

머리말

한국고고학회는 『한국 고고학 강의』 초판이 나온 지 3년 만에 첫 번째 개정판을 내놓게 되었습니다. 초판은 머리말에서도 밝힌 바와 같이 여러 가지 문제점을 가지고 있지만, 학회는 그 출판을 강행하였습니다. 대학의 한국 고고학 개설 강의 교재나 관심 있는 국민들이 참고할 수 있는 한국 고고학 입문서의 부재 상태를 더 이상 방치해서는 안 되고, 초판의 출판이 좀 더 충실한 개설서 마련의 발판이 될 수 있을 것으로 기대했기 때문이었습니다.

그리하여 학회는 초판이 출판되자 곧 집필자와 편집위원 워크숍을 개최하여 개정판 준비를 논의하였습니다. 이 워크숍에서는, 학회 운영진의 교체와 관계없이 편집위원회를 유지하고 일관성을 위해 현재의 위원들이 개정판 출간 책임을 맡는다, 일단 초판 각 편의 집필자들이 개정 원고를 작성하여 제출한다, 개정판의 완성도를 높이기 위해 집필자들은 원고 내용의 수정 등 개정판 출간과 관련된 일체의 권한을 편집위원회에 위임한다는 것 등을 결정하였습니다.

각 편 집필자들로부터 개정 원고가 모두 제출된 것은 『한국 고고학 강의』 출판을 추진한 제20대 한국고고학회 운영진의 임기가 종료된 이후인 2008년 여름이었습니다. 편집위원회는 곧 원고의 검토와 수정작업에 착수하였습니다. 먼저 편집위원들이 시대별로 분담하여 제출된 원고를 수정·교열하거나 보완 집필하고, 전체의 조화와 통일성을 위해 위원장이 이를 취합하여 다시 수정한 다음, 편집위원 전체의 검토를 거쳤습니다. 이에 따라 원고 중에는 처음 제출된 내용과 크게 달라진 것도 있게 되었습니다. 이 책에 수록되는 사진과 도면도 같은 과정을 거쳐 선정되었습니다. 그러므로 이 개정판은 각 편 집필자와 편집위원들의 공동 저작물이라 할 수 있습니다. 초판과 달리 각 편의 집필자 명시를 생략하고 편집위원과 집필자 전체의 명단 제시로 대체한 것은 그와 같은 이유 때문이므로 여러분들의 넓은 이해가 있기를 바랍니다.

이 개정판에서는 초판에서 노정되었던 몇 가지 문제점을 보완하고자 노력하였습니다. 한국 고고학의 공간적 범위로서, 특히 선사시대의 중국 동북지방에 대한 내용을 좀 더 충실히 담고자 하였습니다. 한국 고고학의 시간적 범위로서는 고려·조선 시대까지를 포함하고자 하였습니다. 그러나 그 조사·연구 성과가 아직 앞 시대들과 같이 편재할 수 있을 만큼에는 이르지 못하여 부록으로 제시하였습니다. 발굴조사 보고서가 아직 출간되지 않은 것은 물론 이제 막 발굴조사가 끝난 것을 포함하여 최신의 유적조사 내용과 연구 성과를 포함하고자 하였습니다. 앞뒤 시대나 각 편 사이에 모순된 서술이나 같은 사실의 서로 다른 서술이 없고 가능한 한 서로 유기적으로 연결되도록 유의하였습니다. 따로 박스를 설치하여 주목되는 특정 이슈들을 다루었습니다. 널리 사용되는 우리말 용어가 있으면 적극 채택하였으나 이미 학계에서 통용되는 한자어는 그대로 사용하였으며, 외래어나 특정 국가의 한자 용어도 뜻을 통하는 데 억지 조어보다 나은 경우 이를 사용하였지만 전혀 의미가 통하지 않는 용어는 바꾸고자 하였습니다. 만족할 만큼의 성과를 냈다고 할 수는 없겠지만 이와 같은 점에 유의하였다는 것을 밝혀둡니다.

이 책의 초판 발간 추진에 필요한 경비는 (재)호남문화재연구원에서 전액 지원하여 주신 것을 밝힌 바 있습니다. 이 개정판 준비에 필요한 경비는 학회에서 지급한 초판의 도면 작성비를 배로 곱하여 다시 학회에 돌려주신 (재)한국고고환경연구소의 지원금과 초판의 3·4쇄 인세로 충당하였습니다. 윤덕향 당시 원장님과 이홍종 소장님, 그리고 두 기관의 관계자 여러분께 다시 한 번 감사의 인사를 드립니다.

개정 원고를 작성해주시고 그 수정 권한을 위임해주신 각 편 집필자 여러분께 다시 감사의 인사를 드립니다. 편집위원들은 이 개정판을 위해 많은 시간과 정력을 아끼지 않았으며, 검토회의만도 14차례나 거듭되었습니다. 알맞은 대우도 없이 오로지 연구자로서의 시대적 의무감만 되뇌며 거듭하는 위원장의 무리한 요구를 묵묵히 따라준 편집위원 여러분께 진심으로 감사드립니다.

김무중 편집위원은 원고의 검토 외에도 사진과 도면의 편집을 전담하여 최신 자료들을 수집하였으며, 이 책에 실린 도면을 (재)중부고고학연구소에서 새롭게 다

6

듣어 주셨습니다. 연구소의 관계자 여러분과 김무중 소장께 깊은 감사의 인사를 전합니다. 또 이 책을 위해 새로운 자료들을 제공해주신 여러 기관과 관계자에게도 감사합니다. 초판이 나온 뒤 얼마 경과하지 않았음에도 학회의 요구에 따라 개정판의 출판을 기꺼이 감행해 주신 사회평론 윤철호 사장과 김천희 팀장, 그리고 편집진 여러분께도 감사의 인사를 전합니다.

2008년 10월 『일곱 원로에게 듣는 한국 고고학 60년』의 출간에 이어 이 개정판을 내놓음으로써 한국고고학회 제20대 운영진의 임무를 이제 마감하게 되었습니다. 회원 여러분과 학계에 한 약속을 지켰다는 홀가분함도 있지만, 가슴 한 구석엔 제가 벌인 일들이 만용은 아니었나 하는 두려움도 있습니다.

2010년 8월 29일
제20대 한국고고학회 회장 최병현

제1판 머리말

우리 학계에 처음으로 한국 고고학 개설서가 출판되어 나온 것은 1973년 고(故) 김원용 교수의 『한국고고학개설』이었다. 이 책은 국문 한국 고고학 개설서로는 현재까지도 유일한 것으로, 1986년 제3판이 나왔고 쇄를 거듭하여 지금도 서점에서 구해볼 수는 있다. 그러나 저자가 작고한 지 벌써 10여 년이 지나 날로 늘어나는 방대한 자료와 연구 성과를 더 이상 반영할 수가 없게 되었다.

지금 대학의 학생들이나 관심을 가진 국민들이 참고할 수 있는 마땅한 한국 고고학의 개설서나 입문서가 없는 형편이다. 그런데 이제 한국 고고학의 자료와 연구 성과는 그 규모가 엄청나게 커졌고 연구자들의 전공분야도 세분되어, 한국 고고학 전반에 대해 한 사람이 집필한 개설서가 나오기를 기대하기는 어렵게 되었다. 한편으로 대학이나 각종 사회교육 기관에서는 비전공자에 의해 학계의 연구 성과와는 동떨어지거나 왜곡된 내용이 강의된다는 소문도 들린다.

이 책은 이와 같은 현실을 시급히 타개하고자 한국고고학회가 학계에서 왕성하게 활동하고 있는 각 시대별 연구자들에게 집필을 의뢰하여 꾸며 내놓게 된 것이다. 그러나 이 책에는 우리 학계가 안고 있는 여러 가지 문제점들이 그대로 드러나 있다. 처음 구상할 때는 학계의 유적조사와 연구추세를 반영하여 시간적으로는 고려·조선시대까지, 공간적으로는 중국 동북지방까지를 한국 고고학의 범위에 포함하고자 하였으나 모두 다 뜻대로 되지는 않았다. 편년이나 문화 해석의 학설 차이에 대해서는 가능한 자료의 제시로 객관성을 유지하고자 하였으나, 용어를 비롯하여 내용과 서술상의 통일을 기하기는 어려웠다.

그럼에도 불구하고 이 책을 내놓기로 한 것은 이것이 현재 우리 학계의 현실이고, 한국 고고학에 대한 잘못된 교육과 인식을 더 이상 방치할 수 없고, 또 이 책이 발판이 되어 진정한 한국 고고학 개설서가 하루 속히 만들어지기를 바라기 때문이다.

이 책의 발간 추진 과정에 필요한 비용은 (재)호남문화재연구원에서 전액 지원해주셨다. 윤덕향 원장과 연구원의 관계자들께 심심한 감사를 드린다. 학회는 편집위원회를 구성하여 이 책의 발간 추진을 전담하게 하였다. 이선복, 권오영, 김무중이 위원으로 이정은이 간사로 수고하였고, 임기 내의 추진과 완수의 상징으로 위원장은 회장이 겸하였다. 편집위원회는 이 책의 구상에서부터 전 과정을 이끌어 오면서 집단 작업의 틈새들을 메우고 체제를 다듬어 왔다. 1년 여에 걸쳐 거듭되는 회의와 밖으로는 별로 표시가 나지 않는 온갖 궂은 일들을 마다하지 않고 수고를 아끼지 않은 편집위원들, 특히 총설의 집필과 책임편집을 맡아 애써준 이선복 교수에게 감사 드린다.

무엇보다도 짧은 집필 일정과 재촉에 쫓기고, 삭제·수정·가필 등 연구자에게는 무례하기까지도 한 편집위원회의 요구를 수용해주신 집필자 여러분에게 감사드린다. 이 책에 실린 도면들을 새롭게 다듬어주신 (재)한국고고환경연구소의 연구원들께도 감사의 말씀을 드린다. 이 책을 아담하게 꾸며주신 사회평론 출판사의 윤철호 사장과 김천희 팀장께도 인사를 전한다. 이 모든 분들의 헌신적인 노력이 없었다면 이 책은 세상의 빛을 보지 못했을 것이다.

2007년 2월 5일
제20대 한국고고학회 회장 최병현

차 례

총설

I 한국 고고학의 성립과 발전

한국에서 고고학이 학문으로 인정되어 대학에 정규 전공과정이 시작된 것은 1961년의 일이다. 그 이전까지 고고학 활동은 매우 미미했으며, 사회가 어느 정도 안정되기 시작한 1960년대에 들어와 서울대학교에 관련 학과가 개설되고 국가기관과 몇몇 주요 대학 박물관이 고고학 조사를 시작하며 연구 인력이 배출되기 시작해 오늘에 이르고 있다. 한국 고고학은 일천한 학사에도 불구하고 괄목할 만한 발전을 이루었으며, 또 일천한 학사이기 때문에 극복해야 할 유산과 새로운 도전이 산적해 있기도 하다.

근대적 학문 체계로서의 고고학이 이식되기 전까지 우리나라에서 선사시대를 비롯한 과거의 유적과 유물에 대한 관심은 매우 낮아, 과거의 물증에 대한 조선의 기록은 중국이나 일본에 비해서도 놀라울 정도로 찾기 힘들다. 고고 자료가 조선시대 지식인에게 지적 호기심의 대상이 될 수 없었던 것은 우주만물의 근원에 대한 성리학 이기론의 설명을 좇아 돌도끼 같은 선사시대 유물도 얼마든지 자연적으로 만들어질 수 있다고 생각했기 때문이다. 다만 예외적인 인물로는 고증학의 영향을 받은 추사 김정희를 꼽을 수 있는데, 그는 신라진흥왕릉고(新羅眞興王陵考)를 통해 경주 일대의 신라 고분이 조산(造山)이 아니라 무덤이며 진흥왕릉이 선도산 기슭에 있음을 추정하는 등, 고고학의 씨앗이 될 수 있었던 일련의 활동을 펼쳤다. 그러나 그의 학맥은 당대에 끊어져 고고학이 자생적으로 발전할 바탕은 만들어지지 못했다.

한국의 고고학적 과거에 대한 근대적 관심은 개항 식후 조선을 찾은 서양인이 남긴 단편적 기록에서 찾을 수 있다. 예를 들어 1888년 미국 국립박물관 소속의 어느

太宗武烈王陵上有四大陵邑人以為造山也凡所
謂造山皆陵也鳳臺東西造山最多年前一山頹
圮其中空洞黝黑深可丈餘皆以石築之盖舊時王
陵非造山也此造山之為陵一證也志云眞興王
陵在西嶽里眞智王陵在永敬寺北永敬寺北者西嶽
里也太宗陵亦云在永敬寺北此永敬寺北之所以
為西嶽里也文聖憲安二王陵俱在孔雀趾孔雀趾
者亦西嶽里一名也或云西嶽里
云孔雀趾同是一地而文各少異也是故知太宗陵
上四大陵非造山即眞興眞智文聖憲安四王陵也
文聖憲安俱係太宗後不當在太宗陵上而倒葬之
法後人所忌古則不然且太宗陵距四陵雖一麓然
稍右而有間固亦無相礙也四陵之為四陵無疑也
余興州之故老數人遍覓傍近竟無他陵驗以地理
考之史志四陵與四山之數一一吻合如此憶以眞
興蒐功盛烈弓劍遺藏泯沒無傳其下三陵又何言
也

新羅眞興王陵考

그림 1 신라진흥왕릉고

연구자는 부산에서 서울까지의 여정에서 관찰한 무덤과 유물에 대한 상세한 기록을 소책자로 남겼으며, 1903년에는 황해도 봉산 일대의 지석묘에 대한 소개가 프랑스의 한 학회지에 실리기도 했다. 그러나 최초의 체계적인 고고학 조사는 1905년 대한제국 정부로부터 왕실재산 파악 의뢰를 받은 일본 동경제국대학 건축학교실 소속의 전문가가 전국 각지에서 건조물을 비롯한 문화유적 현황을 파악하는 한편, 기록에 남지 않은 역사시대와 선사시대 유적을 조사하며 이루어진 셈이다.

　　이러한 조사는 일제강점기로 넘어가며 그대로 일본인의 고고학 자료 독점으로 이어졌다. 일제 치하에서 고고학 조사는 신라나 낙랑 고분같이 화려한 유물로 세계의 주목을 끌 수 있거나 조선사의 식민사관적 해석에 유리한 자료를 제공하는 특정지역의 무덤 발굴에 집중되었다. 당시 일본 고고학 자체의 낮은 연구수준과 더불어 한국사를 타율적이며 정체적 과정이라 여긴 일본학계는 한국의 선사시대를 애매모

그림 2 김원용(좌)과 도유호(우)

호하게 다루었고 역사시대의 고고 자료는 고대 한국이 중국과 왜의 영향이 없었으면 존재할 수 없었다는 증거로서 그 의미를 부여받았을 뿐이다.

　이러한 해방 이전의 상황에서는 체계적으로 훈련된 한국인 고고학자가 등장하는 것은 기대할 수 없었다. 그럼에도 불구하고 1930년대에 도유호와 한흥수 두 사람은 각각 비엔나와 프라하 대학에 유학하여 고고학을 공부했다. 도유호는 해방 이전 귀국했으나 큰 활동을 할 수 없었고, 2차대전을 구사일생으로 넘기고 유럽에 계속 체류하던 한흥수와 더불어 남북 분단의 상황에서 북쪽을 택하게 되었다. 따라서 이들을 비롯해 관계분야 인력이 확보된 북한에서는 임시인민위원회 시절부터 조직적인 조사활동이 이루어질 수 있었지만, 인적 자원이 없던 남한에서 고고학 활동은 1960년대까지 북한에 뒤처질 수밖에 없었다.

　북한의 고고학 연구는 전쟁 이후의 어려운 상황에서도 구석기시대와 청동기시대의 존재를 밝히는 등 많은 성과를 내며, 1960년대 초 절정에 다다라 『조선원시고고학』이라는 최초의 한국 고고학 개설서가 도유호에 의해 출간되었다. 그러나 1967년 무렵 "유일사상" 체제가 성립하며 진지한 학문적 토론은 사라져버렸다. 곧이어 1970년대 초에는 고고학적 과거에 대한 규범적, 교조적 해석의 전범이 만들어져, 현재까지 고고학 연구는 그 속에서 제시된 해석을 반복하고 있다. 다만 북한의 정치적 정통성 과시와 직결된다고 할 수 있는 고조선과 단군 혹은 구석기시대나 민족 기원에 대해서는 과거의 주장을 하루아침에 뒤집고 그 연대를 끌어 올리는 수장이 반복적으로 등장하곤 해왔다. 이러한 학문연구의 한계와 남북간 교류의 제약은 고고학의 발전을 가로막는 큰 장애물이 되고 있다.

　남한에서 고고학 연구는 해방 이후 10여 년의 공백기를 거치지 않을 수 없었으나, 1960년대부터 서서히 체계적인 연구가 이루어지기 시작해 1970년대 초에는 이 책에서도 채택하고 있는 편년체계의 큰 틀이 갖추어졌다. 고고학 연구는 경제발전과 더불어 활기를 띠게 되어, 시간이 흐르며 구석기시대에서 고려, 조선 시대에 이르기까지 한국사 전 시기에 걸쳐 연구와 조사활동이 더욱더 활발히 이루어져 오늘에 이르고 있다. 그러나 유적조사 수요가 폭발적으로 증가하며 조사 지연이나 졸속 발굴 혹은 발굴 자료의 사장과도 같이 예상치 못했던 문제가 발생하고 있어, 이러한 문제를 극복하며 연구수준을 높이는 일은 21세기 한국 고고학의 숙제가 되었다.

II 한반도와 한국문화

한국 고고학 연구의 활동무대인 한반도는 서북단 신의주에서 동남단 부산까지, 또 동북단 온성에서 서남단 해남까지의 직선거리가 각각 700km와 1000km 정도에 불과하다. 그러나 장기간에 걸친 지질운동을 겪어, 한반도의 지질상은 상당히 복잡한 편이며, 복잡하고 기복이 심한 지형은 지표가 퇴적운동보다 풍화와 침식에 의해 더 큰 영향을 받았음을 말해준다. 하계망이 좁은 침식곡을 따라 발달함에 따라 충적대지도 미미하게 발달했으며, 중국에서 볼 수 있는 대규모의 황토 퇴적이나 일본에서 보는 넓은 평야나 화산 지형도 볼 수 없다. 해안을 따라서는 지형의 지역적 편차도 심해, 동해안에서는 흔히 산지 지형이 해안까지 이어지지만, 서해안 곳곳에는 조간대와 개펄이 드넓게 발달해 있다. 이러한 지형적 특징과 지질조건 때문에, 신석기시대 이래 한반도의 주민은 붉은 색조의 풍화잔류토가 두텁게 발달한 산록과 구릉지역을 주요한 생활근거지로 삼아 살아왔다.

　또한 한반도의 기후는 좁은 면적에도 불구하고 극심한 지역성을 보여준다. 예를 들어, 남해안과 동북지방은 연평균 기온과 강수량에서 각각 12℃, 800mm 이상의 차이를 보여준다. 기후의 계절적 편차도 심해, 서울의 여름과 겨울의 평균기온은 35℃ 이상의 차이가 있으며, 같은 위도에서도 지형적 요인으로 인한 기후의 국지적 변화도 매우 크다. 이러한 기후적 특징은 식생 분포에 그대로 반영되고 있다. 즉, 남

해안에는 목련과나 동백과를 중심으로 한 아열대
성 식생이 띠를 이루며 분포하지만, 개마고원 일
대에는 타이가 삼림지대가 발달했다. 이 두 식생
대 사이에는 남에서 북으로 가며 참나무, 오리나
무 등의 온대 활엽수림이 잣나무, 전나무의 침엽
수림대로 전이적으로 변화한다. 이러한 환경조건
은 그리 넓지 않은 한반도 각지에 지역성이 강한
문화가 선사시대 이래 자리 잡게끔 만든 요인이
되었다.

　　그런데 세계 어느 곳의 환경조건도 영구불변
한 것은 아니며, 한반도 또한 지구 차원에 걸친 기
후 변동에 영향을 받으며 크고 작은 환경변화를
겪어 오늘에 이른 것이다. 시간의 흐름에 따른 해
수면의 높이라든가 기온이나 강수량을 비롯한 기
후인자의 변화 및 그로부터 유발된 지형과 식생,
동물상의 변화는 주민의 생활양식에 크고 작은 영

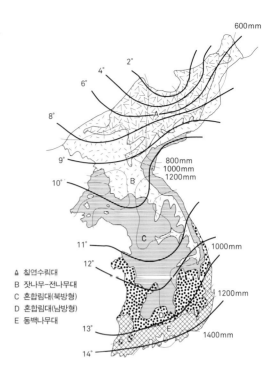

그림 3 한국의 연평균 기온, 연평균 강수량 및 식생구(이선복 1989)

향을 끼쳤다. 따라서 선사시대 이래 한반도 주민의 생활양식은 시간에 따라 변화하
지 않을 수 없었다. 변화의 속도는 적응양식과 기술에 따라 때로는 빠르기도 때로는
느리기도 했고, 그 파급범위도 때로는 보다 멀고 넓기도 또 때로는 가깝고 좁기도 했
다. 과거 주민의 삶의 양상이 오늘날 우리에게 익숙한 것이 아닐 수도 있음을 염두에
둘 때, 한국의 고고학적 과거를 보다 객관적으로 이해할 수 있을 것이다.

III 한국 고고학의 연구공간과 시대구분

시간의 흐름에 따라 변화하는 것은 자연환경만이 아니라 심지어 거주집단의 생물학
적 구성이나 언어도 바뀌기 마련이다. 즉, 하나의 동질집단이라는 자의식을 가진 역
사적 실체로서의 한민족이 형성된 것도 인류사상 상대적으로 그리 멀지 않은 과거의
일일 뿐이며, 한반도에 국한된 남북한의 영역은 긴 역사적 안목에서 볼 때 극히 최근

에 결정된 공간적 경계에 불과하다. 다시 말해, 어느 곳, 어느 시기의 민족이나 국가도 문화적으로 다양하고 이질적인 여러 집단이 장기간에 걸쳐 점차 구심점을 향해 통합되는 과정을 거쳐 역사적 실체로 만들어진 것이지, "원래부터" 하나의 독자적 실체로 존재했던 것일 수는 없다.

그렇기 때문에 한국의 고고학적 과거를 연구하는 학문으로서 한국 고고학은 시간을 거슬러 올라가며 한민족 혹은 한국문화의 연원이 된 다양한 문화적·역사적 단위의 실체 확인과 성격 규정을 중요한 연구목적의 하나로 삼게 된다. 그런 만큼, 한국 고고학은 현재의 정치적 경계를 훌쩍 벗어나 중국 동북지방을 비롯한 한반도 주변에도 많은 관심을 갖고 있다. 이것은 무엇보다도 고조선에서 삼국시대에 이르는 한국사 여명기의 여러 정치적 실체는 한반도를 벗어난 보다 넓은 지역에 걸쳐 그 활동의 흔적을 남겼기 때문에 당연한 일이다. 또한 역사기록이 남겨지기 이전, 구석기에서 신석기를 거쳐 청동기시대 초기에 이르는 긴 시간 동안 한반도와 그 주변의 여러 집단은 국가나 민족 혹은 어족을 비롯한 근대적 개념의 단위로 지칭하고 분류하기 어려운 성격이었다. 따라서 해당 시기의 연구에서는 광범위한 지역에 걸친 문화상의 비교연구가 필수적인데, 시대가 거슬러 올라가면 갈수록 보다 더 넓은 공간적 범위에 걸친 자료에 대한 이해가 필요하게 된다.

그 결과, 구석기시대의 연구에서는 좁게는 동북아시아, 넓게는 범세계적 차원에 걸친 연구 동향에 주의를 기울일 필요가 있다. 왜냐하면 어느 지역에서 발견된 구석기시대의 자료이건 그것의 성격과 의미는 기본적으로 범세계적 차원에 걸친 인류의 생물학적·문화적 진화 과정의 맥락 속에서 규정되기 때문이다. 문화의 지역성이 서서히 확립된 구석기시대 말에 있어서도, 동아시아라는 지역적 맥락 속에서의 비교연구는 필수적이다.

플라이스토세가 끝나고 후빙기가 시작되며, 북으로는 북극권의 축치(Chukchi) 반도에서 남으로는 열대의 인도차이나반도에 이르기까지, 유라시아대륙 동단의 태평양 연안에는 환경에 대한 적응양식이 현저히 다른 문화권이 형성되기 시작하며 다양한 신석기문화권이 만들어졌다. 그중에서 중국 동북지방, 시베리아 남동부와 연해주 일대를 포괄하는 한반도 주변의 동북아시아 지역은 세계적으로 토기가 가장 먼저 등장한 곳의 하나이다. 한반도에서는 아직 그렇게 이른 시기의 토기는 발견되지 않았지만, 토기의 전반적 형태와 표면장식의 특징은 한반도의 신석기시대가 동북아시아 신석기문화권역의 일부를 이루고 있음을 보여주고 있어 신석기시대의 연구에서 한반도 인접 지역에 대한 폭넓은 이해는 필수적이다.

신석기시대에 뒤이은 청동기시대가 한국사상 최초의 고대국가인 고조선의 성립과 관계된 중요한 시기임은 두말할 필요 없는 일이다. 고조선의 실체에 대한 끝없는 논란에도 불구하고, 국가 단위의 정치체가 등장한 청동기문화권의 영역은 이후의 한국사가 전개된 기본적 공간 범위를 결정한 것이나 마찬가지라고 할 수 있다. 즉, 역사 기록으로 남은 한국사상의 모든 정치적·문화적 실체는 고조선을 포괄하는 한국 청동기문화권역 내에서 존속했기 때문에, 이후 모든 시기에 대한 한국 고고학 연구는 청동기문화권역 내에서 발견되는 자료를 주요 연구 대상으로 삼고 있는 셈이다. 한반도가 청동기시대에 들어갈 무렵이면 동북아시아의 여러 문화권은 보다 세분화되었고, 한국적 특징을 잘 보여주는 청동기문화의 유물과 유적은 한반도와 중국 동북지방에 그 족적을 뚜렷이 남겨놓았다. 또 청동기시대 후기의 문화와 주민이 일본 열도로 전파하고 이주한 흔적도 뚜렷한 만큼, 청동기시대의 연구에서도 그 이전시대보다는 좁은 범위일지라도 한반도 주변 지역에 대한 이해는 반드시 필요하다. 이러한 사정은 이후 고구려와 발해로 이어지는 역사시대의 고고학적 연구에서도 계속된다고 하겠다.

이 책의 편제와 각 장절의 내용은 이러한 공간적 연구 범위를 반영하고 있다. 즉, 구석기시대 편에서는 범세계적·아시아적 차원에 걸친 설명이 들어가지 않을 수 없으며, 신석기시대 편에서는 동북아시아 전반에 걸친 신석기문화의 양상이 다루어지고 있다. 이어지는 청동기시대 이후의 시기에 대한 서술은 주변과 대비되는 한국적 특징의 문화요소가 뚜렷한 한반도와 중국 동북지방에 대한 내용을 주로 담고 있다. 이어, 각지에서 고대국가의 태동이 있던 문화적 격변기인 원삼국시대를 다룸에 있어서는 마한과 백제가 등장한 중서부지방 및 진·변한, 신라, 가야의 동남부지방과 대비한다는 의미에서 부여와 고구려가 발흥한 중국 동북지방을 북부지방으로 설정하였다.

그런데 이 책에서 제시하는 바와 같은 한국 고고학 각 시기와 그 공간적 범위의 설정은 어느 정도 자의적인 측면이 있다. 특히 청동기시대에서 삼국시대에 걸친 시기의 시대구분과 문화권역 설정과 관련, 이 시기 동안 중국 동북지방에서 한반노 남단에 걸쳐 전개된 문화상은 매우 다양하고 복잡하기 때문에, 연구자의 시각에 따라 전혀 다른 설명이 제시될 수 있다.

예를 들어, 기원전 1천년기 전반기에 요동에서 한반도 북서부에 걸친 지역은 국가 단계이거나 그 직전의 단계에 이르렀지만, 한반도 남부는 아직 국가와는 거리가 먼 사회발전 단계에 머무르고 있었다. 세계 4대문명 중 하나의 주변에 위치한 한반도는 황하문명권역의 확장과 더불어 좋건 싫건 그 영향을 받지 않을 수 없었으며, 연의 고조선 침입은 이 피할 수 없는 거대한 고대문명 세력과의 첫 충돌을 의미하는 역사적 사건이었다. 그 결과 늦어도 기원전 3세기에는 한반도 북부에 철기가 들어왔으나, 한반도 중부 이남지역에 충돌의 파급이 미쳐 철기가 보급된 것은 아마도 이로부터 100년 이상의 긴 시간이 흐른 뒤의 일이라 보인다. 그런 만큼, 사회상이 매우 단순했던 구석기시대, 신석기시대나 역사적 기록으로 그 사정을 파악할 수 있는 삼국 정립기를 제외한 그 사이의 긴 시기, 즉 청동기시대에서 삼국시대 초에 이르기까지 각지에서 있었던 복잡한 사정을 하나의 기준에 꿰맞추어 시대를 구분하고 문화권역을 단정하는 것은 결코 쉬운 일이 아니다.

그러나 아무튼 1970년대 이래 대부분의 고고학 연구자는 기원전 300년과 100년 전후 및 기원후 300년을 중요한 기점으로 삼아 청동기시대와 삼국시대 사이에 초기철기시대와 원삼국시대를 설정해 왔다. 이 안이 안고 있는 문제와 약점은 뒤의 관련 장절에서 다시 언급되겠지만 학계에 잘 알려져 있다. 아무튼 그럼에도 불구하고 이것은 한국의 고고학적 과거를 설명함에 있어 손쉬운 도구적 수단이 되어 왔고, 전면적인 대안의 제시가 나오지 않는 한 앞으로도 쉽사리 버릴 수 없는 서술의 틀로서 그 역할을 하게 될 것이다. 한국 고고학 입문서로서 본서는 연구성과의 효율적 전달을 위해 편의적으로 이러한 관행에 따른 시대구분 편제를 채택하는 바이다.

한편, 본서는 학문적 입장의 차이를 떠나 학계에서 일반적으로 널리 인정되고 있는 사항 위주로 그 내용을 꾸렸으며, 미처 검증되지 않았거나 크게 논란이 되고 있는 사항은 싣지 않았다. 그 결과, 본서의 일부 내용은 고등학교 한국사 교과서의 내용과 다를 수 있는데, 예를 들어, 교과서의 구석기시대 편은 최근 조사된 어느 유적에서 출토한 한 점의 석기 사진을 구석기시대 전기의 대표유물로 소개하고 있으며 또 중석기시대의 존재를 기정사실로 다루고 있다. 그러나 이런 내용은 학계에서 널리 인정된 사항이 아니기 때문에 싣지 않았다. 학계의 검증이 끝나지 않은 특정인의 주관적 견해나 단편적 증거가 여과 없이 교과서에 실리는 것은 교과서 저술의 폐쇄적 구조 때문인데, 만약 본서의 내용이 교과서 내용과 다른 바가 있다면 그것은 본서의 편찬에서 객관성을 유지하기 위해 보다 많은 노력을 쏟았기 때문임을 강조해두고자 한다.

IV 한국 고고학의 연구 현황

이 책의 각 시대별 내용에서 알 수 있듯, 한국 고고학에서는 대상 시대에 따라 다양한 주제가 논의되고 있다. 그럼에도 불구하고 연구 현황을 총괄해 살펴본다면, 현재 한국 고고학의 핵심 쟁점으로 꼽을 수 있는 문제는 전환기의 설명, 문화요소의 기원과 확산 및 문화영역의 설정이라고 할 수 있을 것이다. 이러한 사정은 한국 고고학은 아직 문화사 혹은 문화의 시공적 분포상의 복원에 연구의 초점이 맞추어져 있다는 뜻이 되겠다. 고고학 연구가 문화사의 확립에 국한되어 있는 것은 연구방법론이 활발히 모색되지 못했다는 사정과 깊은 관계가 있다.

전환기의 설명이 중요 쟁점이라 함은 고고학 연구에서는 구석기시대에서 신석기시대로의 이행, 신석기시대의 종식과 청동기문화의 등장, 철기문화와 고대국가의 성립이 중요한 연구과제가 되고 있다는 뜻이다.

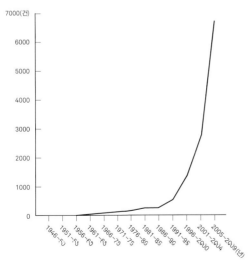
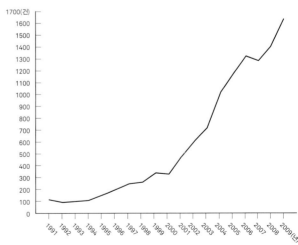

그림 4 연도별 발굴조사 허가 건수의 증가 추이

전환기의 설명은 필연적으로 문화요소의 등장과 기원에 대한 설명을 요구하고 있다. 고고학 자료는 아시아의 동단에 위치한 지리적 여건으로 새로운 문화요소가 끊이지 않고 한반도에 유입되었음을 말해주고 있기 때문에, 그러한 요소의 기원지와 등장 시기의 확인은 일찍부터 고고학 연구에서 중요한 위치를 차지해 왔다. 이에 따라 많은 개별 요소의 등장과 확산에 대한 이해가 이루어지기도 했지만, 아직 문화요소의 기원과 확산에 대한 연구에서 개별 요소를 전체 문화체계 속에서 조망하는 관점은 충분히 보급되지 않고 있다. 즉, 전환기에 대한 이해가 아직 미흡한 것은 주로 자료의 불충분함 때문이지만, 이를 극복할 수 있는 연구방법론이 더욱 적극적으로 모색되어야 한다.

이러한 문제는 궁극적으로 연구 대상 시기에 따라 문화영역은 어떻게 설정할 수 있으며 또 어떻게 변했는가 하는 문제로 귀결된다. 문화요소의 공간적 확산과 변화에 대한 체계적 파악을 위해서는 시대의 흐름에 따라 상이한 스케일의 공간적 연구 단위가 필요하다. 고고학 자료의 변화상에 대한 보다 역동적 이해는 각 시대별로 적절한 연구 공간 단위에 대한 공통적 이해와 인식을 필요로 하는 만큼, 이에 대한 적극적인 모색이 필요할 것이다.

연구방법론의 제약은 그간 유적 조사가 가시성이 큰 청동기시대의 고인돌과 역사시대의 고분과 같은 매장유적에 편중되었다는 사정과 깊은 관계가 있다. 유적 조사가 편중되며, 많은 연구자는 유적과 유물의 형식 분류와 편년이 마치 고고학의 궁극적 목적이자 유일한 방법론인 양 생각해온 경향이 있었다. 이에 더해 20세기 후반기에 급속히 진행된 도시화와 산업화로 수많은 유적이 미처 그 존재조차 알지 못한 채 멸실되어, 선사시대 이래의 사회상과 문화상 변천을 파악하기 위한 각종 이론과 방법론을 적용할 여지가 사라져버렸다는 사실도 중요한 이유이다. 그런가 하면, 대학의 관련 학과를 포함한 고고학 연구기관의 영세성으로 연구를 위한 각종 이론과 방법론 및 기법의 개발도 활발하지 못하였다.

그 결과, 발굴 그 자체와 출토 유물에 대한 개별적 연구는 비교적 활발하다고 해도, 보다 큰 시야에서의 문화현상에 대한 통시적·동시적 연구는 아직 만족할 만한 수준에 이르지 못하고 있다. 따라서 자료의 분석과 관계된 기술적 차원에서는 진전이 이루어지기도 했으니, 예를 들어 발굴 경험의 축적과 더불어 특히 측량과 사진, 도면 제작 및 보고서 출판을 비롯한 전문기술 분야에서는 괄목할 만한 발전이 있었다. 그러나 자료 해석의 이론이나 연구방법론 혹은 분석기법의 개발이나 응용에 대한 기초연구는 아직 미흡한 점이 많다.

또 모든 고고학 연구의 출발점이 되는 자료의 연대평가와 관련해, 비록 절대연대측정이 널리 이루어지고 있긴 하지만 아직도 적지 않은 연구자들이 각종 연대측정법의 기본원리나 적용상의 한계를 충분히 이해하지 못하고 있는 듯하다. 방사성탄소연대를 의뢰하기 전, 연구자는 우선 통계치로서의 탄소연대의 의미와 연대보정의 한계를 이해하고 있어야 하며, 나아가 연대측정은 알고자 하는 고고학적 사건과 시료의 상관관계를 분명히 정의한 바탕 위에서 전략적으로 이루어져야 함을 인식해야 한다. 유적 형성 과정을 이해하지 못한 채 기계적으로 채취한 시료에서 얻은 측정치는 유적이나 유물이 정화한 연대해석에 도움을 주지 않는다.

한편, 선사시대에서 역사시대로 넘어가며 고고 자료의 연대평가는 주로 유물, 특히 토기와 금속기의 형식학적 특징에 의존하고 있다. 고대국가가 등장하는 등, 복잡한 문화현상이 있던 시기의 자료에서 수십 년 정도의 시간적 단위에 민감하게 반응하는 지표를 찾아내는 것은 쉬운 일이 아니다. 이러한 어려움으로 연구자 다수가 동의하는 편년은 쉽게 나오지 않고 있으며, 그 결과 안정된 편년에 기초해 이루어져야만 하는 후속 연구가 잘 이루어지지 못하고 있다.

이러한 사정에서, 연대평가와 자료의 편년이란 기계적이며 기술적인 작업이 아니라 체계적인 연구방법론의 기초 위에서 이루어져야 한다는 인식이 확산되고 공유될 필요가 있다. 이것은 고고학 교육의 내실화와 관계되는 문제로서, 학문의 다양한 측면을 소개하는 고고학 개론과 연구방법론을 제대로 가르칠 수 있는 교육 단위가 손으로 꼽을 정도밖에 없다는 점은 고고학 발전을 제약하는 또 다른 중요한 요인이 아닐 수 없다.

편년과 같은 보다 기초적인 부문의 연구가 방법론에 대한 인식의 제약으로 크게 진전을 이루지 못하고 있는 사정에서는 과거 사회의 사회적·정치적 구성과 같은 비가시적 분야에 대한 연구가 큰 진전을 이루기는 어렵다. 예를 들어, 1990년대 이후 국가형성과 관계된 연구에서 많은 연구자가 정치적 질서관계 파악의 매개개념으로서 소위 위세품의 개념을 도입하였다. 그런데 많은 연구가 위세품의 개념을 기계적·획일적으로 적용하고 있음도 문제지만, 연구의 출발점이 되는 유물의 산지 분석은 연구 사례도 적을뿐더러 유물의 형식학적 평가 이외에는 마땅한 연구방법론을 찾지 못하고 있는 듯하다. 자료의 물리화학적 특성에 대한 분석 및 그로부터 가능한 각종 연구는 상당한 시간을 필요로 하리라 여겨진다.

유사한 문제로서, 매장 유적에서 발견되는 인골을 비롯한 각종 동식물의 유체에 대한 연구 및 지질고고학적 분석방법론의 적용은 매우 시급한 형편이다. 특히 많은 유적에서 고환경에 대한 연구 자료로는 유적을 구성하는 퇴적층밖에는 찾을 수 없기 때문에, 지질고고학적 관점과 연구방법론의 보급은 필수적이다. 나아가, 통계에 대한 이해가 충분히 자리 잡지 못하고 있음도 중요한 문제인데, 연구의 진전을 위해서는 자료의 분석과 해석에서 통계적 시각과 방법론이 일상적으로 사용되어야 한다. 이러한 몇몇 분야를 비롯, 다양한 연구방법론의 활발한 도입과 모색은 한국 고고학의 발전을 위한 전제적 필요조건이라고 하겠다.

V 한국 고고학의 전망

한국 고고학에는 모든 시대에 걸쳐 해답을 찾아야 하는 연구 과제가 쌓여 있다. 자료의 증가는 과거의 문제를 해결해주기도 했지만 새로운 문제를 던져주고 있으며, 연구를 뒷받침할 수 있는 인력과 기초연구 역량이 시급히 확대되어야 한다. 각종 이론과 방법론 및 기법의 개발과 응용은 매우 중요하며, 이를 위해서는 고고학의 교육과 연구에 필요한 인프라의 구축과 인력 양성 및 발굴과 관련된 각종 제도의 정비가 필수적이다. 그러한 준비가 뒤따르지 않는다면, 과거의 인간생활의 궤적을 총체적으로 이해하고 그로부터 인간의 본질을 알고자 하는 종합과학으로서의 고고학이라는 학문은 사라지고 오로지 발굴만이 고고학의 전부인 양 사회에 각인될지도 모른다는 걱정이 들 정도로, 21세기가 시작되며 고고학은 어려운 사회적 환경에 봉착하게 되었다. 개인의 희생과 노력이 학문을 뒷받침하던 '순수의 시대'는 이제 지나갔다. 현재의 '과도기'를 슬기롭게 넘길 때 한국 고고학의 미래는 밝을 것이며, 궁극적으로 다가올 통일에 대비할 준비도 할 수 있을 것이다.

구석기시대

I 시대 개관

구석기시대는 생물분류학에서 유인원과 구별해 사람(hominin 혹은 hominid)으로 분류되는 고인류가 처음 등장한 때부터 1만 2천 년 전 무렵 플라이스토세가 끝날 때까지에 이르는 긴 시간대에 걸친 인류문화의 원초단계를 가리킨다. 이 용어는 돌을 때려 만든 뗀석기(타제석기)를 사용하던 시대라는 기술발전 단계상의 한 개념으로 등장했으며, 20세기 중반까지 흔히 빙하시대와 동일시기라고 잘못 여겨지는 경우가 많았다. 19세기 말에는 구석기시대와 신석기시대의 중간단계로서 중석기시대가 정의되어, 인류문화는 구석기-중석기-신석기-청동기-철기시대로 진화했다는 생각이 퍼지게 되었다. 그러나 이러한 문화발전단계가 확인되는 경우는 오히려 예외적이다.

구석기시대의 연구는 20세기 후반 신생대 제4기에 대한 이해가 커지고 오스트랄로피테쿠스를 비롯한 초기 고인류 화석과 고고 자료가 본격적으로 발견되며 큰 진전이 이루어졌다. 1990년대부터는 사헬란트로푸스(*Sahelanthropus tchadensis*), 오로린(*Orrorin tugenensis*), 아르디피테쿠스(*Ardipithecus ramidus, Ardipithecus kadabba*)같이 700만 년 전 무렵(마이오세 말)에서 약 450만 년 전 무렵(플라이오세 초) 사이에 초보적 단계의 두발 걷기를 하며 살던 고인류가 발견되어, 오스트랄로피테쿠스 등장 이전 인류진화 초기 단계에 이미 다양한 고인류가 등장했고 사라졌음을 알게 되었다. 약 400만 년 전에 등장한 오스트랄로피테쿠스는 사람의 고유한 신체적 특징과 구조를 완성시켜나갔고, 여러 종이 멸멸했으나 100만 년 전 무렵 완전히 사라졌다.

최초의 사람(*Homo*)속(屬)으로 분류되는 호모 하빌리스는 플라이스토세의 시작

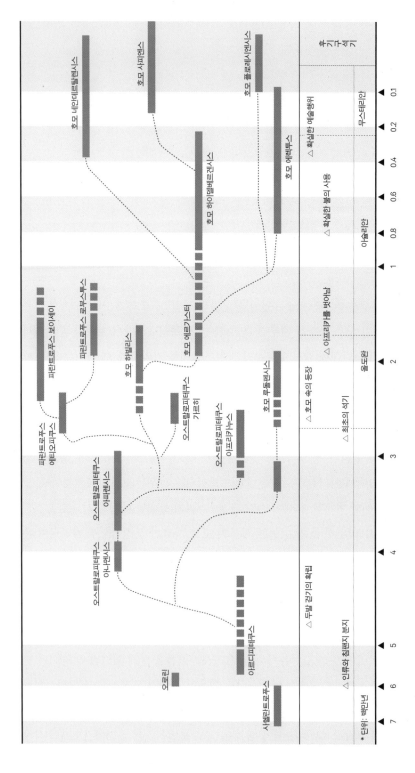

그림 5 인류 진화와 구석기시대 문화 진화(원도: Stringer and Andrews 2005; Klein 1999)

* 단위: 백만년

후기구석기

▲	▲	▲	▲	▲	▲	▲	▲	▲	▲	▲	▲
7	6	5	4	3	2	1	0.8	0.6	0.4	0.2	0.1

무스테리안

아슐리안

올도완

△ 확실한 예술행위

△ 확실한 불의 사용

△ 아프리카를 벗어남

△ 호모 속의 등장

△ 최초의 석기

△ 두발 걷기의 확립

△ 인류와 침팬지 분지

사헬란트로푸스

오로린

아르디피테쿠스

오스트랄로피테쿠스 아나멘시스

오스트랄로피테쿠스 아파렌시스

오스트랄로피테쿠스 아프리카누스

오스트랄로피테쿠스 가르히

파란트로푸스 에티오피쿠스

파란트로푸스 보이세이

파란트로푸스 로부스투스

호모 하빌리스

호모 루돌펜시스

호모 에르가스터

호모 하이델베르겐시스

호모 네안데르탈렌시스

호모 에렉투스

호모 플로레시엔시스

호모 사피엔스

과 더불어 약 250만 년 전 무렵 출현했다. 도구 사용의 흔적은 340만 년 전부터 나타나지만, 현재까지 발견된 최초의 석기는 이 무렵 만들어진 것이다. 호모 속은 현저히 커진 두뇌용량이 상징하듯 보다 발달한 지능과 도구 제작 능력을 갖게 되었다. 그 결과, 호모 에렉투스 단계에서 인류는 약 180만 년 전 아프리카를 벗어나 유라시아 각지로 퍼져나갔다. 현대인의 모종인 호모 사피엔스는 20~15만 년 전 아프리카에서 등장했다. 이후 진화를 거치며 고도의 지능과 언어, 상징행위 같은 새로운 차원의 문화를 갖게 된 현대인은 늦어도 6~5만 년 전 아프리카를 벗어나 전 세계로 급속히 퍼져나가, 이전 단계의 고인류가 가지 못한 오세아니아에는 5만 년, 뉴기니아 고산지대에는 4만 년, 아메리카 대륙에는 1만 5천 년 전 무렵 다다르게 되었다. 생존경쟁에 밀린 동아시아의 호모 에렉투스나 유럽의 호모 네안데르탈렌시스는 늦어도 3만 년 전 무렵이면 완전히 사라져, 이후 사람 속으로는 현대인만이 살아남게 되었다고 여겨진다. 그러나 이 현대인 아프리카기원설에 대해, 일각에서는 호모 사피엔스가 다양한 지역에서 동시다발적으로 다양한 고인류와 관계를 맺으며 진화했을 것이라는 다지역기원설을 꾸준히 주장하고 있다.

2003년 인도네시아 플로레스 섬에서는 다 자란 성인의 키가 105cm에 불과한 인류화석이 발견되었다. 발견자는 이것을 호모 플로레시엔시스(*Homo floresiensis*)라 명명했는데, 그 정체를 두고 발견 직후부터 뜨거운 논쟁이 계속되고 있다. 즉, 한편에서는 이것은 호모 사피엔스와 진화의 계보가 다르며 호모 에렉투스에서 기원한 종으로서, 지구 상에는 불과 1만 여 년 전까지 두 종의 인류가 공존했다는 증거라 보고 있다. 그러나 반대 입장에서는 이것은 특수한 질병을 앓던 호모 사피엔스의 유해이거나 혹은 고립된 도서(島嶼)에 서식하는 포유류의 진화적 특징인 신체왜소화 현상의 한 사례라 여기고 있다. 이 화석의 진화적 위치가 어떻게 설정되는가에 따라 현대인의 기원과 진화에 대한 설명은 전혀 다른 내용이 될 것이므로, 앞으로 그 귀추가 주목된다.

II 구석기시대의 자연환경

지구의 환경은 신생대 제3기 말부터 극심하게 변화해 흔히 빙하기라 불리는 혹심한

유적	우점종(%)	그 밖의 동물(%)	대형 포유류 중 사멸종 비율(%)	편년(플라이스토세)
검은모루	큰쌍코뿔이(45.4)	큰꽃사슴(22.5) 멧돼지(8.2)	11/17(64.7)	중기 초
대현동	대현말(49.2)	동굴하이에나(11.3) 넓적큰뿔사슴(6.8)	9/20(45.0)	중기
승리산	사슴(26.9)	덕천말(13.3) 말사슴(11.4)	10/28(35.7)	후기
만달리 하층	동굴하이에나(59.6)	노루(8.0) 사슴(7.6)	7/23(30.4)	후기
만달리 중층	노루(31.5)	사슴(30.8) 동굴하이에나(15.1)	2/11(18.2)	후기 말
룡곡	사슴(69.4)	노루(16.7)	4/17(23.5)	후기
금굴 하층	쌍코뿔이		5/5(100.0)	중기(전반)
점말 용굴 3층	사슴		3/9(33.3)	중기(후반)
두루봉 2굴	큰꽃사슴(38.8)	사슴(13.4) 큰꽃사슴변종(10.4)	8/20(40.0)	중기(후반)
상시	꽃사슴(79.2)	말사슴(3.9) 개(3.3)	3/19(15.8)	후기
금굴 상층	사슴(59.5)	영양(18.9) 노루(8.2)	9/25(36.0)	후기
구낭굴	사슴(94.3)	사향노루(2.4) 큰곰(1.6)	2/10(20.0)	후기 말

표 1 구석기시대의 대표적 동물화석(원자료: 박영철 1997; 조태섭 2005)

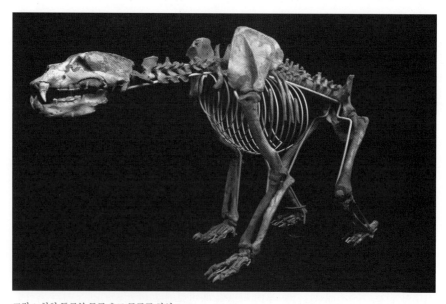

그림 6 청원 두루봉 동굴 출토 동굴곰 화석

환경이 수만 혹은 수십만 년 주기로 반복되었다. 각 빙하기와 간빙기 내에서도 수백 혹은 수천 년 단위의 소빙하기 혹은 간빙기가 갑자기 도래하곤 했다. 즉, 구석기시대 사람은 상상하기 어려운 환경조건에 적응하며 살아야 했으며 유적은 오늘날과는 전혀 다른 환경조건에서 만들어졌다. 따라서 구석기시대의 연구에서 유적의 형성과 관련된 자연환경과 퇴적조건에 대한 이해는 필수적이다.

신생대 말 환경변화의 정황은 1950년대부터 심해 퇴적층에 포함된 규조류 화석의 산소동위원소 비율을 분석하며 자세한 사정이 밝혀지기 시작했고, 1970년대부터 시작된 남극과 그린란드 만년빙의 연구에서 더욱 많은 것을 알게 되었다. 우리나라 구석기시대 유적은 대부분 플라이스토세 후기(약 13만~1만 2천 년 전)에 속하는데, 플라이스토세 후기는 간빙기 조건에서 시작했으나 다시 8만 년 전 무렵 극단적이며 복잡한 기후변화가 일어나기 시작했다. 특히 2만 2천 년 전 무렵에는 최악의 기후상태가 나타나 빙하가 크게 발달하며 전 세계 해수면이 현재보다 평균적으로 120~135m 가량 낮아졌다. 이 최후빙하극성기(Last Glacial Maximum, 약칭 LGM)를 비롯한 빙하기 동안 한반도와 그 주변 지역이 대륙빙하에 덮이지는 않았지만 혹심한 주빙하환경 아래 놓여 있었는데, 북부 고산지대에는 산간빙하가 발달했으며 황해는 거대한 분지로 노출되었고 동해는 내륙호가 되기도 했다.

구석기시대의 혹심하면서도 주기적으로 변화하는 환경은 동물화석에도 그대로 나타난다. 예를 들어, 함경북도에서 발견된 털코끼리(매머드) 화석은 플라이스토세 말 한반도 북부지역이 영구동토지대였음을 시사해주지만, 검은모루와 두루봉 동굴에서 발견된 이보다 앞선 시기의 동물화석에는 마카카 원숭이와도 같이 열대 혹은 아열대성 기후에 적응한 종이 다수 포함되어 있다. 현재의 한반도 지형은 구석기시대가 끝날 무렵 빙하가 녹으며 해수면이 높아짐에 따라 그 윤곽이 갖추어졌다.

III 연구 현황

동북아시아에서 구석기시대 연구는 1929년 주구점(周口店)에서 북경원인(北京原人) 화석이 발견되며 본격적으로 시작되었다. 중국에서는 구석기 유석 이외에도 호모 에렉투스와 사피엔스 화석이 여러 곳에서 발견되었다. 현재까지 발견된 가장 오래된 유적으로는 100만 년 전 내외의 유적인 섬서(陝西)성 남전(藍田), 하북(河北)성

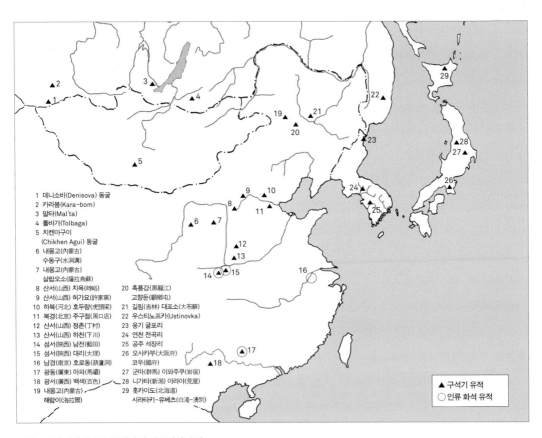

그림 7 동아시아의 주요 구석기 및 인류화석 유적

니하만(泥河灣) 분지의 소장량(小長梁)과 동곡타(東谷坨) 지점 등을 들 수 있다. 또한 한반도 발견품과 유사한 주먹도끼 종류 석기는 중국 한복판인 낙수(洛水)-한수(漢水)-단강(丹江) 유역과 서남부의 광서(廣西)성 백색(百色) 분지를 중심으로 발견되고 있다. 일본에서는 1946년 군마(群馬)현 이와주쿠(岩宿) 유적이 발견된 이래 수천 개소의 유적이 알려졌으나, 이론의 여지없이 3만 5천 년 이전의 유적이라고 판명된 곳은 아직 없다. 시베리아와 연해주 및 몽골에서도 10만 년 이상 수십만 년 전의 유적이라 주장된 지점이 있지만, 주장을 뒷받침하는 자료는 충분하지 않고 대부분의 유적은 플라이스토세 후기의 늦은 시기에 속한다.

　　한반도에서는 1930년대에 두만강가의 동관진(현 강안리)에서 구석기로 보이는 유물이 발견되었으나, 본격적인 연구는 북한 지역에서 1962년 함경남도 웅기 굴포

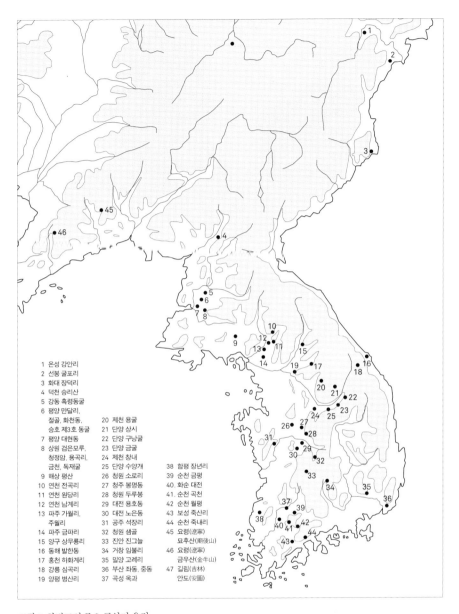

1 온성 강안리
2 선봉 굴포리
3 화대 장덕리
4 덕동 승리산
5 강동 흑령동굴
6 평양 만달리,
  절골, 화천동,
  승호 제3호 동굴
7 평양 대현동
8 상원 검은모루,
  청청암, 용곡리
  금천, 독재굴
9 해상 평산
10 연천 전곡리
11 연천 원당리
12 연천 남계리
13 파주 가월리,
   주월리
14 파주 금파리
15 양구 상무룡리
16 동해 발한동
17 홍천 하화계리
18 강릉 심곡리
19 양평 병산리

20 제천 용굴
21 단양 상시
22 단양 구낭굴
23 단양 금굴
24 제천 창내
25 단양 수양개
26 청원 소로리
27 청주 봉명동
28 청원 두루봉
29 대전 용호동
30 대전 노은동
31 공주 석장리
32 청원 샘골
33 진안 진그늘
34 거창 임불리
35 밀양 고례리
36 부산 좌동, 중동
37 곡성 옥과

38 함평 장년리
39 순천 금평
40 화순 대전
41 순천 곡천
42 순천 월평
43 보성 죽산리
44 순천 죽내리
45 요령(遼寧)
   묘후산(廟後山)
46 요령(遼寧)
   금우산(金牛山)
47 길림(吉林)
   안도(安圖)

그림 8 한반도의 주요 구석기 유적

리 시포항 패총의 신석기시대 아래에서, 또 남한 지역에서 1964년 공주 석장리의 금
강가의 단애에서 유물이 발견되며 시작되었다. 북한에서는 북한정권의 민족사석 정
통성을 선전하려는 정치적 이유에서 구석기시대 유적과 화석인류 조사를 중요시해

그림 9 만달리 인골(좌)과 복원 모습(우)

왔으며, 한민족은 한반도 내에서 수십만 년 동안 문화적·형질적으로 독자 진화했다는 소위 민족단혈성론을 주장하고 있다. 그러나 만약 이것이 사실이라면 선사시대 이래 한국인은 호모 사피엔스로 불릴 수 없는 특이한 생물학적 집단을 이루었을 것이다.

남한 지역에서 발견된 구석기 유적은 1970년대 말까지도 극소수에 불과했다. 그러나 1978년 연천 전곡리에서 주먹도끼가 발견되며 연구 활성화의 중요한 계기가 만들어졌으며, 1980년대에 들어와 충주댐 수몰지구에서 후기구석기를 대표하는 수양개 유적이 조사되고 주암댐 수몰지구에서도 여러 후기구석기 유적이 발견되는 등, 활발한 조사가 이루어지기 시작했다. 현재까지 발견된 구석기 유적은 1000곳이 넘는다고 추정된다.

한반도에서 가장 오래 되었다고 주장되는 유적으로는 상원 검은모루동굴, 단양 금굴, 석장리 하부층, 전곡리 하부층 등이 있다. 이 유적들의 나이에 대해서는 30만 년 이상 심지어 100만 년 전의 플라이스토세 중기(약 78~13만 년 전) 혹은 전기(약 260~78만 년 전)라고 주장되고 있지만, 주장을 뒷받침하는 증거는 확실하지 않다. 다만 파주 장산리 유적은 한탄강 상류에서 용암이 분출해 임진강 유역에 용암대지가 형성되기 이전에 만들어졌는데, 층위와 고지자기 및 연대측정 결과를 감안할 때 플라이스토세 중기 혹은 후기 초의 유적일 가능성이 있다.

고인류 화석의 경우에도 북경원인과 같은 호모 에렉투스 화석은 아직 발견되지 않았다. 북한 지역에서 보고된 소위 역포사람, 승리산사람, 덕천사람, 용곡사람은 모두 플라이스토세 후기의 호모 사피엔스이며, 보도에 따르자면 2009년 9월 황해도 황주의 청파대동굴에서도 많은 유물과 더불어 5개체분의 호모 사피엔스 화석이 발견되었다고 한다. 그런데 북한 지역에서 발견된 동물화석 중에는 플라이스토세 중기인 중국 주구점 제1지점에서 발견된 자료와 유사한 것도 있기 때문에, 앞으로 보다 이른 시기의 인류화석이나 구석기 자료가 발견될 가능성을 배제할 수 없다. 남한 지역에서도 중부지방 몇 군데의 동굴에서 호모 사피엔스가 발견되었다고 보고되었으며, 단양 구낭굴과 같은 유적에서는 인공의 흔적이 가해진 동물 뼈가 발견되었다.

Ⅳ 시기구분과 연대측정

인류의 형질적 진화와 더불어 석기 제작 기술도 발달해, 구석기시대 동안 석기는 크고 거친 형태에서 보다 작고 정교하며 규격화하는 쪽으로 변화했다. 유럽과 아프리카 일부 지역에서는 그러한 석기 제작 기술과 석기 형태의 변화를 기준으로 25~20만 년과 4만 년 전 전후를 경계로 구석기시대를 나누기도 한다. 한반도에서도 그러한 경향성은 어느 정도 나타나고 있어 서구의 용례를 따라 구석기시대를 전·중·후기로 나누어보기도 하지만, 변화의 양상과 유적의 연대가 불확실하기 때문에 분기 설정에 대해서는 논란이 있다. 즉, 구석기시대의 시기구분은 석기 자료에서 뚜렷한 변화가 인지되기 때문에 제시된 것이 아니며, 특히 전기와 중기의 구분은 석기의 특징 구별이나 유적의 연대 확정에서 큰 어려움이 있다. 다만 후기 구석기시대의 자료는 돌날을 비롯한 각종 정교한 소형 석기와 눌러떼기 기술의 등장이라는 분명한 특징을 보여주고 있어, 그 개념이나 시기 설정에 이론이 없다.

유적과 유물의 정확한 나이 측정은 모든 고고학 연구의 출발점이지만, 구석기시대 자료에 사용할 수 있는 연대측정법은 매우 제한되어 있어 많은 유적의 연대를 확실히 알 수 없다. 연대가 측정된 경우에도 측정연대의 해석을 위해서는 유적 형성 과정에 대한 이해가 필요한데, 유적 형성 과정을 이해하지 못한다면 퇴적층 그 자체나 그 속에 포함된 시료에서 얻은 연대측정치가 유물의 제작이나 사용 혹은 폐기와 관련해 무엇을 뜻하는지 판단하기 어렵다. 한반도에서 발견된 유적은 대부분 하천이나 사면 붕적층 속에서 발견되고 있기 때문에 유적의 연대판정을 위해 유적 형성 과

정의 이해는 더욱 중요한 과제이나, 체계적 설명은 그다지 이루어지지 못하고 있다.

유적과 유물의 편년 설정이 어려운 상황에서, 적절한 명칭은 아니지만 관행적으로 '토양쐐기'라 불리고 있는 특이한 토양구조가 구석기 유적에서 발견되고 있음에 착안해, 1990년대 이래 구석기 연구에서는 이러한 구조가 춥고 건조한 기후조건 때문에 땅이 갈라져 만들어졌다는 가정하에서 유적과 유물의 연대판단을 위한 층위 해석 기준으로 사용하고 있기도 하다. 그렇게 얻어진 결론이 보다 설득력을 얻기 위해서는 유적의 퇴적환경과 퇴적 이후의 변형 과정 및 토양구조의 성인(成因)에 대한 검토가 이루어져야 하는데, 실제로 그러한 토양구조는 고기후 환경과는 관계없이 만들어진 것도 많다고 보인다.

유적의 성격을 이해하기 위해서는 유적이 위치한 곳뿐만 아니라 주변 지역 전반에 대한 지형학적·퇴적학적·층위학적 분석과 평가가 필수적이다. 이러한 연구는 다학문적 접근을 필요로 하는데, 임진강과 그 지류인 한탄강 유역에서의 연구가 대

고고학 자료와 절대연대측정

고고학사는 새로운 연대측정 방법의 등장과 더불어 인류사에 대한 새로운 해석과 시각이 제시되어 온 과정이기도 하다. 방사성탄소연대측정법은 현재까지 개발된 가장 효과적인 절대연대측정법인데, 이를 비롯한 모든 절대연대측정법은 방법 자체의 특성과 한계를 잘 알고 그 결과를 이용해야 한다. 예를 들어, 중앙값과 오차의 범위로 표시되는 방사성탄소연대측정치는 시료의 연대가 확률적으로 어느 정도 범위에 속하는가를 보여줄 뿐이라는 점에 유의해야 한다. 즉, 3450±100 BP라는 측정치는 시료의 연대가 (3450-1950)±100 BC (1600~1400 BC) 사이에 있다는 뜻이 아니라, 시료의 탄소연대가 3550-3350 BP 사이에 놓일 확률이 약 68%로서, 해당범위 내의 모든 값은 68%의 확률로서 모두 맞을 수 있다는 뜻이며 3450 BP라는 중심연대가 특별히 중요한 값은 아니다. 또 시료의 실제 나이는 측정치를 보정해 구해야 하는데, 보정연대 역시 확률값일뿐더러 대기 중 탄소량의 불규칙한 변화로 큰 폭에 걸쳐 있는 경우가 많다. 그 결과, 측정의 정확도와 상관없이 탄소연대측정이 고고학 연구에 그리 도움을 주지 못하는 경우는 흔히 있다. 그런데 더욱 중요한 문제로서, 연구자가 나이를 알고자 하는 고고학적 사건과 시료 사이의 관계를 모른다면 연대측정치는 무의미한 자료가 된다. 예를 들어, 집터에서 발견된 나무기둥의 절대연대는 나무가 자라기 시작한 때부터 잘린 시점 사이의 어느 때를 가리킬 뿐이지, 집을 지은 시점이나 집이 폐기된 시점, 혹은 그 기둥을 세운 시점과는 아무런 관계가 없을 수 있다. 즉, 모든 연대측정 결과는 연구자가 그 나이를 알고자 하는 고고학적 사건과 시료 사이의 시간적 관계를 확립할 수 있을 때 의미 있는 자료가 되는 것이다.

그림 10 연천 전곡리 구석기 유적

표적이라 할 수 있다. 이 지역에서는 한탄강 상류인 평강의 압산에서 분출한 용암이 강을 따라 흐르며 용암대지가 만들어져 수렵채집생활에 유리한 생활환경과 유적 보존이 가능한 퇴적분지 조건이 갖추어져, 오늘날까지도 전곡리를 비롯해 여러 유적이 살아남게 되었다.

　　이른바 '아슐리안형' 주먹도끼의 발견으로 유명한 전곡리 유적은 발견 직후 수십만 년 전의 유적으로 알려져 세간의 주목을 끌었다. 그러나 1980년대 초 퇴적층에서 4~5만 년 정도의 연대측정치가 보고되는 등, 새로운 증거가 발견되며 유적 연대에 대한 논쟁이 시작되었다. 전곡리를 비롯해 임진강 유역에서 용암 분출 이후에 형성된 구석기 유적의 연대에 대해 논란이 계속되고 있는 것은 그만큼 유적의 연대측정과 층위 해석이 어렵기 때문이다. 그러한 유적에서는 퇴적층 상부에서 2만 9천~2만 6천년 전 사이에 일본에서 분출한 화산재가 발견되고 있다. 따라서 용암대지 위에서 유적이 언제까지 만들어졌는가에 대해서는 이론의 여지가 없지만, 논란이 일고 있는 것은 유적이 만들어지기 시작한 시점이 언제인가 하는 점이다. 이와 관련해, 용암대지 위의 유적의 연대적 상한은 용암층의 연대로 확정지을 수 있기 때문에, 용

유적	연대(BP)	주요 유물
홍천 하화계리	13390±60	흑요석, 석영암, 수정제 세석기
동해 기곡	10200±60	세석기, 긁개, 밀개, 홈날, 뚜르개
청주 봉명동	12260±40	셰일제 격지
철원 장흥리	24200±600 24400±600	흑요석, 반암제 세석인, 세석핵, 슴베찌르개
남양주 호평동	22200±600~ 16600±720	흑요석, 규질혈암제 세석기, 슴베찌르개, 새기개
진안 진그늘	22850±350	돌날, 슴베찌르개
장흥 신북	25420±190~ 18500±300	슴베찌르개, 세석기, 새기개, 마제석기
공주 석장리	20830±1880	
동해 기곡	32100±1100~ 36070±380	긁개, 격지
동해 노봉	33300±1700	긁개, 자르개
홍천 하화계리	40600±1500	찍개, 긁개
진천 송두리	35900±1200~ 44700±1500	주먹도끼, 찍개, 다면석기, 긁개
나주 용호동	38500±1000	슴베찌르개
나주 당가	45380±1250 44710±1150	자갈돌 석기

표 2 구석기 유적 방사성탄소연대 사례

암 분출 시점의 확정은 중요한 의미가 있다. 그간 얻어진 자료에서 용암은 40만 년 전 이후에 분출했음이 분명하기 때문에 그간 학계에서는 용암이 플라이스토세 중기에 분출했을 것이라 믿어왔다. 따라서 전곡리 유적의 형성 시점에 대한 그간의 견해 차이는 용암대지 위의 유적이 용암 분출 직후인 수십만 년 전부터 형성되었는가 아니면 상당한 시간이 지난 다음 형성되었는가에 대한 입장의 차이에 기인한다고 하겠다.

　　일부 연구자는 퇴적층 내에 두 종류의 화산재가 있으며 화산재의 분출 시점과 발견 위치를 감안하고 유물포함층이 중국에서 일정한 비율로 날아와 쌓인 황토(loess)라는 가정을 전제로, 최하 유물층의 연대를 30만 년 전이라고 주장하고 있다. 이에 반대하는 입장은 퇴적층의 암석학적·토양학적·퇴적학적 특징을 볼 때, 퇴적물을 중국에서 날아와 쌓인 황토라고 보기 어렵고 두 번째 화산재의 존재 역시 확실하지 않으며, 퇴적층에서 얻어진 절대연대측정치는 대부분 10만 년 전 이후임을 지적하고 있다.

그런데, 용암 분출이 이보다 훨씬 최근에 있었음을 말해주는 방사성탄소연대측정치가 용암 본체에 포획된 탄화목 및 용암층 아래의 퇴적층에서 최근 나오고 있기 때문에, 그간의 모든 자료를 전면적으로 재해석해야 할 필요가 있게 되었다. 이렇게 임진강 유역 구석기 유적의 연대나 유적 형성 과정에 대해서는 많은 점이 밝혀져야 하지만, 조만간 체계적인 해석이 가능할 것이다.

V 석기와 유물군 구성 및 변화

구석기시대 연구의 기본 자료인 타제석기를 자연적으로 깨진 돌과 구별할 수 있는 것은 그 위에 가공 흔적이 남아 있기 때문이다. 사람이 의도적으로 돌의 한 점에 힘을 집중해 때려 얻은 조각(박편, 격지)과 이것이 떨어져 나온 원석(석핵, 몸돌)에는 자연적으로 돌이 깨졌을 때와는 다른 일정한 특징이 남게 된다. 그러한 흔적은 타제석기 가공에 유리한 균질한 결정구조의 돌에서 잘 보여, 양질의 석재가 널리 쓰인 후기 구석기시대의 석기는 인공품 여부를 쉽게 알 수 있다. 그러나 이른 시기의 석기는 대부분 석영이나 규암과 같이 비교적 거친 석재를 이용했기 때문에 석기의 형태와 종류도 다양하지 못하고 가공 흔적도 불분명한 경우가 많다.

보다 이른 시기의 석기 중에 대형 석기가 상대적으로 많다는 사실도 석영이나 규암 등 석기 제작에 쓰인 원석의 한계와 무관치 않다고 보인다. 그러나 시간이 흐르며 그러한 석재로도 점차 소형 석기를 잘 만들게 되었고 거친 원석에서 떼어낸 박편을 가공한 석기도 늘어난다. 후기 구석기시대에는 양질의 석재를 이용해 돌날이나 슴베찌르개와 같은 특징적 유물을 만들었으며, 구석기시대가 끝날 즈음에는 아주 작은 크기의 돌날을 그대로 쓰거나 이를 가공한 석기가 보급되었다.

상대저으로 이른 시기의 대표적 석기로는 주먹도끼, 주먹자르개(가로날도끼), 주먹찌르개(뾰족끝찍개), 찍개, 몸돌, 다면석기(여러면석기), 긁개 등이 있다. 수벅도끼는 전곡리에서 처음 발견된 이래 남한 지역 곳곳에서 발견되고 있다. 그 형태와 제작 기

그림 11 석기 제작 방식(원도: Schick and Toth 1993; Whittaker 1994)

법은 원석을 단 몇 차례 때려 만든 것부터 정
교하게 전면을 가공한 것에 이르기까지 매
우 다양하다. 발견 당시 주먹도끼는 동아시아
가 찍개문화권이라는 소위 '모비우스의 가설'
(Movius Line)을 반박하는 증거로 크게 부각되
었다. 그러나 한반도를 비롯한 동아시아의 주
먹도끼는 소위 '전형적 아슐리안' 주먹도끼와
형태적으로 다른 점이 있고 유물의 공반관계

그림 12 접합석기: 밀양 고례리 유적

와 연대에 있어서도 상이한 양상이다. 따라서
이의 평가는 동아시아뿐 아니라 세계 구석기시대 인류문화사 연구에서 중요한 연구
과제로 남아 있다. 주먹도끼와 유사한 석기로는 가로로 날을 만든 주먹자르개와 뾰
족한 날을 가진 주먹찌르개가 있다.

　　주먹도끼와 같이 발견되는 찍개나 다면석기 같은 대형 석기는 규암이나 석영
자갈 혹은 암맥에서 떨어져 나온 덩어리로 만든 것이 많다. 이런 암석은 어디서나 비
교적 쉽게 구할 수 있고 날카롭고 견고한 날을 만들 수 있기 때문에, 구석기시대 전
시기에 걸쳐 대형 석기뿐만 아니라 긁개, 톱니날석기, 홈날석기 같은 중소형 석기 제
작에도 광범위하게 이용되었다. 후기 구석기시대에는 유백색의 정질 석영으로 밀개
나 새기개, 돌날 등의 소형 석기를 만들기도 했다.

　　그러나 석영이나 규암은 내부에 불순물과 절리 면이 있는 경우가 많아 어느 한
도 이상 정교한 석기를 만들기 어렵다. 따라서 구석기시대 후기의 석기는 반암, 혼펠
스, 규질혈암(셰일), 유문암이나 흑요석과 같은 새로운 양질의 석재로 만들어졌다. 단
양 수양개, 대전 용산동, 밀양 고례리 등지에서는 이런 석재로 만든 길이 15cm 이상
의 돌날이나 그것을 떼어낸 몸돌 혹은 슴베찌르개와 같은 후기 구석기시대 전반부
의 표지유물이 발견되었다. 슴베찌르개는 돌날의 기부를 잔손질하여 나무 자루에
장착할 수 있는 슴베를 만들고 한쪽 가장자리에 톱니날을 만든 석기로서, 부러져 출
토된 사례가 많아 창끝에 장착되어 사냥도구로 쓰였다고 짐작된다.

　　규질혈암이나 흑요석은 구석기시대의 마지막 수천 년 동안 세석기 제작에 널
리 이용되었다. 특히 흑요석은 의정부 민락동, 남양주 호평동, 홍천 하화계리, 양구
상무룡리, 단양 수양개, 대구 월성동, 장흥 신북 등 남한 지역 각지에서 발견되고 있

그림 13 단양 수양개 유적

지만, 원산지가 어디인지는 불확실하다. 세석기는 기본적으로 작은 몸돌(세석인석핵)에서 떼어낸 아주 작은 돌날인 세석인을 이용해 만든 석기로서, 밀개, 새기개, 뚜르개를 비롯한 여러 소형 석기와 함께 발견된다. 세석인은 호평동에서 발견된 바와 같이 낱개로 손질되어 쓰인 사례도 있지만, 뿔이나 뼈 혹은 나무 몸체에 홈을 파서 여러 개를 끼워 만든 복합도구로서 창이나 칼로 사용되었을 것이다. 세석인은 한반도, 북중국, 몽골, 시베리아 동부, 일본, 알래스카 등 유라시아 동부와 북미 서북부에 걸쳐 분포하는데, 모두 10여 가지로 알려진 그 제작 기법의 공통성에서 플라이스토세 말에 있었던 호모 사피엔스의 동북아시아와 아메리카로의 확산을 말해주는 유물로 주목받고 있다.

시간의 흐름에 따른 석기의 변화와 함께 유물군 구성에도 변화가 있었지만, 그 자세한 내용은 전술한 바와도 같이 유적과 유물의 연대나 유적 형성 과정이나 층위에 대한 이해가 어려워 아직 정확히 정리하기 어렵다. 〈표 3〉은 유물군 구성의 시간적 변화에 대한 몇 가지 견해를 요약한 것이다. 그러나 조사가 새롭게 이루어지며 주먹도끼는 장산리에서 보듯 표에 제시된 의견보다 이른 시기에도, 또 최근 전곡리에서 알려진 바대로 매우 늦은 시기에도 발견되고 있다.

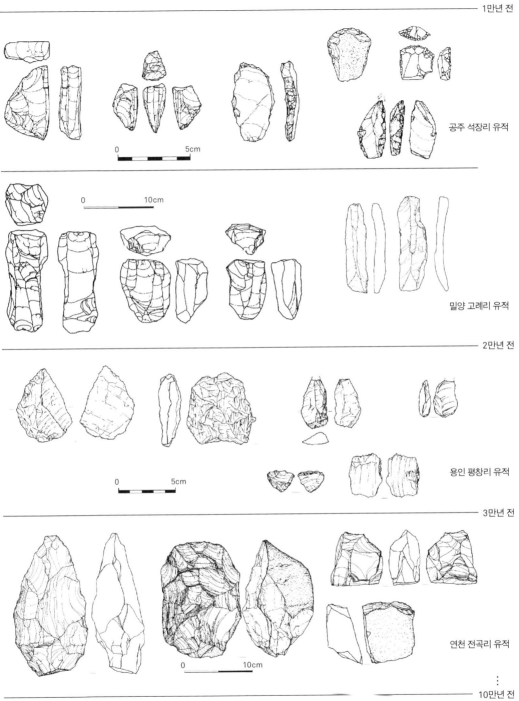

공주 석장리 유적

0　　　　　5cm

밀양 고례리 유적

0　　　　　10cm

용인 평창리 유적

0　　　　　5cm

연천 전곡리 유적

0　　　　　10cm

그림 14 석기군 구성의 변화 추이

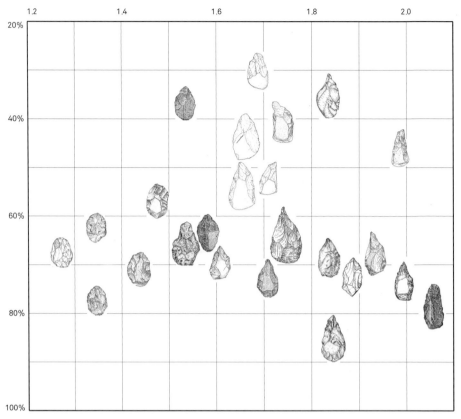

그림 15 임진강 유역 주먹도끼류 각종(x축: 길이 대 폭의 비율; y축: 전체 표면에서 차지하는 박리 면의 비율; 모눈 하나는 20cm임)

그림 16 주먹도끼: 연천 전곡리 유적(좌) 및 가월리 유적(우)

그림 17 슴베찌르개: 대전 용호동 유적(좌), 단양 수양개 유적(중), 밀양 고례리 유적(우)

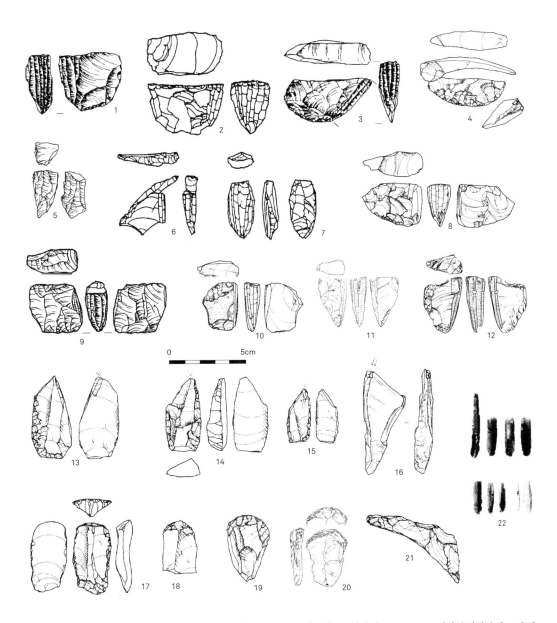

그림 18 구석기시대 종말기의 유물: 1. 평양 만달리 유적, 2·13~15·17. 양구 상무룡리 유적, 3·4·8·18·19. 단양 수양개 유적, 5. 용인
평창리 유적, 6. 곡성 옥과 유적, 7. 순천 금평 유적, 9. 거창 임불리 유적, 10. 화순 대전 유적, 11·12·16·20. 순천 월평 유적,
21. 공주 석장리 유적, 22. 남양주 호평 유적

연구자	유물군 성격	대표 유물군	특징	기타	지속 시간대
이선복 (2000)	세석기 포함 소형 석기공작	용호동 등 후기적 요소 유적	후기 구석기적인 요소들(돌날, 세석기 포함)	무문화층인 황갈색조 AT 층 위에 놓인 퇴적층	후기적 요소 등장은 약 40000 BP
	주먹도끼 비포함 석기공작	전곡리 등 유적의 상부 유물군, 평창리	거칠지만 소형의 긁개, 홈날, 첨두기 등/전이적인 석기 기술	황갈색층 아래의 토양쐐기 포함 적색, 적갈색층	OIS 3의 소단계
	주먹도끼 포함 석기공작	전곡리 등 임진-한탄강 유적 하부 유물군	규암 및 석영암제 주먹도끼나 거친 석기	(전곡리 등) 퇴적층 하부에서 주먹도끼 기원	OIS 5a, 또는 OIS 3의 소단계
이헌종 (2002)	돌날석기전통	고례리	돌날 중심의 석기 기술		후기 후반 이후
	격지석기전통	장년리, 죽내리 하층	격지 소재 석기 제작		후기 구석기
	자갈돌석기전통	전곡리, 금파리, 석장리 8-9층, 병산리 하층 등	자갈돌 소재 석기		중기 구석기에서 보편화, 후기까지 유지
성춘택 (2006)	잔석기 기술전통	하화계리, 월평리, 죽내리 상층, 진그늘 등	세석기(돌날, 몸돌), 밀개, 새기개, 뚜르개 중심의 석기군	표토 아래층에서 토양쐐기 포함층 상부까지	OIS 2 중심 (25000~13000)
	돌날석기 기술전통	화대리, 용호동, 용산동, 고례리	중대형 돌날, 돌날몸돌, 슴베찌르개 중심의 석기군	첫째 토양쐐기 포함층이 중심	OIS 3 (40000~30000)에 등장, OIS 2까지
	소형 석영암 석기 기술전통	전곡리, 가월리 상부, 평창리, 삼리 상층, 소로리	긁개, 밀개, 뚜르개, 첨두기, 톱니날, 등손질칼 등 소형 석영암 석기 중심	구석기시대 늦은 시기까지도 존속	OIS 3이 중심연대, OIS 2까지 지속
	주먹도끼-찍개 석기 기술전통	전곡리, 가월리 하부, 금굴 하층, 당하산, 죽내리 하층 등	주먹도끼-찍개-다면석기 큼직한 격지 중심의 석기군	첫째 토양쐐기층 하부까지 존속	OIS 4까지가 중심연대

표 3 구석기시대 석기 제작 기술의 진화에 대한 견해

VI 생계경제와 주거

현대의 수렵채집집단 대부분에서 볼 수 있듯 구석기시대 사람도 생계자원으로 동물성 단백질보다 식물자원을 더욱 많이 이용했을 것이므로, 많은 석기가 식물자원을 이용하기 위해 만들어졌을 것이다. 초기 고인류는 동물성 단백질을 사냥으로 얻기보다는 보통 다른 짐승이 먹고 버린 사체에 붙은 고기를 뜯어먹었을 텐데, 호모 속의 등장이후 사냥은 점차 중요해져 후기 구석기시대 유럽에서는 산양이나 순록과 같이 집단적으로 계절이동하는 동물을 집중적으로 사냥하거나 매머드 같은 대형 포유동물을 잡아먹기도 했다. 한반도에서 발견된 구석기시대의 생계경제와 관련된 증거는 많지 않은데, 구낭굴에서 출토된 사슴 뼈는 후기 구석기시대 사냥의 증거라고 해석되었다.

아무튼 구석기시대 동물 유해의 해석은 자료 형성 과정에 대한 여러 문제를 충분히 고려할 필요가 있음이 지적되고 있다.

구석기시대의 생활이 끊임없는 이동을 필요로 했던 만큼, 당시의 주거 형태는 돌이나 나무를 이용한 임시 야영지 같은 형태거나 동굴이나 바위그늘을 이용했을 텐데, 대전 용호동이나 장흥 신북 유적에서는 일종의 야외노지라 여겨지는 화덕자리가 발견되었다. 그러나 공주 석장리, 제천 창내, 화순 대전, 동해 노봉 유적 등에서 발견되었다는 집터에 대해서, 모든 연구자가 그 실체를 인정하는 것은 아니다. 한편, 석장리를 비롯한 몇 곳에서는 예술품이나 기타 상징행위와 관련된 유물이 발견되었다고 하며, 평양 부근의 용곡동굴에서도 심장 형태로 점을 찍었거나 혹은 사람 얼굴을 구멍을 뚫어 표현한 길이 2.5cm 정도의 뼈 예술품이 발견되었다고 하지만, 그러한 예술품이나 골각기 발견에 대해서도 비판적인 의견이 많다.

VII 구석기시대의 마지막

전 세계적으로 빙하는 13,000년 전 무렵부터 본격적으로 물러나기 시작해 결국 현재 우리가 살고 있는 간빙기 환경이 도래했다. 온난화의 급격한 진행과 더불어 마지막 빙하기와 함께 12,000년 전 무렵 플라이스토세가 끝나며 구석기시대도 막을 내리게 된다. 이 같은 후빙기의 급격한 환경변화로 모든 동식물의 분포와 생태가 변했으며 인류 역시 새로운 적응양식을 채택하게 되었다.

후빙기의 이러한 변화에도 불구하고 구석기시대의 생활양식이 그대로 유지된 경우를 가리켜 중석기시대라 부르고 있다. 한반도 주변의 일부 지역에서는 구석기시대 최말기의 세석기가 후빙기에 들어와서도 계속 나타나지만, 일본 동북부나 아무르강 하류에서는 플라이스토세의 종식 무렵에 이미 토기가 세계 최초로 만들어졌다. 한반도에서는 플라이스토세의 종식 이후 후빙기 초에 해당하는 중석기시대와 관계된 확실한 증거는 아직 발견되지 않았다. 후빙기의 가장 이른 유적으로는 세석기와 화살촉이 융기문토기와 함께 발견된 제주도 고산리 유적이나 무토기 유물층이 보고된 통영 상노대도 패총 최하층이라 여겨지는데, 아직 여기에서 발견된 증거만으로는 중석기시대를 설정할 수 없는 형편이다.

참고문헌

국립대구박물관(편), 2005,『머나먼 진화의 여정, 사람과 돌』, 국립대구박물관.

박영철, 1997,「식물상과 동물상」,『한국사 2: 구석기문화와 신석기문화』, 국사편찬위원회.

박용안·공우석(편), 2001,『한국의 제4기 환경: 제4기 환경과 인간』, 서울대학교 출판부.

성춘택, 2006,「한국 구석기시대 석기군 구성의 양상과 진화 시론」,『한국상고사학보』51, 한국상고사학
　　회.

＿＿＿, 2006,「한국 후기 구석기 문화 유형론」,『한국고고학보』59, 한국고고학회.

연세대학교 박물관(편), 2001,『한국의 구석기』, 연세대학교 출판부.

＿＿＿, 2002,『우리나라의 구석기문화』, 연세대학교 출판부.

유용욱, 2009,「전곡리 주먹도끼의 시간적 위치에 대한 시론: 전곡 중2-5호선 자료를 중심으로」,『고고
　　학』8-1, 서울경기고고학회.

이기길, 2004,「진안 진그늘유적 구석기문화층의 성격과 의미」,『호남고고학보』19, 호남고고학회.

이선복, 1989,『동북아시아 구석기연구』, 서울대학교 출판부.

＿＿＿, 2000,「구석기 고고학의 편년과 시간층위 확립을 위한 가설」,『한국고고학보』42, 한국고고학회.

＿＿＿, 2009,「임진강 유역 출토 주먹도끼 연구의 두세 과제」,『한국구석기학보』19, 한국구석기학회.

이헌종, 2004,「우리나라 후기구석기시대의 편년과 석기의 기술형태적 특성의 상관성 연구」,『한국상고
　　사학보』44, 한국상고사학회.

이형우, 2003,「주먹도끼 형식에 대한 계량적 고찰」,『호남고고학보』18, 호남고고학보.

장용준, 2007,『한국 후기구석기의 제작기법과 편년 연구』, 학연문화사.

조선대학교 박물관, 2010,『조선대학교 박물관 특별전 2009-빛나는 호남 10만년』, 조선대학교 박물관.

조태섭, 2005,『화석환경학과 한국 구석기시대의 동물화석』, 혜안.

최승엽, 2006,「강원지역의 구석기고고학 연구성과와 전망」,『한국구석기학보』19, 한국구석기학회.

한창균, 2003,「한국 구석기연대문제에 대한 고찰」,『한국구석기학보』7, 한국구석기학회.

＿＿＿, 2008,「한국의 후기 구석기시대 자연환경」,『한국고고학보』66, 한국고고학회.

Klein, Richard, 1999, *The Human Career: Human biological and cultural origins*, Chicago: University of Chi-
　　cago Press.

Schick, Kathy, and Nicholas Toth, 1993, *Making silent stones speak: human evolution and the dawn of technol-
　　ogy*, New York: Simon and Schuster.

Stringer, Chris, and Peter Andrews, 2005, *The Complete World of Human Evolution*, New York: Thames
　　and Hudson.

Whittaker, John, 1994, *Flintknapping: making and understanding stone tools*, Austin: University of Texas
　　Press.

신석기시대

I 시대 개관

후빙기가 도래한 다음에도 범세계적 차원에서 몇 차례 상대적으로 춥고 더운 기후조건이 반복되기도 했지만, 자연환경은 기본적으로 우리가 지금 겪고 있는 바와 같이 되었다. 이러한 환경조건을 바탕으로 세계 각지에서는 구석기시대와 질적으로 다른 내용의 신석기시대 문화가 나타나기 시작하였다.

신석기시대는 타제석기를 쓰던 구석기시대에 이어 마제석기(간석기)를 만들고 사용한 시대라는 뜻으로 구석기시대라는 용어와 함께 19세기 후반 제창되었다. 이어 농경을 바탕으로 하는 정착생활과 토기 제작이 신석기시대를 정의하는 문화요소로서 추가되었으며, 이러한 고전적 정의는 고든 차일드(Gorden V. Childe)가 제시한 '신석기 혁명'이라는 개념과 더불어 널리 알려졌다. 그러나 이러한 몇 요소는 세계 어느 곳에서도 동시에 등장하지 않았으며, 신석기시대의 정의는 지역에 따라 각기 다른 기준을 따르고 있다. 동북아시아에서는 전통적으로 토기를 신석기시대 시작의 지표로 삼아 왔지만, 연해주와 일본 동북부 지방에서 후빙기 이전에 토기가 만들어졌음이 알려져 정의의 기준이 모호하게 되었다.

한반도 신석기시대의 시작을 토기의 등장과 더불어 정의할 때, 제주도 고산리 유적에서는 기원전 6300년 무렵 일본에서 분출한 화산재 아래에 놓여 있는 최하층에서 동북아시아 신석기시대 초창기의 특징을 보여주는 토기와 석기가 발견되었다. 여기서 발견된 자료는 형태적 특징에서 그 나이가 1만 년 가까이 되었을 것이라는 추정도 가능하기 때문에, 기원전 5천 년 무렵 시작한다고 설정된 신석기시대 전기에 앞서 신석기시대 개시기를 설정해야 한다는 주장도 나타났다. 그러나 이러한 유물은 아직 제주도에서만 발견되었고, 구석기시대의 종식 이후 기원전 5천 년 무렵에 이르는 긴 시기에 해당하는 확실한 자료로는 거의 아무 것도 알려진 것이 없다. 이러한 자료의 결핍으로 구석기에서 신석기시대로의 전이 과정에 대한 설명은 이루어지지 못하고 있는데, 신석기시대의 시작 시기와 문화상을 비롯한 여러 문제는 장차 밝혀져야 한다.

신석기시대는 기원전 2,000년에서 1,500년 무렵 청동기시대가 시작하며 끝나게 되었다. 신석기에서 청동기시대로의 이행 과정에 대한 연구는 오랫동안 개별적 문화요소를 나열하는 수준에서 벗어나지 못했다. 그러나 1990년대 말부터 토지 이용 전략과 해양자원 이용 양식 혹은 인구와 자원의 균형관계의 변화나 사회복합화 정도를 매개로 청동기시대로의 이행 과정을 설명하고자 하는 탐색적 시도가 나타나고 있다.

신석기시대 유적은 다양한 입지조건의 장소에서 발견되고 있다. 당시 사회는 기본적으로 수렵채집에 의존하고 있었으며, 지역과 시간에 따른 생업경제 양식은 변화하는 환경의 차이를 반영하듯 상이한 양상을 보여준다. 예를 들어, 기원전 5천 년기와 4천년기 동안 한반도 동북지역이나 남해안에서는 어패류와 바다포유류 등의 해산물이 식량자원으로 중요했지만, 중서부지역에서는 어패류 이외에도 식물자원이 널리 채집되었다. 중서부지역에서는 또한 기원전 4천년기 초에 조와 기장을 재배하는 초기농경이 시작되어 기원전 3500년 무렵 남부지역으로 확산된 듯하다.

신석기시대 사람은 수혈주거지(움집)에서 살았다. 기원전 5천년기의 집자리는 그리 많이 발견되지 않으나, 신석기시대의 특징적 유물인 빗살무늬토기(즐문토기)가 등장하고 널리 퍼진 기원전 4천년기 중반 이후부터 전국 각지에는 몇 채에서 몇 십 채 정도의 수혈주거지로 이루어진 마을이 나타났다. 그러나 기원전 2000년 무렵부터 유적의 수와 규모는 급감하며, 토기의 제작에서도 기술 수준과 미적 감각에 있어 그 수준이 떨어지는 인상을 준다. 기원전 2천년기에 있었던 이러한 변화는 신석기 사회가 해체되고 청동기시대로 이행하며 모종의 사회경제적 변화가 있었음을 시사해 주는 듯하다.

II 지역구분과 편년

전통적으로 신석기시대에 대한 연구는 토기에 대한 연구를 위주로 이루어져 왔으며, 생업경제나 사회조직 및 기타 물질문화의 양상에 대한 논의는 최근에 이르러서야 이루어지기 시작하고 있다. 이러한 연구사적 배경과 더불어, 유적과 유물의 편년이나

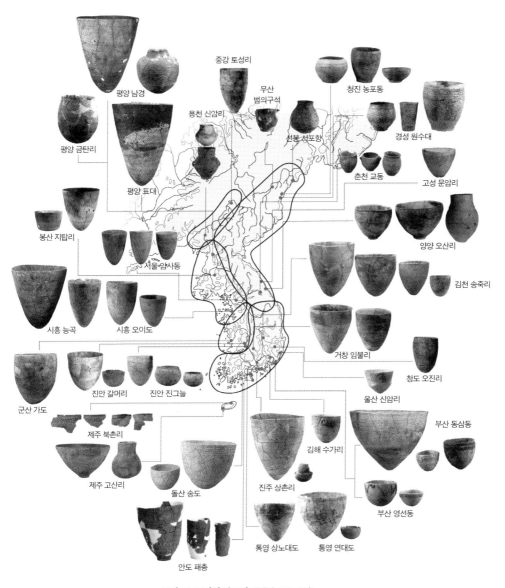

그림 19 토기의 분포상(한영희 1983. 수정)

시대구분뿐만 아니라 심지어 지역과 시간에 따른 문화상에 대한 논의를 비롯한 제반 분야의 신석기시대의 연구에서는 토기 형태와 표면 장식의 특징에 대한 분석 그 자체가 연구의 귀결점이 되어온 경향이 있다.

한반도를 포함한 동북아시아의 신석기시대 토기는 표면을 침선문(沈線文)으로 장식한 토기가 등장해 유행한 기원전 4천년기 중반을 기준으로 크게 두 시기로 나뉜다. 한반도의 신석기시대 역시 기원전 3500년 무렵 침선문의 빗살무늬토기가 확산되기 전까지의 단계와 그 이후의 단계로 나누어 볼 수 있다. 그런데 한반도에서 신석기시대 토기는 기원전 2500년을 전후해 다시 한 차례 변화하는 양상을 보여준다. 따라서 기원전 3500년과 2500년이라는 두 시점을 계기로 신석기시대는 전기, 중기, 후기로 나누어 볼 수 있으며, 각지의 편년은 〈표 4~9〉에서 보는 바와 같다.

고산리 유적의 발견은 신석기시대 전기 이전 단계의 시기를 설정할 수 있는 단서를 제공해주었기 때문에, 신석기시대 개시기 또는 고신석기 단계가 설정되기도

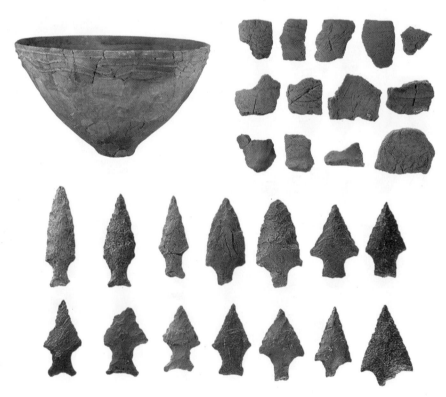

그림 20 제주 고산리 유적 출토 토기(상)와 화살촉(하)

분기	주요 특징	주요 유적
1	지자문, 집선문	미송리 하층, 비단섬 조금소, 세죽리, 후와 하층
2	평행선문, 단치어골문	반궁리, 마성자 하층, 후와 상층
3	어골문, 덧무늬	당산 하층 및 상층, 반궁리, 오가촌, 편보
4	번개무늬, 덧무늬	신암리 청등말래, 쌍학리, 용연리, 석불산

표 4 서북지역 편년

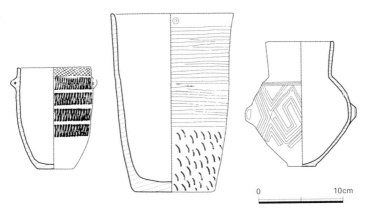

그림 21 서북지역의 토기: 단동 후와 하층(좌), 본계 마성자 B동 하층(중), 용천 신암리 제1문화층(우)

한다. 그러나 고산리 최하층의 나이가 상당히 오래 되었으리라는 추정에는 이론이 없지만, 신석기시대 개시기의 사정이 불명확함은 이미 말한 바와 같다.

빗살무늬토기가 유행하기 이전 단계인 신석기시대 전기의 토기상은 한반도 서북·동북, 강원 영동 및 남해안 지역에서 서로 같지 않기 때문에, 각 지역은 독립 문화권으로 다루어지고 있다. 서북 및 동북 문화권에는 압록강과 두만강 대안지역이 포함되는데, 중국과 러시아에서 두 강의 대안지역은 각각 지자문(之字文)토기문화권과 보이스만(Boisman)문화권이라고 불린다. 이 전기에 속하는 토기는 주로 융기문(隆起文)과 압날문(押捺文)으로 표면을 장식했다. 그러한 토기로는 지자문토기, 서포항 1기 및 2기 토기, 융기문토기, 오산리식 토기, 영선동식 토기 등이 있는데, 모두 당대의 동북아시아 토기에 공통적인 형태적 특징이라 할 수 있는 납작바닥(평저)을 한 토기이다.

전기를 대표하는 융기문토기의 연대와 편년은 오랫동안 논란거리가 되었다. 그러나 지금은 대체로 평행 융기문이 앞선 시기의 것이고 횡대 구획이 사라진 융기

분기	주요 특징	주요 유적
1	압날계 점열문 등	서포항 1기, 연해주 보이스만
2	압날계 점선열문 등	서포항 2기, 나진
3	침선계 어골문, 타래문 등	서포항 3기, 연해주 자이사노프카
4	어골문, 뇌문	서포항 4기, 선봉 송평동
5	어골문, 외반구연	서포항 5기

표 5 동북지역 편년, 주요 유적 부분

그림 22 동북지역의 토기: 경성 원수대 패총(좌), 선봉 서포항 유적(중), 청진 농포 유판 패총(우)

문이 후대에 나타났으며, 이 두 문양이 널리 유행한 시기 사이에는 여러 다양한 문양이 있었다고 여겨지고 있다. 그렇지만 융기문토기의 자세한 편년과 소멸 시기 및 문화 계통을 비롯한 여러 문제에 대한 확실한 결론은 아직 내려지지 않았다. 융기문토기를 시베리아에서 기원했다고 보는 입장에서는 이것이 흑룡강 중류와 연해주 남부의 신석기시대 이른 시기와 관계될 것이라 추정하고 있으나, 사실 여부는 밝혀지지 않았다. 이 토기가 압인문(押引文)과 자돌문(刺突文) 토기와 공존하는가에 대해서도 논란이 있으며, 영동지역에서는 오산리식 평저토기와 공존한다는 주장도 있다. 최근 고성 문암리나 양양 오산리, 창녕 비봉리 등에서는 융기문토기문화층 아래에서 문양이 없거나 자돌문 계열 무늬가 있는 토기가 확인되는 등, 융기문토기 이전 단계의 자료가 조금씩 발견되고 있다.

신석기시대 중기를 대표하는 침선문토기가 중서부지역에 등장하는 것은 전기의 늦은 단계이며 그 전형은 중서부지방, 특히 영동지역을 포함한 대동강 유역 이남에서 유행한 뾰족 바닥의 포탄형 빗살무늬토기이다. 그러나 동북과 서북 지역에서

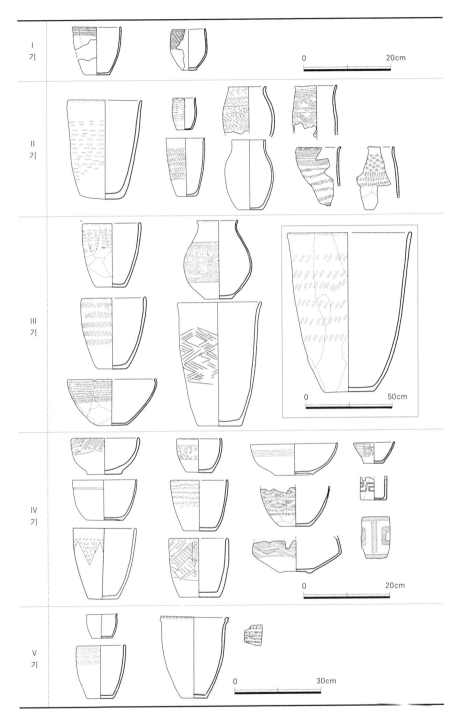

그림 23 선봉 서포항 유적 토기 편년(김용간·서국태 1972)

분기		주요 특징	주요 유적
I기	전반	구분계 점열문, 단사선문+어골문	지탑리 I지구 1호 주거지, 궁산
	후반	구분계 점열문, 단사선문+타래문, 어골문	지탑리 II지구, 마산리, 삼거리, 암사동, 미사동
II기		대동강 유역: 금탄리 1식 토기 한강 유역: 2부위 시문, 구연한정시문, 동일계 토기 등장	금탄리 1문화층, 룡덕리, 세죽리, 암사동, 미사동, 주월리, 삼목도 III
III기		금탄리 2식, 서해안식 동일계 토기 유행, 구분계 토기 쇠퇴 소멸	금탄리 2문화층, 남경, 표대, 풍기동, 둔산, 대천리, 쌍청리
IV기		문양 단순화, 난삽화	용반리, 군량리, 모이도, 오이도 뒷살막

표 6 중서부지역 편년

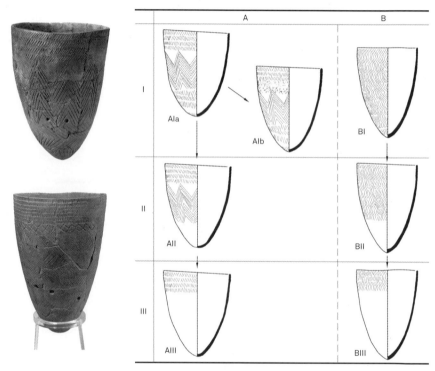

그림 24 서울 암사동 유적 토기(좌)와 중서부지역 토기 변천도(임효재 1983)

는 전기 이래 평저토기가 계속 만들어졌다. 한반도 주변 지역의 토기도 그 표면에는 유사한 무늬가 시문되었지만, 전체적인 모습은 빗살무늬토기와 다르다.

　　빗살무늬토기 등장 이후, 신석기문화권역은 서북, 동북, 중서부, 강원 영동, 남부내륙 및 남해안 지역으로 나뉘고 있다. 신석기시대에 빗살무늬토기가 언제, 어떻

분기	주요 특징	주요 유적
조기	융기문토기	오산리, 문암리
전기	오산리식 토기	오산리, 문암리
중기	구분계 빗살문토기	지경동, 초당동, 가평리
후기	동일계 어골문	철통리
만기	이중구연토기	판교리, 안현동

표 7 영동지역 편년

그림 25 영동지역의 토기: 양양 오산리 유적(좌), 고성 문암리 유적(중), 강릉 지경리 유적(우)

분기	주요 특징	주요 유적
조기	융기문토기	동삼동, 송도, 신암리 I, 범방, 구봉리
전기	자돌, 압인문토기	영선동, 연대도, 욕지도, 조도
중기	태선침선문토기	수가리 I, 동삼동, 욕지도, 범방
후기	어골문, 격자문	수가리 II, 동삼동
만기	이중구연토기	수가리 III, 율리, 동삼동

표 8 남해안지역 편년

그림 26 남해안지역의 토기: 부산 영선동 패총(좌), 부산 범방 패총(중), 부산 동삼동 패총(우)

분기	주요 특징	주요 유적
조기 조기	오진리식 토기	오진리
	융기문토기	임불리
전기	자돌, 압인문토기	황성동, 오진리
중기	태선침선문토기	송죽리, 상촌리, 갈머리, 진그늘
후기	봉계리식 토기	봉계리, 송죽리, 대야리, 임불리
만기	이중구연토기	대곡리, 남양리, 진그늘, 갈머리

표 9 남부내륙지역 편년

그림 27 남부내륙지역의 토기: 청도 오진리 유적(좌), 진안 갈머리 유적(중), 거창 임불리 유적(우)

편년 \ 지역	서북지역	동북지역	중서부지역	영동지역	남부내륙지역	남해안지역
전기	1기	1기 2기	I 기	조기 전기	조기 전기	조기 전기
중기	2기	3기	II기	중기	중기	중기
후기	3기 4기	4기 5기	III기 IV기	후기 만기	후기 만기	후기 만기

표 10 지역별 평행 관계

게 등장해 퍼져 나갔는가에 대해서도 일치된 견해는 없으나, 그 확산은 동북아시아 전체에 걸친 모종의 문화변동과 관계되며 초기농경 도입으로 인한 인구 증가가 유력한 배경일 것으로 추정되고 있다. 빗살무늬토기의 중심지인 중서부지역, 특히 한강 유역의 신석기시대 중기의 성격 규명은 중요한 연구 주제인데, 2천년대 들어 경기도 서해안에서 새로운 자료가 발견되고 있어 연구는 활력을 얻고 있다. 동북부지

역의 연구에서는 근래 발견된 자이사노프카문화의 승선문(繩線文)토기와 서포항 3
기의 관계 및 서포항 3기와 4기의 편년 연구가 중요한 주제이다.

신석기시대 후기에는 무늬 없는 토기가 증가하는데, 동북과 서북 지역에서는
뇌문(雷文), 중서부지역에서는 동일계 침선문, 남부내륙 및 해안 지역에서는 이중구
연(二重口緣) 등의 특징이 토기에 나타난다. 후기에 들어 내륙지역에 유적이 많이 만
들어진 것도 빗살무늬토기 확산의 경우에서와 같이 농경의 확산과 관련되리라 추정
되지만, 구체적 과정에 대해서는 아직 가설 수준의 모색이 있을 뿐이다. 이 시기 각
지역의 중요한 연구 과제로서, 우선 중서부지역에서는 후기 단계의 세분 및 금탄리
1식 계열 토기의 기원과 편년 문제가 대두되고 있다. 남부지역에서는 봉계리식 토
기와 수가리 II식 토기 사이의 관계가 밝혀져야 한다. 한때 금강식 토기로 불리던 능
격문(稜格文)토기는 이제 신석기시대 중기 후반에서 후기에 남부내륙지방에서 유행
했음이 밝혀졌으며, 후기와 만기의 대표적 토기라 여겨지던 이중구연토기의 계통과
편년도 조금씩 밝혀지고 있다.

III 동북아시아 신석기문화와의 관계

요동을 비롯한 중국 동북지방에서 송화강, 아무르강 유역과 연해주에 이르는 인접 지
역의 신석기시대문화는 기하학적 무늬의 유행, 침선문토기와 초기농경의 확산 시기
와 특징 등에서 한반도와 유사한 양상이다. 또한 초기농경이 수렵채집경제의 보완적
수단이었으며 가축 사육의 증거가 뚜렷하지 않다는 것도 유사한 점이다. 이러한 유사
성 때문에, 한반도와 그 주변 지역에서 신석기시대 초기농경의 시작, 확산, 수용 과정
은 그 기저에 일련의 문화적 요인을 공유하며 이루어졌다고 여겨진다.

신석기시대의 한반도와 그 주변 지역에서는 토기 종류를 비롯한 유물군의 지
역별 특색을 바탕으로 여러 문화권이 설정되고 있으며, 전술했듯 침선문토기의 유
행을 기준으로 크게 두 시기로 나뉜다. 전기 단계에는 지역별 문화권으로서 요하(遼
河) 유역 중심의 지자문토기문화권, 아무르강 중류 송눈(松嫩)평원 일대의 융기선문
(隆起線文)토기문화권, 삼강(三江)평원과 아무르강 허류 중심의 아무르 편목문(編目
文)토기문화권, 두만강 하류와 연해주 남부 중심의 보이스만문화권이 설정되고 있

다. 침선문토기가 등장해 확산하는 후기 단계에는 요서(遼西)의 홍산(紅山)문화와 소하연(小河沿)문화, 요동(遼東)의 소주산(小珠山) 중층문화군, 삼강평원 및 흑룡강(黑龍江) 하류의 보즈네세노프카(Voznesenovka)문화, 두만강 하류 및 연해주 남부의 자이사노프카문화가 인지되고 있다.

지자문토기문화권의 요서와 요동 지역은 문화적 내용에서 약간의 차이가 있으며, 요서에서는 흥륭와(興隆窪)-조보구(趙寶溝)문화, 요동에서는 신락(新樂) 하층, 소주산 하층, 후와(後窪) 하층 문화가 이에 속한다. 길림(吉林)에서는 좌가산(左家山) 1·2기와 서단량산(西斷梁山) 1기가 이에 해당한다. 요서에서는 이 단계부터 농구 혹은 굴지구가 등장하고 곡물도 발견된다. 이어지는 홍산문화 단계는 본격적인 농경사회의 면모를 보여주지만, 채도(彩陶)가 나타나는 등 중원지역 앙소(仰韶)문화와 관련된 양상이 나타난다. 요동에서는 신락 하층 단계에서 기장이 발견되는데, 이때부터 초기 농경이 시작되었을 가능성이 있다.

아무르 편목문토기문화권은 관련 자료가 많지 않아 그 내용에 불확실한 점이 있으나, 아무르강 하류의 콘돈(Kondon) 및 말리셰프(Malyshev) 문화와 연해주 남부의 루드나야(Rudnaya)문화, 중국의 신개류(新開流)문화가 여기에 해당한다. 아무르강 중류역에서는 앙앙계(昻昻溪)문화라고도 불리는 융기선문토기문화가 분포하는데, 타제 돌날 화살촉과 창, 작살, 그물추 등이 주요 유물로서 수렵과 어로활동이 중요했다고 보인다. 두만강 하류역의 보이스만문화에서도 패총과 수렵어로구가 중요한 고고학적 증거인데, 강원도 고성 문암리 유적에서는 보이스만문화의 토기가 발견되었다.

후기 단계에 들어와 요서와 요동의 문화상은 더욱 차이가 나타난다. 요서에서는 홍산문화 이래 중원과의 관계가 더욱 강하게 나타나며, 요동에서는 전 단계의 전통이 계속되며 소주산 중층, 마성자(馬城子) 하층, 후와 상층 문화를 포괄하는 소주산 중층문화군과 소주산 상층문화 단계로 나아간다. 요동반도의 소주산 중층 단계에서는 산동(山東) 교동(膠東)지역과의 교류를 보여주는 증거가 나타나며, 상층 단계에 이르러 산동 용산(龍山)문화의 영향이 더욱 뚜렷해진다. 소주산 중층 단계에 출토하는 돌칼과 조개칼 및 낫, 돼지 뼈는 그러한 교류의 결과로서 초기농경과 가축사육의 증거로 해석되고 있다. 또 요중(遼中)지역의 마성자 하층 단계 유적군에서는 곰배괭이가 출토하고 있다. 요동지역에서 초기농경은 신석기 전반 단계에 등장했을 가능성

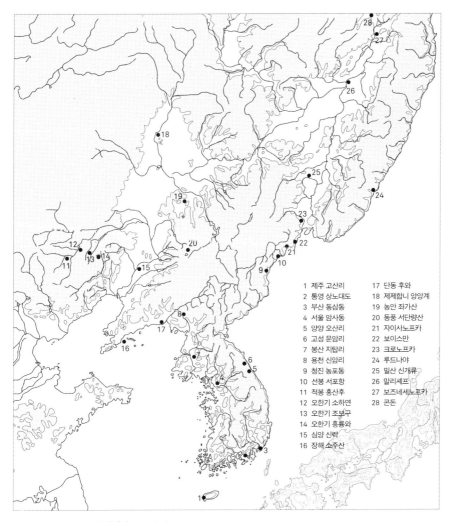

그림 28 한반도와 주변 지역의 주요 유적 분포

1 제주 고산리	17 단동 후와
2 통영 상노대도	18 제제합니 양양계
3 부산 동삼동	19 농안 좌가산
4 서울 암사동	20 동풍 서단량산
5 양양 오산리	21 자이사노프카
6 고성 문암리	22 보이스만
7 봉산 지탑리	23 크로노프카
8 용천 신암리	24 루드나야
9 청진 농포동	25 밀산 신개류
10 선봉 서포항	26 말리세프
11 적봉 홍산후	27 보즈네세노프카
12 오한기 소하연	28 콘돈
13 오한기 조보구	
14 오한기 흥륭와	
15 심양 신락	
16 장해 소주산	

이 있지만, 소주산 중층 단계에 이르러 토기와 각종 도구가 변화하며 가축도 등장해 모종의 큰 변화가 일어났음을 시사해준다.

　　연해주에서는 보이스만문화에 이어 자이사노프카문화가 나타나는데, 토기의 표면장식은 승선문에서 침선문, 침선 및 찰과상 문양 단계로 변화한다. 자이사노프카 후반에 나타난 뇌문도기는 주로 침선문으로 장식했는데, 이와 함께 석기 조성도 크게 달라졌으며 곰배괭이가 등장했다. 곰배괭이는 재배곡물 도입의 증거로 여겨지기도 하지만, 크로노프카(Krounovka) 1 유적에서 보듯 곡물은 이미 승선문토기 단계에 등장했다.

IV 초기농경

한반도의 신석기시대 초기농경은 등장 시기, 작물 및 농경 도구의 종류나 형태에 있어서 요령, 길림 지역과 유사한 양상이다. 작물로는 부산 동삼동에서 조와 기장이, 진양댐 수몰지구 내의 상촌리 B 및 어은 I지구와 창녕 비봉리에서도 조가 발견되었으며, 평양 남경 유적에서도 다양한 곡물이 발견되었다. 옥천 대천리에서는 신석기시대 벼 재배의 가능성을 말해주는 쌀을 위시해, 보리, 밀, 조가 발견되었다. 그러나 이 유적을 비롯해 각지에서 보고된 식물 유체의 연대와 출토 맥락에 대해서는 신중한 해석이 필요하며, 층위학적 해석과 자료 동정의 정확성이 전면적으로 재검토되어야 한다는 지적이 제기되기도 했다. 농경 증거 확보와 관련해, 최근에는 토기 표면을 관찰해 압흔을 찾으려는 시도가 이루어지고 있기도 하다.

신석기시대 유적에서 조가 흔히 발견되지만, 그렇다고 신석기시대를 조 재배가 중요했던 농업경제사회라고 규정하기는 어려우며, 농경은 환경변화와 인구증가, 사회복합성 증대 등의 요인으로 수렵채집경제의 부수적 수단으로 등장했다고 여겨진다. 그러나 초기농경과 관련된 증거의 확보와 농경의 전개 과정을 설명하는 일은 해결해야 할 과제로 남아 있다. 신석기시대의 농경 방식을 짐작케 해주는 경작 유구는 확인되지 않았으며, 단지 도구로 미루어 화전 농경이 이루어졌을 가능성이 있다고 짐작된다. 대표적인 농경 관련 도구로는 따비형 석기와 곰배괭이가 있다.

V 유적

1 마을

신석기시대의 주거유적이 전국에 걸쳐 발견되고 있지만, 마을의 등장과 변천 과정은 아직 체계적으로 알지 못하고 있다. 주거 양식이나 마을의 구조에 대해서는 중서부 이남지역에서만 어느 정도 그 윤곽을 파악하고 있다.

신석기시대 사람들은 기본적으로 그리 크지 않은 수혈주거지에서 살았는데, 유적에서 발견되는 집자리 내부 바닥에는 기둥구멍과 화덕자리 정도만이 남아 있다. 화덕자리는 일반적으로 주거지 중앙에 있으며, 이른 단계에는 가장자리에 돌을 돌린 소위 위석식(圍石式) 노지가 우세하나 중기 이후에는 수혈식 노지로 서서히 바뀌었다. 그러나 최근 경기도 해안지역에서 발견된 후기 집자리에는 위석식 노지가 만들어졌다.

마을은 신석기시대 중기부터 본격적으로 나타났으며, 그 규모는 작아 중기에는 보통 10~20동의 주거지로 이루어졌고 후기에는 그 규모가 더 작아져 3~5동 정도이다. 이와 더불어 마을의 위치도 강변 충적지에서 구릉으로 바뀌는 경향이 있다. 대동강 유역에서는 신석기시대 후기에 모종의 마을 공동시설일 가능성이 있는 대형 주거지도 만들어졌다. 마을은 후기를 지나 만기가 되면 남부지역과 중서부지역에서

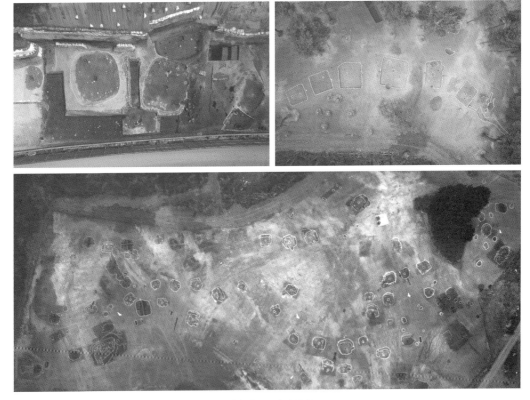

그림 29 마을유적: 양양 오산리(좌상), 고성 철통리(우상), 인천 영종도 운서동(하)

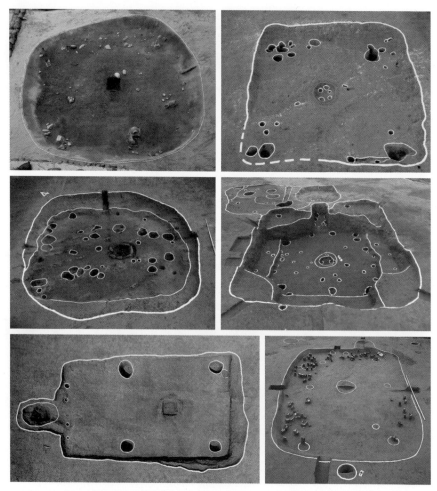

그림 30 각 지역 주거지: 양양 오산리 C지구 1호(좌상), 시흥 능곡 11호(우상), 인천 중산동 24호(좌중), 인천 운서동 3호(우중), 대전 관평동(좌하), 진주 상촌리 17호(우하)

모두 해체되는 양상인데, 이러한 변화의 이유와 그 과정에 대해서는 잘 알지 못하고 있다.

빗살무늬토기가 등장하기 이전, 신석기시대 전기의 주거지는 그리 많이 발견되지 않았으며, 동북부지역인 서포항 1기 및 2기층, 영동지역의 양양 오산리와 고성 문암리 유적 및 남해안의 돌산 송도에서 발견된 주거지와 동삼동 3호 주거지 정도가 전부이다. 주거지는 대개 원형이나 방형의 얕은 수혈 구조로서, 그 실체를 확실히 모르고 있던 영동지역 신석기시대 조기와 전기 단계의 주거지도 수혈주거지임이 문암리와 오산리에서 확인되었다.

신석기시대 중기에 마을이 전국 각지에 만들어진 것은 식물자원이 보다 중요해지고 곡물을 재배하기 시작하는 등 생업경제에서 큰 변화가 있었기 때문이라고 보인다. 이때가 되면 유적의 수도 증가하며, 개별 주거지의 수혈 깊이도 깊어지고, 평면도 원형·방형·장방형으로 다양해진다. 그러한 유적으로는 최근 조사된 인천 삼목도, 영종도 중산동·운서동, 시흥 능곡, 안산 신길, 용인 농서리 유적을 들 수 있다. 이런 마을유적에서는 모두 기둥이 네 개인 4주식(柱式) 방형 주거지가 20동 이상 발견되었으며, 중부지역의 신석기시대 주거지는 전기에서 후기에 이르기까지 주로 방형이었음이 확인되었다. 남부 내륙에서 발견된 마을유적으로는 김천 송죽리와 진주 상촌리 유적이 있는데, 여기서는 주로 수혈식 노지를 갖춘 장방형 주거지가 알려졌다. 동해안의 강릉 지경동과 초당동에서는 신석기시대 중기의 원형과 방형 주거지가 확인되었다.

주거지의 평면은 신석기시대 중기 이후 대동강유역, 충청내륙, 영남 내륙에서는 대체로 장방형이지만, 다른 지역에서는 방형이 두드러진다. 내부구조도 돌출식 또는 복도식 출입구가 정연하게 만들어지거나 기둥이 4주식 등으로 질서 있게 배치되었다. 신석기시대 후기에 내륙에서 해안에 걸친 충청지역에서는 대천리식 주거지라 불리는 대형 장방형 주거지가 나타나며, 이것은 대동강 유역의 궁산 4기 단계의 복도식 출입구를 가진 대형 장방형 주거지와 유사한 구조이다. 그러나 압록강과 두만강 유역, 강원 영동지역에서는 늦게까지도 방형 주거지가 유행하는데, 고성 철통리에서는 바다를 바라보는 언덕 위에서 4주 및 2주식 방형 주거지로 이루어진 마을 유적이 조사되었다. 한편, 영남 내륙인 합천 봉계리 등지에서는 후기 단계의 원형 주거지가 조사되었는데, 이와 함께 장방형 주거지도 확인되었다.

2 패총 및 야외 유구

패총은 남해안에서는 융기문토기 단계에, 서해안에서는 빗살무늬토기 단계에 등장하지만, 그 수가 급증하는 것은 후기에 들어서다. 서해안 패총 대부분과 일부 남해안 패총은 소규모로서 거의 전적으로 굴 껍질로 구성되어 있으며 유물도 극히 드물다. 이러한 유적은 정주 마을과는 그 기능적 성격이 다른 유적으로서, 소위 한정행위장소 혹은 일시적 거주 지점이라 부를 수 있는 단기 사용 유적이라 보인다. 경우에 따라 이

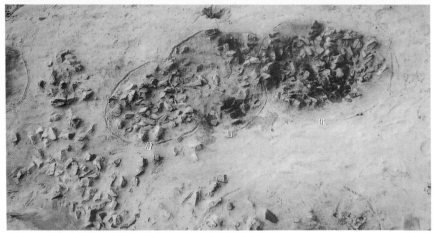

그림 31 패총 퇴적 양상과 집석유구: 하동 목도 패총(상), 인천 용유도 유적(하)

런 곳에서는 야영시설이나 야외노지 등의 유구가 확인되기도 한다. 이에 비해 대부분의 남해안 패총은 규모도 크며, 패각층에는 각종 유물과 사슴이나 멧돼지, 어류를 비롯한 동물 유체가 다량 포함되어 있고 때로는 집자리와 무덤, 야외노지도 발견되고 있어, 장기간에 걸쳐 반복적으로 사용된 생활근거지로서의 성격을 보여주고 있다. 패각으로는 굴 껍질이 압도적이지만, 소량이나마 홍합, 피뿔고둥 등 여러 종류가 섞여 있다.

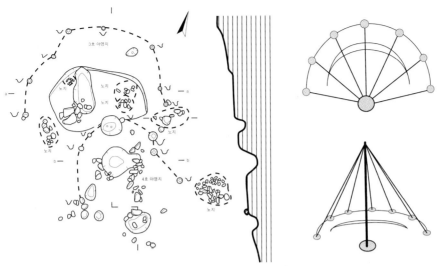

그림 32 군산 가도 패총 야영시설(좌)과 복원도(우)

패총 이외에도 신석기시대의 한정행위장소 유적으로는 단기 거주지 성격의 야영시설 및 야외노지라 보이는 집석유구가 있다. 야영시설은 시흥 오이도, 옹진 연평도, 군산 가도, 서천 장암리 등 서해안뿐 아니라 하동 목도 패총 등 남해안에서도 확인되며 전 시기에 걸쳐 발견된다. 그 구조는 매우 단순해, 경사면에 간단히 수혈을 팠거나 구멍을 파고 기둥을 세웠거나 가장자리에 돌을 돌렸으며, 여러 개가 한곳에서 확인된 예는 거의 없다. 이러한 시설은 아마도 패류 채취나 어로 작업과 관련된 임시 거처로서 사용되었을 것이다.

집석유구는 신석기시대의 특징적 유구로서, 패총이나 주거지 주변에서 발견되기도 하지만 때로는 단독으로 발견되며, 매우 다양한 장소에서 발견되고 있다. 이 유구는 아마도 야외노지 시설이라 보이는데, 보통 둥글고 얕게 움을 판 다음 돌을 한두 벌 깔았다. 그 형태를 보면 단면이 편평하거나 오목한 것, 집석 아래에 목탄이 있거나 그 위에 있는 것 등 다양한 형식이 있어, 다양한 방식으로 사용했을 것이다. 진안 갈머리, 인천 용유도 남북동 등 몇 유적에서 실시한 지방산 분석 결과, 이러한 유구에서는 어패류나 식물성 식료를 처리했으리라 추정되고 있다.

3 매장유적

신석기시대의 매장유구로서 옹관묘는 융기문토기 단계의 동삼동 패총과 중기 단계의 상촌리 유적에서 알려졌다. 토광묘는 부산 범방 패총, 연대도 패총, 욕지도 패총,

그림 33 매장유적: 부산 동삼동(좌상), 진주 상촌리(좌중), 통영 욕지도(우상), 울진 후포리(하)

산등 패총 등에서 발견되었으며, 여수 안도 패총에서는 두 사람을 토광에 합장한 무덤도 발견되었다. 특히 산등 패총과 안도 패총에서는 조개 팔찌를 장착한 인골이 발견되었다. 고성 문암리 유적이나 안도 패총과 같은 이른 시기의 매장유적에서는 드물게도 결상이식(玦狀耳飾)이 발견되기도 했다. 울진 후포리 유적은 40인 이상이 집단 매장된 특수한 이차장(二次葬)의 사례로서, 유해는 화장되었거나 신전장(伸展葬)으로 묻혔다. 통영 연대도에서는 신석기시대의 공동묘지가 확인되었는데, 토기나 석기, 장신구 등의 부장품을 볼 때 피장자 사이에 신분 차이가 있었던 것 같지는 않다. 한편, 춘천 교동 바위그늘에서는 오산리식 토기 단계의 무덤이 확인되었는데, 주거지를 무덤으로 전용한 사례로 알려져 있다.

그림 34 청도 오진리 바위그늘 유적

4 기타 유적

상촌리에서 발견된 적석유구는 신석기시대의 의례와 관련될 것으로 보고되었지만, 아직 이 시대 의례 유적의 존재는 확실하지 않다. 한편, 동굴과 바위그늘에서는 야영지 성격의 유적도 발견되는데, 동굴유적으로는 영월 쌍굴, 단양 상시, 제천 점말 용굴이, 바위그늘

그림 35 창녕 비봉리 유적 통나무배(상)와 도토리 저장구덩이(좌하), 진주 상촌리 유적 출토 도토리(우하)

유적으로는 남해안의 김해 율리 유적, 내륙의 청도 오진리와 철원 군탄리 및 제주도 북촌리 유적이 확인되었다. 국내에서는 발견 사례가 드문 저습지 유적인 창녕 비봉리 유적에서는 통나무배와 도토리 저장구덩이, 분석(糞石) 및 각종 동식물 유체가 확인되었다.

그림 36 대한해협 양안지역 교류 관련 유물: 한반도 남부지방 출토 일본열도 조몬시대 토기(상), 일본열도 출토
한반도 신석기시대 토기(하)(임상택 2008)

VI 유물

신석기시대 유적에서는 집단과 집단 혹은 집단 성원 사이의 자원과 물자의 교환 내지 교역이 빈번했다는 증거가 발견된다. 예를 들어, 단양 상시 3동굴, 도담리 금굴, 청도 오진리 등 내륙 각지의 유적에서 발견된 조개 팔찌, 중부지역 각지의 산지 미상 흑요석 혹은 남해안 여러 유적에서 보고된 일본 규슈(九州)산 흑요석이나 낚싯바늘, 석시(石匙), 토기 등의 유물은 신석기시대에 상당히 너른 지역에 걸친 사회경제망이 성립되었음을 말해준다. 또 동삼동에서는 1,500점 이상의 조개 팔찌가 발견되었는데, 이러한 조개 팔찌는 규슈지역의 흑요석과 교환되었으리라 짐작되고 있다. 한편 남부지역에서 신석기시대 전기의 영선동식 토기 단계에는 중서부지역 계통의 단사선문토기가 발견되기도 하며, 또 금강 하구나 강원 영동지역에서도 대동강 유역의 금탄리 1식 토기가 소량 발견되기도 하는데, 이러한 사례는 지역 사이의 교환관계를 보여주는 간접적 자료이다. 그러나 신석기시대의 교환이나 교역과 관계된 연구는 아직 산지 추정이나 유물의 형식 검토를 통해 물품의 이동을 확인하고 그 경로를 추정하거나 교환체계의 존재를 막연히 상정하는 수준에 머물러 있다.

　　토기 이외에도 신석기시대의 도구로서는 당시의 생업활동을 반영하는 석촉이나 창 같은 수렵용구 및 낚시, 그물추, 작살 같은 어로용구가 대표적이다. 이른 시기

그림 37
화살촉 각종: 통영 연대도 패총(흑요석, 상), 김천 송죽리 2호 주거지, 진안 갈머리 유적, 고성 문암리 유적, 강릉 하시동리 유적(하)

75

의 석촉은 주로 타제로서, 동북지역에서는 늦게까지도 타제 흑요석촉이 사용되었으나 마땅한 석재가 없는 서북과 중서부 지역에서는 마제 석촉이 만들어졌다. 석촉의 형태는 슴베가 없는 삼각형이나 유엽형이 대표적인데, 고산리에서 발견된 슴베 달린 화살촉은 예외적인 모습이다.

한반도 동해안과 남해안 지역에서는 낚시, 그물, 작살 등을 이용한 해양어로가 발달했는데, 특히 동남부 지역은 일본의 서북 규슈와 유사한 양상이다. 이에 비해 서해안에서의 어로작업은 그물을 이용하는 비교적 단순한 방식이었을 것이라 짐작되며, 내륙에서도 어로행위가 있었을 것이다. 해안 유적에서 발견되는 해양어로용 낚시는 신석기시대 내내 만들어졌다. 그 종류에는 외낚시와 결합식

그림 38 낚싯바늘과 작살: 울산 세죽 패총(좌상), 부산 동삼동 패총(우상, 좌하), 선봉 서포항 유적(중하), 고성 문암리 유적(우하)

낚시, 역(逆) T자형 낚시가 있으며, 외낚시는 동북지역에서, 결합식 낚시는 영동과 남해안 지역에서 주로 발견되며 역 T자형은 소량이 남해안지역에서 알려졌다. 그물추는 돌로 만든 것이 많으며, 해안에서 발견되는 것이 내륙에서 발견되는 것보다 대체로 큰 편이다. 그물이 신석기시대 전기부터 사용되었음은 오산리에서 발견된 다수의 그물추가 말해준다. 그러나 실물로서의 그물은 아직 발견되지 않았고, 다만 토기에 그물이 찍힌 흔적이 동삼동에서 발견되어 그 형태를 짐작할 수 있다. 작살은 돌이나 뼈로 만들어 대형 어류나 바다 포유류를 잡는 데 사용했으며, 기본적으로 몸통과 작살 부분이 붙어 있는 고정식과 나누어진 분리식이 있다. 또 돌톱[石鋸]이라고도 불리는 조합식 작살도 같은 용도에 사용되었을 것이다.

그림 39 갈판과 갈돌: 강릉 지경동 유적(상), 부산 범방 패총(하)

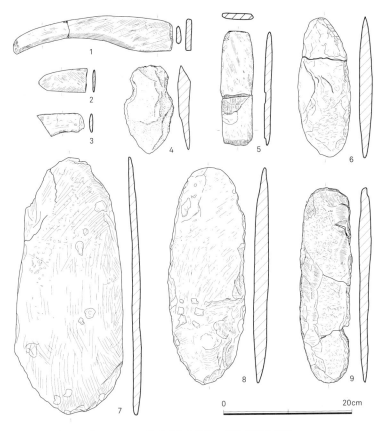

그림 40 석제 농경 도구 각종: 1~3·5~9 봉산 지탑리 유적, 4. 평양 금탄리 유적

　전술한 바대로 보습 혹은 따비는 곰배괭이와 더불어 농경도구로 생각되지만 식물자원 채집에도 사용되었을 것인데, 신석기시대 전기 후반 중서부지역에서 등장해 중기에 전국적으로 확산되었다. 지탑리 유적에서는 대·중·소형이 모두 발견되었으며, 중부 이남에서는 주로 소형만이 발견되고 또 괭이로 보이는 것도 발견된다. 동북지역에서는 서포항 3기 단계 이후 요하 이동의 중국 동북지방에 흔히 보이는 곰배괭이가 등장하는데, 그 분포는 두만강 유역을 벗어나지 못한다. 수확 도구인 돌낫은 봉산 지탑리와 서울 암사동, 밀양 살내 유적에서 발견되었으나 그리 흔하지 않으며, 중기 이후 중부 이남지역에서는 석도 형태의 도구가 약간 발견되었다. 식량 가공도구로서 갈돌과 갈판은 서로 쌍을 이루며 신석기 전기부터 나타나는데, 한 손으로 잡고 돌려 사용하는 구형(球形) 갈돌, 괴상(塊狀) 갈판 및 두 손으로 잡아 밀고 당겨 사용하는 봉상(棒狀) 갈돌, 안장형 갈판이 있다. 전기에는 두 종류가 모두 사용되나 중기

이후에는 후자만이 사용되는데, 시간이 흐르며 봉상 갈돌은 점차 갈판과의 접촉 면이 넓어져 넓적하고 양끝이 돌출하는 형태가 된다.

신석기시대 유적에서는 몸치장과 장식에 사용된 물품과 예술품이 발견된다. 그러한 예로는 전술한 결상이식 이외에도, 동삼동이나 신암리 등지에서 발견된 토제 원판형 귀걸이, 연대도의 발찌, 동삼동과 금탄리 등지의 팔찌 등을 들 수 있다. 예술품으로서는 서포항과 농포, 오산리, 연대도 패총 등에서 발견된 개, 뱀, 말, 곰, 멧돼지 등의 동물 형상과 서포항, 오산리, 신암리, 여서도 등에서 확인된 사람의 얼굴

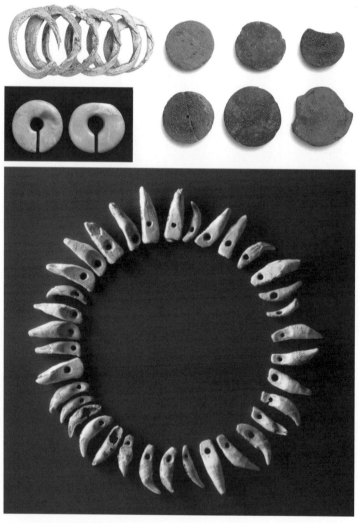

그림 41 장신구 각종: 팔찌(부산 동삼동 패총), 결상이식(고성 문암리 유적), 토제 귀걸이(부산 동삼동 패총), 목걸이(통영 연대도 패총)

모습이나 몸체 토우 등이 있다. 비봉리와 동삼동에서는 이례적으로 토기에 새긴 동물의 선각화도 발견되었다. 신석기시대 사람의 관념이나 의례 등에 대해서는 그다지 알려진 것이 없다.

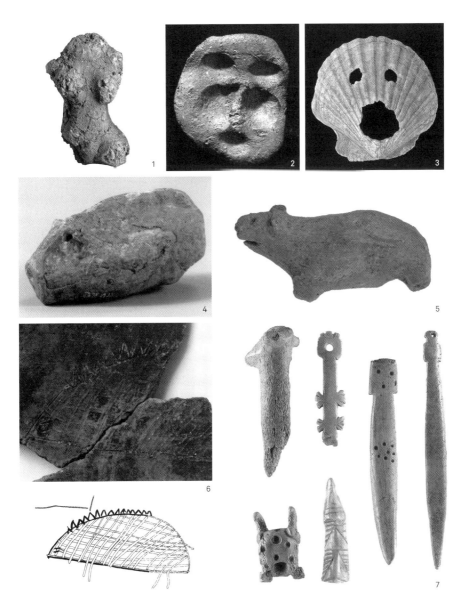

그림 42 예술품 각종: 1. 울산 신암리 유적, 2·5. 양양 오산리 유적, 3. 부산 동삼동 패총, 4. 통영 연대도 패총, 6. 창녕 비봉리 유적, 7. 선봉 서포항 유적

참고문헌

김용간·서국태, 1972, 「서포항원시유적발굴보고」, 『고고민속론문집』 4, 사회과학출판사.

김용남, 1983, 「궁산문화에 대한 연구」, 『고고민속론문집』 8, 과학백과사전출판사.

김장석·양성혁, 2001, 「중서부 신석기시대 편년과 패총 이용전략에 대한 새로운 이해」, 『한국고고학보』 45, 한국고고학회.

구자진, 2007, 「우리나라 신석기시대 집자리의 지역권설정과 변화양상」, 『한국신석기연구』 13, 한국신석기학회.

_____, 2008, 「신석기시대 대천리식 집자리의 재검토」, 『호서고고학』 18, 호서고고학회.

서국태, 1986, 『조선의 신석기시대』 4, 사회과학출판사.

송은숙, 2001, 「신석기시대 생계방식의 변천과 남부 내륙지역 농경의 개시」, 『호남고고학보』 14, 호남고고학회.

신종환, 1995, 「신석기시대 금강식토기에 대한 소고」, 『영남고고학보』 7, 영남고고학회.

안승모, 1998, 『동아시아 선사시대의 농경과 생업』, 학연문화사.

_____, 2003, 「금강식토기와 능격문의 형성과정에 대한 예비적 고찰」, 『호남고고학보』 17, 호남고고학회.

이동주, 1998, 「동북아시아 융기문토기 연구의 제문제-동시베리아, 극동지역의 초기 신석기유적을 중심으로」, 『한국선사고고학보』 5, 한국선사고고학회.

_____, 2003, 「빗살문토기단계의 석기내용과 특징」, 『한국신석기연구』 6, 한국신석기학회.

이상균, 2003, 「한반도 신석기시대 주거의 변천과 구조적 양상」, 『고문화』 61, 한국대학박물관협회.

_____, 2005, 『한반도 신석기문화의 신동향』, 학연문화사.

이준정, 2002, 「패총유적의 기능에 대한 고찰-생계·주거체계 연구를 위한 방법론적 모색」, 『한국고고학보』 46, 한국고고학회.

_____, 2003, 「동물자료를 통한 유적성격의 연구-동삼동패총의 예-」, 『한국고고학보』 50, 한국고고학회.

임상택, 1999, 「호서신석기 문화의 시공적 위치」, 『호서고고학』 1, 호서고고학회.

_____, 2006, 「빗살무늬토기문화 취락구조 변동연구」, 『호남고고학』 23, 호남고고학회.

임효재, 1983, 「토기의 시대적 변천과정」, 『한국사론』 12, 국사편찬위원회.

정징원, 1991, 「중국 동북지방의 융기문토기」, 『한국고고학보』 26, 한국고고학회.

하인수, 1997, 「영선동식토기 소론」, 『영남고고학』 21, 영남고고학회.

_____, 2009, 「신석기시대 남해안지역의 골각기문화에 대한 고찰」, 『고문화』 73, 한국대학박물관협회.

한영희, 1978, 「한국 중·서부지방의 신석기문화」, 『한국고고학보』 5, 한국고고학회.

_____, 1983, 「지역적 비교」, 『한국사론』 12, 국사편찬위원회.

청동기시대

I 시대 개관

한반도와 그에 이웃한 중국 동북지방의 상당한 부분을 포함한 넓은 지역은 기원전 2천년기 후반기 무렵 유물과 묘제를 비롯한 주요 문화요소의 구성에서 주변 지역과 다른 독특한 특징을 보여주는 하나의 문화권을 이루게 되었다. 이 광의의 한국 청동기문화권에서는 지역적 특징을 보여주는 청동기문화가 각지에서 전개되었으며, 고조선을 비롯한 한국 고대사상의 여러 정치체가 명멸했다. 이러한 광역에 걸친 청동기시대의 연구에서는 중국 동북지방의 소위 비파형동검문화(琵琶形銅劍文化)와 한반도 청동기시대의 관계를 어떻게 규정할 것이며, 토기나 청동기, 혹은 무덤을 비롯한 각 문화요소가 시간과 공간에 따라 어떻게 분포하는가 하는 점이 중요한 연구 대상이 되고 있다.

　　한반도의 청동기시대는 농경이 본격적으로 이루어지고 무문토기와 마제석기가 널리 사용되며 사회 복합도가 증가한 시기이다. 이러한 문화상은 그 이전 신석기시대와는 크게 다르기 때문에, 한반도의 청동기시대는 북방으로부터 새로운 주민집단이 이주해 와 시작되었고 이로부터 한민족의 골격도 갖추어졌다는 주민교체설이 1970년대 초에 제시되었다. 그러나 이 학설은 사실과 다르기 때문에 지금은 설득력을 잃었다.

　　그런데 청동기시대에 속하는 청동 유물은 한반도에서는 드물게 발견되며, 남한지역에서 청동기는 늦게 보급되었다. 따라서 청동기시대의 규정이나 문화발전 단계의 설정은 무문토기의 등장과 변화 양상을 기준으로 이루어지는 경향이 있다. 한반도 청동기시대의 개시 시점은 청동기시대의 존재가 인정된 1960년대 이래 계속 변화되어 왔는데, 1970년대 말까지는 오르도스 청동기에서 기원했다고 보아 그 시작을 기원전 7세기 무렵으로 추정하였다. 그러나 1980년대 중반에는 의주 신암리와 내몽고 영성(寧城) 남산근(南山根) 출토 청동 유물을 비교해 기원전 10세기로 보게 되었으며, 1990년대에는 무문토기 출토 주거지의 방사성탄소연대를 근거로 기원전 13세기로 올려 잡게 되었다. 다시 최근에는 무문토기가 기원전 15세기에 발생했고 청동기시대도 기원전 15세기부터 시작되었다는 학설이 제기되어 현재 논의가 진행중이다. 그러나 청동기시대의 종말에 대해서는 1980년대 이래 세형동검과 원형점토대토기의 등장과 더불어 초기철기시대가 시작한다는 설정이 폭넓게 받아들여지고 있다. 다만 1990년대부터는 그러한 변화의 시점이 종래까지 생각하던 기원전 300년 무렵에서 조금 더 이른 시기로 소급되었을 뿐이다.

이러한 편년관은 기본적으로 한반도 남부지역의 자료를 기준으로 한 것이기 때문에, 한국 청동기문화권역 내에서 사회발전 단계라던가 청동기와 철기의 등장 시점, 토기의 변화상은 획일적이 아니며 지역에 따른 차이가 있음을 유념할 필요가 있다. 더구나 청동기시대는 문헌에 등장하는 최초의 고대국가인 고조선이 중국을 비롯한 여러 세력과 공존하며 쟁패하던 때이다. 따라서 이 시기의 고고학 자료와 문헌기록을 어떻게 연결 짓고 해석하는가에 따라 청동기시대에 대한 설명은 근본적으로 달라지게 된다.

고고 역사 자료를 바라보는 관점과 해석은 남북한과 중국, 일본 사이에 큰 차이가 있으며, 고조선의 사회문화적 실체나 위치, 혹은 존속 기간 등에 대해서도 서로 타협하기 어려운 다양한 주장이 제시되고 있다. 그렇기 때문에 한국 청동기문화권 전역을 대상으로 하는 청동기시대의 설정과 자세한 시기 구분 및 문화 변화 과정에 대한 설명은 한국 고고학 연구의 핵심 과제이다. 그러나 광의의 한국 청동기문화권역 전체에 걸친 청동기시대의 전반적 양상과 그 변화 과정을 일목요연하게 정리해 보여주는 종합적 편년안은 아직 만들어지지 못하였다. 각종 새로운 문화요소가 남한지역에 비해 상대적으로 일찍 수용되었거나 등장했던 북한지역의 자료를 독자적으로 접근할 수 없다는 한계가 큰 장애물로 남아 있기 때문이다.

II 편년과 시기구분

1 북한 및 중국 동북지역

북한 학계는 1960년대 이후의 연구 성과에 수정을 거듭하여 1980년대에 접어들면 청동기문화가 신석기문화로부터 자생적으로 발전해 기원전 2천년기 전반에 형성되어 노예제국가 단계인 고조선이 성립할 때까지 지속되었다고 정리하였다. 하지만 1990년대 이후 고조선은 이미 기원전 3천년 무렵 고대국가로 완성되었다고 주장하며 소위 '대동강문명론' 같은 주장이 나오기 시작하였다. 하지만 이러한 주장은 고고학적 실물 자료로써 전혀 뒷받침되지 못하고 있다.

1980년대까지 북한 학계의 입장은 청동기시대가 압록강 중상류의 공귀리식 토기, 평남과 황해의 팽이형토기[角形土器] 및 두만강 유역의 평저토기 등을 표지유물로 한다고 보았다. 이때까지 북한에서는 〈표 11〉에서 보듯 북한지역과 중국 동북지방의 청동기시대를 4개의 문화권역으로 나눈 다음, 각 권역에서 이른바 시기별 문화유형을 설정하였다. 청동기시대는 고조선이 등장하며 끝난다고 하였지만, 고조선의

시기 \ 지역	신석기시대	기원전 2천년기 전반	기원전 2천년기 후반	기원전 1천년기 전반기		
압록강 하류 및 요동반도 남단	쌍타자 1문화층	쌍타자 2문화층 장군산 돌무지무덤 단타자 돌무덤	쌍타자 3문화층 신암리 3지점 2문화층 양두와 유적 대대산 돌무지무덤			
압록강 중상류 및 송화강 유역			공귀리 하층	공귀리 상층	심귀리 1, 2호 주거지	서단산자 유형
대동강 유역			금탄리 3문화층 와산동 유적	석탄리 유적 1기	석탄리 유적 2기	석탄리 유적 3기
			신흥동 유적 침촌리 유적	고연리 유적 1문화층 주암리 유적		입석리 유적 원암리 유적 강로리 유적
두만강 유역		서포학 유적 청동기 1기 / 오동 유적 1기	호곡 2기 서포항 유적 2기	초도 유적 흙도층	오동 유적 3, 4기 후곡 3기	호곡 4기

표 11 북한의 청동기시대 지역별 편년(1980년대 안)

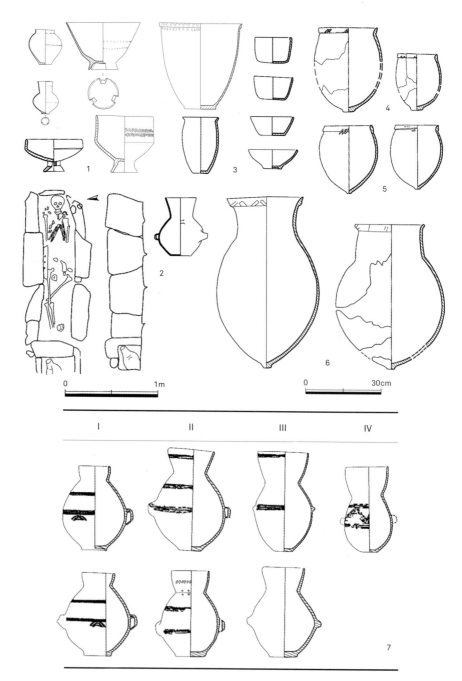

그림 43 중국 동북 및 북한 지역의 토기: 1. 대련 쌍타자 유적 3문화층, 2. 길림 서단산자 석관묘 및 토기, 3. 선봉 서포항 유적 하층, 4. 평양 금탄리 유적 3문화층, 5. 평양 남경 11호 주거지(청동기2기), 6. 남경 7호·36호 주거지(청동기1기), 7. 미송리식 토기 변천도(정한덕 1992)

그림 44 중국 내몽고지역의 청동기류: 1·9~22. 영성 소흑석구 M8501호묘, 2. 영성 손가구 출토, 3. 영성 전자향 왕영자 출토, 4. 영성 전자향 출토, 5·8. 영성 남산근 M101호묘, 6. 영성 소흑석구 출토, 7. 영성 소흑석구 98AⅢM5호묘

등장은 무덤에서 부장품으로 발견되는 미송리식 토기와 비파형동검을 지표로 한다고 되어 있어, 그 문화적인 내용은 사실상 청동기시대 단계로 설정되었다.

그런데 이 표에서 요동반도 남단의 쌍타자(雙砣子) 1문화층은 신석기시대로 편년되었지만, 이 시기에 해당하는 대련(大連) 대취자(大嘴子) 유적 등에서 동과(銅戈)를 비롯한 청동기가 발견되었기 때문에 현재는 이를 청동기시대 초기로 여기는 추세이다. 한편 농경 관련 석기가 많이 발견된 송화강 유역의 길림 서단산자(西團山子) 유적을 비롯해 서단산유형에 속하는 여러 유적에서는 기원전 10세기 이전의 방사성탄소연대가 알려지고 있어, 그 연대를 표보다 수백 년 이상 소급시켜 기원전 2천년기 말로 잡기도 한다. 또 서단산유형 토기는 미송리식 토기의 변형으로 생각되기도 한다.

중국 학계는 북방 초원지대와 동북지방의 청동기문화를 크게 내몽고, 요서, 요동, 길림-장춘 지역으로 나누어 보되, 내몽고와 요서, 요동 지역을 크게 하나의 문화권으로 묶고, 하가점(夏家店) 하층과 상층의 두 단계로 편년하고 있다. 그러나 각지의 자료는 세부에서 상당히 다양하다.

영성 남산근과 소흑석구(小黑石溝) 유적으로 대표되는 내몽고 청동기문화는 변형 비파형동검이 소수 나타나기도 하지만 기본적으로 동물문양과 북방식 단검이 특징적인 북방 청동기문화권에 속한다. 한국 청동기문화권역에 속하는 요령지역에서, 북방식 단검이나 동물문과 같은 북방 청동기문화 요소와 삼족기를 위시한 중원 청동기문화의 요소는 조양(朝陽) 십이대영자(十二台營子)와 같은 유적에서 보듯 요서지방에서도 상당히 강하게 나타나고 있다. 그러나 요동에서는 강상묘(岡上墓)나 정가와자(鄭家窪子) 유적에서 보듯 비파형동검과 토기의 구성을 비롯해 한반도 서북지역과 문화요소를 공유하고 있어, 남북한 학계는 이를 고조선과 관련된다고 보고 있다. 길림-장춘 지역의 서단산문화는 비파형동검과 석관묘 및 서단산유형 토기를 특징으로 하며, 이후 부여의 모태가 되었다고 여겨진다.

2 남한지역

남한지역에서 청동기시대의 시작을 무문토기의 발생을 기준으로 삼는 견해가 있음은 이미 앞에서 언급하였으며, 기원전 15세기설이 제기된 상황이다. 그런데 그 시작이 언제인가 하는 문제와는 별도로, 남한지역에서 송국리유형의 등장은 청동기시대를 가르는 중요한 분수령으로 알려져 있다. 송국리유형이란 송국리식 토기 및 송국리식 집자리를 비롯한 일련의 독특한 문화요소로서 규정되며, 송국리유형의 등장은 무문토기 사회에 큰 변화가 나타난 징표라고 생각된다. 송국리유형의 등장과 확산은 청동기시대의 사회 성격이 달라지는 계기가 되었거나, 아니면 그러한 변화와 더불어 등장했다고 인식되고 있다. 따라서 청동기시대 연구에서 송국리유형 등장 이전과 이후는 서로 다른 성격의 사회로 구분해 보아야 한다는 데에 이론이 없다.

그림 45 무문토기 각종: 1. 돌대각목문토기(진주 어은 1지구), 2. 절상돌대문토기(홍천 철정리 2호 주거지), 3. 가락동식 토기(서울 가락동), 4. 흔암리식 토기(강릉 방내리(좌), 여주 흔암리 7호 주거지(우)), 5. 역삼동식 토기(화천 용암리, 진주 어은 1지구), 6. 송국리식 토기(부여 송국리 54-5호·50-5호 주거지)

남한지역의 청동기시대 편년과 관련해 가장 주요한 문제는 초기철기시대를 설정할 것인가 하는 점이다. 초기철기시대의 문화상은 청동기시대와 유사한 점이 많으며 오랫동안 청동기시대 후기라 불렸으나, 청천강 이북지역에서 철기가 등장하는 시점을 감안하여 1980년대부터 초기철기시대라고 부르게 되었다. 그렇지만 이 시기는 실질적으로 청동기시대 문화단계에 머무르고 있기 때문에, 초기철기시대는 부적절한 용어로서 청동기시대 후기로 불러야 한다는 주장도 계속되고 있다.

만약 초기철기시대를 청동기시대에 포함시키고 무문토기 기원전 15세기 발생설을 따른다면, 청동기시대는 1) 돌대각목문(突帶刻目文)토기를 지표로 하는 조기, 2) 역삼동-흔암리식 토기와 가락동식 토기 단계의 전기, 3) 송국리식 토기(송국리유형) 단계의 중기, 그리고 4) 원형점토대토기 단계, 즉 초기철기시대의 후기로 구분할 수 있다. 이때 초기철기시대를 배제한다면 청동기시대는 앞의 세 단계만으로 구성되어 조기·전기·후기로 나눌 수도 있다. 다만 아래에서는 용어상의 혼란을 피하여 조기, 전기, 송국리유형 단계로 구분하겠다.

1) 청동기시대의 시작과 전개

청동기시대 조기의 자료는 아직 불충분한데, 그 지표로 여겨지는 돌대각목문토기 내지 그 변형된 형태라 여겨지는 절상(節狀)돌대문토기는 하남 미사리, 제원 황석리, 정선 아우라지, 홍천 철정리, 가평 연하리, 금산 수당리, 연기 대평리, 순창 원촌, 김천 송죽리, 진주 어은리 및 상촌리 등지에서 발견되었다. 이러한 유적은 판석을 돌려 세운 노지를 갖춘 평면 방형 내지 장방형의 주거지로 구성되어 있다는 공통점을 보여주고 있으며, 미사리유형이라 부르기도 한다. 그러나 돌대각목문토기와 절상돌대문토기는 서로 다른 시기라는 견해도 있어, 미사리유형의 성격은 아직 명확하지 않다. 돌대각목문토기의 조형으로 생각할 수 있는 토기는 아직 분명하지 않지만 중국 동북지역에서 농경이 전파되면서 유입되었다고 보거나 한반도 서북지역이나 동북지역과의 관련성이 제기되고 있다.

기원전 13세기 무렵부터 시작했다고 추정되는 청동기시대 전기는 전국 각지에서 무문토기 및 석기와 함께 발견되는 평면 세장방형이나 장방형 주거지로 대표된다. 이 시기의 특징적인 심발형 무문토기는 구연부 처리 양식에 따라 가락동식, 역삼동식 및 흔암리식으로 나뉘며, 이들의 발생 과정은 청동기시대의 시기구분과 편년,

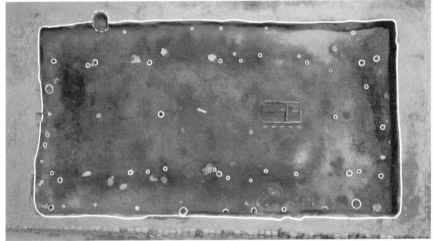

그림 46 정선 아우라지 유적(상)과 1호 주거지(하)

문화계통 설정의 중요한 근거로 여겨져 왔다. 또한 각 토기를 지표로 가락동유형, 역삼동유형, 흔암리유형 등의 문화유형이 설정되었다.

무문토기를 통한 청동기시대 편년 연구는 1970년대 초에 시작되었는데, 대동강-황해도 지역의 팽이형토기와 동북지방의 구멍무늬토기, 즉 공렬토기(孔列土器)가 남하해 공존하다가 양자가 결합해 흔암리식 토기가 발생했다고 추정되었다. 이후,

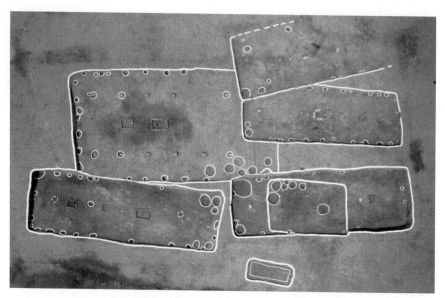

그림 47 연기 송담리 유적: 가락동식 주거지군

토기 형태 요소의 확산과 결합, 발전을 통한 문화유형과 계보 설정은 청동기시대 연구의 핵심을 이루고 있고, 특히 1990년대 말부터 다양한 의견이 제시되었다. 예를 들어, 흔암리유형이 원산만 일대에서 기원했다는 주장이 나오기도 하고 다른 한편에서는 흔암리유형의 실체 자체를 부정하는 의견도 제시되었다. 후자의 입장은 소위 역삼동식과 흔암리식 토기는 구분할 필요가 없다고 보며, 가락동식이 남하할 무렵 흔암리식도 같이 발생했다고 추정하고 있다. 그러나 정반대로 역삼동유형과 흔암리유형은 분명히 다른 문화유형이라는 주장이 제시되고 있기도 하다. 가락동식 토기에 대해 1980년대에는 서북지방 팽이형토기가 남하하여 발생한 것이라는 의견이 나왔지만, 1990년대 말에는 압록강 유역에서 기원했을 것이라는 주장이 나왔다. 최근에는 가락동식 토기가 차령산맥 이남에서 집중적으로 발견되고 있어 이를 두고 다양한 견해가 제기되었다.

2) 송국리유형의 형성과 확산

송국리유형은 1970년대 초 부여 송국리 유적에서 발견된, 타원형 수혈을 중앙에 배치한 독특한 구조의 원형 주거지와 외반구연 옹형 토기인 송국리식 토기를 표지로 설

그림 48 화천 용암리 유적(상)과 122호 주거지(하)

정된 개념이다. 이에 해당하는 유적은 충청도와 전라도, 경상도 서부지역에 집중되어 있으나, 앞선 시기의 문화상을 대체하며 남한 전역으로 퍼져나갔으며 제주도에서는 원삼국시대까지 지속되었다. 다만 안성천 이북의 경기지역과 강원 및 영남 동부에서는 드문네, 이런 곳에서는 전 시기의 문화상이 그대로, 혹은 약간 변형된 채 계속되었다. 따라서 송국리유형에 대응하는 문화유형으로서 영서지역에서는 천전리유형, 영남 동부에서는 검단리유형이 설정되고 있다.

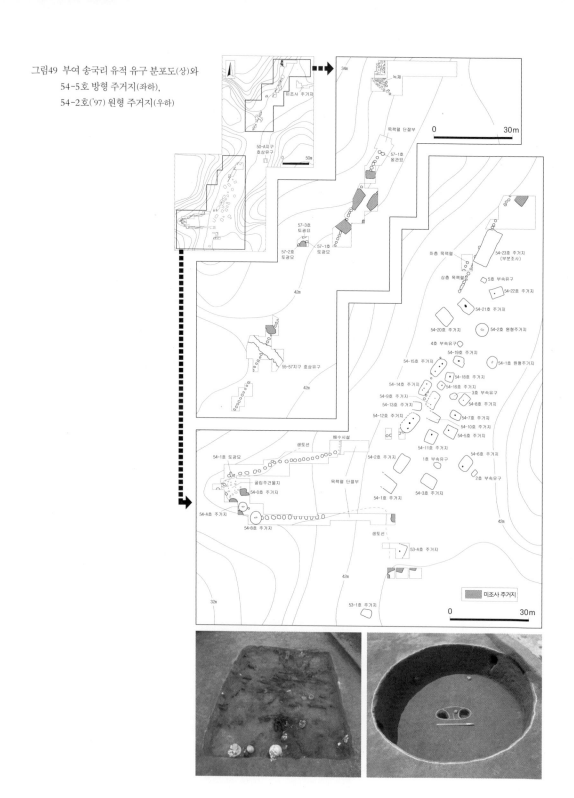

그림49 부여 송국리 유적 유구 분포도(상)와
54-5호 방형 주거지(좌하),
54-2호('97) 원형 주거지(우하)

송국리유형은 벼농사가 주된 생계경제원으로 자리잡으며 나타났다고 판단된다. 이 단계에 들어, 주거지의 규모는 작아지고 저장시설과 수확용 석도가 보편화되었으며, 유적의 수가 급증하고 대규모 중심지가 등장하였다. 이러한 양상은 사회계층화가 진전되고 복합도가 증대되는 등, 정치권력이 태동하고 있음을 말해준다. 송국리유형이 확산하며 청동기도 널리 퍼졌지만, 송국리 석관묘나 여수 적량동 지석묘의 사례에서 보듯 대부분 무덤에서 출토되고 있다. 즉 청동기는 실용기가 아니라 정치권력을 상징하며 뒷받침하는 위세품이라 여겨진다. 이 시기에는 토기와 석기 구성에도 변화가 나타난다. 묘제도 다양해지는데, 금강 유역에서는 석관묘, 석개토광묘, 단옹식 옹관묘 등 새로운 묘제가 등장해 주변 지역으로 확산되어 지석묘와 공존하거나 기존의 토착 묘제를 대체하고 변형시켰다. 이러한 묘제를 가리켜 송국리식 묘제라 부르기도 한다.

송국리유형은 대체로 충남 서해안에서 금강 중하류 일대에 걸친 지역에서 처음 나타났다고 판단되지만, 경기 남부 안성천 일대가 기원지로 상정되기도 한다. 발생 시기에 대해서는 1980년대까지 기원전 5~4세기 무렵일 것이라 생각했으나 현재는 훨씬 소급시켜 심지어 기원전 10세기 무렵이라는 주장도 나오고 있다. 그러나 기원전 1천년기는 대기 중 탄소동위원소 비율이 불안정했던 시기라, 방사성 탄소연대에 의존한 청동기시대의 편년은 매우 어려운 문제이다.

송국리유형의 기원에 대해서는 청동기시대 전기문화가 점진적으로 변화해 발생했다는 자생설과 외래집단이 금강 유역에 정착해 발생하였다는 외래기원설이 있다. 자생설은 청동기시대 전기의 장방형 주거지에서 중간 형태인 휴암리식 주거지를 거쳐 송국리식의 원형 주거지가 발생했다고 설명한다. 외래기원설은 송국리식 토기의 몇몇 형태적 특징이 중국 동북지방의 토기에서 관찰되는 점을 중요시하며, 휴암리식 주거지는 송국리유형이 유입된 다음 청동기시대 전기 말의 토착문화와 접변이 일어나 발생한 것으로 추정한다. 그러나 두 입장 모두 이를 뒷받침하는 증거는 아직 뚜렷하지 않다.

송국리유형의 기원에 대한 관심과는 대조적으로, 그 종식에 대해서는 거의 알려진 바가 없다. 초기철기시대의 시작 직전인 기원전 5세기 말이 되면 마을의 규모가 급속히 작아지고 입지조건도 크게 달라지는 듯하지만 그 자세한 양상은 알 수 없다. 이 무렵 송국리유형은 일본에 확산되어, 야요이(彌生)문화의 성립에 중요한 역할을 했다. 규슈지방에서는 송국리식 주거지, 지석묘, 무문토기, 마제석기 등 한국 청동기문화 요소가 벼농사의 증거와 함께 조몬(繩文) 만기와 야요이 개시기의 유적에서 다수 발견되어, 이 지역이 본격적인 농경사회로 전환되는 과정에서 송국리유형이 기여한 바를 잘 보여준다.

III 유적

1 마을

청동기시대에는 본격적인 농경생활과 더불어 크고 작은 마을이 각지에 들어섰으며, 이를 토대로 공동체 차원의 노동력 동원을 전제로 하는 지석묘(고인돌)가 나타나기 시작했다. 마을은 그 위치가 하천변의 충적대지이건 구릉이건 농경에 유리한 입지조건을 갖춘 곳이라면 장기간 지속되었다. 화천 용암리 유적처럼 마을이 들어설 수 있는 공간이 제한된 곳에서는 청동기시대 전기부터 후기까지 계속해서 집이 만들어져 마을이 지속되었다.

마을의 규모나 주거지 형태는 시간이 흐르며 변했지만, 청동기시대에도 주거지는 신석기시대 이래의 수혈주거로서 내부에는 화덕, 기둥구멍, 배수구, 저장구덩이 같은 시설이 있다. 주거지는 열을 이루며 배치되거나 무작위로 군집해 만들어졌다. 마을 안팎에는 생산시설, 저장용 지상건물, 광장, 의례 공간 등의 생활시설, 환호(環濠)나 목책 같은 방어시설, 동물을 잡기 위한 함정과 무덤이 배치되었다. 공간 이용의 정형화는 생산력, 인구, 사회적 복합도 등이 증대하는 일련의 과정이 본격적으로 진행되었음을 말해준다.

청동기시대 전기의 마을은 평택 소사동, 아산 명암리나 천안 불당동·백석동 유적의 예와 같이 세장방형 주거지나 대전 둔산동, 연기 송원리·송담리, 청주 용암 유적과 같이 장방형 주거지 몇 채가 일정하게 열을 갖춘 형태로 이루어졌다. 세장방형 주거지는 폭에 비해 길이가 매우 길며 화덕과 저장시설을 여러 개 갖추고 있어, 여러 단위 세대가 공간을 분할해 거주하며 확대가족의 형태로 거주한 것으로 추정된다. 주거지 내부에 있는 화덕은 땅을 얕게 파기만 하고 아무 시설도 하지 않은 종류와 가

그림 50 울산 검단리 유적(上)과 창원 남산 유적(下)의 환호

장자리에 돌을 돌린 위석식(圍石式)이 있다. 전자는 주로 역삼동식 및 흔암리식 토기와 함께 발견되고 후자는 금강 중상류 지역에서 주로 가락동식 토기와 함께 발견되었다. 세장방형 주거지는 시간이 흐르면서 길이가 차츰 줄어들어 장방형이나 방형으로 바뀌었다.

　　전기의 늦은 단계에 해당되는 여주 흔암리, 진주 대평리와 상촌리를 비롯한 각

97

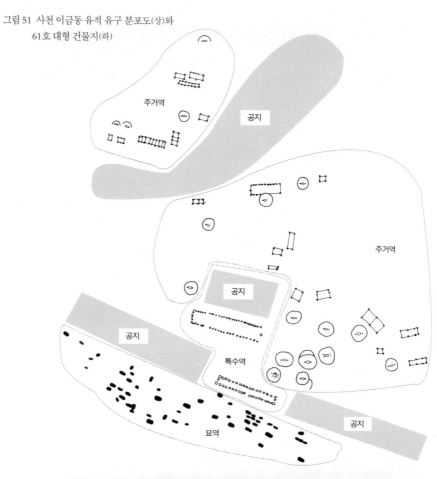

그림 51 사천 이금동 유적 유구 분포도(상)와
61호 대형 건물지(하)

주거역

공지

주거역

공지

공지

특수역

공지

묘역

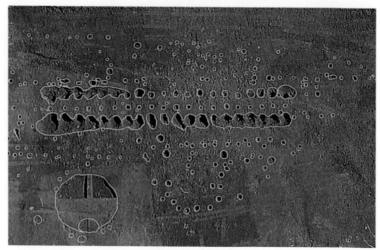

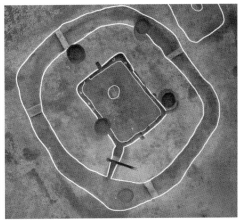

그림 52 배수구 달린 주거지: 울산 교동리 2호 주거지(좌), 울산 중산동 약수 II-7호 주거지(우)

지에는 수십 채 이상의 가옥으로 구성된 마을이 들어섰다. 농사를 지으며 살던 이런 마을유적에서 각 주거지의 크기나 유물의 질과 양은 차이가 있어, 농업경제가 정착하며 사회경제적 분화가 진행되었음을 알 수 있다.

송국리유형 단계에는 주거지의 평면이 원형 내지 방형으로 바뀌고 규모는 단독세대의 거주에나 적합한 작은 크기로 바뀌었다. 송국리식 주거지는 기본적으로 주거지 가운데에 구덩이가 있으며 그 양쪽으로 기둥구멍이 배치되어 있는 독특한 모습이다. 한편 울산, 경주, 포항 일대에서는 방형이나 장방형 주거지 내부의 벽구에서 시작해 밖으로 길게 배수구를 판 독특한 구조의 주거지가 발견된다.

송국리유형의 마을에서는 주거단위의 분화, 마을 규모의 확대, 목책이나 환호 등 방어시설의 보급, 마을의 기능 분화, 마을 단위에서의 위계질서 발생을 비롯한 여러 가지 중요한 사회경제적 변화가 나타난다. 이 시기에는 송국리 유적과 같이 목책이 에워싸며 수백 호 이상의 주거지로 구성된 대규모 마을이 만들어졌는가 하면, 한편으로는 소수의 주거지와 많은 저장구덩이로 구성된 마을도 있다. 이러한 양상은 마을 사이에 발생한 기능 분화 현상을 반영한다. 청원 궁평리, 보령 관창리를 비롯한 대형 마을에서 토기가마가 발견된다는 점도 마을의 기능 분화와 관련되는 현상일 것이다.

이상의 변화는 벼농사가 보급되며 농업 잉여가 커짐과 더불어 사회적 복합도가 증대해 정치권력이 발생했음을 말해주는 것으로 해석된다. 청동유물이 주로 무

그림 53 논 유적: 밀양 금천리(소구획, 상), 논산 마전리(계단식, 하)

덤의 부장품으로 출토되는 양상은 이러한 추정을 뒷받침해 주는 증거가 된다. 주거지 내부에 있던 저장시설이 송국리유형 발생 이후 규모가 축소된 주거지 바깥에 위치하는 변화는 농업 잉여에 대한 소유권이 각 주거단위에서 정치권력으로 이동했음을 시사해준다.

2 농경

청동기시대의 중국 동북지방과 북한지역도 농업을 기반으로 한 사회였는데, 남한지

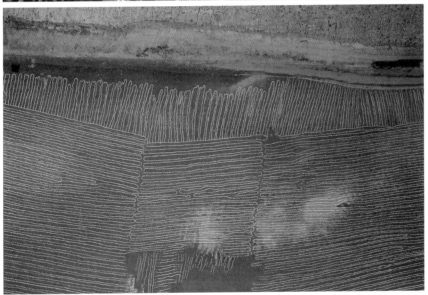

그림 54 밭 유적: 진주 대평 어은 1지구(상), 진주 대평 옥방 3지구(하)

역 각지에서 발견되는 곡물 자료와 논밭 유적은 청동기시대 사회가 농경사회였음을
말해준다. 대구 서변동과 매천동, 울산 교동리, 논산 마전리, 안동 저전리 등에서 조사
된 농경유적과 목제 농경도구가 그 증거이다. 반면, 동물 사육의 증거는 거의 발견되
지 않았는데, 동물성 단백질은 멧돼지나 노루를 비롯한 야생동물의 사냥과 어로를 통

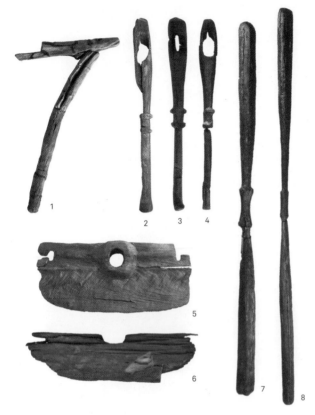

그림 55 목제 농공구 각종: 1. 광주 동림동 유적 자귀자루, 2. 대구 서변동
유적 석부자루, 3. 논산 마전리 유적 석부자루, 4~8. 대구 매천동 유적
석부자루, 절구공이, 고무래

해 획득했을 것이다.

벼농사는 반월형석도를 비롯한 농기구와 함께 중국 동북지역과 북한지역을 거쳐 남한 전역으로 확산된 것으로 추정된다. 실물로서의 쌀은 1970년대에 여주 흔암리와 부여 송국리 유적에서 탄화미가 발견된 이래 각지에서 계속 발견되고 있으며, 안동 저전리에서는 다량의 벼 껍질이 수습되기도 했다.

논은 밀양 금천리 유적이나 울산 무거동 옥현 유적에서 보듯 평지에서는 대체로 자그마한 방형이나 장방형의 구획 형태지만, 울산 야음동이나 논산 마전리 유적처럼 경사지에 계단식으로 만든 논도 확인되었다. 구획된 논 하나하나의 크기는 100m² 이상에 이르는 대형도 있지만 대체로 한 변의 길이가 수 m 이내인 소형이다. 논의 크기가 작은 것은 물 관리를 수월하게 하기 위해서였을 것이다. 논 유적에서는 수로와 물막이 설비 같은 수리시설 흔적도 발견되며, 대구 동천동이나 논산 마전리에서는 논에 물을 대기 위해 판 것으로 추정되는 우물도 발견되었다. 마전리의 나무 우물은 한반도에서 가장 오래된 것으로서, 모종의 제의가 치러졌음을 시사해주는 홍도(紅陶)와 새 모양의 목제품이 그 속에서 발견되었다.

청동기시대에는 밭농사도 널리 이루어졌는데, 작물로는 신석기시대 이래의 조, 피, 수수에 더해 보리, 밀, 기장, 콩 등이 재배되었다. 진주 대평리에서는 현재의 밭과 같은 모습의 이랑과 고랑을 갖춘 청동기시대 밭이 자연제방 위에서 발견되었다. 규모와 형태로 보아 공동체 단위의 소유로서 생산과 분배도 공동체 단위로 이루어졌다는 주장이 있다.

3 매장유적

지석묘는 한반도에서 수만 기가 발견된 한반도의 고유한 선사묘제이자 한국 청동기
문화권의 범위를 말해주는 증거라고 할 수 있다. 즉, 지석묘의 분포는 북으로 요하에
서 혼강(渾江) 유역, 남으로는 제주도와 일본 규슈에 미치고 있어서 무문토기와 비파
형동검을 비롯한 주요 청동기의 분포권 및 고조선을 비롯한 한국 고대사의 여러 정치
체의 영역과 어느 정도 일치한다. 지석묘의 등장 시점은 자료의 한계로 확정하기 어
렵지만, 청동기시대 전기에 널리 만들어졌으며 남한지역에서는 기원전 11~10세기
부터 만들어졌다는 의견이 우세하다.

　　지석묘에서는 여수 적량동의 사례와 같이 비파형동검 등의 청동기가 발견되기
도 해 유적의 연대나 사회 성격 및 피장자의 신분 등에 대한 단서를 얻기도 한다. 그
렇지만, 지석묘에서 발견되는 유물은 적은 편인데 이러한 현상은 청동기시대의 다
른 종류 무덤도 마찬가지라고 할 수 있다.

　　유물의 결핍으로, 지석묘 연구는 주로 그 외형과 구조를 중심으로 논의되어 왔
다. 연구 초창기에는 매장주체부의 위치와 지석의 형태 및 구조에 따라 탁자식과 기
반식(바둑판식)으로 나누었다. 대체로 탁자식은 북한지역에, 기반식은 남한지역에 분

그림 56　지석묘 각종: 탁자식–요령 해성시 석목성(좌상), 은율 관산리(우상), 기반식–창녕 유리(좌하), 개석식–
　　　　 김해 구산동(우하)

포함다고 보았지만, 두 가지 종류로 지석묘를 나누기에는 그 형태가 너무 다양하며 분포 양상도 단순하지 않음이 드러났다. 1970년대에 들어와서는 지석의 존재가 뚜렷하지 않은 종류를 가리켜 개석식 지석묘라는 명칭이 널리 사용되기 시작했으며, 이후 다양한 형식분류와 명칭이 제시되고 형식 사이의 상관관계가 설정되었다.

그러한 다양한 의견은 지석묘의 전체 구조, 상석의 형태, 매장부의 형태와 구조 및 묘역의 설치 유무를 비롯한 여러 속성을 기준으로 한 것이나, 이 중 어느 것이 특별히 더 좋다고 말할 수는 없다. 왜냐하면 지석묘는 그 건립에 사전 계획과 노동력 동원이 필요하지만 상황에 따라 얼마든지 편의적인 건립이 가능해 완성된 모습은 다양할 수 있으며 하나의 지석묘군 속에도 다양한 종류가 혼재할 수 있기 때문에, 지석묘의 외형 분류를 통해 그 형태의 변천과 연대를 밝히는 것은 어려운 일이다.

그림 57 석관묘(상)와 옹관묘(하): 진주 대평 어은 1지구 3호(좌상), 옥방 1지구 346호(우상), 익산 석천리(좌하), 익산 화산리(우하)

그림 58 진안 여의곡 지석묘군

　석관묘는 청동기시대 전기부터 초기철기시대에 걸쳐 나타나는데, 호남과 호서지방에서는 송국리유형 등장 무렵부터 송국리형 묘제의 하나로서 널리 사용되었다. 석관묘는 그 자체가 독립된 매장유구이기도 하지만, 지석묘의 하부구조나 부속시설로도 만들어졌다. 따라서 일부 석관묘는 상부구조가 사라진 지석묘의 하부구조일 수 있으며, 양자 사이에는 깊은 관계가 있을 것으로 보인다.

　영호남지방에서는 청동기시대 전기의 늦은 시기부터 매장시설이 일정한 묘역 내에 만들어지기 시작하며, 송국리유형 등장 이후 해당 사례가 증가하는 듯하다. 이러한 유형의 무덤은 돌을 둘러 그 경계를 확정한 묘역 내에 지석묘나 석관, 토광, 옹관 등의 매장시설을 배치하였다. 이러한 무덤은 매장주체부의 종류나 위치, 구조의 다양함에도 불구하고 명확하게 설정한 묘역을 갖추었다는 공통점을 보여, 구획묘라 부르고 있다. 예를 들어, 전북 진안의 용담댐 수몰지구 내에서 발견된 지석묘는 그 묘역을 돌로 두르고 있기 때문에, 구획묘의 한 종류인 묘역식 지석묘라 불리고 있다. 묘역식 지석묘의 대표적인 유적으로는 사천 이금동, 창원 덕천리, 마산 진동리, 김해 율하 유적 등이 있으며 산청 매촌리 유적에서는 장례용 제단으로 추정되는 시설도 발견되었다.

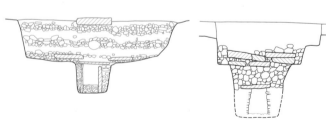

그림 59 묘역식 지석묘와 매장주체부 단면도:
김해 율하 A2-19호(상), 마산 진동
A군 1호(중), 보성 동촌리 2호(좌하),
창원 덕천리 1호(우하)

그림 60 춘천 천전리 주구묘군

　한편, 매장주체부 가장자리에 도랑을 둘러 묘역을 표시한 일종의 주구묘(周溝墓) 형태의 무덤도 춘천 천전리, 홍천 철정리, 진주 대평리 옥방 8지구 등 여러 곳에서 발견되고 있다. 이런 무덤은 묘역의 형태와 크기가 다양해 큰 것은 그 길이가 40m를 넘는 경우도 있다. 매장주체부는 주로 지하 혹은 반지하식으로 설치한 석관이나 토광이 발견되는데, 간혹 두 개의 석관이 쌍을 이루고 있기도 한다.

IV 유물

1 청동기

청동은 용융점이 1093℃인 구리 80~90%에 327℃인 주석 10~20%와 232℃인 납을 비롯해 아연 등의 광물 10% 미만을 섞어 용융점을 900℃ 이하로 낮춘 합금이다. 청동의 합금원소 비율은 청동기의 종류와 용도에 따라 다른데, 배합비에 따라 석청동(錫靑

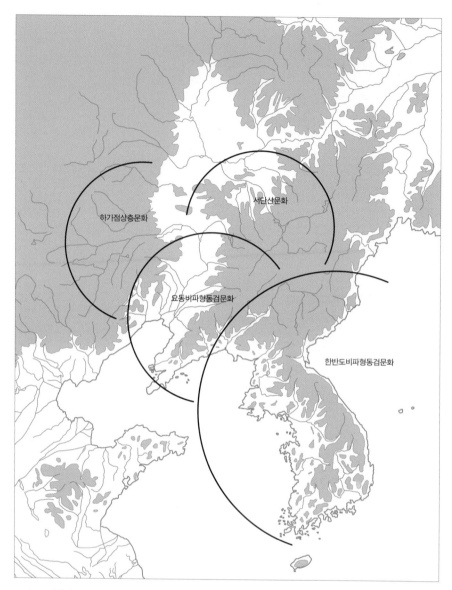

그림 61 비파형동검 문화권

銅), 연청동(鉛靑銅), 아연청동(亞鉛靑銅), 황동(黃銅) 등으로 구분한다. 한국 청동기시대
의 대표 유물인 비파형동검과 초기철기시대의 세형동검은 주석 함량 17~20%, 초기
철기시대의 세문경은 주석 함량 27% 정도의 석청동이다.

　　청동기시대 및 초기철기시대에 청동기 제작을 위한 원료를 어떻게 획득했는가

에 대해서는 그다지 알려진 바가 없다. 다만 중국 동북지방에서는 요하 서쪽의 대정
(大井) 광산에서 청동기시대 이른 단계의 채굴 흔적이 보고된 바 있다. 한반도에서는
금강 유역에 동광이 많다는 『세종실록지리지』의 기록을 볼 때, 이 지역이 선사시대
에도 주요 구리 산지였을 것이라 추측할 수 있으나, 납과 아연이 한반도에 비교적 풍
부히 산출된다고 해도 어떻게 채굴된 것인지 알 수 없으며 흔치 않은 광물인 주석의
경우에는 더욱 수수께끼라 하겠다. 또한 활석이나 사암으로 만든 거푸집은 여러 곳
에서 알려졌지만, 청동기를 만들던 공방
유적은 아직 확인되지 않았다.

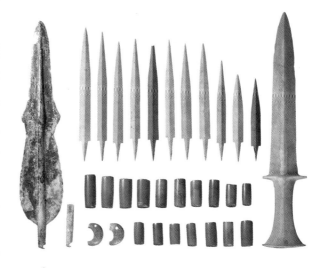

　한국 청동기문화권과 그 주변 지
역에서 청동기는 기원전 2000년 전후
등장해 500여 년 뒤 소멸한 하가점 하층
문화 단계에 처음 등장한 것으로 보인
다. 이후 하가점 상층문화의 대표적 유
물은 중국 동북지방에서 기원한 비파형
동검이다. 비파형동검은 한반도에서 모
두 60여 점이 발견되었다. 이 외에도 비
파형동모(琵琶形銅鉾), 조문경(粗文鏡), 동
촉(銅鏃) 및 선형동부(扇形銅斧) 등의 관
련 유물 모두 40여 점이 발견되었다.

　비파형동모는 한반도에서 모두 10
여 점 발견되었는데, 여수 적량동 상적
지석묘에서는 비파형동검과 같이 출토
되었다. 조문경은 중국 동북지역에서는
조양 십이대영자에서 비파형동검과 함
께 발견된 것이 가장 이른 시기의 것이
라고 여겨지고 있다. 한반도에서도 이
와 유사한 거울이 평양, 충남, 성천 등지
에서 출토되었다고 전해진다. 조문경이
어떤 유물과 공반하는가는 확실하지 않

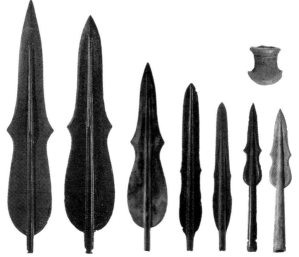

그림 62 부여 송국리 석관묘 출토 일괄 유물(상)과 각지 출토 비파형동검,
동모, 선형동부

으나, 중국 동북지방의 양상을 볼 때 비파형동검의 확산과 더불어 한반도에 나타났을 것이다. 선형동부는 의주 미송리 동굴과 속초 조양동 지석묘에서 출토된 바 있으며, 이 역시 비파형동검의 확산과 더불어 한반도에 나타났을 것이다. 화살촉으로는 양익형(兩翼形) 동촉이 사리원 상매리, 고성 거진리, 강릉 포남동 등에서 발견되었다.

1980년대까지, 한반도에서 비파형동검은 송국리 주거지의 방사성탄소연대를 근거로 기원전 5세기 무렵 나타났다고 생각했지만 1990년대 이후로는 기원전 9~8세기라 추정하고 있다. 비파형동검은 함경북도를 제외한 모든 지역에서 알려졌으며, 흥미롭게도 전남 남해안을 따라 고인돌에서 여러 점이 발견되고 있고, 청천강 이북과 요동 지역에서는 미송리식 토기와 함께 발견된다. 한반도 남부에서 발견된 비파형동검은 중국 동북지방과 달리 손잡이 장착을 쉽게 하기 위해 자루에 홈을 판 유구경식(有溝莖式)이 대부분이다.

중국 동북지방에서 비파형동검은 주로 석관묘, 적석묘, 토광(목관)묘 등의 무덤에서 미송리식 토기, T자형 검병(劍柄), 비파형동모, 선형동부, 조문경 등과 함께 발견되고 있다. 이러한 양상을 가리켜 비파형동검문화라 부르며, 그 양상은 지역에 따라 약간의 차이가 있다. 비파형동검이 요령 및 길림·장춘 지역에서 한반도에 걸쳐 발견되기 때문에, 이것은 한국 청동기문화권 내에서 모종의 광범위한 교류가 있었음을 추정하는 근거로 다루어진다. 비파형동검은 기원전 15세기에 등장했다는 주장도 있지만, 대체로 하가점 상층문화가 나타날 무렵인 기원전 11~10세기, 혹은 그 직후인 기원전 10세기에서 9~8세기 무렵에 요령과 길림·장춘 지역에서 등장했다고 여겨진다. 이때 하가점 상층과 하층 문화는 문화적

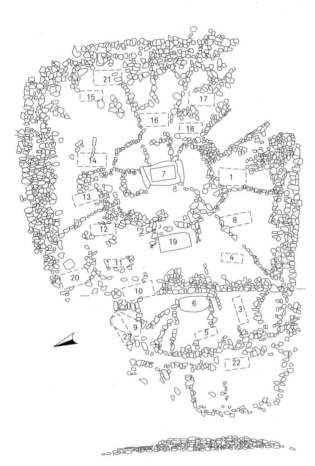

그림 63 대련 강상묘 유구 배치도

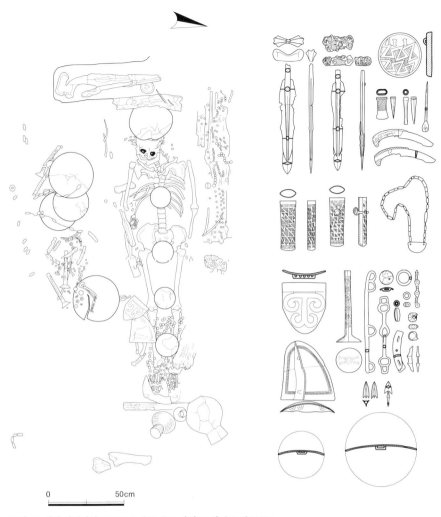

그림 64 심양 정가와자 6512호묘 유물 출토 상태(좌)와 출토 유물(우)

계승관계가 없으며, 비파형동검문화와도 별개의 전통이라 여겨지고 있다.

중국 동북지방의 비파형동검 및 비파형동검문화의 기원과 주체에 대해서는 요동에서 기원했으며 예맥족 혹은 고조선의 문화라는 입장과 동호(東胡)의 문화로서 요서에서 기원했다는 견해가 대립하고 있다. 혹은 동호 대신 산융(山戎)이나 숙신(肅愼)을 비롯한 여러 융적(戎狄)이 그 주체라는 견해도 있다. 이를 남긴 주체를 밝히기는 어렵지만, 최근에는 비파형동검이 요서에서 먼저 등장했다는 주장이 힘을 얻고 있다.

북한 학계는 1980년대까지 비파형동검이 기원전 12세기에서 10세기 사이에 요동에서 처음 나타나 기원전 5세기까지 지속된다고 생각해 고조선의 발원지와 중심지가 요동이라고 주장했다. 즉, 중국 동북지방의 비파형동검 중에서 30cm 미만에 봉부가 짧은 쌍방(雙方)이나 이도하자(二道河子) 등의 석관묘 출토품이 가장 이른 시기이며, 이어서 강상묘, 십이대영자, 남산근 101호묘 등에서 출토된 봉부가 좀 더 길며 길이가 30~35cm 정도인 동검이 등장했고, 마지막으로 정가와자 6512호묘, 누상(樓上)묘 등에서 발견된 좀 더 세장하며 봉부도 길고 돌기가 현저하지 않은 종류로 변화했다고 주장하였다.

비파형동검 요서기원설의 입장은 대체로 위의 안과 역순으로 그 형태가 변했으며 요령과 접한 내몽고 영성 일대 또는 발해만 객좌(喀左) 화상구(和尙溝) 출토품을 가장 이른 시기로 추정하고 있다. 한반도 출토 비파형동검 중에서는 부여 송국리 석관묘 출토품이나 대전 비래동 출토품이 가장 이른 시기의 유물이라고 보는 견해가 유력한데, 형태 변화에 대해서는 여러 의견이 제시되었다. 아무튼 시간이 흐르며 비파형동검은 폭이 좁아지고 길이가 길어져 결국 초기철기시대의 세형동검으로 변화했다.

2 석기

청동기의 등장에도 불구하고 청동기시대의 일상용 도구는 석기였으며, 석기는 초기철기시대까지도 잔존하였다. 청동기시대의 석기는 대부분 정교하게 갈아 만든 마제석기(간석기)로서, 주거지 안팎에서는 일련의 석기 제작 과정을 복원할 수 있는 공방 흔적이나 관련 유물 혹은 반제품이 발견되기도 한다. 그러나 석재 원산지 비정을 비롯해 원료의 확보, 운송에서 제작품의 유통과 보급에 대해서는 알려진 바가 별로 없다. 석기의 종류는 석검, 석창, 석촉, 석부, 반월형석도, 갈돌과 갈판, 숫돌, 방추차, 그물추 등 매우 다양하며, 기능도 분화되어 무기, 수렵구, 벌채구, 가공구, 농경구, 식량처리구, 방직구, 어로구 등으로 나누어 볼 수 있다.

청동기시대의 석기 중에서도 마제석검은 무문토기와 더불어 청동기시대의 표지유물로서, 주거지나 무덤 모두에서 발견된다. 마제석검은 대체로 실용기로 사용된 것으로 보이는데 비파형동검을 모방해 만들어졌다고 해석되기도 한다. 그러나 무덤에서는 무늬를 새기거나 투조 장식을 하거나 과장된 형태로 만든 비실용적 의

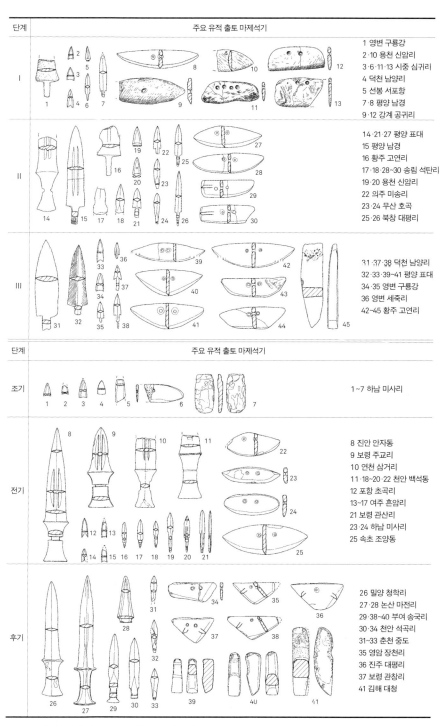

단계	주요 유적 출토 마제석기	
I		1 영변 구룡강 2·10 용천 신암리 3·6·11·13 시중 심귀리 4 덕천 남양리 5 선봉 서포항 7·8 평양 남경 9·12 강계 공귀리
II		14·21·27 평양 표대 15 평양 남경 16 황주 고연리 17·18·28~30 송림 석탄리 19·20 용천 신암리 22 의주 미송리 23·24 무산 호곡 25·26 북창 대평리
III		31·37·38 덕천 남양리 32·33·39~41 평양 표대 34·35 영변 구룡강 36 영변 세죽리 42~45 황주 고연리

단계	주요 유적 출토 마제석기	
조기		1~7 하남 미사리
전기		8 진안 안자동 9 보령 주교리 10 연천 삼거리 11·18~20·22 천안 백석동 12 포항 초곡리 13~17 여주 흔암리 21 보령 관산리 23·24 하남 미사리 25 속초 조양동
후기		26 밀양 청학리 27·28 논산 마전리 29·38~40 부여 송국리 30·34 천안 석곡리 31~33 춘천 중도 35 영암 장천리 36 진주 대평리 37 보령 관창리 41 김해 대청

그림 65 마제석기의 변화: 북한지역(상), 남한지역(하)(손준호 2006)

례용기로 보이는 것이 가끔 발견된다. 무덤에서 발견되는 마제석검 중에는 일부러 부러뜨렸거나, 무덤 내 특정 위치에 특정한 자세로 놓인 채 발견되는 것도 있다.

　　마제석검은 밑 부분을 자루에 끼울 수 있게 슴베 형태로 만든 유경식(有莖式)과 손잡이를 만든 유병식(有柄式)으로 나뉘며, 유경식은 슴베 길이에 따라 장경식(長莖式)과 단경식(短莖式)으로, 유병식은 손잡이 중앙부의 형태에 따라 일단(一段)병식과 이단(二段)병식으로 나뉜다. 유경식은 장경식에서 단경식으로 점차 변하며, 유병식은 청동기시대 전기에는 이단병식이 유행하다 남한지역에서는 송국리유형 등장 이후 일단병식으로 변화한다. 몸체에 두 줄로 길게 판 피홈(血溝)은 이른 시기의 석검에서 좀 더 자주 만들어졌으며, 팽이형토기 지역인 대동강 유역과 황해도지역에서 특히 많이 보인다.

　　석촉은 슴베의 유무, 전체 형태와 횡단면 형태에 따라 편평삼각만입(灣入)촉, 일단경촉, 이단경촉, 유엽형석촉 등으로 나뉜다. 남한지역에서는 돌대각목문토기와

공반하는 예가 많은 편평삼각만입촉이 가장 먼저 등장했다고 판단된다. 이단경 석촉은 전기에 유행했으나, 일단경 석촉은 송국리유형 단계에 들어 유행했고 장릉형(長菱形) 또는 일체형이라 불리는 긴 석촉도 이때 등장한 것으로 보인다.

　　반월형석도는 마제석검과 더불어 청동기시대의 대표적 석기로서, 곡물 수확용 칼이다. 평면 형태에 따라 장방형, 제형(梯形), 즐형(櫛形), 어형(魚形), 주형(舟形), 삼각형 등으로 분류하며, 그중 삼각형석도가 가장 늦게 송국리유형 단계에 등장했다. 그러나 각 형식의 시공적 분포와 편년에 대해서는 아직 확정된 의견이 없다.

　　석부는 날의 가공 방향과 형태, 종단면 형태 및 평면 형태에 따라 분류된다. 자루를 보다 효율적으로 장착할 수 있는 편인(偏刃)석부인 유단(有段)석부와 유구(有溝)석부는 비교적 늦게 등장했고 지역에 따라 상이한 형식이 발견된다. 유단석부는

그림 66 춘천 천전리 47호 주거지 석촉 출토 상태(상)와 석부류 각종 복원(하)

그림 67 일본 사가(佐賀) 나바다케(菜畑) 유적 출토 한반도계 마제석기 각종

대동강 유역에서 등장했으며, 유구석부는 송국리유형 시기에 남한지역에서 등장해 초기철기시대까지 이용되었다. 이 외의 석기로서는 대패나 끌의 날로서 사용되었다고 보이는 석기가 발견되며, 곤봉대가리라 불리는 달도끼와 별도끼처럼 가운데에 구멍을 뚫고 자루를 끼운 것이 있다.

3 토기

무문토기란 신석기시대 토기에 비해 표면에 거의 무늬를 새기지 않았다는 특징에서 붙여진 이름이다. 무문토기는 바탕흙에 모래나 장석 등의 혼입물이 상대적으로 많이 섞여 있어 상당히 거친 느낌을 준다. 그럼에도 불구하고, 구연부의 이중 처리(二重口緣), 돌대문(突帶文), 공렬문, 구순각목문(口脣刻目文), 사선문(斜線文)이 개별적으로, 혹은 섞여서 나타나고 있고 토기의 전체적인 형태 역시 시간의 흐름에 따라 조금씩 바뀌기 때문에 편년 설정에 도움을 주고 있다. 한편, 무문토기와 함께 주거지에서는 실을 자을 때 쓰던 방추차(가락바퀴)나 그물추, 혹은 용도 미상의 작은 구슬 같은 토제품이 발견되고 있다.

무문토기는 청동기시대 이후에도 계속 제작되었으며, 지역에 따라서는 원삼국시대까지 그 맥이 이어졌다. 토기 표면은 보통 황갈색이나 적갈색이지만, 표면에 광물질을 입히고 문질러 윤을 내기도 했다. 바닥은 자그마한 단지 종류를 제외하면 모두 납작하다. 크기는 다양하며, 손잡이나 굽다리가 붙는 등 여러 종류가 있다. 토기의 형태적 다양성은 지역과 시간에 따른 토기 제작 양식의 변화와 토기의 기능적 분화를 말해준다.

  예를 들어, 평안도와 황해도에서는 바닥이 좁아 마치 팽이 같은 인상을 주는 팽이형토기, 함경도와 두만강 유역에서는 몸체 상부 가장자리에 구멍을 뚫은 공렬문토기, 압록강 유역에서는 공귀리식 토기와 미송리식 토기 등이 알려져 있다. 남한지역에서는 앞에서 언급된 가락동식, 흔암리식, 송국리식 토기 등이 알려져 있다.

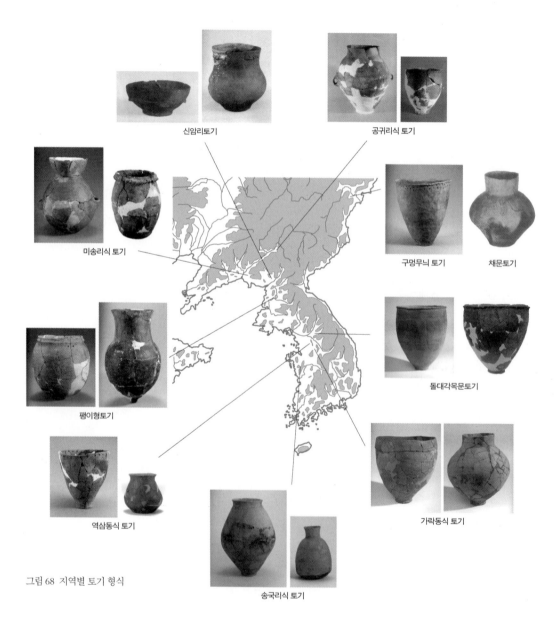

그림 68 지역별 토기 형식

기능 면에서 무문토기는 의례용기와 일상생활용기로도 나누어 볼 수 있다. 매장의례를 위한 토기로는 자그마한 단지 형태의 홍도나 채문토기(彩文土器), 혹은 그 변형인 가지무늬토기, 굽다리토기 종류가 있으며, 이런 토기는 무덤 주변에 흩뿌린 파편으로 발견되기도 한다. 집자리에서 발견되는 생활용기로는 저장용 토기인 옹이나 호 종류 이외에도 심발형토기, 바리(鉢), 잔을 비롯해 크고 작은 종류가 있다. 생활용기는 대부분 표면에 특별히 처리를 하지 않은 평범한 것이지만 표면을 붉은색으로 마연한 것도 더러 발견된다.

무문토기는 이전 시대의 토기와 마찬가지로 노천에서 제작되었지만, 가마의 형태는 한 단계 발전한 수혈식 노천요로 추정된다. 깊이 1m 미만의 얕은 움 형태로서, 폭과 너비가 1m 내외의 작은 것도 있지만 보통은 수 m 정도의 규모이다.

단군릉

북한 학계는 1993년 김일성의 교시에 의해 평양의 한 무덤을 발굴한 후, 그 무덤이 단군릉임을 밝혀냈다는 충격적인 발표를 하였다. 무덤에서 출토된 인골 중 키가 170cm가 넘고 나이가 많은 남성의 인골은 단군, 섬약한 여성의 인골은 단군의 부인으로 추정되었다. 인골을 시료로 삼아 과학적인 연대측정을 행한 결과 인골의 연대는 기원전 3000년 이전으로 소급된다고 주장하였다.

이로써 단군은 신화에서 역사로 자리매김 되었고 고조선의 국가 형성 시점은 기원전 3000년 이전으로 상향조정되었다. 아울러 고조선의 중심지는 처음부터 끝까지 평양 일대였다고 주장하면서 1960년대 이후 정설의 위치를 점하고 있던 고조선 재요령설은 한번에 뒤집어지게 되었다. 이른바 단군릉의 발견 이후 북한 학계는 고조선만이 아니라 고대사와 고고학 전반에 걸친 재해석 작업을 거쳐 평양은 우리 역사의 성지이며 세계 문명의 중심지라는 대동강문명론이 주장되었다.

하지만 단군릉이라고 주장된 무덤은 최초의 보고서를 검토할 때 3개의 관대를 갖춘 고구려의 횡혈식석실분임이 분명하다. 나이 많은 남성의 인골과 섬약한 여성의 인골이 출토되었다는 사실이 이 무덤이 단군릉이라는 주장을 뒷받침하지는 못한다. 지역주민들이 단군릉이라 불러왔다거나 조선시대 지리서에 단군릉이라고 기록되었다는 사실도 이 무덤이 단군릉임을 입증하는 것은 아니다.

북한 학계는 이 무덤을 단군릉으로 단정한 후 인근에 장군총을 본뜬 거대한 건축물을 새로 건설하고 단군릉을 개건하였다고 선전하였다. 1994년에 기공된 개건 단군릉은 1994개의 화강암을 다듬어 만든 거대한 건축물로서 처음 단군릉이라 주장되고 발굴된 무덤과는 전혀 무관한 북한의 현대 건축물에 불과하다. 공교롭게도 바로 이 시점에 고구려 시조 동명왕의 무덤이라고 전해지는 평양의 전 동명왕릉, 고려 왕건의 무덤인 왕건릉 등이 모두 개건되고 정비되었다. 따라서 북한 학계가 단군릉의 개건에 총력을 기울인 배경에는 단순히 학문적인 목적만이 아니라 남한과의 정통성 경쟁, 해외동포를 포괄한 통일운동의 추진 등 복잡한 정치외교적인 요인이 잠복해 있는 것으로 판단된다.

청동기시대의 예술과 의례

청동기시대에는 예술과 의례도 상당히 발달했을 것이다. 예술 관련 자료는 암각화가 대표적인데 모두 15개소 정도가 알려져 있다. 그러나 모든 암각화가 청동기시대에 제작되었다고 단정할 수는 없다. 암각화의 내용은 포항 인비동, 여수 오림동 등 고인돌에 보이는 마제석검이나 석촉 같은 석기, 울산 반구대에 그려진 인물과 동물, 배 등의 형상, 고령 양전동이나 고인돌에 그린 동심원과 방패 같은 추상적 문양 등 다양하다.

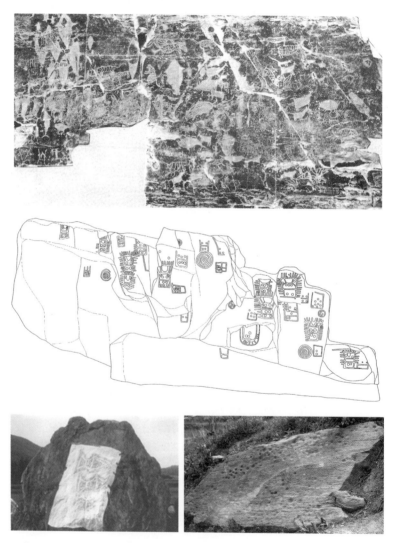

그림 69 암각화: 울산 반구대(상), 고령 양전동(중), 포항 인비동(좌하), 함안 도항리(우하)

그림 70 산청 묵곡리 제사유적(상)과 출토 유물(하)

의례와 관련된 자료는 그리 많지 않다. 산청 묵곡리에서는 하천에 토기와 석기를 깨뜨려 뿌린 흔적이 발견되었는데 모종의 제사를 치른 결과로 판단된다. 진주 대평리 어은지구의 주거지에서는 지진구(地鎭具) 등 생활의례의 흔적이 발견되었다. 또 각지의 매장유적에서는 토기를 깨뜨려 뿌린 장송의례의 흔적이 발견되며, 동물이나 곡물 등을 일정하게 배치한 농경의례의 흔적도 춘천 천전리나 포항 인덕산 유적 등지에서 발견되었다.

참고문헌

강인욱, 2005, 「한반도출토 비파형동검의 등장과 지역성에 대하여」, 『한국상고사학보』 49, 한국상고사학회.

국립중앙박물관, 2010, 『2010년 특별전-청동기시대 마을 풍경』, 국립중앙박물관.

김권구, 2005, 『청동기시대 영남지역의 농경사회』, 학연문화사.

김권중, 2008, 「청동기시대 주구묘의 발생과 변천」, 『한국청동기학보』 3, 한국청동기학회.

김규정, 2007, 「청동기시대 중기설정과 문제」, 『한국청동기학보』 1, 한국청동기학회.

김범철, 2007, 「충남지역 송국리문화의 생계경제와 정치경제-농업집약화관련 설명모형을 통해 본 수도 작」, 『호남고고학보』 24, 호남고고학회.

김병섭, 2009, 「남한지역 조·전기 무문토기 편년 및 북한지역과의 병향관계」, 『한국청동기학보』 4, 한국 청동기학회.

김승옥, 2001, 「금강유역 송국리형 묘제의 연구」, 『한국고고학보』 45, 한국고고학회.

_____, 2006, 「청동기시대 주거지의 편년과 사회변천」, 『한국고고학보』 60, 한국고고학회.

김장석, 2008, 「송국리단계 저장시설의 사회경제적 의미」, 『한국고고학보』 67, 한국고고학회.

_____, 2008, 「무문토기시대 조기설정론 재고」, 『한국고고학보』 69, 한국고고학회.

김재윤, 2004, 「한반도 각목돌대문토기의 편년과 계보」, 『한국상고사학보』 46, 한국상고사학회.

김현식, 2005, 「울산식 주거지의 증축과 사회적 의미」, 『영남고고학』 36, 영남고고학회.

박순발, 1999, 「흔암리유형 형성과정 재검토」, 『호서고고학』 1, 호서고고학회.

배진성, 2009, 『무문토기문화의 성립과 계층사회』, 서경문화사.

손준호, 2006, 『청동기시대 마제석기 연구』, 서경문화사.

송만영, 2002, 「남한지방 농경문화형성기 취락의 구조와 변화」, 『한국농경문화의 형성』, 한국고고학회.

안재호, 2000, 「한국 농경사회의 성립」, 『한국고고학보』 43, 한국고고학회.

_____, 2004, 「중서부지역 무문토기시대 중기취락의 일양상」, 『한국상고사학보』 43, 한국상고사학회.

이영문, 2002, 『한국지석묘사회연구』, 학연문화사.

이청규, 1988, 「남한지방 무문토기문화의 전개와 공렬토기문화의 위치」, 『한국상고사학보』 1, 한국상고 사학회.

이형원, 2009, 『청동기시대 취락구조와 사회조직』, 서경문화사.

이홍종, 2000, 「무문토기가 미생토기 성립에 끼친 영향」, 『선사와 고대』 14, 한국고대학회.

_____, 2007, 「송국리형 취락의 공간배치」, 『호서고고학』 17, 호서고고학회.

천선행, 2005, 「한반도 돌대문토기의 형성과 전개」, 『한국고고학보』 57, 한국고고학회.

초기철기시대

I 시대 개관

한국고고학에서 초기철기시대라 부르는 시기는 대체로 기원전 300년 무렵부터 기원전 100년경까지를 말한다. 이 시기에는 연(燕)나라의 영향으로 주조철기가 보급되면서 철기문화가 시작되지만 아직은 철 소재와 철기의 대량 생산이 본격적으로 이루어지지 못한 단계이다. 초기철기시대 이후 기원전 1세기 무렵부터 기원후 3세기 중엽까지의 시기는 원삼국시대에 해당된다. 하지만 초기철기시대와 원삼국시대를 통합하여 철기시대라고 하거나, 그 전반을 철기시대 전기, 후반을 철기시대 후기로 보는 견해도 있다.

중국 동북지방에서는 좀 더 이른 시기부터 철기가 등장하였으며, 한반도에서 건너간 것으로 판단되는 일본의 초기 철기문화가 기원전 4~3세기경으로 소급되기 때문에 한반도에서도 초기철기시대의 상한은 기원전 4세기 이전으로 올라갈 가능성이 높다.

초기철기시대에는 철기가 보급되기는 하였지만 한반도 안에서는 오히려 청동기의 제작 기술이 최고도에 도달하였으며 청동기시대에 사용되던 마제석기도 이어지는 모습을 보이고 있다. 이 시대는 역사적으로 볼 때 후기 고조선과 위만조선에 걸쳐 있다. 후기 고조선과 위만조선은 중국 전국시대의 연나라, 이후의 진·한제국과 외교와 교역, 한편으로는 전쟁을 치르면서 내적 발전을 이루어 국가체로 성장해 간다. 이 시기에 중국 동북지역의 송화강 유역에서는 부여가 성장하고 있었으며 압록강 유역에서는 초기 고구려 사회가 형성되어 가고 있었다.

이 시대의 사회와 문화를 고고학적으로 설명하는 유적유물 갖춤새는 중국 동북지역 일대와 한반도에 걸쳐 크게 네 가지 유형으로 정리될 수 있다. 요동지역과 청천강 이북의 서북한지역에서 유행한 세죽리-연화보(蓮花堡)유형, 송화강 유역의 대해맹(大海猛)-포자연(泡子沿)유형, 연해주지역의 단결(團結)-크로노프카유형, 그리고 청천강 이남의 남성리-초포리유형이다. 여기에 송눈(松嫩)평야의 한서(漢書) 2기 유형을 추가하는 의견도 있지만, 이 문화유형은 중원계통의 요서지역 문화에 가까워

그림 71 문화유형과 분포권(이청규 2005): I. 세죽리-연화보유형, II. 대해맹-포자연유형, III. 단결-크로노프카유형, IV. 남성리-초포리유형

제외해야 된다는 의견이 보다 강하다. 송화강 유역과 연해주지역의 문화유형은 각각의 시간적 하한이 기원후 2~3세기까지 지속되는 것으로 알려져 지역별 교차편년에 어려움이 있다. 단결-크로노프카문화에서는 밀폐된 가마에서 구운 환원염 소성의 토기가 드물고 석기가 오랫동안 존속되는 등 지역적인 특성이 강하게 남아 있다.

II 초기철기문화의 전개

1 I기(기원전 4세기 말~3세기 전반)

이 시기에 한반도에서 세형동검(細形銅劍)을 비롯하여 다량의 청동기가 부장된 무덤은 서남해안의 당진만과 삽교천, 금강과 만경강 연변의 아산 남성리, 예산 동서리, 대전 괴정동, 부여 연화리 등지에서 발견되었다. 이러한 지점은 서해안 교통로의 요충지로서, 당시 문화적 선진지역인 요동지역과 해상을 통한 연안 교류에 매우 유리한 곳이다. 충남 서해안과 요동지역의 교류는 심양(瀋陽) 정가와자(鄭家窪子) 유적에서 출토된 각종 청동기와 점토대토기, 흑도장경호가 충남 서해안에서도 나오는 사실을 통하여 추정할 수 있다. 서해안에 인접한 보령 교성리와 안성 반제리 등지의 마을유적에서 단면 원형의 점토대토기가 출토된 사실도 이러한 추정을 뒷받침해 준다.

　　그러나 동검·동경·이형 동기를 구체적으로 비교해보면 양 지역

그림 72 여순 윤가촌 12호 적석목관묘와 세형동검

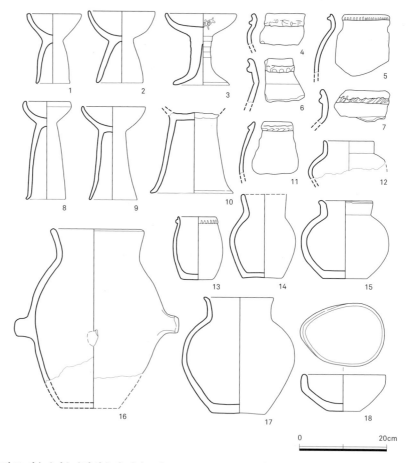

그림 73 여순 윤가촌 유적 하층 제2기의 토기: 1~3·13·14·17. 12호 토광묘, 4~12·15·16·18. 11호 수혈

간에 형식적 차이가 있고, 연대도 일정한 차이가 있다. 심양 정가와자 유적과 동일한 형태의 청동기 및 토기 갖춤새는 대동강 유역의 평양 신성동 유적에서 확인된다. 따라서 요동지역의 정가와자유형 문화가 평양 등을 거쳐 간접적으로 혹은 다소 시차를 두고 충남 서해안에 전파되었다고 보인다.

기원전 4세기 말~3세기 초에 진개(秦開)가 이끄는 연나라 군대가 고조선과 동호(東胡)를 물리쳤다는 역사적 사건과 맞물려 중국 동북지역-연해주-한반도에 비로소 철기문화가 보급되기 시작한다. 이 철기문화는 요동과 서북한 지역에 집중적으로 분포하는 세죽리-연화보유형으로 대표된다. 화폐의 일종인 명도전을 비롯하여 주조철기와 타날문 회색토기가 주요한 요소인데, 요령성의 무순(撫順) 연화보(蓮

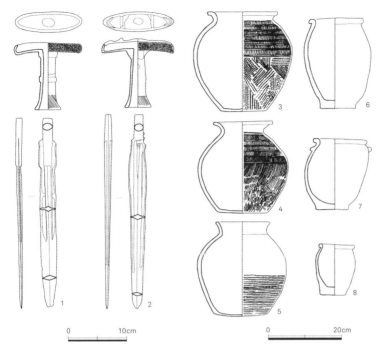

그림 74 본계 상보촌 석곽묘 출토 유물: 1·2·4·7, 1호묘, 3·6·10, 2호묘, 5·8, 3호묘

花堡), 금(錦)현 고려채(高麗寨), 대련(大連) 목양성(牧羊城)과 평북 영변 세죽리, 박천 단산리 등의 생활유적이 대표적이다.

청천강 이북과 요동지역의 여러 유적에서 다량으로 매납된 채 발견되는 명도전은 연나라의 영향 아래에서 활동하던 주민이 남긴 것으로 보는 것이 합리적이다. 그중에는 요동지역에 남아 있었던 고조선인도 있었을 가능성이 크다. 고조선계의 점토대토기와 세형동검, 중국계의 회색토기와 주조철기가 함께 부장된 본계(本溪) 상보촌(上堡村) 석관묘의 존재가 그 근거가 된다.

한편 천산산맥 동쪽에서도 연나라 철기문화의 영향을 받아 대해맹-포자연유형, 단결-크로노프카유형이 등장하였다. 진·한대의 각종 철기가 풍부하게 발견되는 세죽리-연화보유형 지역과 달리 한군현이 설치되는 기원전 2세기 말까지는 일부 철기만 선택적으로 수용되었을 뿐이다. 명도전과 회색토기도 요동과 청천강 이북의 서북한지역에 대량 보급되었을 뿐 그 동쪽 시역에서는 기의 보이지 않는다.

연나라의 철기문화가 보급될 무렵 중국 동북지방과 연해주에서는 수장급 무덤

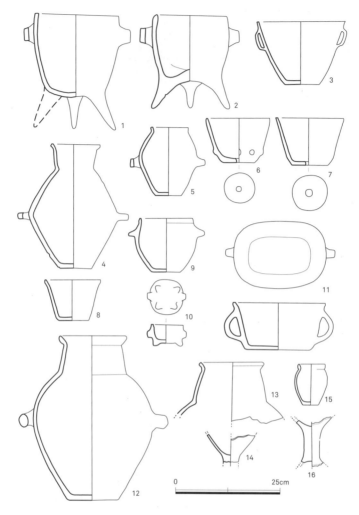

그림 75 대해맹-포자연유형의 토기: 1~11. 길림 후석산 유적, 12~16. 길림 포자연 유적

에 여전히 다량의 청동기를 부장하고 있음이 압록강 하류 유역의 단동(丹東), 관전(寬甸)현 조가보자(趙家堡子)와 집안(集安) 오도령구문(五道嶺溝門), 혼강(渾江) 상류 유역의 통화(通化) 만발발자(滿撥發子), 송화강 상류 유역의 화전(華甸)현 서황산둔(西慌山屯), 연해주의 이즈웨스토프카 유적에서 확인되었다. 대해맹-포자연유형과 단결-크로노프카유형은 각각 부여 및 옥저와 연결되는 고고학적 문화로 설명되고 있다.

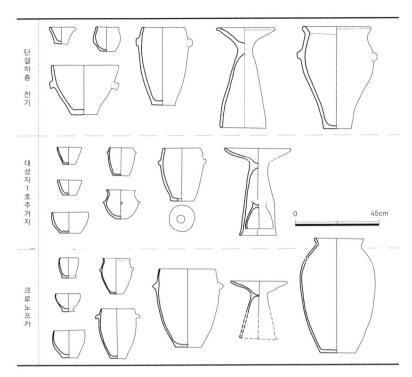

0   45cm

그림 76 단결-크로노프카유형의 토기

2 II기(기원전 3세기 후반~2세기)

기원전 3세기 말 진·한 교체기에 요동지역을 둘러싸고 급격한 정세의 변화가 있었다. 연나라의 수도를 공략한 진나라는 요동에 피신한 연왕 세력을 축출하고 이 지역을 장악하였다. 요동지역에 존속하였던 세죽리-연화보유형의 철기문화에도 변화가 생기는데, 연나라의 영향 아래에서 유지되었던 명도전의 화폐 기능이 상실되면서 청천강 이북에 많은 명도전 퇴장유적이 형성된 것으로 보인다.

대동강 유역에서는 전 단계의 청동기문화가 더욱 발전하여 세형동검 외에 세형동과(細形銅戈), 세문경(細文鏡) 등의 청동기가 제작되었다. 이 지역에서 발견되는 거푸집과 청동 유물이 그 증거이다. 정교하게 새겨진 기하학적 무늬의 세문경은 고도의 전문적인 기술이 동원되어야 제작될 수 있다. 그러한 세문경이 제작된 공방은 당시로서 최첨단산업의 중심지이며, 이를 운영 관리하기 위한 체제가 필요함을 고려할 때 이곳은 사회·정치·경제적으로 중요한 거점일 수밖에 없다. 따라서 기원전 3세기 중반 이후에 고조선의 중심이 대동강 유역에 있었다고 주장할 수 있는 근거가 생긴다.

기원전 2세기 초에 성립된 위만조선의 중심지로 추정되는 대동강 유역에서는 위만집단이 들여온 외래문화와 기왕에 형성된 고조선의 토착문화가 섞이게 되었다. 본계 상보촌 유적의 예에서 보듯이 요동지역에는 전국계 철기와 세형동검, 그리고 점토대토기가 공반되는 문화유형이 존재하였던 바, 그것이 연나라 땅에서 고조선 영역으로 진출한 위만세력의 고고학적 증거일 가능성이 있다. 대동강 유역에서는 동검, 동과, 세문경을 표지로 한 고조선계 문화요소와 함께 정백동 출토 전국 연나라 계통의 금동마면(馬面)과 진나라 동과의 예에서 보듯 중원계 문화요소가 병존하고 있음이 확인된다.

따라서 위만조선의 물질문화는 고조선 계통과 연·진 계통의 문화요소가 융합된 형태로 추정된다. 달리 말하면 연과 고조선 전통의 문화요소를 융합한 바탕 위에 진·한대의 새로운 문화요소를 수용한 것이 위만조선의 문화라고 볼 수 있다. 기원전 2세기대 진과 한의 영향을 받은 위만조선의 최고 수장급 무덤은 다량의 철기를 부장한 목곽묘였을 가능성이 높다.

위만 이전에 준왕이 다스리던 고조선에서도 이미 철기가 제작, 보급되었을 가능성이 크지만 당시에는 청동기 제작 기술이 더욱 발달하였다. 대동강 유역의 것과 유사한 양식의 청동기 갖춤새가 서남한을 중심으로 분포하는 현상은 후기 고조선 집단이 남하해 세형동검 전기 문화유형을 한반도 남부로 확산시키는 계기가 되었음을 의미한다. 하지만 금강과 삽교천 유역의 교성리-남성리 문화유형을 준왕집단의 남천과 연결시키기에는 연대적으로 일치하지 않기 때문에 인정하기 어렵다. 문헌기록의 연대와 부합하는 고고학적 자료는 화순 대곡리와 함평 초포리 유적으로 대표되는 세문경과 동과를 중심으로 한 청동기 갖춤새이다.

평남·황해지역과 충남·전남 서해안지역은 중국 동북지역에서 한반도로 이어지는 원거리 교통로의 요충지였다. 그러한 입지에 위치한 대곡리와 초포리에 당시 최대급 청동기 부장묘가 만들어지고, 다량의 청동기 거푸집이 발견된 점을 볼 때, 앞선 시기 금강 유역과 아산만에서 등장하였던 지역정치체와 유사한 성격의 정치체들이 이 지역에서도 나타나고 있음을 보여준다. 중국 동북지방-연해주-한반도에 이르는 지역에 본격적인 철기문화가 유입된 것은 기원전 2세기 이후 한나라 때부터이다.

Ⅲ 유적

1 마을

초기철기시대 주거지의 형태는 청동기시대와 큰 차이 없이 반움집 형태가 주류를 이룬다. 달라진 점은 청천강 이북의 서북한과 중국 동북지역과 연해주, 두만강지역에서 종전의 화덕 대신에 난방과 조리 기능을 보다 강화 발전시킨 부뚜막과 구들 시설이 유행한다는 점이다. 부뚜막은 점토와 돌을 섞어 벽체와 천정부를 쌓고, 집 바깥으로 연기를 빼내기 위한 연도를 마련한 것이다. 회령 오동 6호 집자리의 부뚜막은 너비

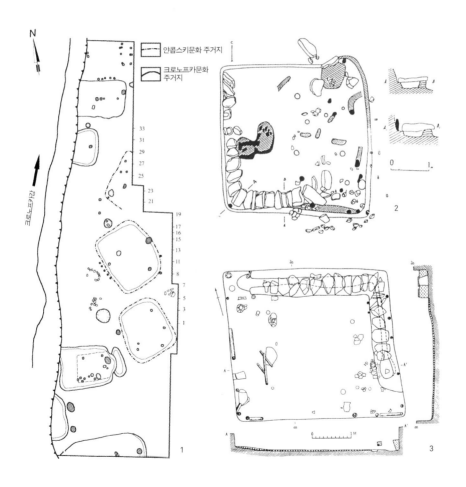

그림 77 연해주 크로노프카 유적(좌)과 패트로바 2호 주거지(우상), 흑룡강성 우의 봉림성지 F2호 주거지 (우하)

100cm, 높이 30~50cm의 말발굽 형태로 아궁이 시설도 갖추었다.

부뚜막에서 난방 기능이 강화되어 연도가 길어지면 구들이 되는데 대개 주거지 벽면을 따라 이어지는 터널형으로 대부분 고래가 하나이므로 외줄 구들이라고 부른다. 외줄 구들의 평면형은 1자형, ㄱ자형, ㄷ자형 등으로 다양하다. 1자형의 것은 연해주 불로치카 1호 집자리의 예가 있는데, 돌로 쌓았으며 길이 1m, 높이 50cm 정도이다. ㄱ자형의 것으로는 영변 세죽리와 대평리 3호, 연해주 페트로바 집자리의 예가 있다. 부뚜막과 구들 시설은 청천강 이남의 한반도에서는 대개 원삼국시대

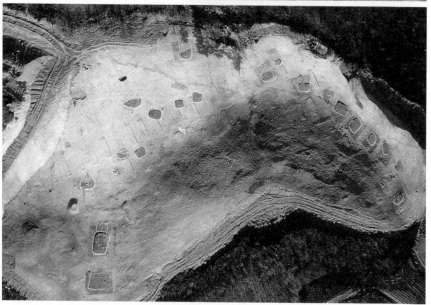

그림 78 안성 반제리 유적(상)과 고성 송현리 유적(하)

에 가서야 비로소 유행하지만, 그 이북과 연해주, 두만강 유역에서는 초기철기시대부터 유행하였다. 반면 사천 늑도 유적에서는 초기철기시대에 해당되는 주거지에서 돌로 만든 구들 시설이 이미 사용되고 있는 점이 주목된다.

집자리의 평면 형태는 청동기시대에 유행하였던 장폭비 3 대 1 이상의 세장방형이 아니라 1.5 대 1 미만의 방형이 대부분이다. 평면적은 100m²에 이르는 대형도 있지만, 30m² 미만의 소형이 많다. 보령 교성리 유적은 해발 100m의 고지에 입지한 고지성 취락으로, 암반을 ㄴ자 형으로 파내어 만든 평면 부정형의 수혈 주거지 6동이 조사되었다. 안성 반제리 유적에서도 역시 해발 100m의 구릉 정상부에서 방형에 가까운 수혈 주거지 수십 동이 확인된 바 있다. 이들 유적에서는 점토대토기가 출토되며 비록 철기는 출토되지 않았으나, 초기철기시대에 해당됨은 분명해 보인다. 한편 호남, 호서 일부 지역과 제주도에서는 청동기시대의 이른바 송국리식 원형 집자리에서 점토대토기가 출토되어, 청동기시대에서 초기철기시대로 이행하는 과정을 보여준다. 기원전 2~1세기를 상한으로 하는 제주시 삼양동 유적에서는 200여 동 이상의 송국리식 원형 주거지가 발견되어 이 지역에서는 초기철기시대에도 여전히 송국리문화가 남아 있음을 보여준다.

2 매장유적

청동기시대에 유행하던 고인돌은 초기철기시대에 들어오기 전에 이미 소멸되기 시작한다. 다만 송화강 유역에서는 지하에 토광을 파고 큰 뚜껑돌을 덮은 대석개묘(大石蓋墓)가 축조되며 남한지역에서는 묘역식(墓域式), 혹은 2단토광의 개석식 지석묘가 초기철기시대 직전까지 축조되었을 가능성이 있다. 다음은 돌을 쌓아서 무덤의 벽을 조성하여 만든 석곽묘는 청동기시대부터 나와 초기철기시대에도 여전히 축조되었다. 요동의 본계 상보촌, 장수 남양리에서 발견된 세형동검과 철기를 부장한 무덤이 그 대표적인 예이다.

그러나 초기철기시대의 주류 묘제는 목관묘라고 할 수 있다. 목관묘는 구 지표면을 파서 묘광을 만들고 목관을 안치하였는데, 그 과정에서 묘광과 목관 사이에 돌을 끼워 넣거나 목관 상부에 돌을 쌓는 경우가 있으며 이런 형태의 무덤을 적석목관묘라 부르기도 한다. 요동의 대련(大連) 윤가촌(尹家村) 유적에서 이런 형태의 무덤이

그림 79 논산 원북리 적석목관묘(좌상), 완주 갈동 1호 토광묘(우상) 및 2~4호 토광묘 출토 유물(중, 하)

그림 80 여순 윤가촌 M9호 옹관묘

발견된 바 있다. 목관은 판자나 각재를 이용하여 조립한 방식과 통나무를 잘라 속을 파낸 말구유 모양의 것이 공존한다. 이러한 목관은 한반도 중부 이남에서는 원삼국시대까지 이어진다.

초기철기시대의 대표적인 목관묘 유적은 완주 갈동과 신풍지구에서 발견되었다. 특히 신풍지구에서는 70기 이상의 목관묘가 발견되었는데 거울·검·도끼·끌(鑿)·첨두기 등의 청동기, 환두도자·도자·도끼·끌 등의 철기류, 점토대토기와 흑도장경호, 그리고 다양한 형태의 유리제 장신구가 다량 발견되었다. 신풍 유적을 중심으로 하여 반경 4km 이내에는 완주 갈동·반교리·덕동·상림리, 전주 여의동 등 이 시기에 해당되는 유적이 집중 분포하고 있어서 이 일대가 초기철기시대에 매우 선진적인 지역이었음을 알 수 있다. 반면 경기지역의 초기철기시대 목관묘는 청동기나 철기는 보이지 않고 토기 1~2점만 부장되는 예가 많아서 대조적이다.

이 밖에 이 시기에는 유아용으로 독무덤(옹관묘)이 사용되었다. 청동기시대 남한지역 일부에서 유행한 독무덤은, 대개 항아리 1기에 시신을 안치하고 똑바로 세우거나 비스듬히 세워 안치한 것인데 비해 초기철기시대의 옹관묘는 두 개, 혹은 세 개의 항아리를 가로로 안치한 전에서 다르다. 두 개의 항아리를 사용한 예는 신천 명사리와 광주 신창동에서, 세 개의 항아리를 사용한 예는 윤가촌에서 발견되었다.

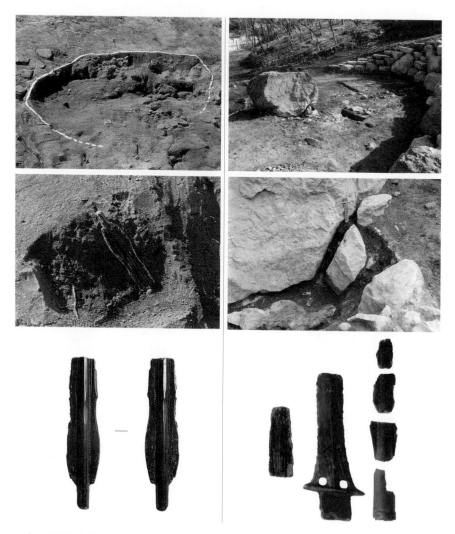

그림 81 매납유적: 합천 영창리 22호 수혈(좌), 마산 가포동 유적(우)

3 기타

합천 영창리 유적은 황강에 접한 독립구릉 위에 만들어진 마을로서 무덤과 주거지, 환호와 각종 수혈로 구성된 유적이다. 그 중 22호 수혈에서는 봉부가 파손된 세형동검이 바닥에 꽂힌 채로 출토되었고 28호 수혈에서는 세형동검과 동촉, 토기가 매납된 채 발견되었다.

안성 반제리, 오산 가장동, 수원 율전동 유적은 환호와 그 내부의 자연암반을 이용한 제의가 치러졌던 유적인데, 부천 고강동의 적석환구유적도 유사한 성격으로 추정된다. 최근 화성 쌍송리에서는 청동기시대의 공렬문토기 유적에서 안성 반제리와 같은 모양의 환호유적이 발견되어 그 전통이 오래 전부터 있었음을 알게 되었다.

한편 마산 가포동에서는 해안가 급경사면에 위치한 암반 틈에 동검, 동과, 동모 등을 끼워 넣은 채로 발견되었다. 이러한 사례는 청동기를 이용한 매납유적으로 추정되지만 구체적인 내용은 아직 알 수 없다. 안성 만정리와 논산 원북리에서는 세형동검의 신부 일부를 부러뜨려 별도의 장소에서 처리하고 나머지 부분만을 목관묘에 부장한 예가 발견되어 당시 장송의례의 일면을 보여준다.

IV 유물

1 청동기

초기철기시대에 해당되는 청동기 제작 관련 유물로는 영산강 유역의 영암 출토품이 대표적이다. 이곳에서는 검(劍)·모(矛)·과(戈) 등의 무기, 도끼·끌·첨두기 등의 공구뿐만 아니라 낚싯바늘 등의 생업도구를 제작하던 다양한 종류의 청동기 거푸집이 일괄로 나와 이곳에 대규모 공방이 있었음을 말해준다. 거푸집의 형태는 원하는 도구의 양쪽 면을 새겨 마주 합친 쌍합범(雙合范)으로서 이 빈 공간에 구리물을 부어 청동기를 제작했다. 정교한 무늬가 장식된 세문경이나 형태를 만들기 까다로운 방울 등의 의기는 밀랍으로 틀을 만들고 고운 점토를 발라 씌운 다음, 그 밀랍을 녹여 원하는 청동기 모양으로 제작하였을 것으로 추정된다. 세문경의 석제 거푸집이 발견되지 않는 이유도 아마 이러한 제작 방식 때문일 것이다. 표면 문양이 거칠게 표현된 조세문경(粗細文鏡), 혹은 조문경(粗文鏡)은 평남 맹산 등지에서 발견된 유물을 통해 볼 때 석제 거푸집으로 제작되었음을 알 수 있다.

초기철기시대를 즈음하여 청동기의 변화 단계를 정리하면 아래와 같다.

기원진 5세기 전후에 해당되는 1단계에는 세형동검에 가깝게 가늘어진 후기형식의 비파형동검·모·화살촉 등의 무기, 도끼·끌 등의 공구, 나팔형 동기·빙패형 동기·원개형 동기(圓蓋形銅器) 등의 이형 동기, 청동단추 등의 장신구, 그리고 말재갈과 같은 거마구 등이 요하 유역에 보급된다. 심양 정가와자 6512호묘가 대표적이다. 반면 한반도에서는 동검이나 동모가 무덤에 1~2점 정도만 부장되며 청동기의 전 기종이 제대로 보급되지 않은 단계이다.

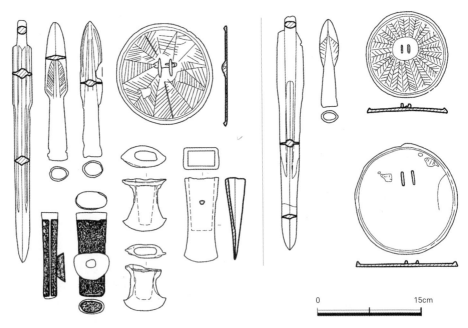

그림 82 세형동검 관련 유물: 집안 오도령구문 적석총(좌), 관전 조가보자 유적(우)

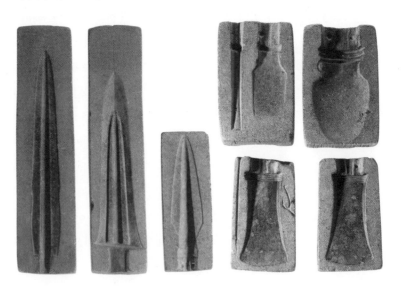

그림 83 전남 영암 출토 청동기 거푸집 각종

그림 84 대전 괴정동 유적 출토 유물

그림 85 아산 남성리 유적 출토 청동기

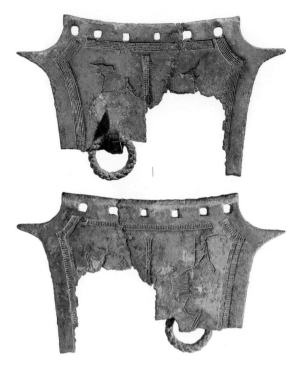

그림 86 대전 출토 농경문 청동기

2단계는 기원전 4~3세기로서 초기 철기시대에 진입하는 단계이다. 요령지역에서는 전체적으로 밋밋하거나 하단부에 단이 있는 세형동검, 한반도에서는 검신에 결입부가 있고 등대에 마디가 형성된 세형동검이 성립하여 발전되어 갔다. 한반도의 세형동검을 비파형동검이나 요령식의 세형동검과 구분하여 한국식(세형)동검이라고도 한다. 요동지역만이 아니라 송화강 유역과 연해주는 물론 한반도에서도 무기, 공구와 거울 등 다양한 종류의 청동기가 제작·보급되었다. 특히 심양 정가와자 유적에서 보이던 이형 동기가 아산 남성리, 대전 괴정동, 예산 동서리 등 한반도 서남부의 무덤에서도 발견되어 아산만과 금강 유역이 새로운 청동기문화의 중심지로 대두되었음을 알 수 있다. 이곳에서 출토되는 특징적인 방패형 동기와 검파형(劍把形) 동기 등의 청동 의기(儀器)에는 여러 가지 무늬가 새겨졌는데, 대전에서 나온 농경문청동기에는 밭갈이와 추수 장면, 그리고 솟대 모습이 새겨져 있다. 이 시기에 청천강 이북의 영변 세죽리와 요령성의 무순 연화보 등지에서 주조철기가 등장하기 시작한다.

3단계는 기원전 3~2세기로서, 발전된 주조 기술로 만든 동과, 세문경, 방울 등이 보급되는 단계이다. 청동기는 중국 동북지역에서는 쇠퇴하지만 대동강 유역 이남의 한반도 전역은 물론 일본에까지 널리 보급된다. 특히 제사장의 무구(巫具)로 추정되는 팔주령(八珠鈴), 간두령(竿頭鈴), 쌍두령(雙頭鈴) 등의 청동방울 세트가 서해안의 충남 예산 덕산, 전남 화순 대곡리, 함평 초포리와 낙동강 상류의 경북 상주 등지에서 발견되었다.

4단계는 초기철기시대 이후 원삼국시대에 속하는 기원전 1세기 이후로서, 중국 동북지역과 서북한에서는 청동기가 거의 사라지고 동남한 지역에 대형화된 동모

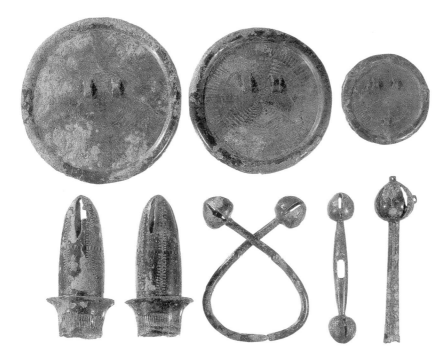

그림 87 함평 초포리 적석목관묘 출토 청동기

그림 88 부여 합송리 유적 출토 유물

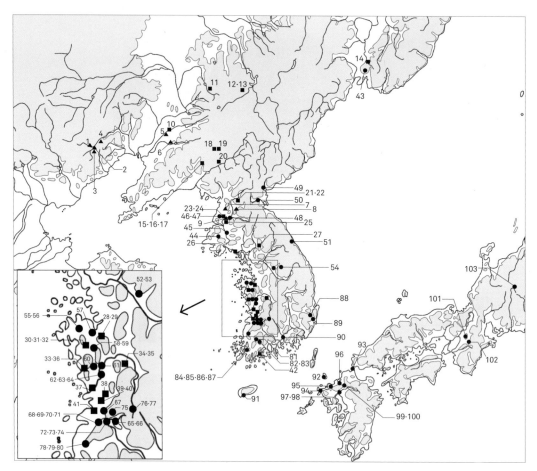

▲ 조문경 (A식)

1 영성 소흑석구(小黑石溝), **2** 건평 대랍한구(大拉罕溝) 851호, **3** 건평 포수영자(抱手營子) 881호, **4** 조양 십이대영자(十二臺營子) 3호 **5** 심양 정가와자(鄭家窪子) 6512호, **6** 본계 양가촌(梁家村) 1호 **7** 평양 순안구 신성동, **8** (전)평양 성천, **9** (전)평양 1

■ 조세문경 (B식)

10 본계 유가촌(劉家村), **11** 길림 남산강(南山崗) 용범, **12** 길림 서황산둔(西荒山屯) 2호 1경, **13** 서황산둔 2호 2경, **14** 연해주 이즈웨스토프카, **15** 단동시 조가보(趙家保) 1경, **16** 조가보 2경, **17** 조가보 3경, **18** 길림 대가산(大架山) 용범, **19** 길림 영액포(榮額浦) 용범 **20** 길림 오도령구문(五道嶺溝門), **21** (전)맹산 용범 A면, **22** 맹산 용범 B면 **23** 평양 정백리 1경, **24** 정백리 2경, **25** (전)중화, **26** 연안 소아, **27** (전)연천 **28** 아산 남성리 1경, **29** 남성리 2경, **30** 예산 동서리 1경, **31** 동서리 2경 **32** 동서리, **33** 부여 연화리, **34** 대전 괴정동, **35** 괴정동 2경, **36** 부여 구봉리 1경, **37** 익산 다송리, **38** 익산 오금산, **39** 전주 여의동 1경, **40** 여의동 2경, **41** 완주 덕동 G1, **42** 고흥 소록도

● 세문경 (C식)

43 연해주 슈코토보에, **44** 신천 룡산리, **45** 봉산 송산리, **46** 대동 반천리 1경 **47** 반천리 2경, **48** (전)평양 2, **49** 함흥 리화동, **50** 금야 룡산리, **51** 양양 정암리, **52** 원주 1경, **53** 원주 2경, **54** 횡성 강림리, **55** 당진 소소리 1경, **56** 소소리 2경, **57** 아산 궁평리, **58** 예산 동서리 4경, **59** 동서리 5경, **60** 부여 구봉리 2경, **61** 부여 합송리, **62** (전)논산, **63** 논산 원북리 나1호, **64** 원북리 다1호, **65** 완주 갈동 1, **66** 갈동 2, **67** 완주 덕동 D1, **68** 완주 신풍 가2호, **69** 신풍 가27호, **70** 신풍 가31호, **71** 신풍 가47호, **72** 신풍 나1호, **73** 신풍 나21호, **74** 신풍 나23호, **75** 전주 효자동, **76** 장수 남양리 1호, **77** 남양리 2호 **78** 함평 초포리 1경, **79** 초포리 2경, **80** 초포리 3경, **81** 화순 백암리 **82** 화순 대곡리 1경, **83** 대곡리 2경, **84** (전)영암 1(숭실대), **85** (전)영암 2(숭실대), **86** (전)영암 3(오구라 小倉), **87** 영암 용범, **88** 경주 조양동 5호 **89** 경주 입실리, **90** 사천 월성동, **91** 제주 예래동, **92** 이키 하루노쯔지(原の辻) **93** 야마구치 가지구리하마(梶栗濱), **94** 나가사키 사토타바루(里田原) **95** 사가 우키군덴(宇木汲田), **96** 후쿠오카 요시다케다카키(吉武高木) 3경 **97** 사가 마쯔다(增田), **98** 사가 혼손고모리(本村籠), **99** 후쿠오카 와카야마(若山) 3구 1경, **100** 후쿠오카 와카야마(若山) 3구 2경, **101** 오사카 오오가타(大縣), **102** 나라 나가라(名柄), **103** 나가노 샤큐지(社宮司)

그림 89 동북아시아의 다뉴경 분포도(이청규 2004·2010 작성)

와 동과 등의 무기가 보급되는 단계이다. 대형 동모와 동과는 대구 비산동·만촌동과 경주 입실리·구정리·죽동리 등지에서 발견되어, 청동기 제작의 중심지가 한반도 서남부에서 영남지역으로 이동하였음을 알 수 있다.

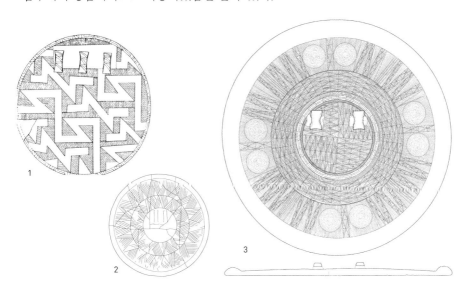

그림 90 다뉴경의 분류: 1. 조양 십이대영자 유적(조문경, A식), 2. 아산 남성리 유적(조세문경, B식), 3. 전 논산 출토 복원도(세문경 C식)

2 철기

철기를 만들기 위해서는 원료를 채취하는 채광, 원료에서 철 성분을 추출하는 제련 과정이 있는데 이를 밝혀줄 초기철기시대의 자료는 아직 발견된 것이 없다. 제련 과정을 통해 얻은 철로써 철제 기물을 만드는 공정에는 거푸집을 활용한 주조와 두들겨 만드는 단조가 있다. 평안남도 증산군과 대동군 부산면에서 확인된 거푸집은 기원전 2세기 무렵, 한반도 서북부에서 중국 연나라처럼 선철을 이용한 주조철기 생산을 시작하였음을 보여준다.

철과 철기의 보급 과정에 대해서는 시베리아 계통의 철기가 중국계 철기보다 먼저 유입되었다고 주장된 적이 있지만, 이에 해당하는 유물은 두만강 유역에서만 확인되며 자체 생산 여부도 분명치 않다. 무산 호곡 제5문화층과 회령 오동 6호 집

그림 91 위원 용연동 유적 출토 철기와 청동 유물

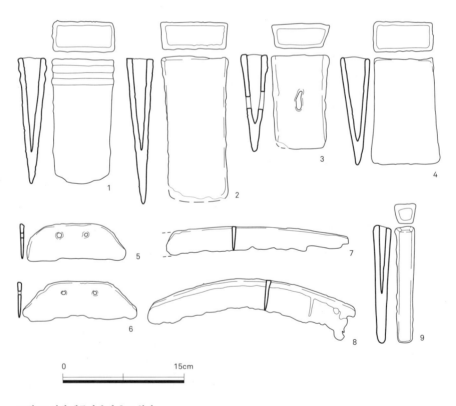

그림 92 영변 세죽리 유적 출토 철기

그림 93 안성 만정리 2지점 나구역 1호 토광묘 출토 석제와 철제 화살촉

자리 출토 도끼는 분석 결과 연철과 선철 제품인 것으로 나타나며 그 연대는 기원전 7~5세기경으로 주장되지만, 인정하기 어렵다. 다른 지역의 초기 철기와 마찬가지로 중국 연나라 계통일 가능성이 높다.

　이런 점에서 중국 동북지방과 한반도에서 철기문화의 시작은 기원전 4세기 무렵 연나라 철기문화가 유입되면서 시작된 것으로 보는 것이 합리적이다. 철기는 주로 청천강 이북에 집중되는데 요령성 무순 연화보, 평안북도 영변 세죽리, 위원 용연동 등의 생활 유적이 있으며, 호미·괭이·낫·반달칼·자귀 등의 철제 농기구와 모·화살촉 등의 철제 무기가 출토되었다. 그 형식과 수량으로 보아 현지에서 제작되었을 가능성이 높다.

　청천강 이남에서는 연나라 계통의 철기가 생활유적에서 나온 바 없다. 단지 함경남도 함흥 이화동, 황해도 봉산 송산리와 금강 유역의 충청남도 부여 합송리, 당진 소소리, 공주 봉안리, 전라북도 장수 남양리, 완주 갈동과 신풍지구 등 무덤에서 주조 도끼와 끌, 첨두기가 수 점씩 출토되었을 뿐이다. 결국 기원전 4~2세기경 청천강 이북에서는 철기가 본격적으로 보급되었지만, 그 이남에서는 아직 본격적인 제자 및 보급 단계에 들어선 것은 아니라고 할 수 있다.

3 토기

초기철기시대 토기는 신석기시대 이래의 전통적인 수법으로 모래가 섞인 점토를 손으로 빚어 만들어 야외에서 산화염 소성으로 구운 적갈색 무문토기가 공통적이다. 대표적인 기종으로 점토대토기, 장경호(長頸壺), 외반구연호(外反口緣壺), 두(豆)형토기, 손잡이 달린 심발(深鉢)과 호형(壺形)토기, 그리고 삼족기(三足器)가 있다. 세죽리-연화보유형에서는 고운 점토를 태토로 삼아 회전판에 돌려 성형을 하며, 폐쇄된 실요(室窯)에서 환원염으로 구워 만든 회색토기가 보급되기는 하지만 이러한 토기류는 중원 계통의 기술로 만든 것들이어서 적갈색 무문토기와는 구분된다.

점토대토기는 심발형의 그릇 구연부에 단면 원형이나 삼각형의 점토띠를 덧붙인 것이다. 둥근 동체에 곧바로 긴 목이 서고 표면을 검고 광택 있게 처리한 흑도장경호와 함께 이미 청동기시대 말기부터 유행한 것으로 요하 유역에서 시작하여 한반도 지역에 널리 퍼지는데, 세형동검 등의 청동기와 함께 확산된다. 요하 서쪽에서 비파형동검과 함께 분포한다고 주장되지만, 이른 단계의 확실한 것은 요하 동쪽의 심양 정가와자에서 후기 비파형동검, 요양 양갑산의 무덤에서 초기 세형동검과 함께 발견된 예가 있다. 한반도에서는 이른 단계의 것이 남양주 수석리와 아산 교성리, 안성 반제리 등 중부지역의 주거지에서 확인되었다. 점토대토기는 대전 괴정동, 아산 남성리 유적을 비롯하여 함평 초포리, 화순 대곡리 등 기원전 4세기에서 기원전 2세기에 걸쳐 남한 전역에서 발견되므로, 이 지역 남성리-초포리유형의 초기철기문화를 대표하는 토기라고 할 수 있다. 영남과 호남지역에서는 원삼국시대인 기원후 1세기까지 이어져 대구 팔달동, 성주 예산동 등의 목관묘 유적과 사천 늑도와 해남 군곡리, 보성 조성리 등의 취락과 패총에서도 발견된다.

외반구연호는 동체의 중상부에 최대경이 있는 단지로서 짧은 목에 구연부가 외반한 점이 특징이다. 꼭지 손잡이 토기와 함께 초기철기시대에 요동과 서북한지역은 물론 연해주-두만강 지역에 널리 보급된다. 요동의 대련 윤가촌과 무순 연화보, 청천강 이북의 영변 세죽리에서 회색타날무늬토기와 함께 출토되어 세죽리-연화보유형의 토기를 대표한다. 또한 송화강 이동 수분하(綏芬河) 유역에 위치한 단결(團結) 유적, 연해주의 크로노프카 유적, 두만강 유역의 회령 오동 유적 등으로 대표되는 단결-크로노프카유형의 여러 유적에서도 이런 토기가 보이는데 기원후 2~3세기까지 이어진다.

　외반구연호는 한반도 중부지역 원삼국시대의 대표적인 토기인 중도식 경질무문토기 외반구연호의 원형이 되는 셈이다. 구체적으로는 요동-서북한의 외반구연호를 주목하는 견해와 두만강-연해주지역의 외반구연호를 주목하는 견해로 양분되어 있다.

　두형(豆形)토기는 접시에 높은 굽이 달린 모양으로서 굽의 형태는 나팔형, 통형, 혹은 장고형을 이루는데 굽의 높이에 편차가 심하다. 청동기시대부터 만주-한반도 전역에 걸쳐 분포하지만, 초기철기시대에 들어와 더욱 번성한다. 이도하자 등의 요동지역을 비롯하여 남성리-초포리유형은 물론 단결-크로노프카유형 등 중국 동북지방과 한반도 전역에 걸쳐 넓게 분포한다. 시기가 내려오면서 남한에서는 원통형 대각(臺脚)이 유난히 높아지지만, 두만강-연해주지역에서는 오히려 낮아지는 경향

그림 94 토기 각종: 보령 교성리 유적(상), 양주 수석리 유적, 옹진 백령도 유적, 대전 괴정동 유적, 부여 구봉리
　　　유적(중), 대전 괴정동 유적, 아산 남성리 유적, 합천 영창리 유적(하)

을 보여준다.

청동기시대부터 요서지역의 하가점 상층문화의 영향으로 요하 북부지역을 중심으로 보급되기 시작한 삼족기는 송화강 유역에서 청동기시대의 서단산유형의 문화에 이어 기원전 4~3세기에 보급되는 대해맹유형 단계에 이르기까지 지속된다. 그러나 그 후 한문화의 영향을 받은 포자연유형에서는 거의 사라지게 된다.

고조선의 위치

단군신화에서 단군이 고조선을 세웠다고 하는 기원전 2333년은 신석기시대에 해당되기 때문에 이 연대를 고조선의 국가 형성 시점으로 간주하는 것은 곤란하다. 조선이라고 불리는 정치체가 형성되기 시작한 시점은 기원전 8~7세기 무렵, 특징적인 유물은 비파형동검, 그리고 그 중심지는 요령성 일대로 추정된다. 비파형동검은 그 형태 면에서 중원지역의 중국식 동검, 몽골과 오르도스지역의 오르도스식 동검과 확연히 구분되는데 요서와 요동, 길림-장춘지구, 한반도에 걸쳐 널리 분포하고 있다. 그 중 요동과 한반도 서북지방의 비파형동검문화는 검신과 손잡이, 손잡이장식을 별도로 주조한 후 조립하는 방식을 고수하며 청동기에 베풀어진 기하학적 무늬, 미송리식 토기 등이 특징이다. 바로 이러한 유물의 분포권을 초기 고조선의 중심지로 보는 견해가 유력하다.

기원전 4세기 이후 비파형동검문화를 대체한 세형동검문화의 중심지는 대동강 유역으로 볼 수 있다. 이 점에 주목하여 후기 고조선의 중심지는 대동강 유역에 존재한 것으로 볼 수 있다. 결국 고조선 사회의 패권은 초기에 요령지역에 있다가 후기에는 대동강 유역으로 이동하였을 가능성이 크다. 진·한 교체기에 요동과 한반도 서북지역은 힘의 공백 상태에 놓이게 되어 이 지역에 거주하던 연나라 계통 유이민들의 힘을 모아 위만이란 인물이 새로운 왕조를 열게 되는데 이것이 위만조선이다. 위만조선의 도성인 왕검성은 현재의 평양에 존재하였다. 위만조선은 중국 동북지역과 한반도 북부에서 가장 강력한 세력으로 성장하였지만 기원전 108년 한무제의 침략에 의해 멸망당하고 그 땅에는 낙랑군을 비롯한 한군현이 설치된다.

참고문헌

권오영, 2003, 「단군릉사건과 대동강문명론의 전개」, 『북한의 역사 만들기』, 푸른역사.

강인욱·천선행, 2003, 「러시아 연해주 세형동검 관계유적의 고찰」, 『한국상고사학보』 42, 한국상고사학
　　회.

국립중앙박물관, 1992, 『한국의 청동기문화』, 범우사.

김미경, 2009, 「요동지역 청동기시대 토기문화권 설정에 대한 재검토-양천문화를 중심으로-」, 『호서고고
　　학』 21, 호서고고학회.

김정배, 1985, 『한국고대의 국가기원과 형성』, 고려대학교 출판부.

노혁진, 2004, 「중도식토기의 유래에 대한 일고」, 『호남고고학보』 19, 호남고고학회.

박선미, 2000, 「기원전 3-2세기 요동지역의 고조선문화와 명도전유적」, 『선사와 고대』 14, 한국고대학회.

박순발, 2004, 「요령 점토대토기문화의 한반도 정착과정」, 『금강고고』 1, 충청문화재연구원.

박진욱, 1988, 『조선고고학전서-고대편』, 과학백과사전종합출판사.

박진일, 2000, 「원형점토대토기문화연구」, 『호남고고학보』 12, 호남고고학회.

＿＿＿, 2001, 「영남지방 점토대토기문화 시론」, 『한국상고사학보』 35, 한국상고사학회.

손량구, 1990, 「료동지방과 서북조선에서 드러난 명도전에 대하여」, 『고고민속론문집』 12, 과학백과사전
　　출판사.

송호정, 2003, 『한국 고대사 속의 고조선사』, 푸른역사.

오강원, 2006, 『비파형동검문화와 요령지역의 청동기문화』, 청계.

유은식, 2006, 「두만강유역 초기철기문화와 중부지방 원삼국문화에 대한 일 연구」, 『숭실사학』 19, 숭실
　　대학교 사학회.

이남규, 2002, 「한반도 초기철기문화의 유입양상-낙랑설치 이전을 중심으로-」, 『한국상고사학보』 36, 한
　　국상고사학회.

이양수, 2004, 「다뉴세문경으로 본 한국과 일본」, 『영남고고학』 35, 영남고고학회.

＿＿＿, 2005, 「조문경의 제작기술」, 『호남고고학보』 22, 호남고고학회.

이종수, 2001, 「길림성 중부지역 초기철기시대 문화유적연구」, 『백제문화』 30, 충남대학교 백제연구소.

이청규, 1999, 「동북아지역의 다뉴경과 그 부장묘에 대하여」, 『한국고고학보』 40, 한국고고학회.

＿＿＿, 2005, 「청동기를 통해 본 고조선과 주변사회」, 『북방사논총』 6, 고구려연구재단.

이후석, 2008, 「중국 동북지역 세형동검문화 연구-요령식세형동검문화를 중심으로-」, 『숭실사학』 21, 숭
　　실대학교 사학회.

이희준, 2004, 「초기철기시대·원삼국시대 재론」, 『한국고고학보』 52, 한국고고학회.

조진선, 2005, 『세형동검문화의 연구』, 학연문화사.

최병현, 1998, 「원삼국토기의 계통과 성격」, 『한국고고학보』 38, 한국고고학회.

원삼국시대

시대 개관

원삼국시대라는 시대구분 용어는 1972년 김원용이 처음 사용하였다. 그는 1973년판 『한국고고학개설』을 통해 종래 고고학에서 김해시대라고 불러온 역사학에서의 삼한 시대를 '원초삼국시대-원사시대의 삼국시대'라는 의미의 원(proto)삼국시대로 명명 할 것을 제안하였다. 이 시대는 고고학적으로는 청동기의 소멸, 철 생산의 성행, 도작의 발전, 지석묘의 소멸, 타날문경도(김해토기)의 출현을 특징으로 하는 서력 기원 직 후의 2세기 또는 2세기 반에 해당한다고 하였다. 그는 『삼국사기』에 의하면 이 시기 는 엄연한 삼국시대이나 문헌사가들은 이 시기를 삼국시대라 부르지 않고 삼한시대 또는 부족국가시대라는 이름으로 부르고 있다고 지적하고, 삼국은 삼국이되 완전 왕 국이 되지 못한 초기 발전단계를 뜻하는 원삼국이라는 용어는 고고학뿐만 아니라 문 헌사에서도 널리 사용할 수 있을 것이라고 하였다.

그는 1986년 『한국고고학개설』 제3판에서 '삼국시대의 원초기' 또는 '원사단 계의 삼국시대'라는 뜻으로서 원삼국시대(Proto-Three Kingdoms Period)라는 시대구 분 용어의 타당성을 재확인하고, 그 하한을 서기 300년경까지로 확대하였다. 국사학 에서 실질적인 삼국시대의 시작을 서기 300년으로 보고 있고 고고학에서도 신라 토 기의 발생과 고총의 출현을 300년으로 편년하고 있기 때문에, 이때를 원삼국시대의 종말 연대로 보는 것이 타당하다고 하였다.

원삼국시대라는 시대구분은 이후 한국 고고학에서 널리 사용되었다. 그러나 제안자의 기대와는 달리 문헌사에서는 비판적인 분위기 속에서 거의 사용되지 않고 있으며, 원삼국시대에 대한 고고학적 연구도 실제로는 한강 이남 사회의 유적·유물 에 한정되었다. 비판의 초점은 역사적으로도 고고학적으로도 발전 단계에서 큰 차

그림 95 여러 정치체의 분포 양상

이가 있는 고구려와 삼한을 하나로 묶을 수 있느냐는 것이었고, 한강 이남 지방의 사회·문화도 원삼국시대로 설정된 1~3세기와 그 이후의 삼국시대가 연속선상에 있는 것인가, 또 한반도에서 서력 기원 전후와 서기 300년경이 과연 문화적 획기로 규정할 수 있는 것인가에 대한 비판도 있었다.

따라서 현재 학계 일각에서는 원삼국시대 대신에 철기시대, 삼한시대, 삼국시대 전기라는 용어를 사용하기도 한다. 이 중 삼한시대라는 용어를 사용하는 이들은 그 상한을 세형동검문화가 시작되는 서력 기원전 300년까지 올려보기도 한다. 그러나 이와 같은 용어들은 지역적으로 편중된 정의이거나 혹은 역사발전의 실상과는 괴리가 커, 대상을 시공적으로 포괄할 수 있는 정의여야 하는 시대구분 용어로서는 오히려 원삼국시대보다도 더욱 부적절하다고 할 수 있다. 또한 원삼국시대라는 시대 설정이 고구려, 백제, 신라라는 세 고대국가의 원초 형태가 존재한 시기라는 뜻이 아니라 단지 '삼국시대'의 원초기라는 의미로 규정한다면 여기에 고구려가 포함되어도 문제가 없다는 견해도 있다.

이와 같이 볼 때 마땅한 대안이 제시되지 않는 한 원삼국시대라는 시대구분은 여전히 유용하며, 그 공간적 대상은 삼한에 국한되는 것이 아니라 중국 동북지방과 한반도에서 일어나 이후 삼국으로 합류되는 모든 정치세력과 그 활동무대를 포괄해야 할 것이다. 최근 영남지방에 새로운 고고자료의 출현으로 기원전 100년경을 초기 철기시대로부터 벗어나는 사회문화 변동의 획기로 설정해 영남지방 원삼국시대의 시작을 이때까지 소급시켜 보아야 한다는 견해도 제시되고 있다. 즉, 고고학의 편년은 새로운 자료의 출현과 해석, 그리고 과학의 발달에 따라 보다 정밀하게 설정될 수 있는 만큼 원삼국시대를 1~3세기로 못박아 둘 필요는 없으며, 연구지역 혹은 연구대상 고대국가 각각이 겪은 사회문화 변동에 따라 시기 설정을 탄력적으로 생각해볼 수 있을 것이다.

북부지역

I 개관

한반도 북부지역과 중국의 동북지역은 『사기』 조선열전, 『삼국지』 위서 동이전(魏書東夷傳), 『후한서』 동이열전 등의 기록에서 보듯, 부여, 고구려, 읍루, 옥저, 예 등 여러 종족이 활동하던 무대였다. 기원전 2세기 중반 이후 위만조선은 주변의 여러 종족과 정치체에 대해 우월한 지위를 누리면서 동북아시아의 강자가 되어 한(漢)을 배후에서 위협할 정도로 성장했지만, 기원전 108년 무렵 한의 공격을 이기지 못하고 패해 그 고지에 4개의 군이 설치되었다. 그러나 고구려 등 지역 세력의 성장으로 기원전 75년 무렵 임둔군과 진번군이 폐지되고, 현도군은 요동으로 쫓겨나게 된다. 마지막으로 남은 낙랑군은 세력의 소강을 보이지만 313년까지 존속하다가 고구려에 의해 퇴축되었다. 한편 낙랑군의 남부 지역에 대한 통제력을 회복하기 위하여 요동의 공손씨 정권에 의해 3세기 초에 세워진 대방군 역시 낙랑군과 비슷한 시기에 한반도에서 쫓겨나게 된다.

위만조선이 멸망한 후 세워진 4군 중의 하나인 현도군의 속현으로 고구려현이 존재하는 것으로 보아 고구려는 이미 기원전 2세기부터 두각을 나타내고 있었으며 이후 고대국가로 성장하게 된다. 청동기시대의 서단산문화(西團山文化)를 바탕으로 길림-장춘 일대를 무대로 성장하던 부여는 강력한 지배구조를 완성하지 못하고 4세기 이후에는 강역 대부분이 고구려에 흡수된다. 옥저나 예도 마찬가지여서 고대국가 수준에는 도달하지 못하고 고구려에 흡수된다. 지역적으로는 중국 동북지방에서 한반도 북부, 시간적으로는 기원전 2세기대에서 기원후 3세기대에 걸쳐 있는 이들

종족과 정치체에 대한 고고학적 연구는 자료의 접근성이 어려운 이유로 부진한 편이다. 하지만 한국 고대의 역사와 문화를 체계적으로 이해하기 위해서는 반드시 필요한 연구 분야이기도 하다.

II 중국 동북지역 일대의 정치체

1 초기 고구려

초기 고구려 유적으로는 요령성 환인현의 혼강(渾江)을 따라 분포하는 망강루(望江樓), 고력묘자(高力墓子), 상고성자(上古城子), 사도령자(四道嶺子) 고분군이 있고, 집안지역에는 우산하(禹山下), 만보정(萬寶汀), 산성하(山城下) 동대파(東大坡) 고분군 등이 알려져 있다. 초기 고구려의 적석총은 중국 동북지역에 넓게 분포하는 청동기시대 이래의 돌무덤에서 발전한 것으로 여겨진다. 그러나 그 변천 과정은 아직 분명하지 않으며 출토 유물이 없으면 어느 단계부터 끊어서 고구려 고분이라 할지 애매한 점도 있지만 대체로 부정형이나 타원형의 평면형을 띠는 것이 초기의 것으로 이해된다.

　　초기 고구려의 성으로는 최초의 도성인 흘승골성(紇升骨城)으로 비정되는 오녀산성과 하고성자토성이 알려져 있는데 근년의 발굴조사에서 이른 시기의 고구려 토

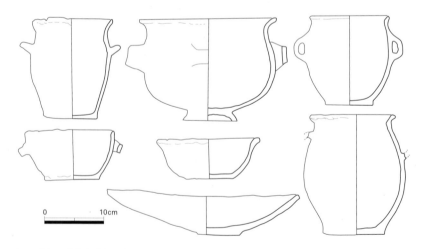

그림 96 시중 노남리 유적 출토 유물

기들이 다수 출토되었다. 오수전(五銖錢)과 대천오십(大泉五十) 등의 공반으로 기원 전후 시기의 점유가 인정되는 오녀산성 3기 문화에는 교상파수(橋狀把手)와 봉상파수(棒狀把手)가 부착된 호형·심발형 토기들이 많은데, 하층인 2기 청동기 만기문화의 토기들과 형태적인 계승관계가 확인된다. 이들 토기에는 활석 위주의 석·사립이 다량 함유되었으며 소성도가 낮은 산화염 소성 토기들이 대부분인데, 북한 학자들이 초기 고구려 유적이라고 지적하였던 시중 노남리의 토기와 통하는 기종이 있다. 오녀산성에서는 주조철부가, 노남리 유적에서는 제철유구가 확인되는 것으로 보아 고구려는 이미 기원전에 철기를 생산했음이 분명하다.

2 부여

부여의 실체를 나타내는 고고학적 지표는 석관묘를 축조한 서단산문화를 기층문화로 하는 포자연문화(泡子沿文化)로 이해되는데, 길림성 길림시·장춘시와 제2송화강 유역을 아우르는 공간이 중심 권역이다. 길림시를 가로지르는 송화강에 면해서 축조된 남성자(南城子) 유적은 한대의 부여 왕성으로 비정되는데, 평면이 부정형으로 만들어진 토성이며 그 동변에 동단산성(東團山城)이 있다. 성의 근처에는 모아산(帽兒山) 고분군이 넓게 형성되었는데 발굴조사를 통해 한-위진대에 걸치는 시기의 대규모 분묘군임이 밝혀져 남성자 유적이 부여와 관련이 있음을 뒷받침했다.

그림 97 길림 동단산성

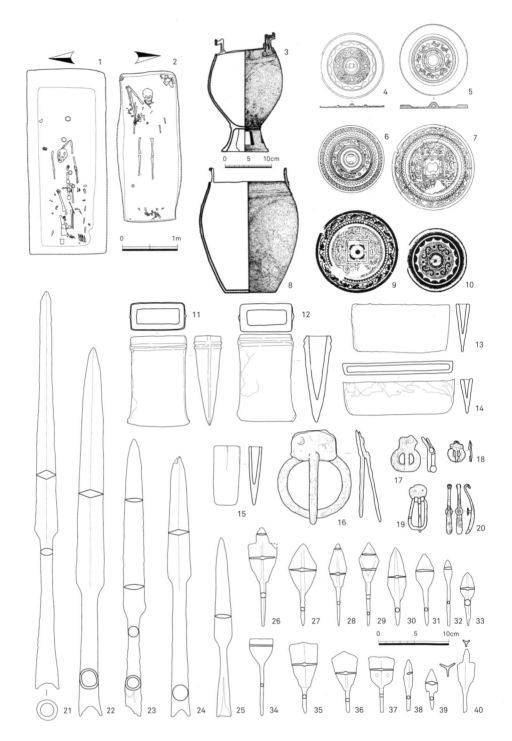

그림 98 유수 노하심 토광묘와 금속 유물 각종

부여의 무덤으로는 제2송화강 북안의 유수현(楡樹縣) 노하심(老河深) 유적이 중요하다. 이 유적의 중간층에서는 전한 말에서 후한 전기에 걸쳐 조영된 분묘 129기가 발굴되어 대개 그 구조가 토광목곽묘인 것이 밝혀졌는데 목관 흔적이 남거나 부곽이 따로 설치된 것도 있다. 북방 유목집단과의 교류를 상징하는 각종 동물 의장의 장신구, 한과의 교류를 시사하는 청동 거울 등이 발견되있다. 손잡이가 수평으로 부착되고 목이 내경하는 호형토기, 소형 단경호, 그리고 기벽이 두꺼운 완형토기 등 지역적 전통의 토기들이 부장되는데 사립이 많이 함유된 산화염 토기가 중심이다. 중국계 회도가 반입되어 부장된 예가 있으나 지역 양식의 토기로 발전하지는 않았다. 철제 창은 자

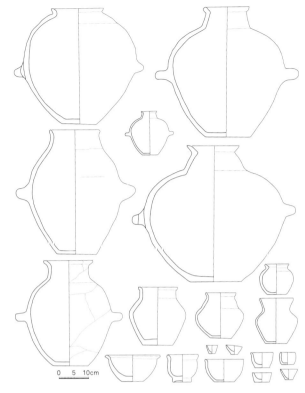

0 5 10cm

그림 99 유수 노하심 유적 출토 토기 각종

루구멍 끝부분이 연미형(燕尾形)인 것이 많고 화살촉은 여러 가지 광형(廣形) 철촉으로 구성되는데 이는 고구려의 그것과 비슷하다. 철제 투구와 찰갑이 존재하고, 장검 등의 무기류가 다량 부장된 것으로 보아 발달된 철기문화를 기반으로 전쟁이 빈번했던 것을 추정할 수 있다.

유수 노하심 유적보다 이른 시기의 분묘유적으로는 63기의 토광묘가 확인된 서차구(西岔構) 유적을 들 수 있다. 이곳에서는 동체부 양쪽에 손잡이가 달린 독특한 무문토기와 청동 및 은제 장신구류가 출토되었다. 유수 노하심과 마찬가지로 손잡이에 마디가 있는 동검과 철검, 쌍조(雙鳥) 장식이 손잡이에 부착된 촉각식(觸角式) 동검이 출토되는데, 이는 부여를 대표하는 무기라 할 수 있다. 검신 하부가 단을 이루는 동검이 부여지역에서도 출토되는데, 평양의 토성동 486호에서도 발견된 바 있다. 촉각식 동검은 평양과 대구 비산동·지산동, 경산 임당 유적은 물론 일본의 쓰시마 등지에서도 출토되었다. 분포 양상으로 보아 촉각식 동검의 이입에는 낙랑세력이

그림 100 유수 노하심 유적 출토 갑주(좌)와 철검(우)

관여하였을 가능성이 높으나 그 기원은 부여문화에 있다고 할 수 있다.

　서차구와 유수 노하심 유적을 남긴 집단에 대해서는 흉노 내지 선비계로 보는 입장과 부여 내지 예맥으로 보는 입장이 대립되어 있는 상태이다. 이 밖에 길림시 장사산(長蛇山) 분묘군, 화순현 서황산둔(西荒山屯), 회덕현 대청산(大靑山) 유적 등이 부여의 유적으로 알려져 있다.

3 옥저와 읍루

옥저와 관련된 유적은 두만강을 중심으로 중·러 국경지대에서 확인되는데 중국에서는 이를 단결(團結)문화라고 하고 러시아에서는 크로노프카문화라고 한다. 중요 유적은 단결 유적, 크로노프카 유적, 페트로바 유적, 무산 호곡 유적 등이다. 나진 초도, 회령 오동 유적 등도 비슷한 성격의 유적이어서 단결-크로노프카문화의 남쪽 범위를 함경도지역까지 포함시킬 수 있다.

　주거지는 평면 장방형의 수혈식이며 출입구가 달려 평면 呂(여)자형인 것도 있으며, 내부에 벽을 따라 L자 모양으로 외줄 구들이 설치되는 것이 특징적이다. 토기는 무문이며 봉상파수가 달린 옹, 적색마연에 굽이 달린 두형토기, 시루, 외반구연의 호 등으로 구성되어 있다. 주조철부 등 철기가 보급되기는 하지만 유견석부, 석도, 합인석부 등 석기의 비중이 여전히 높다. 원삼국시대 한반도 중부지역 중도식 경질무문토기의 일부 기종과 출입구가 달린 주거지가 이와 같은 단결-크로노프카문

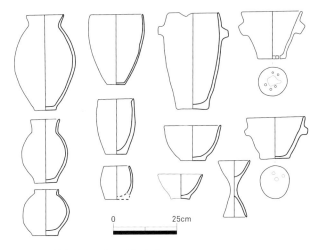

그림 101 무산 호곡 유적 Ⅵ기 토기 각종

화에서 유래되었을 것이라는 주장도 제기되어 있는 상태이다.

한편 흑룡강과 송화강이 합류하는 지점의 남쪽으로 넓게 형성된 삼강평원(三江平原) 일대에서 발전한 곤토령(滾兎嶺)문화, 아무르강 유역의 폴체문화는 각기 중국과 러시아에서 명명한 것인데, 물질문화의 양상은 동일하므로 이를 통칭하여 폴체문화라 부를 수 있다.

방어에 유리한 고지대에 마을이 입지하고 토루(土壘)나 환호(環濠)를 갖추고 있으며 출토 유물 중에는 무기의 비중이 매우 높다. 주된 생업경제는 어로와 농경이며 도끼·화살촉·삽날·검·찰갑 등의 철기가 발견된다. 이 문화를 영위한 주민집단은 사서에 나오는 읍루로 추정되고 있다.

대표적 유적인 곤토령 유적은 곡류하는 하천을 향해 돌출된 구릉 위에 축조된 방어취락인데 내부에서 다량의 토기와 석기들이 출토되었다. 폴체 유적에서는 11동의 주거지가 발견되었는데 모두 화재주거지였다. 이러한 양상은 한대 유물이 이입되는 시기에 즈음하여 사회통합의 주도권을 둘러싼 집단 간의 긴장관계가 높았음을 보여준다.

폴체문화의 토기는 사립이 많이 포함된 산화염 소성의 것이 대부분인데 봉상이나 우가형의 파수가 몸통 한쪽에만 달리는 형태의 토기가 특징적이다. 주변 지역과 달리 두(豆)형토기가 전혀 나오지 않고 있는데, 이러한 사실은 읍루에만 유복 소두(菽豆)가 없었다는 『삼국지』의 기사와 연결된다. 다양한 석기들이 출토되었는데,

이를 읍루가 석촉을 사용하였다는 『삼국지』의 기사와 연결시키는 견해도 있다.

Ⅲ 낙랑과 대방

1 유적

1) 성곽

낙랑·대방군과 관련된 중국식 토성은 낙랑토성(토성동토성), 운성리토성, 어을동토성 (성현리토성), 지탑리토성(당토성), 청산리토성(신천리토성), 그리고 소라리토성이 있다. 이 토성들은 군현의 위치와 그 강역을 풀 수 있는 중요한 자료이다.

이러한 성들은 강을 끼거나 해안선 가까운 곳에 형성된 평지에 입지하는데 모두가 토축성이다. 입지나 구조 면에서 중국 전국시대 이래의 군현성과 유사하지만, 낙랑 군치(郡治)이자 낙랑군의 수현(首縣)인 조선현이 위치하였던 낙랑토성은 평면형이 부정형이라서 방형 평면을 기본으로 하는 중국 토성과는 차이가 있고 규모도 작은 편이다.

낙랑토성은 1913년 9월, 처음 학계에 알려졌으며 낙랑군의 위치를 둘러싼 논쟁

그림 102 낙랑토성(좌)과 토성 내부 전돌 깔린 유구(우)

한국 고고학에서 낙랑의 위상

한(漢)의 무제가 위만조선을 멸망시키고 그 중심에 설치한 4군 가운데 낙랑군의 강역은 평양을 중심으로 청천강 유역에서 황해도에 이르렀다. 진번, 임둔, 현도 등 나머지 3군의 위치에 대해서는 이론이 분분하며 고고학적인 증거도 많지 않다. 기원전 75년 진번군과 임둔군이 폐지되고 현도군이 서쪽으로 이동한 후의 이른바 대낙랑군 시기에는 일시적으로 함경남도 지역까지 확대된 것으로 판단된다. 기원후 3세기 초반 낙랑군 남부의 땅에 설치된 대방군은 재령강 유역을 중심으로 하는 황해도지역일 가능성이 높다.

낙랑군과 대방군의 위치 및 정치적 성격과 문화를 규명할 수 있는 자료는 비교적 많이 축적되어 있는 상태이다. 평안남도 온천군 성현리에서 발견된 점제현신사비(秥蟬縣神祠碑)가 날조된 것이라는 주장, 낙랑을 비롯한 한사군이 전부 요령 일대에 있었다는 주장, 평양 일대에서 발견된 낙랑군 관련 봉니(封泥)가 구분은 모두 일제강점기에 조작된 것이라는 주장 등 낙랑군의 위치와 관련해 다양한 이견이 제시된 바 있지만 낙랑군의 중심이 평양이었다는 사실은 움직일 수 없다. 무엇보다도 해방 이후 북한 학계에서 여러 차례 발굴조사한 결과 대동강 남안의 낙랑구역에서 수백 기의 낙랑 고분이 발굴조사되었고 목간을 비롯한 많은 유물이 발견되었기 때문이다.

낙랑군과 대방군의 성격을 중국의 식민지로 규정하면서 한국사의 범주에서 제외해야 한다는 주장도 없지 않다. 하지만 그럴 경우 400년이 넘는 오랜 세월 동안 한반도 서북지방은 역사의 공백이 된다는 점이 문제로 된다. 아울러 낙랑군과 대방군의 성격은 성립에서부터 종말에 이르기까지 고정불변적인 것이 아니어서 많은 변화가 있었다. 낙랑과 대방 지역의 주민 가운데 수적으로 절대 다수는 위만조선계이며 새로 이주해 들어온 중국계 주민이라 하더라도 이 지역에 정착하여 장기간 생활하면서 스스로 중국인과는 구별하여 선주민과 함께 낙랑인이라는 인식을 갖게 되었다. 이런 점을 두루 고려한다면 낙랑과 대방의 문화는 한국 고고학의 일부로 다루어져야 마땅하다.

을 거치면서 조사 필요성이 대두되어 1935년과 1937년에 발굴조사되었다. 토성 내에서는 초석과 보도로 구획된 중요한 건물지가 여러 곳에서 발견되었는데, 곳곳에서 중복관계가 확인된다. 성 내부에서 발견된 벽돌로 쌓아 만든 우물과 변소는 중국의 그것과 크게 다르지 않다. 중국의 토성과 마찬가지로 청동기, 철기 및 유리 제품 등을 생산하던 공방지가 확인되었고, 무기고도 설치되어 있었을 가능성이 높다. 이런 점에서 낙랑토성은 당시 낙랑군의 정치, 행정의 중심지로서의 기능만이 아니라 군현을 유지하는 데 필요한 전략물자를 만들어내는 첨단 생산기지의 기능도 담당하고 있었음을 알 수 있다.

운성리토성은 대동강 하구 남안 해안가에 있다. 내성과 외성으로 이루어진 것으로 알려져 있고 평면은 동서로 긴 장방형이다. 토성 내에서는 건물지와 배수로 시설이 발견되었다. 도자·화살촉·낫 등의 철기와 화분형토기, 완(盌)형토기 등이 출토되었다. 〈千秋萬歲(천추만세)〉명 와당과 고사리무늬 와당 및 명문전이 출토되었다고 알려져 있다.

어을동토성은 대동강 하구 북안 해안가의 낮은 구릉 위에 위치한다. 토성 내에서는 다수의 토기편과 기와가 채집되었다고 하나 와당은 발견되지 않았다. 건물지와 벽돌을 깐 시설물이 발견되었고 세형동검의 검파두식(劍把頭飾)과 화분형토기, 니질(泥質)계 소형단경호 등이 출토되었다. 근처에 고분이 있고, 얼마 떨어지지 않은 곳에서 점제비(秥蟬碑)가 발견되어 점제현의 치소로 비정된다.

지탑리토성은 황해도 봉산군 문정면에 있으며, 주위에서 발견된 장무이(張撫夷)묘에서 〈帶方太守(대방태수)〉라는 명문이 발견되었기 때문에 대방군 치소로 알려져왔다. 그러나 장무이묘와 구조가 비슷한 집안 우산하 3319호의 연대가 4세기 중반이라는 주장을 참조하면 이 무덤은 고구려 고분일 가능성이 높다. 또한 장무이묘의천정이 벽돌로 만든 궁륭상 천정이 아니고 돌 천정일 가능성이 높은 점도 이 무덤이대방군과 직접 관련되는 것이 아닐 가능성을 시사한다.

청산리토성은 신천읍에서 북쪽으로 약 6km 떨어진 청산리 소재지에 있으며, 수로를 통해 대동강으로 쉽게 나갈 수 있는 위치에 해당된다. 장방형의 토성으로 활석혼입계 화분형토기를 비롯한 다수의 토기와 기와, 벽돌이 출토되었다. 주변에는 목곽묘와 전실묘가 분포하며 세형동검이 채집되었다는 보고도 있다. 〈昭明(소명)〉이라는 글자가 새겨진 전돌이 채집되어 낙랑군 소명현에 비정되기도 한다.

이상의 토성들은 모두 대동강과 재령강 유역에 있으나 소라리토성은 동해안 함흥평야에 있다. 토성은 함경남도 금야읍에서 동남으로 6km 정도 떨어진 새동리에 위치한다. 내부에서 청동촉과 세형동검의 검파두식, 차축두(車軸頭), 일산(日傘)대 장식, 철검과 더불어 판상철부가 출토되었는데, 판상철부는 변한지역에서 가져온 수입품으로 보기도 한다. 이곳에서 출토된 기와는 서북한지역의 낙랑토성 출토품과 크게 다르지 않다. 이 토성을 임둔군이나 현도군의 군치로 보기도 하지만 이를 뒷받침하는 적극적인 자료는 아직 없다.

2) 고분

낙랑 고분은 목관묘와 목곽묘 그리고 전실묘가 가장 많은데, 부분적으로 옹관묘와

그림 103 무덤 각종: 정백동 327호 목곽묘(좌상), 석암리 205호 목곽묘(왕우묘, 우상), 석암리 9호 목곽묘 유물
출토 상태(좌하), 도제리 50호 전실묘(우하)

와관묘(瓦棺墓), 그리고 소형 전곽묘(塼槨墓) 등도 알려져 있다.

　　목관묘는 묘광 속에 판재나 통나무로 제작한 목관을 안치하고 묘광과 목관 사이 혹은 목관의 머리맡과 발치에 부장품을 두는 형태이다. 정백동 494호묘, 토성동 113호묘 등의 예로 낙랑과 관련된 묘제 중에서는 가장 고식으로 분류되며 세형동검과 관련된 청동기를 부장하는 전단계의 토광묘와 계승관계가 인정되는 무덤 형태이다. 목관묘는 귀틀식의 목곽묘가 등장한 이후에도 여전히 하위계층의 무덤으로 선호되었다. 세형동검과 관련된 청동기류가 출토되며 토기로는 활석혼입계의 화분형 토기와 소형 타날문 단경호가 세트를 이루어 부장되는 경우가 많은데 이러한 전통은 목곽묘가 등장한 이후에도 얼마간 지속된다.

　　목관묘보다 출현시기가 늦은 낙랑의 목곽묘는 크게 단장목곽묘(單葬木槨墓)와 합장목곽묘(合葬木槨墓)로 구분되며, 후자는 다시 병혈합장(竝穴合葬)과 동혈합장(同

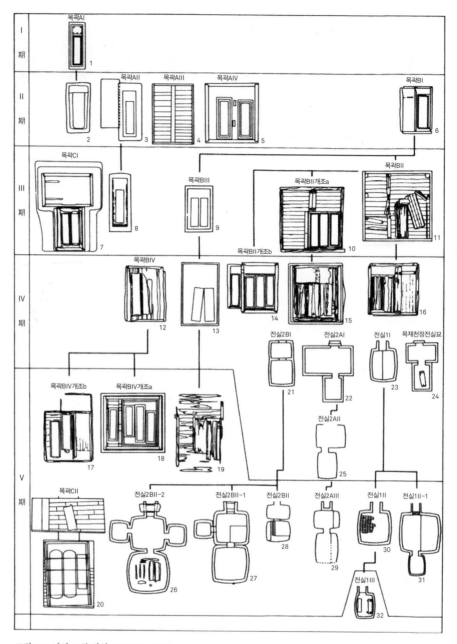

그림 104 낙랑 고분 변천도(高久健二 1995)

1. 정백동 92호, 2. 운성리 9호, 3. 정백동 53호, 4. 정백동 88호, 5. 정백동 2호, 6. 정백동 37호(북곽)
7. 정백동 1호, 8. 정백동 49호, 9. 정백동 84호, 10. 석암리 201호, 11. 정오동 5호, 12. 정백동 11호
13. 석암리 20호, 14. 석암리 205호, 15. 정오동 8호, 16. 정오동 4호, 17. 정오동 12호, 18. 오야리 9호
19. 정백리 3호, 20. 남정리 116호, 21. 석암동 전실묘, 22. 토성동 45호, 23. 태성리 5호, 24. 석암리 120호
25. 정백리 219호, 26. 남사리 29호, 27. 남사리 2호, 28. 관산리 9호, 29. 덕성리 전실묘, 30. 석암리 99호
31. 정백동 23호, 32. 평양역전 동리묘

穴合葬)으로 나누어진다. 단장목곽묘는 판재식 목곽묘와 귀틀 목곽묘로 나누어지는데 전자는 묘광을 조성한 다음 판자를 여러 장 잇대어 목곽으로 삼은 것이고 후자는 각재로 묘광 내에 목곽을 만드는 것이다. 판재를 잇기 위해서 나무쐐기가 사용되었는데 이는 낙랑군의 주변 지역에서는 확인되지 않는 방법이다. 물론 그 내부에 목관이 안치되는 양상은 유사하다. 목관 두부 쪽의 바깥과 목곽 사이의 공간을 부장칸으로 이용하며 목관의 측면도 부장공간으로 활용된다. 단장 목곽묘에는 목관묘와 마찬가지로 세형동검으로 대표되는 청동기류와 화분형토기, 그리고 타날문 단경호가 공반되는 경우가 많기 때문에 그 상한은 낙랑군 설치 이전으로 소급될 가능성이 높다. 세형동검이 공반된 상리(上里)나 동대원리(東大院里) 허산(許山)과 이현리(梨峴里)에서 발견된 목곽묘가 대표적이며, 전국시대(戰國時代) 후기나 진대(秦代)에 유행한 동경(銅鏡)이 공반된 토성동 486호도 낙랑군 설치 이전으로 소급될 가능성이 높은 목곽묘이다.

병혈합장묘는 먼저 만들어진 묘광 옆에 또 하나의 묘광이 축조되는 것으로 선행 묘광의 일부를 파괴하기도 하지만 대체로 나란히 늘어서는 것이 많다. 먼저 만들어진 묘광의 바깥에 추가로 묘광이 만들어질 것을 대비해 색깔이 다른 흙으로 위치를 표시해 두는 사례도 확인된다. 병혈합장묘는 대개 부부합장묘로 판단되는데 여성관의 바닥이 남성관보다 낮게 설치되며, 피장자 측에서 보아 대부분 여성이 남성의 왼쪽에 매장되는 원칙이 충실하게 지켜진다. 합장 목곽묘의 등장은 친족 중심의 매장습속이 부부, 즉 가족을 기본단위로 하는 매장으로 바뀌었음을 암시한다. 대표적인 병혈합장묘로는 정백동 37호와 53호 등이 있다. 세형동검이 여전히 부장되고 화분형토기도 공반되며 이체자명대경(異體字銘帶鏡)의 부장이 많은 것을 참조하면 기원전 1세기대가 중심 시기라는 것을 알 수 있다.

동혈합장묘는 방형 내지는 장방형으로 조성된 묘광에 비교적 규모가 큰 목곽을 설치하고 그 내부에 복수의 목관을 안치하는 구조인데 단장목곽묘나 병혈합장목곽묘에 비하여 묘광의 규모가 크고 모두가 귀틀로 조립되는 특징이 있다. 격벽(隔壁)으로 부장공간을 따로 구분하는 경우가 많지만 격벽 없이 목곽의 한쪽에 치우쳐 복수의 목관을 안치하는 경우도 있다. 내부에 목관이 3기 이상 안치되는 경우에는 목곽의 내부 구조를 고치거나 목곽 외부에 또 다른 공간을 만드는 경우도 있는데, 이는 병혈합장묘 단계에서는 보이지 않던 현상이다. 이 단계의 대표적인 고분은 정백동 2호, 정백동 127호, 석암리 205호 등으로 출토된 칠기의 명문과 동경의 형식으로 보아 기원후 1세기에서 2세기대를 중심연대로 한다.

동혈합장 목곽묘에 후행하는 묘제가 전실묘이다. 전실묘는 단실묘와 이실묘, 그리고 측실이 달린 경우도 있는데 대개 궁륭상의 천정 형태가 낙랑에서 일반적이다. 전실묘는 묘광 바닥에 전돌을 깔고 그 위 사방벽을 전돌로 쌓아 올리는데, 낙랑에서는 3횡(橫) 1수(竪)를 반복하는 것이 일반적이다. 현실의 벽선은 대개 바깥으로 호선을 그리는 경우가 많지만 예외도 있다. 사례는 많지 않으나 전돌로 묘실을 만들고 나무로 지붕을 덮거나 목곽의 천정이나 벽에 부분적으로 전돌을 이용하는 경우가 있는데, 북한 연구자들은 이것을 목곽묘에서 전실묘로 변천하는 과정에서 나타나는 과도기적인 현상으로 판단한다. 이는 목곽묘에서 전실묘로의 변화가 외부적인 요인에 기인하는 것이 아니라 전적으로 내부적인 발전이라는 기본 인식이 전제된 해석이다. 반면 일본학계에서는 중국에서 완성형의 전실묘가 낙랑지역으로 수입된 것으로 파악하고 있다. 특히 요동지역의 전실묘와 유사성이 높은 것으로 설명되기도 한다. 이러한 낙랑지역의 전실묘는 기원후 2세기 말에 출현하여 3세기대에 가장 유행한 묘제로 이해되어 왔으나 최근에는 문양전이 병용된 목곽의 시기를 참고하여 그 상한연대를 기원후 1세기대로 소급시켜 보는 주장이 제기되었다. 또 늦은 시기의 전실묘에는 석개천정이 채용되거나 벽면의 일부를 할석으로 축조하는 경우가 있는데 이 역시도 북한학계에서는 낙랑 전실묘가 고구려 석실분으로 변해가는 과도기적인 현상으로 설명한다. 그러나 이를 이미 낙랑지역으로 수용된 고구려 석실의 영향 때문에 일시적으로 나타나는 현상이라는 주장도 제기되었다.

평양역구내 전실묘에서 출토된 기년전(紀年塼, 353)을 참고하면 낙랑지역의 전실묘는 낙랑·대방군이 멸망한 4세기까지 계속해서 축조된 것이 분명하다. 황해도 봉산군에서 발견된 장무이묘도 마찬가지인데 벽면에 석회를 바르거나 연도 좌우에 작은 이실(耳室)을 두는 등 고구려 고분의 영향이 농후하다.

낙랑·대방 시기의 옹관묘는 대부분 합구식으로 화분형토기와 타날문 단경호가 선호되는 경향이 있다. 남경 옹관묘처럼 옹관묘만으로 구성된 분묘군이 있는가 하면 목곽묘나 전실묘에 배속된 유아묘일 가능성이 높다. 소수의 사례가 보고된 와관묘와 전곽묘도 대개 유아묘로 판단되는데, 만약 성인묘라 할지라도 부장유물이 없는 것으로 보아 하위 계층의 묘제로 보인다.

2 유물

1) 철기

낙랑의 철기는 한반도 중부 이남지역에서 철기문화가 수용되는 연대 및 그 과정과 관련하여 주목되었다. 또『삼국지』위서 동이전 기사에 나타난 철을 매개로 한 원거리 교역의 중심으로 낙랑의 역할이 중시되었다. 그러나 낙랑 철기 그 자체에 대한 본격적 연구는 그리 많지 않다.

철의 교역과 관련된『삼국지』의 기사는 변·진한에서 생산된 철이 낙랑군에 공급되었다는 근거로 원용되고 있으며, 이를 근거로 낙랑지역 출토 판상철부는 변·진한에서 공급되었다는 점이 제기되기도 하였다. 정백동 62호 출토 단야구(鍛冶具)는 낙랑군의 철기생산이 단조품 중심이며 그 소재가 변·진한 지역에서 공급되었을 것이라는 해석을 확산시키는 소재가 되었다. 그러나 낙랑군에도 비교적 고도의 주조 철기 제작 기술이 있었음은 한식(漢式)과 다른 주조된 철제용기와 차축두가 고분에 부장되는 점에서 알 수 있다. 또한 현지에서 생산된 것으로 보이는 주조철부와 철촉류가 낙랑토성에서 출토되는 것을 참고하면 낙랑군 설치 이전은 전국식 주조철기이고 낙랑군의 철기는 한식 단조철기라는 이분법적인 구분은 옳지 않다.

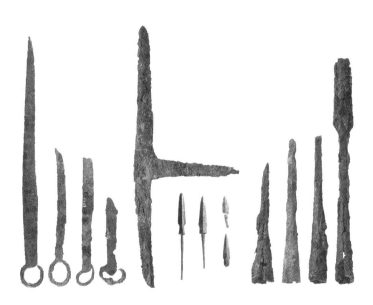

그림 105 낙랑 고분 출토 철제 무기 각종

낙랑의 철기는 극(戟)·모(鉾)·검(劍)·도(刀)·촉(鏃) 등의 무기류가 대표적이며 도끼·낫·U자형 삽날과 같은 농구류도 있다. 철모는 자루구멍 끝이 대체로 직선적이어서 연미형이 주류를 이루는 고구려나 부여의 것과는 다르고 철촉은 삼릉촉(三稜鏃), 사릉촉(四稜鏃)이 많다.

경기도 화성 기안리와 가평 대성리 유적에서 철기 생산을 증명하는 다양한 유물과 함께 다량의 낙랑 토기가 출토된 바 있다. 이러한 사실은 한반도 중부지역의 철기 제작이 낙랑·대방과 깊은 관계가 있음을 보여주는 것이다.

그림 106 대동군 상리 출토 일괄 유물

2) 청동기

낙랑지역의 청동기로는 세형동검문화의 전통을 계승한 것과 중국 청동기문화의 계통을 이은 것이 공존한다. 평양에서 출토된 거푸집과 낙랑 고분의 부장품으로 판단하면 평양지역에서는 낙랑군 설치 이후에도 세형동검이 지속적으로 제작되었음이 분명하다.

낙랑지역에서 출토되는 중국식 청동기로는 노기(弩機)의 부속구와 과(戈)·모·검·촉 등의 무기류, 복(鍑)이나 정(鼎)과 같은 용기류, 거울이나 동전 등이 있다. 낙랑지역에서 출토되는 이러한 다양한 청동기류는 중국에서 수입한 것도 있겠지만 대부분은 낙랑 현지에서 제작되었을 가능성이 높다. 실제로 낙랑토성에서는 청동기를 제작한 공방터가 확인되었다. 낙랑토성에서 출토된 청동기류의 납동위체 비율을 분석한 결과 이들 청동기는 현지에서 자체 조달했거나 중국에서 수입한 구리를 이용하여 만들었음이 밝혀졌다. 청동제 마구나 수레부속구 중 이른 시기의 것은 중국 한대의 그것과 형태가 달라 위만조선의 청동기일 가능성이 높다.

3) 토기

낙랑 토기는 태토를 기준으로 니질계, 활석혼입계, 석영혼입계의 3종류로 나눌 수 있다. 니질계 토기에는 원통형·고배형·완(盌)형·분(盆)형·시루형 토기와 같은 일상용기와 부뚜막형 토기, 이배(耳杯) 등 소수의 부장용 토기가 포함된다. 활석혼입계에는 정(鼎)이나 화분형토기 등 취사용 토기가 대부분인데, 이는 내화성이 뛰어난 활석의 암석학적 특성을 이용한 결과로 판단된다. 석영을 혼입한 태토로 만든 백색토기류는 소수의 일상용기를 제외하면 대부분 중대형의 저장용 토기이다.

대방군 치소로 알려진 지탑리토성 출토 토기와 동해안에 면한 소라리토성의 토기도 낙랑토성을 중심으로 한 평양지역의 그것과 크게 다르지 않다. 그렇기 때문에 재래의 무문토기류와 구분되는 새로운 토기류 전반을 '낙랑 토기양식'이라고 불러도 될 듯하다.

그림 107 낙랑 토기 각종: 니질계 토기(상), 활석혼입계 토기(중), 석영혼입계 토기(하)

토기의 태토 종류는 제작 기법의 차이와 밀접한 관계가 있다. 우선 니질계 토기는 대부분 노끈을 감은 내박자와 타날구로 1차 성형하므로, 이 공정을 거친 토기의 내면에는 가로로 연속되는 노끈 압흔이 남는 것이 특징이다. 1차 성형에 이은 2차 성형 공정에서는 기종에 따라서 타날과 회전물손질이 선별적으로 채용된다. 토기의 1차 성형에서 노끈을 감은 내박자를 사용하는 사례는 지금까지의 자료로 보는 한 한반도 서북지역에서만 확인되므로 낙랑 토기의 중요한 기술 속성의 하나라고 할 수 있다. 활석혼입계 토기는 틀에 포를 씌운 다음 점토를 두르고 타날을 가하여 성형하는 '헝뜨기' 기법이 일반적이다. 그리고 서영혼입계 토기는 기본형을 따로 만들지 않고 1차 성형 단계에서 곧바로 완성된 모양

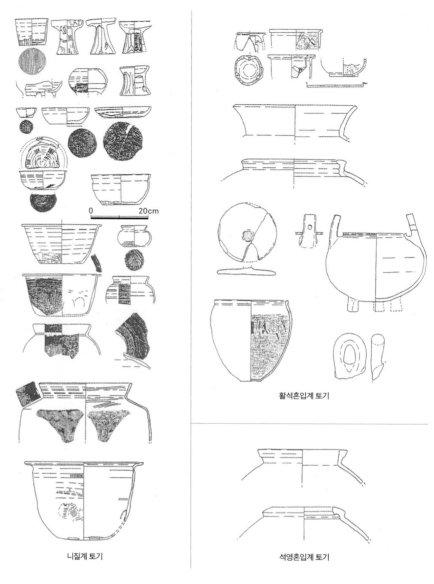

활석혼입계 토기

니질계 토기

석영혼입계 토기

그림 108 태토별 낙랑 토기의 구성(정인성 2004)

을 만들어 간다.

고분 부장용 토기로는 화분형토기와 니질계 단경호가 가장 먼저 등장하며, 기원후 1세기에 석영혼입계의 저장옹과 호형토기 등이 추가된다. 화분형토기는 구순(口脣)에 각이 지고 평저인 것이 전형인데, 이후 구순이 휘며 외반하고 저부에 굽이 달리는 것으로 바뀐다. 기원후 2세기에는 부뚜막형토기를 비롯하여 각종 명기류(明器類)가 부장토기로 추가된다. 전반적으로 낙랑 고분에 부장되는 토기류는 그 수량이 많지 않다.

　　낙랑 토기는 때때로 한식 토기(漢式土器)와 동일시되기도 하지만 형태 및 제작 기법에서 중국 한대의 토기와 뚜렷하게 구분되는 기종이 대부분이다. 활석혼입계 토기와 니질계 토기는 전국시대 연(燕)의 제도기술과 관련이 높으며 석영혼입계 토기는 중국의 산동반도에서 이입되었을 가능성이 높다.

4) 칠기

낙랑 고분에서는 다양한 종류의 칠기가 다량 출토된다. 당시 군현의 장관 월급이 1,800~3,000전(錢) 정도인데 칠기 한 점의 가격이 1,200전이었다는 『사기』화식열전의 기록을 참고하면 낙랑 고분 피장자의 재력을 이해할 수 있다. 낙랑 고분처럼 많은 양의 칠기를 부장하는 것은 중국에서도 흔하지 않다.

　　칠기의 종류로는 이배, 합(盒), 반(盤), 안(案), 명(皿), 염(奩), 협(篋), 편호(偏壺), 향로(香爐) 등이 확인되나, 정(鼎)·종(鍾)과 같이 청동용기를 본뜬 종류는 발견되지 않았다.

그림 109 낙랑 칠기: 정백리 127호분
　　　　및 남정리 116호분 출토
　　　　국자(좌상), 이배와 반
　　　　복원도(우상), 상 차림 복원(하)

칠기를 만드는 방법에는 목심에 칠을 바르는 목태(木胎), 천에 칠을 발라 여러 번 겹쳐서 굳히는 협저태(夾紵胎), 목심에 포를 여러 겹 덧씌우면서 칠을 반복하는 목태협저(木胎夾紵) 등이 있다. 토기의 표면에 칠을 하는 경우도 확인되고, 흰색 화장토를 바른 다음 채색을 한 토기도 확인된다. 당시 낙랑지역에서 유통된 고급칠기는 그 명문으로 보아 지금의 중국 사천지역인 촉군(蜀郡), 광한군(廣漢郡)의 관영 공방에서 제작된 것으로 알려져 있다.

5) 봉니

봉니는 공문서를 봉인하기 위한 점토에 인장을 눌러 찍은 것이다. 목간 등을 묶은 끈을 가운데가 빈 나무 안으로 통과시킨 다음 그 안에 점토를 채웠기 때문에 봉니의 뒤쪽에는 끈이 통과한 흔적이 남는 것이 일반적이다. 다른 토제품과는 달리 소성품이 아닌데 일제강점기 동안 낙랑군 및 그 속현 관련 자료 수백 점이 출토되었다. 현존하는 봉니는 대부분 낙랑토성 출토품이라고 알려져 있으며 지금까지 낙랑 25현 중 22개 현과 관계되는 봉니가 확인되었다. 이 중 낙랑태수장(樂浪太守章), 낙랑대윤장(樂浪大尹章) 등은 낙랑군이 평양 일대에 있었다는 증거가 되었다. 그러나 해방 후 북한학계는 이들이 모두 위조되었다고 주장하였다. 일제강점기에 보고된 봉니에 위조품이 많은 것은 분명하지만, 모두를 위조된 것으로 보기는 어렵다.

근년 중국 요령성의 금서시에서 임둔태수장(臨屯太守章)이 압인된 봉니가 발견

그림 110 부조예군(夫租薉君) 인장(좌)과 평양 출토 봉니 각종(우)

되어 이곳을 임둔군으로 보는 주장이 제기되기도 하였다.

6) 기와와 전돌

중국 전국시대의 반와당(半瓦當)은 진한 교체기를 거치며 점차 원와당(圓瓦當)으로 변하는데, 지금까지 낙랑에서는 원와당만이 출토되었다. 낙랑의 수막새는 와당과 수키와를 따로 성형하여 부착해 만들거나, 와당을 분할하기 전의 수키와에 끼워 넣어 제작하는 방법이 일반적이지만 와통에 마포를 감싸고 와당과 수키와를 동시에 만드는 소위 형뜨기 기법도 확인된다. 형뜨기로 만든 와당에는 활석이 혼입되는 특징이 있는데, 형뜨기로 만든 토기에도 역시 활석이 혼입되는 것을 보면 토기와 기와를 같은 공인이 제작한 것으로 이해할 수 있다. 형뜨기로 만든 와당에는 고사리문이 장식되지만, 그 외의 와당에는 각종 문자와 운기문(雲氣文), 고사리문이 있고 일부 사엽좌문(四葉座文)도 확인된다. 문자 와당의 명문은 절대연대 자료를 제공해 준다. 와당의 편년

그림 111 와당과 전돌 각종: 1. 평양 출토 〈樂浪禮官(낙랑예관)〉명, 2. 평양 출토 〈萬歲(만세)〉명, 3. 평양 출토 〈千秋萬歲(천추만세)〉명, 4. 평양 출토, 권운문, 5·6. 봉산 송산리 1호분, 7. 봉산 양동리, 8. 평양 정백리 2호분, 9. 봉산 토성리 〈光和五年(광화5년, 182)〉명, 10. 봉산 토성리 〈泰始七年(태시7년, 271)〉명, 11. 평양 석암리 253호분 〈王宜(왕의)〉명

은 확실하지 않으나 〈樂浪禮官(낙랑예관)〉명 와당과 사엽좌문이 고식이고 〈大晉元康(대진원강)〉명 와당 같은 것이 가장 늦은 시기의 것이라 여겨진다. 니질계 와당은 형태와 문양이 유사해도 다양한 기법이 확인되는 것을 보면 제와 공정의 정형화 수준은 비교적 낮았을 것으로 보인다.

낙랑의 평기와는 대부분 와통을 사용하지 않고 만든 것들이다. 무와통 타날성형에는 기와 내면에 대는 내박자와 외면을 두드리는 타날판 모두 노끈을 감은 것이 사용된다. 와통을 사용하는 경우에도 타날은 승문(繩文)이 기본이며, 격자문(格子文) 등이 1차 성형에 채용된 사례는 확인되지 않는다. 무와통 기와의 성형 과정에서 횡으로 압인되는 승문이 남는 내박자를 사용하는 것은 낙랑 제와 기술의 가장 큰 특징이다. 평기와의 외면은 승문이 압도적이지만 내박자에는 부분적으로 무문, 점열문, 격자문 등이 확인된다.

낙랑에서는 고분과 각종 건축물의 축조에 벽돌이 사용되었다. 벽돌은 기본적으로 조립식 거푸집을 이용해 한 번에 한 장씩 만들었는데, 거푸집에 점토를 채운 다음 위에서만 타날했기 때문에 평면 한쪽에만 승문 타날흔이 남는다. 토성에서 확인되는 벽돌은 바닥에 깔기 위한 부전(敷塼)과 벽과 천정을 쌓는 데 쓰이는 장방형 전으로 나뉘는데, 부전은 활석이 혼입되는 특징이 있다. 장방형 전은 장부와 장부구멍이 없는 것과 그것이 있는 소위 모자전(母子塼) 및 둥근 천정을 만들기 위한 쐐기전과 특수전이 있다. 벽돌의 문양으로는 기하학문과 능형문(菱形文)이 많다. 낙랑 멸망 이후에도 낙랑전은 얼마 동안 계속 제작되었으며, 고구려 건축물에서도 낙랑전을 재활용한 사례가 종종 보인다.

참고문헌

강인욱 외, 2008, 『고고학으로 본 옥저문화』, 동북아역사재단.

국립중앙박물관, 2001, 『낙랑』, 국립중앙박물관.

高久健二, 1995, 『낙랑고분문화연구』, 학연문화사.

김재용·량중호, 2005, 「락랑유적에서 알려진 활과 쇠뇌에 대한 고찰」, 『조선고고연구』 2005-2, 사회과학 출판사.

리순진, 1983, 「우리나라 서북지방의 나무곽무덤에 대한 연구」, 『고고민속론문집』 8, 사회과학출판사.

_____, 1997, 『평양일대 락랑무덤에 대한 연구』, 사회과학원 고고학연구소.

박양진, 1998, 「묘장자료의 사회적 분석과 유수 노하심묘지의 일고찰」, 『한국상고사학보』 29, 한국상고 사학회.

_____, 1998, 「족속추정과 부여 및 선비 고고학자료의 비교분석」, 『한국고고학보』 39, 한국고고학회.

성　칠, 2004, 「우리나라 나무곽무덤의 발상지에 대하여」, 『조선고고연구』 2004-1, 사회과학출판사.

송호정, 1999, 「고고학 자료를 통해본 부여의 기원과 성장과정」, 『한반도와 중국 동북 3성의 역사와 문화』, 서울대학교 출판부.

신용민, 1991, 「서북지방 목곽묘에 관한 연구(상)(하)」, 『역사고고학지』 7·8, 동아대학교 박물관.

안병찬, 1995, 「평양일대 락랑무덤의 발굴정형에 대하여」, 『조선고고』 1995-4, 사회과학출판사.

오영찬, 1999, 「유수 노하심유적을 통해 본 부여사회」, 『한반도와 중국 동북 3성의 역사와 문화』, 서울대 학교 출판부.

_____, 2006, 『낙랑군 연구』, 사계절.

이경미, 1992, 「낙랑고분출토 칠기에 대한 일고찰」, 『한국상고사학보』 11, 한국상고사학회.

이남규, 1993, 「1~3세기 낙랑지역의 금속기문화-철기를 중심으로」, 『한국고대사논총』 5, 한국고대사회 연구소.

_____, 2006, 「낙랑지역 한대 철제병기의 보급과 그 의미」, 『낙랑문화연구』, 동북아역사재단.

정인성, 2004, 「낙랑토성의 토기」, 『한국고대사연구』 34, 한국고대사학회.

_____, 2006, 「복원실험을 통해 본 낙랑토기와 평기와의 제작기법」, 『한국상고사학보』 53, 한국상고사학회.

_____, 2007, 「낙랑 '타날문단경호' 연구」, 『강원고고학보』 9, 강원고고학회.

한인덕, 1986, 「평양일대 벽돌무덤의 구조형식과 그 변천」, 『조선고고연구』 1986-2, 사회과학출판사.

_____, 1995, 「서북조선의 벽돌무덤의 성격에 대하여」, 『조선고고연구』 1995-4, 사회과학출판사.

홍보식, 1993, 「낙랑 전축묘에 대한 일고찰」, 『부대사학』 17, 부산대학교 사학회.

중부 및 서남부 지역

Ⅰ 개관

한반도 중부 및 서남부 지역 원삼국문화의 개시 연대는 기원전 100년 무렵으로 보는 경향이 일반적이다. 서울·경기 지역은 백제 국가의 성립 시점을 기준으로 3세기 중엽 무렵을 원삼국문화의 하한으로 볼 수 있다. 그러나 충청·전라 지역에 백제 국가의 영향력이 미치는 시점에는 차이가 있다.

원삼국시대의 중부 및 서남부 지역은 문헌상의 마한(馬韓)과 예계(濊系) 집단의 활동 공간으로서, 연천–양평–남한강을 잇는 선을 경계로 하여 그 동쪽을 예계의 중도유형문화권(中島類型文化圈)으로, 서쪽을 마한의 중서부지역 문화권으로 파악한 견해가 제시된 바 있다. 그러나 이러한 견해를 수정할 필요성도 제기된 바 있는데, 강원도 영서지역을 중심으로 발전했다고 보는 중도유형문화의 특징적인 요소로 지적된 중도식 경질무문토기는 영남을 제외한 전국에 분포되어 있고, 출입시설이 있는 집자리는 경기 남부의 수원, 화성, 용인 등지에서도 발견되고 있다. 또, 강원 영동지역과 영서지역은 주거 구조와 토기 형태에서 강한 공통성을 지녔지만, 매장유적에서는 차이가 있어 영서지역에서는 임진강 유역과 공통적으로 적석분구묘(積石墳丘墓)가 축조된 반면 영동지역에서는 아직까지 어떤 매장유적도 확인되지 않고 있다.

호남·호서 지역 마한의 특징적인 (장)방형 4주식 집자리는 경기 서부지역에까지 분포하고 있으며, 호서·호남 해안지역에 주로 분포하는 주구묘(周溝墓)도 이 지역에서 조사되고 있고, 경기 남부지역에는 중서부 내륙과 공통적인 수구토광묘(周溝土壙墓)가 분포하고 있다. 원삼국시대 중부와 서남부는 이와 같이 몇 개의 소지역 문화권이 나뉘어지는 것 같으나 아직 그 실상은 명확하지 않다. 다만 집자리와 무덤의 형식으로만 본다면, 대체로 경기 서남부지역에서 문화접변 현상이 있었던 것으로 보인다.

한편 중국 고대의 문헌에 따르면, 제주도에는 배를 타고 한중(韓中)과 교역하던 주호(州胡)라는 세력이 있었다고 한다. 제주지역의 이 시기 유적에서 출토된 유물을 보면 전라도와 경상도 남해안지역의 물품, 그리고 중국제 화폐나 거울 등이 포함되어 있어서 그러한 문헌 내용과 일치한다.

중부와 서남부 지역 원삼국시대는 대체로 토기 변화를 근거로 세 시기로 구분된다. 그러나 지역에 따라 토기 변화에 차이가 있기 때문에 전체를 포괄하는 편년표 작성에는 아직 어려움이 있다.

한강 유역을 중심으로 한 중부지역은 그동안 생활유적 출토 토기를 기준으로 시기를 구분하였는데, 경질무문토기 단순기(I기)에서 경질무문토기와 타날문토기의 공반기(II기)를 거쳐 경질무문토기가 소멸하고 타날문토기와 회흑색무문양토기가 공반되는 시기(III기)로 변화한다는 안이 제시된 바 있다. 최근에는 중서부지역을 포함하여 좀 더 세분하는 수정안이 발표되기도 하였다. 이와 같은 편년안은 여러 연구자에 의해 계승되었지만, 경질무문토기 단순기를 인정하지 않는 견해, III기의 시작을 타날문 심발형토기와 장란형토기의 출현으로 보는 견해, 경질무문토기의 제작이 백제 국가가 형성된 이후까지 지속되었다는 주장도 있어 실제 토기만으로 유적·유물을 편년하는 데에는 어려움이 있다.

중서부지역은 주로 무덤 형식과 그 출토 유물을 기본 자료로 삼고 있다. 이 지역에서는 기원전 1세기에서 기원 2세기 전반기에 해당하는 자료가 없기 때문에 2세기 후반 이후를 백제 중앙의 토기 양식이 영향을 미치기 전 단계와 그 이후 단계를 구분하고 있는 정도이다. 그러나 마한의 거점지역에서 250년이라는 긴 기간의 고고학 자료가 공백 상태라는 것은 쉽게 납득하기 어려우므로 향후 다각도의 재검토가 필요하다.

서남부지역의 편년도 토기 변화를 기준으로 크게 3시기로 구분한다. I기는 삼각형점토대토기 단계이거나 또는 이에 경질무문토기를 포함하는 단계이고, II기는 연질타날문토기의 출현, III기는 회청색경질토기의 출현을 표지로 한다. 이에 대해서도 최근 5기로 세분한 편년안이 발표되었는데, 중부지방의 I기에 해당하는 기원전

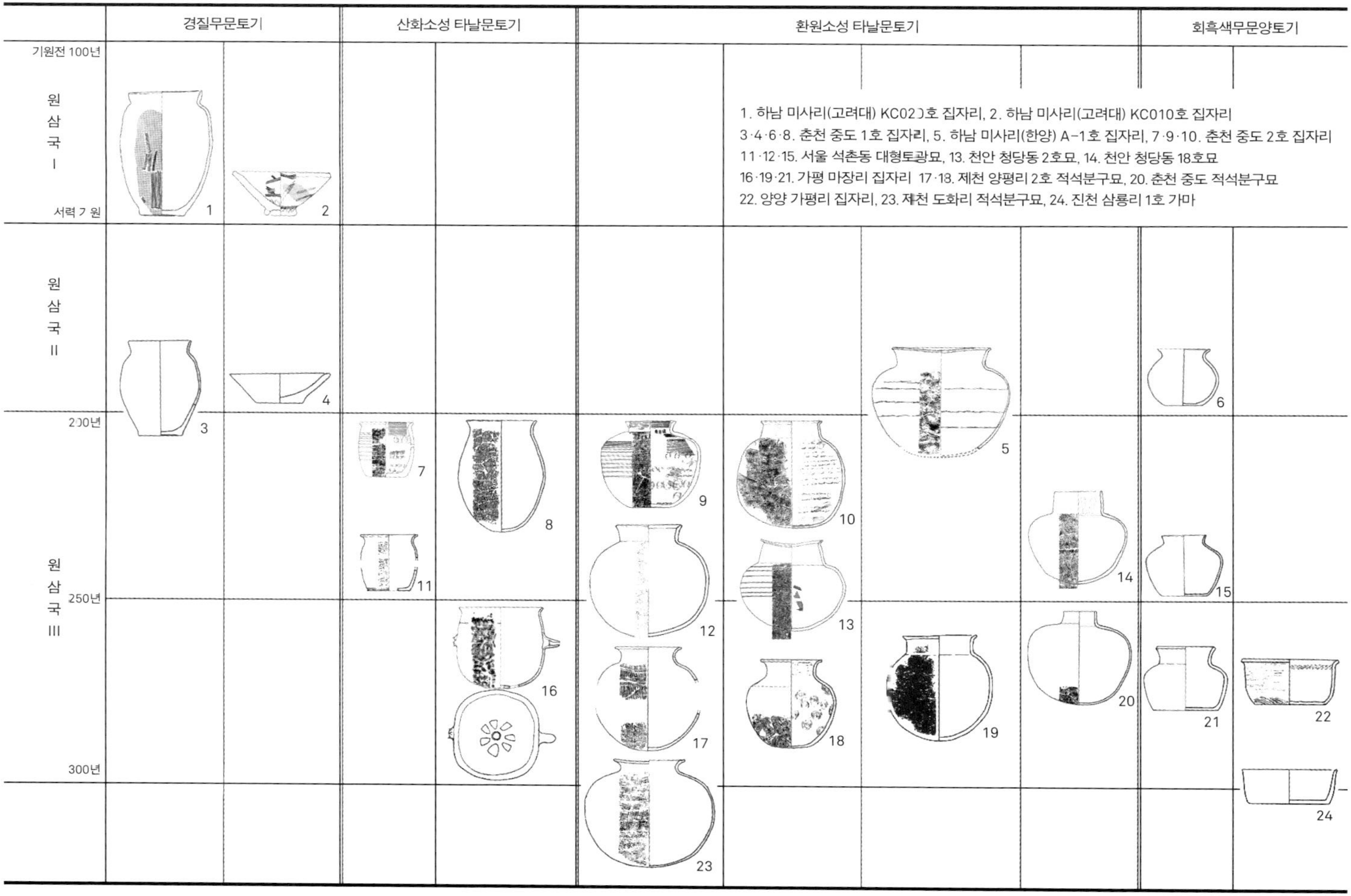

| 경질무문토기 | 산화소성 타날문토기 | 환원소성 타날문토기 | 회흑색무문양토기 |

1. 하남 미사리(고려대) KC022호 집자리, 2. 하남 미사리(고려대) KC010호 집자리
3·4·6·8. 춘천 중도 1호 집자리, 5. 하남 미사리(한양) A-1호 집자리, 7·9·10. 춘천 중도 2호 집자리
11·12·15. 서울 석촌동 대형토광묘, 13. 천안 청당동 2호묘, 14. 천안 청당동 18호묘
16·19·21. 가평 마장리 집자리 17·18. 제천 양평리 집자리 2호 적석분구묘, 20. 춘천 중도 적석분구묘
22. 양양 기정리 집자리, 23. 제천 도화리 적석분구묘, 24. 진천 삼룡리 1호 기마

기원전 100년 · 원삼국 I · 서력 7원 · 원삼국 II · 220년 · 원삼국 III · 250년 · 300년

그림 1·2 한강 유역 및 중서부지역 토기 편년(박순발 2001)

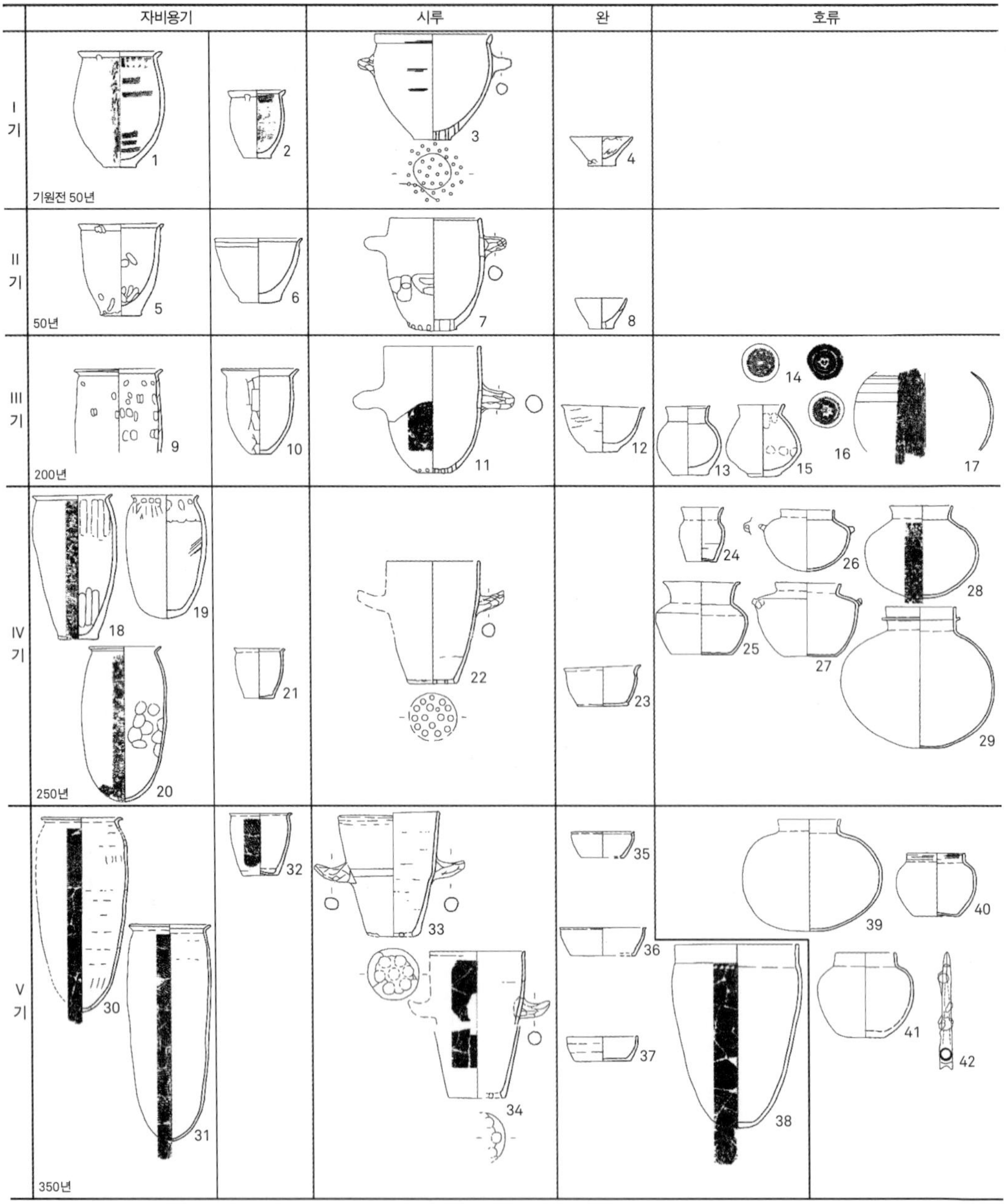

그림 113 호남지역 토기 편년(박순발 2005)

100년~기원 전후까지를 두 단계로 나누고, 중부지방의 III기에 해당하는 시기 다음으로 이 지역에 백제 한성양식 토기인 직구단경호가 등장하는 단계를 하나 더 설정하여 중부지방과 비교될 수 있게 하였다.

II 유적

1 생활유적

문헌 연구와 고고학 조사를 종합하여 볼 때 원삼국시대의 마을은 규모에 따라 소촌, 촌, 대촌으로 구분될 수 있다. 이 가운데 소촌은 10여 채의 가옥으로 구성된 기초적인 마을 단위이며, 소촌보다 규모가 큰 촌은 소촌과 더불어 촌락을 형성한다. 대촌은 읍락과 국읍의 중심촌으로, 서울 풍납토성 내부에서 조사된 3중의 환호마을은 풍납토성 면적에 버금가는 규모일 것으로 추정되기 때문에 국읍의 중심촌으로 추정되기도 한다. 마을은 규모에 따라 다소 차이가 있었겠으나 거주, 수공업 작업, 식량 생산, 저장, 폐기, 매장 혹은 제의 등의 기능적 공간으로 구성되었을 것이다. 한편 삼국시대까

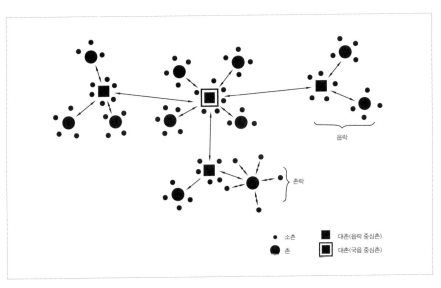

그림 114 마을 분포 정형 모식도(이희준 2000)

그림 115
마을유적: 연천 강내리(상), 남양주 장현리(좌중),
동해 망상동(우중), 홍천 성산리(하)

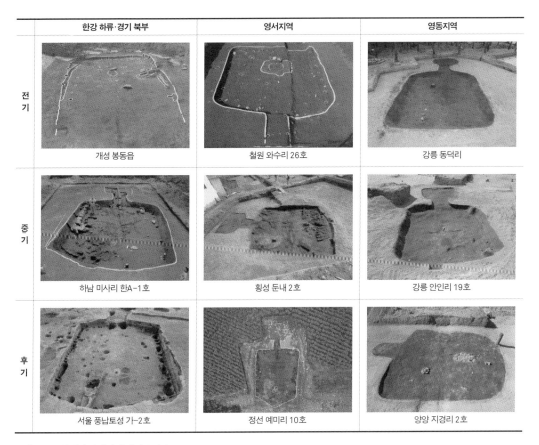

	한강 하류·경기 북부	영서지역	영동지역
전기	개성 봉동읍	철원 와수리 26호	강릉 동덕리
중기	하남 미사리 한A-1호	횡성 둔내 2호	강릉 안인리 19호
후기	서울 풍납토성 가-2호	정선 예미리 10호	양양 지경리 2호

그림 116 중부지역 주거지의 변화(송만영 1999)

지 계속되는 장기 지속적인 대형 마을이 3세기 무렵부터 출현하기 시작하며, 이와 아울러 화성 기안리, 진천 산수리·삼룡리·석장리 유적과 같이 철기와 토기를 전문적으로 생산하던 수공업 집단의 마을이 3세기 무렵부터 본격적으로 조성되기 시작한다.

하남 미사리와 남양주 장현리, 연천 강내리, 홍천 성산리, 강릉 안인리, 동해 망상동 유적을 비롯해 중부지역 각지의 원삼국시대 마을 유적은 하천 충적지와 해안 사구에 주로 분포하고 있다. 마을에서는 凸(철)자 또는 呂(여)자형의 돌출된 출입 시설이 있는 집자리가 조사되었는데, 이러한 집자리의 계보를 두만강, 연해주 지역의 초기철기시대 문화인 단결-크로노프카문화와 연결시키는 견해가 있다. 대체로 2세기 무렵에 조성된 집자리에서 높은 화재율이 관찰되기 때문에 이 무렵에 십단 긴의 알력이 컸던 것으로 이해된다. 집자리의 평면 형태는 전기에 장방형이지만, 점차적

그림 117 취사 및 난방 시설: 단양 수양개 4호 주거지(좌상), 춘천 율문리 1호 주거지(우상), 화성 발안리 17호 주거지(좌하), 파주 당동리 6호 주거지(우하)

으로 그 형태가 변화하여 원삼국시대 후기에는 서울·경기 지역과 강원 영서 일부 지역에서 육각형 모양의 집자리가 출현한다. 집자리 내부에는 바닥에 돌을 깔고 주위로 점토띠를 두른 부석식(敷石式) 화덕이 설치되는 경우가 많으며, 이 외에도 취사와 난방이 가능한 I자형 및 ㄱ자형 외줄 구들이 사용되기도 하였다. 이러한 형식의 구들은 초기철기시대 세죽리-연화보유형문화 지역에서 처음 등장하여 남하한 것으로 알려졌으나, 최근 연해주의 크로노프카문화 유적에서도 ㄱ자형 외줄 구들이 조사되어 그 계보를 찾는 것이 간단치 않다.

중서부지역과 서남부지역에서는 출입부 시설이 없는 원형 또는 방형이나 장방형의 집자리가 조사되었다. 중서부지역에서는 최근 대규모 마을유적들이 조사되고 있는데, 특히 대전 용계동 유적에서는 400여 기가 넘는 집자리와 함께 환호 시설과 토기가마가 조사되었다. 집자리는 방형이나 장방형의 4주식 집자리와 함께 원형 집

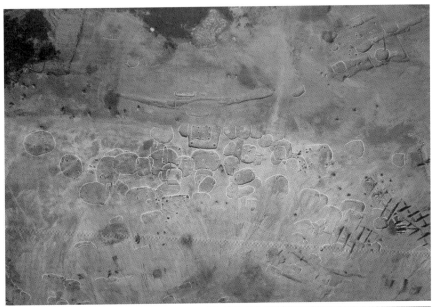

그림 118 대전 용계동 유적(상)과 보성 도안리 석평 유적(하)

자리가 조사되었는데 양자의 관계는 아직 분명치 않다. 취사 및 난방 시설은 중부지방과 마친가지로 1자형 및 ㄱ자형의 외줄 구들이 있다. 한편 공주 장선리 유적에서는 지하에 만들어진 굴과 같이, 최소 1m 두께 이상의 천정부를 만들고 1개 혹은 여러 개의 방이 서로 연결된 특이한 구조의 수혈이 다수 발견되었는데 이를 『삼국지』

에 기록된 토실(土室)로 파악하는 견해도 있다.

　서남부지역에서 조사된 마을유적은 대체로 2세기 이후의 것으로서, 소촌 규모이며 능선이나 사면 상부에 입지하고 있다. 그러나 3세기 이후에는 산사면 하단에 입지한 대규모 취락이 등장한다. 집자리의 평면 형태는 원형과 방형계로 구분되는데, 전자는 동부 내륙에, 후자는 서부 내륙과 서해안에 주로 분포한다. 시기가 지날수록 집자리 규모가 커지고 화덕이 딸린 집자리의 수가 많아지며 벽구 시설이 상용화되었다. 또한 I자형 외줄 구들 사용이 보편화되었으며 일부에서 ㄱ자형의 외줄 구들도 사용되었다.

　패총유적은 서해안과 남해안 곳곳에서 많이 조사되었다. 유적은 대부분 외딴섬이나 해안에 면한 구릉 사면에 입지하는데, 상대적으로 높은 고지에 형성된 공통점이 있다. 패총유적은 초기에 삼각형점토대토기와 같은 새로운 토기나 철기문화의 유입과 관련하여 만들어졌다고 보는 견해가 일반적이나, 2~3세기대에는 기후 한랭화에 따른 식량자원의 부족을 극복하기 위하여 형성되었는데, 이로 인해 주민집단 간의 갈등 때문에 고지에 만들어졌다는 해석도 있다.

2 생산유적

1) 농경

이 시기의 경작유구인 논과 밭은 다른 시기에 비해 조사된 예가 많지 않지만, 집자리에서 탄화곡물의 출토 예가 많은 것으로 보아 농경이 활발하게 이루어졌던 것으로 보인다. 또한 탄화곡물 이외에도 과실류, 어패류·조류·포유동물의 유체가 발견되고 있어 다양한 식자원이 활용되었던 것으로 보인다. 이 시기의 밭유적으로는 광주 신창동과 서천 송내리 유적이 있는데, 대부분 가옥 주변에서 소규모 형태의 밭이 조사되었다. 천안 장산리에서는 구릉 사면의 집자리에 인접한 골짜기 저지대에서 같은 시기의 논과 함께 수로, 보(洑), 집수 시설이 조사되었다. 최근 연기 대평리에서는 주거지 70기를 비롯하여 고상건물지 22기, 수혈유구 141기 등이 확인되었는데, 강 쪽에서 밭유구와 도로가, 산 쪽의 배후습지에서 논과 수로가 발굴되었다.

그림 119 연기 대평리 유적 B지점 마을과 경작지

2) 철기

철 및 철기 생산유적은 주로 중부지역에서 조사되었는데, 특히 화성 기안리 유적은
규모가 20여 만 평에 이르는 대규모 철기 생산유적으로 추정된다. 유적에서는 단야
로만 조사되었지만, 유적의 서쪽 구릉에서 다량의 유출재와 슬래그가 채집되어 제련
에서 단야에 이르는 일련의 공정이 이루어졌던 것으로 보인다. 유적에서는 연료를 공
급하기 위하여 설치한 터널식 숯가마도 조사되었으며, 대구경(大口徑) 송풍관과 함
께 송풍구, 철재, 노벽체편, 숫돌, 철편 등이 출토되었다. 최근 연천 삼곳리에서는 철

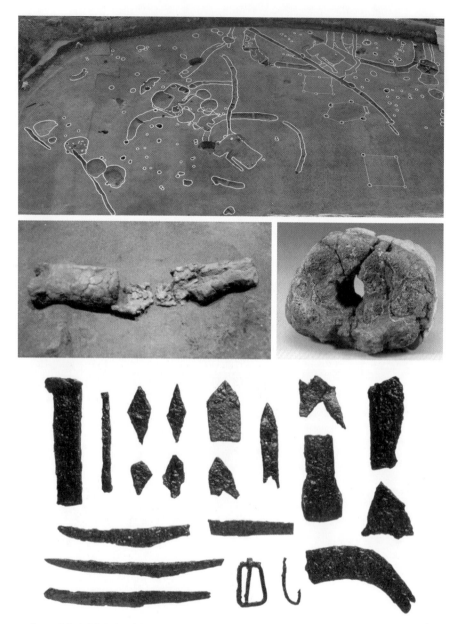

그림 120 화성 기안리 유적 Ⅱ지점(상), 동해 망상동 유적 단야로(좌중)와 강릉 안인리 유적 송풍관(우중), 가평 대성리 유적 출토 철기 각종(하)

기 생산집단의 마을유적이 조사되었는데, 이곳에서도 철기 생산과 관련된 여러 가지 시설과 유물이 출토되었다. 또한 남양주 장현리, 가평 대성리, 강릉 안인리, 여주 연양리, 연천 삼곶리, 동해 송정동·망상동 유적 등 일반 마을유적에서도 집자리 내에서 단

야 공정이 확인되었는데, 부러진 철
기의 보수와 같은 간단한 단야 작업
은 집자리 내부의 노지나 소형 단야
로에서 이루어졌다.

3) 토기

토기 생산유적으로는 진천 삼룡리,
화성 가재리, 공주 귀산리, 천안 용
원리, 대전 용계동, 부안 부곡리, 승
주 대곡리, 순천 연향동 대석, 영광
군동, 해남 군곡리 등 많은 유적들
이 알려져 있다. 이 시기의 토기가마
는 모두 낮은 구릉의 경사면에 설치
한 반지하식 오름가마[登窯]이나, 군

그림 121 진천 삼룡리 88-2호 가마터

곡리 가마와 같이 일부는 구릉 경사면을 파고 들어간 지하식이다. 가마의 평면은 타
원형 내지 장타원형이다. 진천 토기가마 가운데 가장 시기가 이른 삼룡리 88-1·2호,
89-1호 가마는 길이 4m 내외, 소성실의 최대 너비 1.3m 가량으로 소형이지만 점차
크기가 커져, 삼룡리 90-5호와 같이 전체 길이 7.9m, 소성실의 최대 너비 2.5m에 이
르는 큰 가마가 등장한다. 연소실의 바닥 경사도도 초기에 13° 정도이던 것이 점차 급
해져 말기에는 16°에 이른다. 가마 구조는 획일적이지 않아 연소실이 수혈식 구조를
보이는 것과 연소실과 소성실이 완만한 경사를 이루며 연결되는 횡혈식 구조를 보이
는 것이 있다. 이러한 형식의 토기가마는 구조상 중국 전국시대의 원요(圓窯)에 가장
가까우며, 한반도에 들어와 개량된 형태로 해석되고 있다.

3 고분

경기 남부 이남에서는 매장주체부 주위에 도랑[周溝]을 두른 분묘가 많이 발견되었
다. 오산 수정동, 용인 상갈동 등시의 경기 남부와 천안 청당동, 청주 송절동 등 충청
내륙지역에서는 구 지표면 아래로 묘광을 파 매장주체부를 만들고 그 주위에 도랑을

그림 122 청당동형 주구토광묘: 천안 청당동
유적(상), 오산 세교동 유적(하)

그림 123 관창리형 주구묘: 보령 관창리 유적(좌), 인천
　　　　운양동 유적(우)

두른 청당동형 주구토광묘가 분포되었다.

　　이와는 달리 보령 관창리 유적을 비롯하여 서천 당정리, 익산 영등동, 영광 군동 등 충청과 호남 서해안지역에서는 네 면에 도랑을 두르고 이 과정에서 나온 흙으로 구 지표면 위에 성토부를 만든 후 그 안에 매장주체부를 마련한 관창리형 주구묘가 조사되었다. 최근에는 김포 운양동·마송리와 인천 동양동 등에서도 조사되어 경기 서부지역으로 그 분포권이 확대되고 있다.

　　청당동형은 대체로 완만한 구릉의 경사면에 입지하고 있으며, 매장주체부인 목관 바깥에 원저단경호와 심발형토기를 부장하는 경우가 많다. 묘광 크기는 대부분 작지만, 청주 송절동에서는 초대형 합장묘도 발견되었다. 관창리형은 대개 낮은 구릉이나 능선 대지 상에 군집을 이루며, 성토한 낮은 분구를 가진 분구묘로 4세기 이후 규모가 커지며 매장주체부가 목관, 목곽에서 옹관으로 변화하면서 영산강 유역을 중심으로 고총으로 발전한다.

　　적석분구묘는 중부지역 특히 임진강과 한강 중상류 유역에서 강안 사구에 군집을 이루지 않고 단독으로 축조되었다. 이 무덤은 임진강 유역, 북한강과 남한강이 합류하는 양평, 북한강 상류인 춘천과 화천, 그리고 남한강 상류의 정선·영월·제천 지역에 국한되어 분포한다. 무덤 구조는 자연 사구의 상면부를 정지한 다음 강돌을 얇게 쌓아 적석층을 만들었는데, 매장주체부인 중심부는 7~8겹가량 두껍게 돌을 쌓고 주변부에는 1~2겹가량만을 쌓았다. 이러한 외형적 구조 때문에 즙석묘, 즙석총, 즙석식적석묘, 적석묘 등의 다양한 명칭이 사용되었다. 최근 임진강 유역의 연천 삼곶리·학곡리 적석분구묘에서는 매장주체부로 규모가 크지 않은 수혈식의 다장 석곽이 내부에서 확인되었다. 연대는 3세기 전반에서 중반까지 짧은 기간에 조성된 것으로 보기도 하지만, 지역에 따라 연대 차이가 있는 것으로 보기도 한다. 피장자는 지역집단의 수장층으로 추정되며, 지역집단의 성격에 대해서는 백제의 지방세력, 고구려 유이민 집단, 예계 집단, 예계 집단 가운데 대방과 남부지역의 교역을 담당한 정치체 등으로 보는 견해가 있다.

한편 제주도에는 초기철기시대에 출현한 지석묘가 계속 조영되는데, 지하식에서 지상식으로의 변화가 관찰된다. 용담동 유적에서는 석곽묘와 옹관묘가 혼재하는데 다량의 철제 유물이 출토되어 제주지역 수장층의 묘역으로 추정되었다.

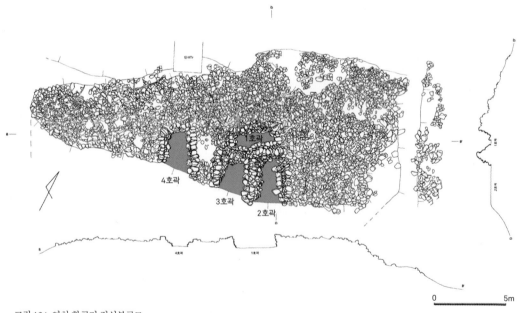

그림 124 연천 학곡리 적석분구묘

4 저습지와 퇴장유적

광주 신창동과 강릉 강문동에서는 저습지유적이 발견되어, 당시의 자연환경과 생활문화 복원에 중요한 자료를 제공해준다. 신창동에서는 16개 이상의 층에서 다량의 목제 유물이 출토되었다. 강문동에서는 목제의 용기류와 공구류가 출토되었다. 이 외에 한대(漢代) 동전이 일괄로 출토된 퇴장(退藏)유적으로는 제주 건입동의 산지항과 여수 거문도 유적이 있다. 산지항 유적 절벽 동굴 아래에서 오수전(五銖錢) 4매, 화천(貨泉) 11매, 대천오십(大泉五十) 2매, 화포(貨布) 1매 등 18매의 화폐가 동경 2면, 동검 부속구 1점과 함께 출토되었다. 이러한 퇴장유적들은 낙랑과 각 지역 정치체 간 교류의 양상을 보여준다.

III 유물

1 금속기

금속기 중 청동 제품은 수량이 급격하게 감소한다. 천안 청당동의 마형대구, 청원 송대리 유적의 소동탁과 마형대구, 영광 수동 토광묘 출토 조형청동기와 방제경(倣製鏡)은 납동위원소비 분석 결과 중국의 청동기 원료를 수입하여 제작한 것으로 파악되었다. 이 외의 청동기로는 방제경이 하남 미사리, 영광 수동, 제주도 산지항 유적 등에서 출토되었다. 영광 수동 유적에서 출토된 새무늬[鳥文] 청동기는 영남지역의 고성 동외동 유적에서 출토된 것과 동일한 형태인데 제의와 관련된 유물로 판단된다.

기원전 2세기의 금강 유역은 전국계 철기문화의 선진 지역이었지만, 중부지역에서는 최근 가평 대성리 유적에서 이 시기의 철기가 확인되기 시작하였을 뿐이다. 낙랑 설치 이후 중부지역, 특히 임진강 상류와 북한강 상류를 포함하는 영서지역에서는 낙랑 철기의 영향 아래 기원전 1세기 후반부터 기원 전후 무렵의 철기문화가 침투되었으나, 중부와 서남부 지역은 영남과 비교할 때 철기문화가 뒤떨어져 있었다. 그러나 2세기 이후부터는 철기문화가 점차 발전하여 그 종류와 수량이 크게 늘어나게 되었다. 특히 3세기에는 중서부 및 서남부 지역을 중심으로 환두대도, 직기

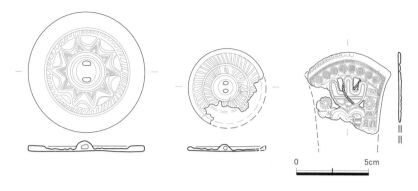

그림 125 청동기류: 영광 수동 유적 출토 방제경과 새무늬 청동기(상), 천안 청당동 5호묘 마형대구 출토 모습(하)

형(直基形)의 철모(鐵鉾), 다양한 형식의 철촉 등 철제 무기들이 계기적으로 발전하였으며, 적석분구묘가 주로 분포하고 있는 임진강 및 남한강 상류 지역에서도 발달된 철제 무기가 확인된다.

철기는 U자형 삽날·낫·도자(刀子)·끌·도끼·괭이 등의 농공구류와 촉(鏃)·모(鉾)·대도·준(鐏)·극(戟)·찰갑(札甲) 등의 무기류, 그리고 복(鍑)·호(壺) 등의 용기류와 띠고리, 낚싯바늘, 못, 재갈[轡] 등의 철기로 구분된다. 그러나 집자리에서는 낫, 촉, 도자 등의 단순한 철기만이 출토된다. 지역에 따른 철기 출토 양상은 크게 차이가 없지만, 철경동촉(鐵莖銅鏃)이 주로 중부지역에 분포하고 있어 지리적으로 가까운 낙랑과의 관련성이 주목된다. 금강 유역과 영산강 유역의 가운데인 고창지역에서는 도검, 모와 같은 철제 무기가 발달하는 양상을 보여준다.

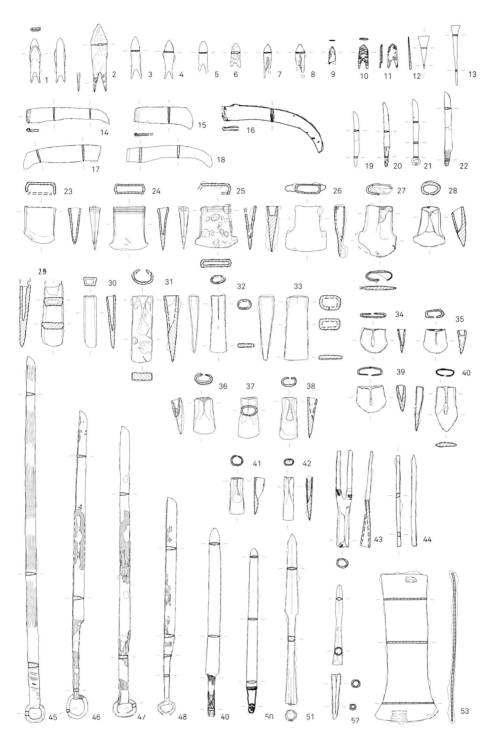

그림 126 철기류 각종

2 토기

중부와 서남부 지역의 원삼국 토기는 크게 경질무문토기(硬質無文土器)와 타날문토기(打捺文土器)로 구분된다. 그러나 광주 신창동, 해남 군곡리 유적과 같이 전남 연해지역의 삼각형점토대토기를 이른 단계의 원삼국 토기로 파악하기도 하며, 중부지역에서는 낙랑 토기 또는 그 제작 기법이 반영된 낙랑계 토기를 원삼국 토기에 포함하기도 한다.

경질무문토기는 출토지 명칭을 본따서 중도식 무문토기(中島式無文土器)로 부르기도 한다. 청동기시대의 무문토기 기술 전통에 새로운 고화도 소성의 기술이 가미되면서 출현한 토기로 생각되나, 노천요에서 소성했다는 견해와 타날문토기를 구웠던 등요에서 개방 상태의 산화염으로 소성했다는 견해가 있다. 기종은 옹, 호, 발, 시루, 완, 뚜껑 등이 있다. 그 기원에 대해서는 청동기시대 이래의 무문토기나 명사리식 토기와 관계된다고 보기도 하였지만, 세죽리-연화보유형문화기 요동지역 토기에서 유래했다는 견해가 제시된 바 있다. 또 연해주 및 동북 지역 초기철기시대의 단결-크로노프카문화 유적에서도 동일 기형의 토기들이 출토되므로 외줄 구들과 함께 동북지역에서 유래하였을 것이라는 주장이 제기되었으며, 최근 영동지역에서는 경질무문토기 외반구연호가 점토대토기와 공반하는 유적이 조사되기도 하여 경질무문토기의 기원에 대해서는 다원적으로 이해할 필요가 있다.

타날문토기는 철기의 보급과 더불어 새로이 출현하는 토기로, 종래의 김해식 토기를 대체한 명칭이다. 전국계 토기 생산 체제의 영향으로 새로운 토기 제작 기술이 채용되는데, 문양이 있는 박자(拍子)에 의한 타날문 시문과 회전판 사용, 밀폐식 가마 채택 등이 특징이다. 제주도에서는 외도동 유적에서 타날문토기가 출토되었지만, 자체 제작되었다기보다는 마한지역으로부터 교역을 통해 수입된 것으로 파악하고 있다. 타날문의 종류에는 승문(繩文)·격자문(格子文)·평행선문(平行線文) 등이 있는데, 부위에 따라 서로 다른 문양을 시문하거나, 시문 후에 횡침선을 돌려 승석문과 같은 효과를 내는 경우가 있다. 한강 유역의 경우 격자문 타날의 등장 시기를 2세기 중반으로, 그리고 세승문 타날은 그 이전에 출현한 것으로 편년하고 있으나, 영남지역처럼 승문과 격자문의 선후관계가 분명한 것은 아니다. 타날문토기의 기종은 자비용기로 사용된 산화염 소성의 심발형토기·장란형토기·시루·동이·주구토기 등이

그림 127 중부 및 서남부 지역의 토기: 화성 발안리 유적(상), 담양 태목리 유적(하)

있으며, 환원염 소성의 원저단경호·대옹·이중구연호 등이 있다.

한편 중부지역에서는 지리적, 정치적 요인으로 인해 낙랑과 대방 지역의 이른 바 낙랑계 토기가 출토되는 유적이 많다. 낙랑계 토기의 주요 기종으로는 평저호, 단경호, 분(盆)형토기가 있다. 가평 달전리 목곽묘 출토 화분형토기와 단경호로 볼 때

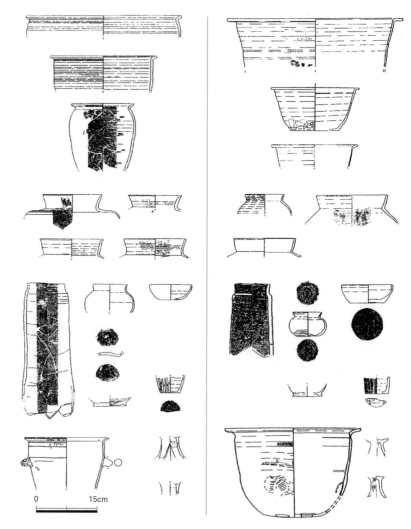

그림 128 화성 기안리 유적 출토 토기(좌)와 낙랑토성 토기(우) 비교(김무중 2004)

낙랑계 토기가 중부지역에 출현하는 것은 기원전 1세기 후반경으로 볼 수 있는데 이주민에 의해 유입되었을 가능성이 높다. 그러나 이 외의 토기들은 낙랑, 대방 제작품과 현지 제작품의 구분이 어렵기 때문에 낙랑 토기의 제작 기술이 반영되어 있다고 해석하는 것이 옳을 것이다. 낙랑계 토기가 출토된 대표적인 유적인 화성 기안리 유적에서는 니질 태토와 석영혼입 태토를 사용한 토기들이 다수 출토되었는데, 승문 타날 후 강한 회전조정, 저부 바닥의 사절기법(絲切技法), 저부와 동체 연결부의 깎기 조정 등의 낙랑 토기 제작 기법이 반영되어 있다. 또한 분, 통배(筒杯), 완, 시루, 소형

그림 129 옥류 각종:1, 2, 여주 연앙리 유적, 3, 4, 연천 학곡리 적석분구묘

옹 등 기종 자체가 낙랑 토기에서 유래한 것들도 많다. 이와 유사한 토기들은 인근의 당하리, 고금산 등 3세기 전반대 유적들에서 많이 발견되며 최근 인천이나 김포 등 경기 서부지역에서도 출토되었다.

3 옥류

원삼국시대 장신구에 사용된 옥류는 유리, 천하석, 마노, 연옥, 수정, 호박 등의 재료로 만들었다. 옥은 형태에 따라 둥근옥[環玉], 대롱옥[管玉], 연주옥(連珠玉), 다면옥(多面玉), 굽은옥[曲玉] 어금니 모양 옥[臼玉] 등으로 구분되는데, 다양한 유구에서 출토되었다. 유리옥의 제작 기법으로는 거푸집에 부어서 제작하는 방법과 녹인 유리용액을 철봉에 말아 일정한 크기로 잘라서 만드는 방법이 확인되었는데, 토제 거푸집 실물이 하남 미사리, 춘천 중도, 해남 군곡리 유적에서 발견되었다. 낙랑계 유물로 보이는 금박유리는 연천 학곡리 유적 출토 청색 연주옥과 함께 유리용액을 철봉에 말아서 만든 것이다. 공주 공산성 내부에서 출토된 수정다면옥은 낙랑 유물로 파악되기도 하지만, 화성 기안리와 가평 대성리 유적에서 수정 원석이 출토되었으며, 특히 최근 보성 도안리 석평 유적에서 수정을 가공하던 유적이 발견되어 낙랑만이 아니라 중서부지역 여러 곳에서 수정 장신구가 제작되었을 가능성이 높아졌다.

그림 130 광주 신창동 유적 출토 목기

4 목기, 골각기, 복골

목기와 골각기, 복골(卜骨) 등 유기물질 유물은 주로 저습지와 패총유적에서 출토되
었다. 광주 신창동 저습지에서는 무구류, 농공구류, 칠용기, 현악기, 베틀 부속구 등의
목기가 출토되었으며, 강릉 강문동 저습지에서는 절구, 떡매, 괭이, 목제용기와 함께
망태기, 새끼줄 등의 유기질 유물이 출토되었다. 패총유적에서 주로 출토된 골각기에
는 화살촉, 손칼손잡이[刀子柄], 조골(彫骨), 비녀, 복골 등이 있으며, 피조개와 삿갓조
개를 이용하여 만든 팔찌가 군곡리 패총에서 출토되었다. 복골을 이용한 점복 풍습은
철기문화의 확산과 함께 출현한 것으로 보이는데, 저습지유적과 패총유적에서는 멧
돼지와 사슴의 견갑골을 이용한 복골이 출토되었다.

5 외래 유물

한군현 설치 이후 서북한지역의 낙랑을 매개로 하여 삼한 사회에 수입품과 함께 기술
자 집단의 이주를 통한 선진기술이 유입되었다. 중부와 서남부 지역의 원삼국시대 유
적에서 출토된 낙랑 관련 유물에는 토기를 비롯하여 철경동촉(鐵莖銅鏃), 동경, 동전,

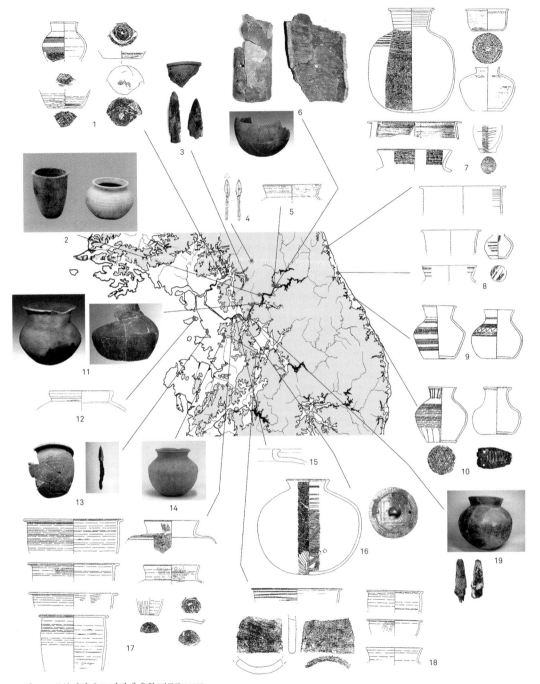

그림 131 중부지역 출토 낙랑계 유물(김무중 2005)
1. 연천 학곡리, 2. 포천 금수리, 3. 가평 달진리, 4. 철원 와수리, 5. 춘천 신매리, 6 춘천 우두동, 7. 양양 가평리, 8. 강릉 교항리,
9. 강릉 안인리, 10. 동해 송정동, 11. 가평 대성리, 12. 인천 운서동 눈들, 13. 시흥 오이도, 14. 수원 서둔동, 15. 풍납토성,
16. 하남 미사리, 17. 화성 기안리, 18. 화성 당하리, 19. 양평 양수리

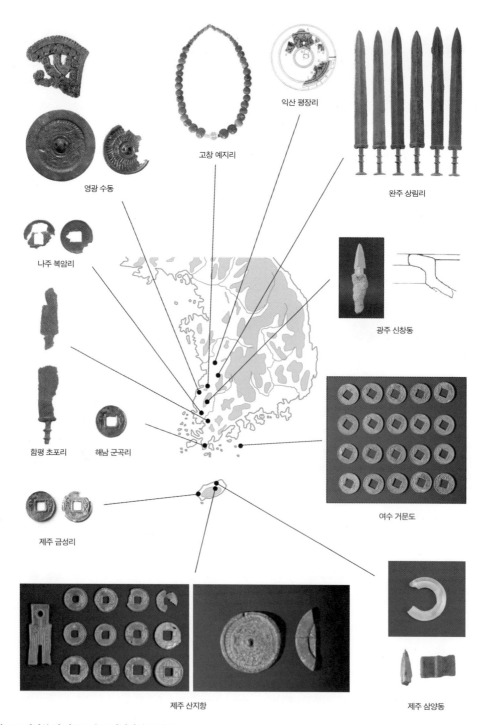

익산 평장리

고창 예지리

영광 수동

완주 상림리

나주 복암리

광주 신창동

함평 초포리　해남 군곡리

여수 거문도

제주 금성리

제주 산지항　　　　제주 삼양동

그림 132 서남부 및 제주도 출토 외래계 유물 분포

금박유리, 동탁, 청동환 등이 있다. 이 가운데 동경은 공주 공산성 출토 훼룡문경(虺龍文鏡), 부여 하황리 출토 박국경(博局鏡), 익산 연동리 출토 반룡경(盤龍鏡) 등 충남과 전북 지역에서, 동탁은 충북과 경기 지역에서, 동전은 강릉을 비롯하여 인천 영종도, 전남 해안지역, 제주도에서 발견되었다. 선진기술의 유입 예는 화성 기안리 제철유적이 대표적으로, 다량의 낙랑계 토기와 낙랑의 기와 제작 기술이 반영된 송풍관으로 보아 철 및 철기 생산기술을 가진 낙랑의 전문기술자 집단이 남긴 유적으로 보고 있다. 뿐만 아니라 시기가 약간 내려가지만, 낙랑의 토목 건축 기술이 풍납토성과 그 내부의 건물 축조에 반영되었을 것이라는 연구도 있다.

참고문헌

강형태 외, 1998, 「납동위원소비법에 의한 청당동유적출토 청동제대구의 산지추정」, 『고고학지』 9, 한국
　　　고고미술연구소.

권오영, 2003, 「한성기 백제 기와의 제작전통과 발전의 획기」, 『백제연구』 38, 충남대학교 백제연구소.

_____, 2004 「물질, 기술, 사상의 흐름을 통해 본 백제와 낙랑의 교섭」, 『한성기 백제의 물류시스템과 대
　　　외교섭』, 한신대학교 학술원.

김무중, 2004, 「화성 기안리 제철유적 출토 낙랑계토기에 대하여」, 『백제연구』 40, 충남대학교 백제연구소.

_____, 2006, 「마한지역 낙랑유물의 전개양상」, 『낙랑문화연구』, 동북아역사재단.

김성남, 2003, 「중부지방 3~4세기 고분군 세부편년」, 『백제연구』 33, 충남대학교 백제연구소.

김승옥, 2000, 「호남지역 마한 주거지의 편년」, 『호남고고학보』 11, 호남고고학회.

_____, 2004, 「전북지역 1~7세기 취락의 분포와 성격」, 『한국상고사학보』 44. 호남고고학회.

박순발, 2004, 「한성백제 고고학의 연구 현황 점검」, 『고고학』 3-1, 서울경기고고학회.

_____, 2005, 「토기상으로 본 호남지역 원삼국시대 편년」, 『호남고고학보』 21, 호남고고학회.

서현주, 2000, 「호남지역 원삼국시대 패총의 현황과 형성배경」, 『호남고고학보』 11, 호남고고학회.

송만영, 1999, 「중부지방 원삼국 문화의 편년적 기초」, 『한국고고학보』 41, 한국고고학회.

_____, 2003, 「중부지방 원삼국 문화의 전개과정과 한예 정치체의 동향」, 『강좌 한국고대사』 10, 한국고
　　　대사회연구소.

유은식, 2006, 「두만강유역 초기철기문화와 중부지방 원삼국 문화」, 『숭실사학』 19, 숭실대학교 사학회.

_____, 2009, 「두만강유역 초기철기문화의 변천과 연대」, 『한국상고사학보』 64, 한국상고사학회.

은화수, 1999, 「한국 출토 복골에 대한 고찰」, 『호남고고학보』 10, 호남고고학회.

이민석, 2003, 「원시, 고대의 노시설과 주거구조와의 상관성 연구—호남지역을 중심으로」, 『고문화』 62, 한
　　　국대학박물관협회.

이청규, 1995, 『제주도 고고학연구』, 학연문화사.

이청규·강창화, 1994, 「제주도 출토 한대 화폐유물의 한 예」, 『한국상고사학보』 17, 한국상고사학회.

이희준, 2000, 「삼한 소국 형성 과정에 대한 고고학적 접근의 틀」, 『한국고고학보』 43, 한국고고학회.

지건길, 1990, 「남해안지방 한대화폐」, 『창산김정기박사 화갑기념논총』 간행위원회.

최병현, 1998, 「원삼국토기의 계통과 성격」, 『한국고고학보』 38, 한국고고학회.

_____, 2002, 「토기 제작기술의 발전과 자기의 출현」, 『강좌 한국고대사』 6, 한국고대사회연구소.

최성락, 1993, 『한국 원삼국문화의 연구』, 학연문화사.

최성락·김건수, 2002, 「철기시대 패총의 형성 배경」, 『호남고고학보』 15, 호남고고학회.

최완규, 1996, 「주구묘의 특징과 제문제」, 『고문화』 49, 한국대학박물관협회.

동남부지역

I 개관

원삼국시대의 영남지역은 와질토기, 목관묘와 목곽묘, 청동의기, 철기 등의 형태에서 다른 지역과 구분되며 내부적으로는 공통적인 양상을 보인다. 경북 동해안이나 내륙 일부 지역에서는 관련 자료의 발견이 드물고, 서부 경남지역은 호남지역과 공유하는 측면도 일부 있지만 대체로 원삼국시대의 영남지역은 동일한 문화권을 이루고 있었다고 할 수 있다. 이러한 양상은 진·변한 문화의 공통성을 보여주는 것이지만 훗날 신라와 가야 문화로 이어지면서 일부 요소는 공유하고 일부에서는 서로 다른 특징을 발전시켜 나가게 된다.

영남지역에서 철기 사용의 개시에 대해서는 기원전 2세기로 올려 보는 견해와 한군현 설치 이후로 보려는 입장으로 나뉜다. 아무튼 기원전 1세기 이후 낙랑과 진·변한의 철을 매개로 한 동북아의 정치·경제적 네트워크가 형성되면서 고고자료에도 많은 변화가 나타나는 것은 분명하다. 즉 초기철기시대 이래의 세형동검문화는 원삼국시대에 들어와 새롭게 변화하고, 무리를 이룬 목관묘가 유행하며, 삼각형점토대토기와 와질토기가 사용되기 시작한다. 또한 철광 개발과 철기 생산이 본격화되어 철제 무기류와 농공구류의 사용이 보편화된다. 그리고 낙랑 및 중국과 교류를 통해 한에서 제작된 위세품이 새로운 상징물로서 유입되고 남해안지역에서는 왜계 유물도 다수 발견된다.

문헌기록에 따르면 원삼국시대 영남지방의 정치체들은 진한과 변한으로 구분되지만 고고학적 자료에서는 그 차이가 뚜렷하지 않다. 그럼에도 불구하고 특정한 토기나 철기 기종의 유무, 토기양식의 차이로써 낙동강을 경계로 하여 그 동서를 진한과 변한으로 구분할 수 있다는 주장도 있다. 또한 진·변한의 정치체와 연관성을 논한것은 아니지만 목곽묘의 형태를 통해 동남해안지역과 북서내륙지역의 차이를 논하거나, 일상토기를 통해 동남해안지역과 서부경남지역의 권역을 구분한 연구도 있다.

한편, 이 시기의 사회성격에 대해서는 중심읍락인 국읍과 몇 개의 읍락이 결집한 지역정치체인 국(國)을 기본으로 하는 사회라는 해석은 대체로 인정받고 있으며, 국 성립의 고고학적 지표로는 청동의기의 부장이나 목관묘군의 형성을 들고 있다. 이와는 달리 지석묘사회에 이미 국이 형성되었다고 보거나 왕 또는 도시의 출현을 주장하는 견해도 있는데, 지석묘사회와 삼한사회의 관계에 대해서도 연속적으로 보는 경우도 있고, 단절적으로 파악하는 학자도 있다.

동일 문화권을 형성하고 있던 영남지역 가운데 3세기 후반에는 경주와 김해를 중심으로 묘제와 부장 유물의 양상에서 지역성이 나타나며, 고식도질토기 및 북방계 마구와 무구류의 출현 등 커다란 변화가 나타난다. 입지의 우월성, 독립 부장곽의 존재, 무구의 개인집중화, 순장의 요건을 갖춘 고분의 출현은 진·변한에서 신라·가야로의 전환과 관련하여 획기적인 요소로 지적되며, 이 무렵부터 신라와 가야의 분화가 시작되었다고 보게 된다. 삼한과 삼국시대를 어떻게 연결지을지에 대해서는 양자의 차이점을 강조하는 전사론(前史論), 계승성을 강조하는 전기론(前期論)이 문헌사학계에서 대두된 바 있는데, 그와 같은 고고학 자료의 변화는 삼한과 삼국의 차이점을 강조하는 전사론과 유사한 측면이 있다.

II 유적

1 생활유적

원삼국시대 전기의 집자리는 여러 곳에서 발견되었는데 평면 형태는 방형도 있지만 원형이 다수를 차지한다. 면적은 24m²를 넘지 않는 소형이 대부분이다. 사천 늑도 유적과 방지리 유적에서는 판석으로 만든 외줄 구들이 수혈주거지 내에서 확인되는데 영남지역에서는 가장 이른 단계의 것으로 추정된다.

그림 133 사천 늑도 유적

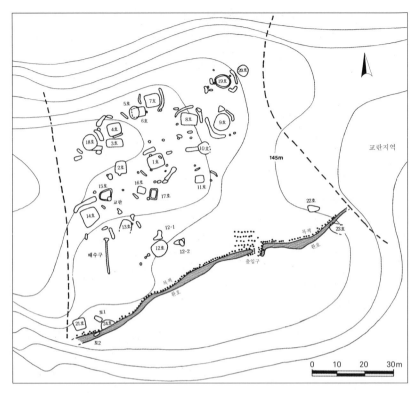

그림 134 양산 평산리 유적 유구 분포도

　　원삼국 후기가 되면 방형계 주거지가 주류를 이루게 되고 면적은 40m²를 넘는 초대형 주거지가 등장하며 전반적으로 규모가 확대된다. 외줄 구들이 확산되어 일반화되기 시작하며 평면 형태는 ㄷ자형이나 곡선형을 이루게 된다. 대표적인 유적으로는 경주 황성동, 경산 임당, 대구 시지지구, 양산 평산리 유적 등이 있다.

　　김해 봉황대와 대성동, 양산 평산리와 창원 남산 등지에서는 낮은 구릉 위에 환호나 목책과 같은 방어시설을 갖춘 방어취락이 늘어난다.

　　남해안을 따라 패총이 발달하는 것도 이 시기의 특징이다. 사천 늑도와 방지리 유적은 원형 또는 삼각형 점토대토기를 표지로 하는 전기단계의 유적이며, 나머지는 후기에서 삼국시대에 걸치는 유적이다. 패총은 입지에 따라 평지에 형성된 것과 해발 50m 이상 독립구릉의 정상부나 비탈면에 형성된 것으로 구분된다. 양산 다방리 유적에서는 패총과 함께 목책과 환호가 발견되었기 때문에 구릉 정상부에 형성된 패총은 방어취락과 관련되었을 가능성이 크다.

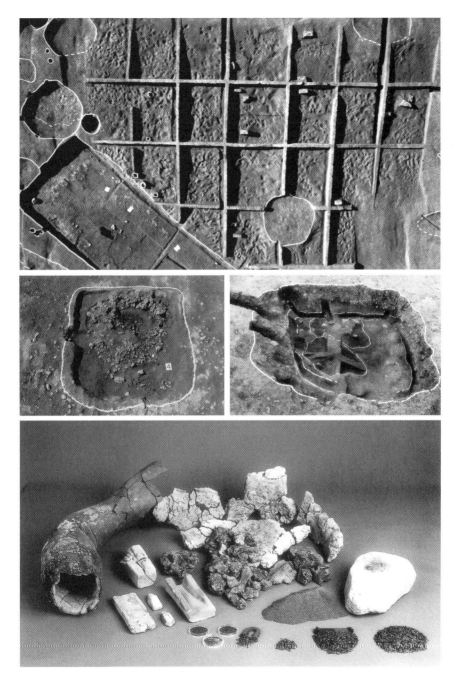

그림 135 울산 달천 철장의 채굴 흔적(상), 경주 황성동 1-9호 용해로(좌중), 강변로 5호 노(우중)와 제철 관련
　　　유물(하)

2 생산유적

철 및 철기 생산유적은 제련 및 용해 관련 유적과 단야 관련 유적으로 구분된다. 단야 유적에서는 노지와 모루 등 단야작업 관련 유물이 발견된다. 경주 황성동 유적에서는 기원 1세기 무렵의 주거지에서 단야작업이 이루어졌고, 2~3세기 무렵에는 주조와 단야에 이르는 일련의 공정이 한곳에서 대규모로 이루어졌다. 경주 황성동과 월성 해자 주변 유적에서는 간단한 구조의 단야로가 확인되었고, 부산 동래 내성 유적의 노지도 단야로로 추정되고 있다. 경주 황성동 다지구 단야로에서 검출된 쇳덩이는 사철로 만든 것으로 확인되었다. 2~3세기 무렵의 황성동 용해로는 주거구역과 떨어져서 나타나는데, 지름 70cm 내외의 원추형으로 복원되며, 송풍관과 거푸집이 발견되었다. 여기서 발견된 철 소재는 철광석을 이용하여 제련한 것으로 밝혀져 기술의 변화를 짐작케 한다. 한편 기원 전후 시기로 편년되는 다호리 64호 목관묘에서 철광석이 부장된 점과 최근 기원전 1세기대의 울산 달천 철장(鐵場)이 발굴되어 철광석의 채광과 이용이 일찍부터 있었음을 알 수 있다.

제철 시의 연료를 생산한 터널식 숯가마는 울산 검단리에서 발견된 이래 영남지역 여러 곳에서 조사되었고 그 중에는 원삼국시대로 올라가는 것도 있겠지만 공반유물이 없어 그 시기가 정확히 파악되지 않고 있다. 또 김해 대성동과 사천 봉계리 등지에서는 토기 생산과 관련이 있는 것으로 추정되는 유구가 보고되었으나, 뚜렷한 정형성을 갖춘 토기가마로 보기는 어렵다.

3 고분 및 제사유적

원삼국시대의 대표적 무덤은 목관묘와 목곽묘이다. 목관묘는 길이 2m 내외의 구덩이를 파고 나무로 만든 관을 안치하는 구조로서, 관은 통나무를 파서 만든 것과 판재로 짜 맞춘 것이 있다. 창원 다호리 1호묘에서는 통나무관 아래에 위치한 요갱(腰坑), 즉 부장갱 내부에 다양한 부장품을 담은 대나무 바구니가 매납되기도 했다. 목관의 외부와 위를 돌로 채운 적석목관묘도 대구 팔달동과 경주 조양동 등지에서 발굴되었다. 목관묘는 무덤의 규모나 입지 면에서 피장자 간에 큰 차이가 없으며, 대체로 무리를 이루어 분포하지만 단독으로 발견되기도 한다. 목관묘에 대해서는 전체적인 구조

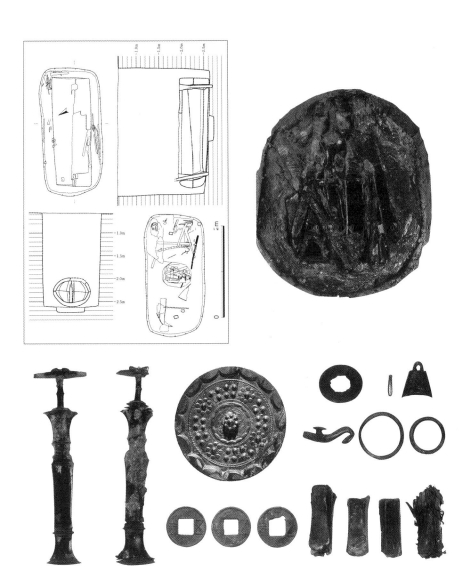

그림 136 창원 다호리 1호묘 평·단면도(좌상), 요갱 출토 바구니(우상), 출토 유물(하)

와 요갱의 계통, 묘광 내부와 봉토의 배치 관계, 부장품의 배치 양상과 상징적 의미, 편년 등 여러 분야에 걸친 연구가 이루어졌다.

한편, 목곽묘의 출현 배경에 대해서는 과거 후한대의 이른바 환령지말(桓靈之末)의 혼란과 낙랑주민 이주에 대한 문헌기록과 연결시켜 해석되었지만 영남지방에서 목곽묘의 출현은 2세기 중반경부터이며, 구조적으로도 낙랑 목곽묘와 차이가 있음이 지적되었다. 앞 시기 녹관묘를 계승하는 측면이 있다는 연구도 있고, 낙랑으로

그림 137 무덤 각종: 성주 예산리 3-31호 목관묘(좌상), 경주 사라리 130호 목관묘(우상), 양산 신평 다호
옹관묘(좌하), 울산 하대 44호 목곽묘(우하)

부터는 매장 관념만 영향을 받았다는 견해도 있다.

목곽묘는 길이가 3~10m 정도로서 목관묘에 비해 매우 크다. 목관과 함께 부장
품을 보호하는 목곽이 설치되고, 목곽은 주검칸과 부장칸으로 구획하기도 했다. 그
러나 관이 없는 경우도 많으며, 목곽 바닥에는 갈대와 같은 초본류를 엮어 만든 돗자
리 흔적이 발견되기도 한다. 대체로 동남부지역에서 확인되는 예가 많고, 경북 내륙
과 경남 서부 지역에서는 확인된 예가 드물다.

목곽묘는 규모가 클 뿐만 아니라 부장품도 많은데 특히 철기와 토기가 두드러
진다. 초기에는 토기를 목곽의 상부나 목곽 바깥에 부장했으나, 시간이 지나면서 피
장자 머리맡이나 발 쪽에 부장 공간을 마련하여 용기류를 부장한 것이 많아진다. 규
모가 큰 목곽묘는 구릉의 능선부에 조성되어 작은 무덤과는 입지의 차별을 보이기

도 하고, 어떤 경우에는 목곽을 불태우거나 토기 등을 깨트려 부장하는 훼기(毀棄)현상도 나타난다. 목곽묘에 대한 연구로는 구조와 변화 과정, 계통이나 낙랑과의 관련성 여부, 목곽묘 출현의 사회적 배경, 사회계층 구분 등이 있다.

한편 유아나 소아용 무덤으로 사용된 옹관묘는 토기 두 개를 맞대어 사용하는 경우가 많고, 유물이 빈약하지만 간혹 부장품이 있는 경우도 있다. 또한 성인 묘역과 구분하여 옹관묘만 별도로 조성한 경우, 공동묘역 내에 성인묘와는 구역을 달리하여 조성한 경우, 성인묘와 혼재하는 경우 등이 있다. 이 밖에 일부 지역에서는 청동기시대 이래의 토광묘와 석관묘도 계속 사용되었다.

무덤 이 외의 제사나 의례 행위와 관계된 유물로는 조개무지나 집자리에서 발견되는 점뼈와 작은 모형토기가 있다. 주로 해안가 구릉 정상부의 패총에서 발견되는 이러한 자료는 항해의 안녕을 기원하는 의례나 생활의례 관련품으로 추정하고 있다. 고성 동외동 유적에서는 구릉 정상부의 구덩이 속에서 새무늬 청동기가 출토되어 의례유구로 해석되는데, 이러한 구덩이는 사천 늑도와 김해 봉황동 유적 등에서도 확인되었다.

III 유물

1 금속기

영남지역에서는 기원전 2세기 말 이후 청동기가 독특한 형태로 발전한다. 그 중에는 서남부지역의 간두령과 다뉴경의 요소도 일부 나타나지만, 검파두식, 칼집 장식, 여러 줄의 피홈[血溝]이 난 동검, 동모의 고리[環耳]나 돌대 등은 서북한지역의 요소를 받아들인 것이다. 그리고 길이가 긴 동모나 문양이 있는 동과, 동물 모양 허리띠장식, 쌍두관상동기(雙頭管狀銅器), 유구동기(有鉤銅器) 등은 이 지역 고유의 것이다. 한경(漢鏡)을 모방한 방제경도 제작되는데, 영남지역의 방제경과 유사한 것이 일본에서도 나타나 그 제작지를 두고 논란이 있다. 이 외에도 한 또는 낙랑의 영향으로 청동제 재갈이나 삿갓 모양 동기 등의 말 및 수레 부속구도 나타난다.

철기로는 무기와 농공구류, 마구 등 다양한 종류가 있다. 쇠눈에 출토된 전국

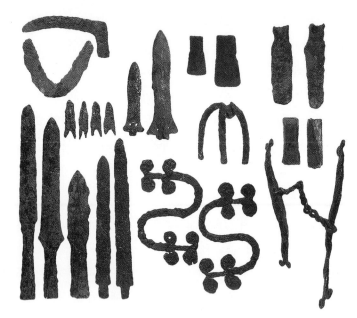

그림 138 각지 출토 철기류

그림 139 경주 사라리 130호 목관묘
출토 판상철부

또는 서한 초기 양식의 주조철부(괭이)는 철기 유입 시기에 대한 논쟁을 일으켰다. 무덤에서 주로 발견되는 판상철부는 도끼나 자귀와 같은 목공구로도 사용되었지만 철의 중간 소재나 화폐의 기능도 하였던 것으로 보고 있다.

　　2세기 이전의 철제 무기는 검과 모(鉾)가 대부분이며 꺾창[戈]과 촉도 일부 나타난다. 검은 짧은 슴베를 가진 단검으로 손잡이와 칼집은 동검과 같은 형태이다. 목곽묘 단계에는 장검과 환두대도가 나타나고, 철촉의 종류와 수량이 크게 증가한다. 모와 재갈, 검, 끌 모양 철기, 곡도, 유자이기 등에서는 고사리 모양의 장식이 가해지기도 하여, 실용성보다는 의기적 성격이 강하다. 이 밖에 서북한지역에서 유래한 청동솥, 한대의 철솥과 유사한 주조 철솥이 출토되기도 하였다.

2 토기

본격적인 철기의 사용과 함께 등장한 토기는 단면 삼각형점토대토기이다. 이 토기는 단면 원형점토대토기의 전통에 새로운 요소가 첨가되어 나타났다고 해석되기도 하는데, 주로 영남과 전라도 해안 지역에 분포하고 있다. 시루가 새로이 나타나는 등 다양한 기종이 등장하며, 앞 시기의 원형점토대토기에 비해서는 분포 범위가 축소되지만 대체로 영남지역 곳곳에서 발견되고 있다.

와질토기는 기와처럼 질이 무르다는 뜻에서 붙여진 명칭인데 색은 대부분 회색을 띤다. 이 용어는 종전 널리 사용되던 김해식 토기라는 용어가 가지고 있는 문제점을 지적하면서 제기되었다. 1980년대 이후 원삼국시대는 와질토기, 삼국시대는 도질토기가 각각의 시대를 대표한다는 주장이 제기되고 와질토기의 개념과 용어의 타당성을 둘러싼 논쟁으로 발전하였다. 와질토기는 영남지역에서 새로운 제도 기술로 만든 토기로서 태토 및 성형과 소성을 비롯한 일련의 기술적 속성에서 매우 특징적인 것은 분명하다. 이의 기원에 대해서는 낙랑 토기 기원설과 전국시대 토기 기원설이 있으나, 대체로 고조선에 전래된 연의 기술이 고조선 유민의 이주나 낙랑과의 교류를 통해 전래된 것으로 보고 있다.

와질토기는 기형과 제작 기술에 따라 전기와 후기 두 시기로 구분되는데, 전기(고식) 와질토기는 삼각형점토대토기보다 약간 늦게 나타나 함께 사용되었다. 전기 와질토기는 타날문 원저단경호, 주머니 모양 단지, 쇠뿔손잡이항아리(組合牛角形把手附壺), 보시기 등이 대표적인 기종이다. 이와 같은 와질토기의 등장은 토기 제작 기술에서 중요한 발전을 의미한다.

후기(신식) 와질토기는 기원 2세기 중엽 목곽묘와 함께 등장한다. 이들은 전기 와질토기와는 형태, 기종, 문양에서 차이가 있다. 무덤에서는 화로 모양의 노형토기와 대각 달린 단지[臺附壺]가 주로 출토되며, 일부에서는 오리 모양의 특징적인 토기가 출토되기도 한다. 토기 문양은 집선문과 암문(暗文)이 특징이다. 포항-경주-울산-김해에 이르는 동남해안지역에서는 토기의 지역적 특징이 두드러져 경북 내륙 및 경남 서부 지역과 차이를 나타낸다.

무덤 출토 한식 거울을 통해, 목관묘와 전기 와질토기는 기원전 1세기~기원후 2세기 전엽에 해당되고, 후기 와질토기와 녹곽묘의 시삭은 2세기 중반경에 이루어

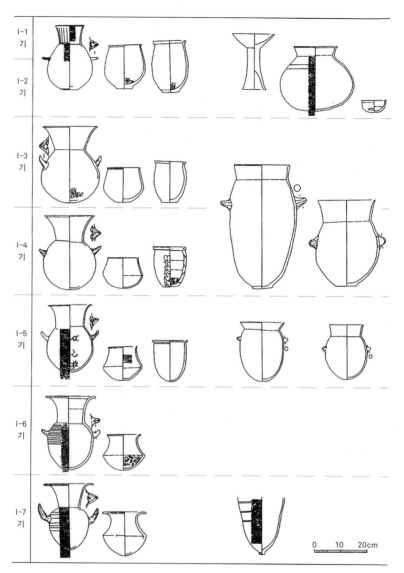

그림 140 전기 와질토기 편년(이성주 2005)과 토기

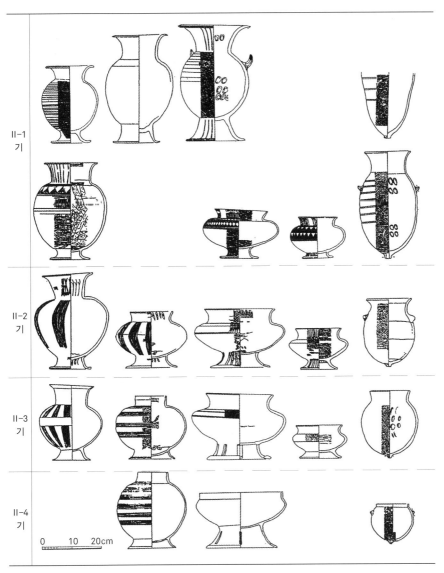

<table>
<tr><td>II-1
기</td></tr>
<tr><td>II-2
기</td></tr>
<tr><td>II-3
기</td></tr>
<tr><td>II-4
기</td></tr>
</table>

0 10 20cm

그림 141 후기 와질토기 편년(이성주 2005)과 토기

진 것으로 보고 있다.

3 옥류

옥기는 주로 장신구로 사용되며, 생산공구로서의 석기는 거의 소멸된다. 장신구는 유리, 수정, 마노, 천하석, 호박 등을 재료로 했는데, 목관묘에서는 주로 유리제 구슬과 천하석제 곡옥이 출토된다. 2~3세기 무렵의 목곽묘에서는 수정, 유리, 마노제 다면옥과 곡옥 등이 출토된다. 특히 수정 및 마노제 다면옥은 목곽묘와 함께 유행하는 새로운 것으로서 낙랑이나 중국의 다면옥과 형태상 유사하다. 중국과 낙랑에서는 볼 수 없는 곡옥이 특징적이며, 유리도 납-바륨 유리와 칼륨 유리가 모두 나타난다.

그림 142 김해 양동리 332호
목곽묘 출토 목걸이

4 기타

무덤이나 저습지에서는 드물게 목기와 칠기가 발견되며, 특히 다호리 유적에서는 각종 목기, 칠기, 유기질 유물과 더불어 밤, 감, 율무 등이 발견되었다. 늑도와 양산 평산리 유적에서는 불에 탄 쌀, 보리, 밀, 콩, 밤 등이 출토되었다. 임당동 121호 무덤에서는 현악기의 흔적이 발견되었는데, 이것은 광주 신창동에서 출토된 것과 같다. 노포동 유적에서는 방패와 나무껍질로 만든 갑옷의 일부로 추정되는 칠기 흔적이 출토되기도 했다. 패총에서는 화살촉, 칼자루, 송곳, 검, 점뼈 등의 뼈 도구가 흔히 발견된다. 점뼈는 사슴이나 멧돼지 어깨뼈에 구멍을 파 불에 지진 경우가 많은데, 사천 늑도 유적에서 무더기로 출토된 바 있다. 늑도에서는 인골이 잘 보존된 무덤이 여럿 발굴되었는데, 그중에는 개를 공헌한 것도 있다.

그림 143 사천 늑도 유적 출토 개뼈와 복골

그림 144 창원 다호리 1호묘 술노 칠기뒤와 낫

5 외래 유물

원삼국시대 영남지역은 한반도 서남부, 낙랑, 왜 등의 지역과 활발한 교류를 전개하였다. 거울과 동전, 말방울[小銅鐸], 인장, 허리띠장식(대구), 말이나 수레 부속구(거마구), 일산 끝장식 등 위세품을 중심으로 한 중국계, 혹은 낙랑 관련 유물도 그 예이다. 그중 전한경은 경북지역, 후한경은 김해지역에서 많이 발견된다. 전한 전기의 초엽문경이나 성운문경은 낙랑군 설치 무렵부터 중국과 교류관계를 가졌음을 말해주지만, 가장 활발한 교류관계를 가졌던 것은 기원전후의 시기이고 2세기 중엽 이후에는 중국제 유물의 양이 줄어든다.

중국 동북지역과의 교류를 보여주는 유물로는 안테나식[觸角式] 동검, 주조철부와 청동솥[銅鍑] 등이 있다. 그 밖에 영천 어은동 출토의 동물형 장식품, 청동단추[銅泡], 청동팔찌 등도 북방계로 파악되기도 한다.

왜계 유물은 남해안지역에서 주로 보이지만 대구 비산동과 만촌동에서도 중광

그림 145 외래 유물: 청동솥과 정(좌), 한경(중), 동모(우)

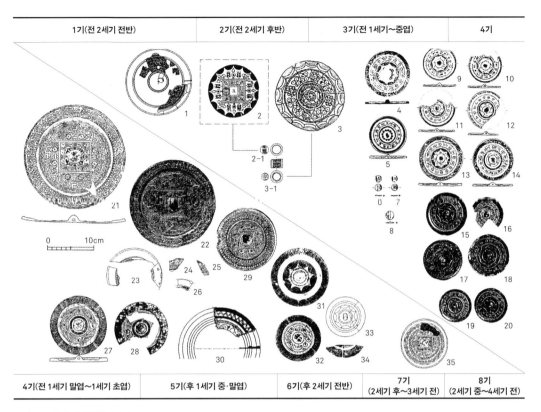

1기(전 2세기 전반)	2기(전 2세기 후반)	3기(전 1세기~중엽)	4기

4기(전 1세기 말엽~1세기 초엽)	5기(후 1세기 중·말엽)	6기(후 2세기 전반)	7기 (2세기 후~3세기 전)	8기 (2세기 중~4세기 전)

그림 146 한경 시기구분(정인성 2003)

형(中廣型) 동과가 출토되었다. 그러나 대구 출토 중광형 동과는 오히려 일본 중광형
동과의 원류일 가능성도 있고, 김해지역에서는 부장품으로 광형과 중광형의 동모가
출토되는 경우가 많아 일본지역과는 출토 양상에서 차이가 있다. 남해안지역에서는
일본의 야요이 토기, 혹은 야요이 토기의 영향을 받은 토기가 보인다. 야요이 중기
토기가 중심이나 전기와 후기의 것도 일부 있다.

참고문헌

국립중앙박물관, 2008, 『갈대밭 속의 나라 다호리』〈특별전도록〉, 국립중앙박물관.

권지영, 2006, 「목관묘에서 목곽묘로의 전환양상에 대한 검토」, 『영남고고학』 38, 영남고고학회.

김길식, 2006, 「진·변한 지역 낙랑 문물의 유입양상과 그 배경」, 『낙랑 문화 연구』, 동북아역사재단.

김나영, 2009, 「영남지방 원삼국시대의 주거와 취락」, 『영남지방 원삼국, 삼국시대 주거와 취락』, 영남고고학회.

서영남·이현주, 1997, 「삼한·삼국시대 철기의 의기적 성격에 대한 일고찰」, 『가야고고학논총』 2, 가야문화연구소.

손명조, 1998, 「한반도 중·남부지방 철기생산유적의 현황」, 『영남고고학』 22, 영남고고학회.

신경철, 1982, 「부산·경남출토 와질계토기」, 『한국고고학보』 12, 한국고고학회.

안재호, 1994, 「삼한시대 후기 와질토기의 편년」, 『영남고고학』 14, 영남고고학회.

_____, 2000, 「창원 다호리유적의 편년」, 『한국고대사와 고고학-학산김정학박사 송수기념논총』, 학연문화사.

오광섭, 2010, 「영남지방 출토 검파부동검·철검에 대한 소고」, 『영남고고학』 53, 영남고고학회.

윤온식, 2002, 「영남지방 원삼국시대 토기 '양식'론의 제기」, 『영남고고학』 31, 영남고고학회.

이건무, 1992, 「다호리유적출토 붓(筆)에 대하여」, 『고고학지』 4, 한국고고미술연구소.

이성주, 1998, 『신라·가야사회의 기원과 성장』, 학연문화사.

_____, 2000, 「타날문토기의 전개와 도질토기의 발생」, 『한국고고학보』 42, 한국고고학회.

이재현, 2004, 「영남지역출토 삼한시기 방제경의 문양과 의미」, 『한국고고학보』 53, 한국고고학회.

_____, 2004, 「영남지역 삼각형점토대토기의 성격」, 『신라문화』 23, 동국대학교 신라문화연구소.

이청규, 1997, 「영남지방 청동기문화의 전개」, 『영남고고학』 21, 영남고고학회.

이현혜, 1998, 『한국고대의 생산과 교역』, 일조각.

이희준, 2000, 「삼한 소국 형성 과정에 대한 고고학적 접근의 틀」, 『한국고고학보』 43, 한국고고학회.

_____, 2004, 「초기철기시대·원삼국시대 재론」, 『한국고고학보』 52, 한국고고학회.

정인성, 2003, 「변한·가야의 대외교섭」, 『가야고고학의 새로운 조명』, 부산대학교 한국민족문화연구소 편, 혜안.

_____, 2008, 「'와질토기 낙랑영향설'의 검토」, 『영남고고학』 47, 영남고고학회.

천말선, 1994, 「철제농구에 대한 고찰-원삼국·삼국시대 분묘출토품을 중심으로」, 『영남고고학』 15, 영남고고학회.

최종규, 1982, 「도질토기 성립전야와 전개」, 『한국고고학보』 12, 한국고고학회.

_____, 1995, 『삼한고고학 연구』, 서경문화사.

삼국시대

시대 개관

삼국은 고구려, 백제, 신라의 고대국가를 일컫는다. 삼국시대라고 할 때는 원삼국 단계의 정치체들이 고대국가의 틀을 갖추기 시작하는 3세기 늦은 단계부터 신라에 의해 통일이 완성되는 668년까지의 기간을 말하는데, 이는 우리 역사에서 고대국가가 본격적으로 발전해갔던 시기이며, 한 민족의 형성이 시작되는 시기이기도 하다.

삼국시대에는 고구려, 백제, 신라만이 아니라 부여나 옥저, 동예, 가야 등 여러 세력이 공존한 시기도 있지만, 최종적으로 발달된 고대국가 체제를 완성시킨 정치체는 삼국뿐이기 때문에 삼국시대라는 용어가 널리 쓰이고 있다.

그림 147 집안 광개토왕비

고구려는 압록강 유역의 수많은 정치체들이 통합된 결과 등장한 고대국가로서 한반도와 만주 일대에 걸쳐 삼국 중 가장 이른 시기에 국가 단계에 진입하였다. 고구려는 환인(桓仁), 집안(集安), 평양의 순서로 수도를 옮겼고 이에 따라 수많은 산성과 고분이 3

그림 148 서울 석촌동 고분군

그림 149 경주 황남동 고분군

그림 150 고령 지산동 고분군

개 지역에 집중되어 있다. 특히 돌을 쌓아 만든 석성과 화려한 고분벽화는 고구려문화의 진수이다.

　　백제는 경기, 충청, 전라 지역에 산재하던 마한 50여 개의 정치체들이 이합집산과 통합을 거듭한 결과 한강 하류역의 백제국(伯濟國)을 중핵으로 출현한 고대국가이다. 백제도 서울, 공주, 부여로 순차 천도한 결과 이 지역에 중요한 유적이 집중적으로 분포한다. 하지만 영산강 유역과 호남 동부지역에 대한 통합은 순탄치 않아서 마한의 옛 땅을 완전히 통합한 것은 6세기에 들어서이다. 그 결과 이들 지역에는 백제 중앙과는 약간 모습을 달리하는 고유한 문화가 오래 지속되었다. 영산강 유역의 대형 옹관고분이나 전방후원형 고분이 그 대표적인 예이다.

신라는 경주의 사로국(斯盧國)이 주변의 진한 정치체들을 통합하면서 등장한 고대국가인데 4세기경에는 영남지방 정치체 중에서 가장 두각을 나타내게 되고, 5세기에는 적석목곽분이라는 특징적인 신라 고분의 전성기에 진입한다. 금관을 비롯한 화려한 부장품의 질적인 수준은 삼국 중 신라가 으뜸이다. 신라는 6세기 중엽경 가야지역을 완전히 병합하면서 고구려, 백제와 쟁패하게 된다. 이러한 신라의 성장 과정은 고분, 산성 등 고고학적 물질문화에 잘 반영되어 있다.

가야는 앞의 고구려, 백제, 신라와 달리 하나의 통합된 국가가 아니라 다수의 정치체에 대한 통칭이다. 소백산맥 이남, 낙동강 서편에서 성장하던 변한의 여러 정치체 중에서 김해의 구야국, 함안의 안야국, 고령의 반로국 등이 각기 금관가야, 아라가야, 대가야로 성장하게 되는데, 이들이 가야의 대표 격이다. 이 외에도 합천, 고성, 사천, 산청 등 경남지역의 분지마다 크고 작은 정치체들이 성장하지만 이들 모두를 아우르는 통합된 정치권력은 탄생하지 못한 채 신라에 의해 통합된다. 가야의 문화는 고도의 철기 제작 기술과 토기 제작 기술에 잘 반영되어 있으며, 일본의 고분문화에도 많은 영향을 끼쳤다.

고구려

I 개관

삼국 가운데 가장 먼저 고대국가를 이룩한 고구려는 문헌기록에 의하면 기원전 37년 지금 중국 동북지방의 환인인 졸본(卒本)에서 건국하였다고 하며, 건국 직후부터 주변 세력을 병합하여 영역을 확장하여 갔다. 그 후 고구려는 집안의 국내성(國內城)과 평양으로 차례로 도읍을 옮겼다. 국내성 시기의 고구려는 중국 동북지방과 한반도에 걸쳐 넓은 영토를 차지해 고구려가 세계의 중심이라는 관념을 갖게 되었고, 왕은 태왕(太王)으로 불렸다. 427년 평양으로 천도한 고구려는 중국 및 서역과 적극적으로 교역함으로써 수준 높은 문화대국으로 발전하였다. 그러나 6세기 중엽 이후 귀족들의 분열과 신라의 성장, 수·당의 압박 등으로 혼란에 빠져 668년 멸망하였다.

700여 년에 걸친 고구려의 성장과 발전의 모습은 중국 동북지방과 한반도 중·북부지방에 산재한 유적, 유물에서 잘 드러난다. 특히 4~5세기 고구려의 고분과 성은 중국과 자웅을 겨루었던 고구려의 면모를 여실히 보여준다. 고구려의 고고학적 조사는 19세기 말부터 시작되어 중국 동북지방과 한반도 중·북부지방에서 고구려의 고분과 성곽, 생활유적이 확인되었다. 고구려 고고학은 자료가 많은 고분과 그 부장품을 중심으로 연구가 이루어져 왔다. 중국 동북지방에 분포한 고구려 성곽과 한강유역에 있는 고구려 보루 유적들도 조사가 이루어졌다. 특히 최근에는 대전 월평동, 청원 남성골 등에서 고구려 전성기의 남쪽 변경에 해당하는 유적들도 조사되고 있다.

고구려 역사는 고분의 변천 과정에 따라 세 시기로 구분하여 볼 수 있다. 고구려 세력의 등장기부터 3세기 말까지는 수혈식 장법의 적석총이 중심인 시기로 정치적으로는 국가의 성립과 발전기라고 할 수 있다. 3세기 말에서 4~5세기는 횡혈식 장법의 고분들인 석실적석총과 석실봉토분, 벽화고분이 공존하는 시기로 중앙집권적 국가체제가 정비되고 대외적으로 국력이 팽창하는 시기이다. 6세기 이후가 되면 석실봉토분과 사신도 중심의 벽화고분이 축조된 시기이며 정치적으로는 고구려의 쇠퇴기라고 할 수 있다.

　　최근 중국에서는 고구려를 중국사로 편입시키려는 의도하에 고구려 유적에 대한 조사연구를 강화하고 있는 바 고구려 고고학 자료에 대한 객관적인 연구가 더욱 요구된다 하겠다.

II 유적

1 도성

고구려는 건국 초부터 평지성과 산성을 짝으로 한 도성체제를 갖추었다. 초기 도읍지인 환인지역에서는 평지성인 하고성자(下古城子) 토성과 산성인 오녀산성(五女山城)이 고구려의 졸본성과 흘승골성(紇升骨城)으로 비정되고 있다. 하고성자 토성은 그 위치가 광개토왕비문과 부합되지 않는 점이 있어 나합성(喇哈城)이 대안으로 거론되기도 하나, 나합성은 그 시기가 고구려 초기라는 고고학적 증거가 확보되지 않았다.

　　고구려의 두 번째 도읍지인 집안지역은 통구분지에 위치한 천혜의 요새로서, 평지성인 국내성은 기원전후 무렵부터 427년 평양으로 천도할 때까지 평상시의 고구려 왕성이었다. 국내성은 둘레 2.7km의 석성으로, 성 내에서 궁전터로 추정되는 대규모 건물지 등이 조사되었다. 국내성에서 서북쪽으로 2.5km 떨어져 산속에 위치한 산성자산성(山城子山城)은 위급시 왕이 이거한 고구려의 환도산성(丸都山城)으로 비정되는데, 성 내에서 왕궁지로 판단되는 한 변 길이 90여 m의 대형 건물지들과 8각형 건물지가 확인되었다.

　　평양지역에서 고구려의 처음 도성유적은 평지의 안학궁성(安鶴宮城)과 배후의 대성산성(大城山城)으로, 이들이 평양성이라 불렸다. 안학궁은 그 출토 기와의 연대가 늦어 평양 청암리토성이 천도 직후의 궁성이라는 의견도 있지만, 높이 12m에 이

그림 151 환인 오녀산성(상)과 집안 환도산성(하)

르는 평면 4각형 토성 안에서 남북의 중심축을 따라 남·중·북궁을 이루는 52개의 건물지와 원지(苑池)가 조사되었다. 대성산성은 6개의 봉우리를 석성으로 연결한 포곡식(包谷式) 산성으로 둘레가 약 7km에 이른다. 성 안에서는 담으로 둘러싸인 건물지와 창고지, 연못터 등이 조사되었다. 대성산의 남쪽 안학궁 주변 평야지대에서는 바둑판 모양으로 구획된 도로망이 확인되고, 안학궁 남문에서 직선상으로 대동강을 건너는 나무다리 유적도 조사되어 이 일대가 이방제(里坊制)로 구획된 주민 거주지역이었을 것으로 추정되고 있다.

고구려는 양원왕 8년(552) 지금의 평양 시내 쪽에 장안성(長安城)을 축조하기 시작하여 평원왕 28년(586)에 도성을 옮겼는데, 석성으로 축조한 이 후기의 평양성은 북성과 내·외·중성으로 이루어졌으며 내성에는 왕궁이 있었고, 외성은 귀족들의 거주지로 이방제에 의해 구획되었다.

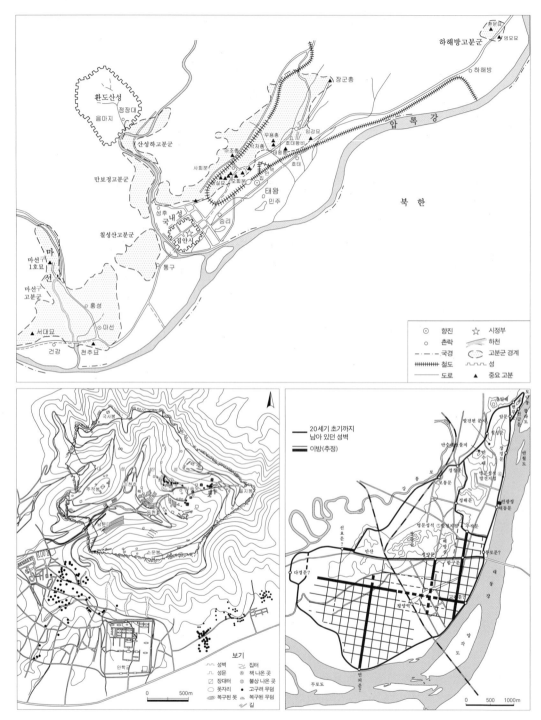

그림 152 집안 환도산성과 국내성(상), 평양 대성산성과 안학궁(좌하), 평양성(우하)

그림 153 요령 등탑 백암산성(상)과 서울 홍련봉 1보루(하)

2 관방유적

고구려는 전 영역에 성을 축조하여 성을 단위로 통치하였는데, 지방 각지에서는 주로
산성이 축조되었다. 성의 축조 방식으로는 쐐기형 돌로 성벽을 쌓아올린 석성, 흙과
돌을 섞어서 축조한 토석혼축성, 판축토로 쌓은 토성이 있다. 평지성 중에는 토성 또
는 토석혼축성이 있으나 산성의 대부분은 석성이다. 성의 시설로는 성문과 성벽, 성

벽 위의 여장(女墻)과 치(雉), 성벽이 꺾이는 곳에 세운 각루 등이 있고, 성 내부에는 장대나 망대, 저수지나 우물 등이 있으며, 건물터와 병영터 등이 조사된다. 성의 둘레로는 해자(垓子)를 돌리거나 참호를 파기도 한다.

고구려 산성은 고로봉(栲栳峯)식 또는 포곡식이라 하여, 낮은 가운데를 둘러싼 사방의 산봉우리를 성벽으로 이은 형식이 많은데, 4세기를 기준으로 하여 전·후기로 나누어 볼 수 있다. 전기의 성은 환인·집안·신빈·통화 지역에 집중 분포하며 교통로 차단을 목적으로 한 차단성과 군사적 초소로서 도성의 방위를 담당하였다. 이전기 성들은 부분적으로 성벽을 쌓아 절벽과 가파른 산등성이를 연결한 것이 많은데, 성벽은 쐐기형 돌을 위로 올라가면서 안으로 들여쌓기 하였다. 후기의 성은 확대된 고구려의 전 영역에 걸쳐 분포하며, 지형조건을 이용하여 성문은 평지나 완만한 경사지에 위치하여 평상시 거주성으로서의 역할과 위급시 방어의 기능을 겸하도록 하였다. 대형 산성은 내·외성으로 이루어지거나 보조성을 갖는 등 복합식이 많으며, 행정소재지로서 전쟁 시 주민을 입거시키는 지방 지배의 중심지로서 기능하였다.

한편 남한지역인 임진강과 한강 하류역, 그리고 그 사이인 양주분지 일대에서는 70여 개소가 넘는 고구려 성곽유적이 조사되었는데, 대개 규모가 작은 보루들이며 평지성이라 하더라도 둘레 1km를 넘지 않는 소형이다. 연천 호로고루(瓠蘆古壘)는 임진강 북안의 단애 면에 형성된 삼각형 대지의 한쪽에 석축 성벽을 쌓은 것으로 발굴조사에서는 〈相鼓(상고)〉 명문이 있는 고구려 북과 연화문 막새 등이 출토되었다. 서울 구의동 보루, 홍련봉 보루에서는 구들 시설이 있는 건물지와 저수시설 등이 조사되었으며, 철제무기와 토기 등 많은 유물이 출토되었다.

3 생활유적

고구려의 건물지 유적으로는 집안 동대자(東台子) 유적이 대표적이다. 국내성 동북쪽 500m 지점에 위치한 동대자 유적에서는 회랑으로 연결된 4개의 건물지가 드러났는데, 줄기초와 단독기초 위에 초석을 놓고 지은 기와건물 유구들이었다. 중심 건물은 중앙에 약간 높은 단 시설이 있어 사당과 같은 제사용 건물이었을 것으로 추정되며 이 건물지들에는 외줄 또는 두 줄의 ㄱ자 구들이 설치되어 있었다. 건물지의 규모나 격으로 보아 고구려의 국사지(國祠址)나 왕실 사직(社稷) 또는 종묘 터였을 가능성이

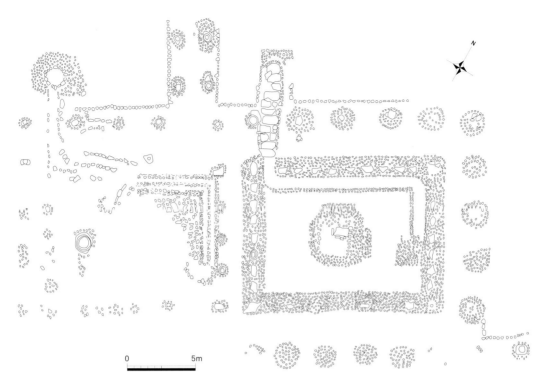

그림 154 집안 동대자 건물지 평면도

제기되고 있다.

집안현성 북단의 높은 대지 위에 있는 이수원자(梨樹園子) 남(南) 유적도 화강암 초석이 줄지어 있는 것으로 규모가 큰 기와건물들이 있었던 유적이다. 이곳에서는 막새를 포함한 많은 기와들과 백옥 이배(耳杯), 금동제품 등이 출토되어 관청이나 왕실 귀족들의 저택이었을 것으로 추정된다.

이 밖에 황해남도 신원군 아양리 장수산성 부근의 토성 안에서 가운데의 본채와 좌우의 나래채로 이루어진 대형 건물지가 조사되었는데, 북한에서는 이를 장수산성과 함께 4세기 고구려의 부수도였던 남평양의 궁전지라고 주장하고 있다.

고구려의 마을유적은 아직까지 본격적으로 조사된 예가 없으나 자강도 시중군 노남리, 중강군 토성리에서는 외줄 또는 두 줄 구들이 설치된 이른 시기의 수혈식 또는 지상식 집자리들이 조사되었다. 이 유적들의 가까이에는 적석총으로 이루어진 고구려 고분군이 자리하고 있다.

4 고분

고구려의 고분은 적석총과 봉토분으로 대별된다. 적석총은 고구려의 원래 무덤으로 고구려 전기의 수도였던 환인과 집안 지역을 중심으로 압록강의 본류와 지류들을 따라 분포하고 있으며, 압록강 남쪽 자강도의 장자강(구 독로강) 유역에도 이른 시기 적석총들이 자리하고 있다. 봉토분은 고구려 후기의 무덤으로 집안과 평양 지역을 중심으로 분포한다. 적석총과 봉토분 모두 외형과 매장주체부인 내부구조가 다양하게 발전하였는데, 적석총의 매장주체부는 수혈식(竪穴式)에서 횡혈식(橫穴式)으로 변화되었고 봉토분에는 주로 횡혈식석실이 축조되었다. 석실봉토분 중 일부는 벽화고분으로 석실 벽과 천정에 고구려인의 생활상을 알려주는 각종 벽화를 그렸다.

1) 적석총

적석총은 지상에 일정 높이까지 돌을 쌓고 매장주체부를 설치한 다음 그 주위와 위에 다시 돌을 쌓아 만든 무덤으로 돌무지무덤, 돌각담무덤으로도 불린다. 매장주체부가 적석분구 중에 있는 것이 중국이나 한국 삼국시대 다른 나라의 무덤들과는 차이를 보이는 고구려 적석총의 특색이다. 강변의 충적대지에 큰 고분군을 이루고 있거나 산기슭에 몇 기가 열을 지어 분포하지만, 늦은 시기의 대형 적석총은 통구분지 주변의 산 밑이나 압록강변 독립 구릉 위에 단독으로 자리하고 있다.

고구려 적석총의 외형은 기본적으로 방대형(方臺形)이지만 분구 하단에 단이 없는 무기단식(無基壇式)에서 큰 돌로 한 단의 기단을 쌓은 기단식, 그리고 기단 위의 분구 외면을 층단 형식으로 쌓은 계단식으로 발전하였다. 축조 재료도 강돌에서 깬돌, 가공석으로 바뀌었고 고분 규모도 무기단식, 기단식, 계단식으로 가면서 커졌다. 무기단식과 기단식 등 이른 시기 적석총에는 수혈식석곽이 매장주체부로 설치되었을 것으로 보았으나, 석곽의 벽석이 가지런한 예가 드물고 뚜껑돌도 발견되지 않으며 내부에서 나무에 박았던 꺾쇠가 발견되는 예가 많아 원래는 집 모양의 목곽이 설치되었을 것으로 보는 견해가 있다. 발단된 계단식적석총에는 횡혈식석실이 설치되었는데, 태왕릉(太王陵)의 장방형 평천정 석실 내부에는 다시 가형(家形)석실이 들어 있다.

한편, 고구려 적석총은 한 분구에 매장주체부 하나가 설치된 단독분이 일반적이지만, 한 분구 안에 여러 개의 곽이 설치된 다곽식도 있고, 두 기의 분구를 잇대어

그림 155 집안 산성하 고분군

연결하거나 또는 여러 기를 잇댄 연접분도 있다. 또 무기단적석총 중에는 분구가 원형인 예도 있는데, 이른 시기 무기단식 혹은 기단식 적석총 중에는 앞면에 돌을 깐 부석시설이 달려 있어 전체 형태가 전방후원형(前方後圓形), 전원후방형 또는 전방후방형을 이루는 것도 있다. 부석시설에 대해서 북한에서는 이를 제단으로 해석하여 일본 전방후원분의 원류라고 주장하였고, 중국에서는 무덤 붕괴 방지 시설인 묘설(墓舌)로 보는 견해가 있다.

적석총의 기원에 대해서는 과거 지석묘나 요동반도 남단의 비파형동검기 다관식(多棺式) 적석묘에서 구하기도 하였으나, 지금은 천산산맥(千山山脈) 이동에서 압록강 상류역에 이르는 지역에 분포하는 기원전 4~3세기의 돌무덤에서 고구려 적석총이 유래하였을 것으로 보고 있다. 압록강 상류인 장백(長白) 간구자(干溝子) 적석묘와 집안 오도령구문(五道嶺溝門) 적석묘와 같은 것이 그 예로 축조 재료와 구조, 매장주체부 위치와 매장방식 등이 고구려 적석총의 초기 형식과 통하고 있다.

『삼국사기』에서는 고구려의 건국을 기원전 1세기로 기록하고 있지만, 고구려 적석총은 늦어도 기원전 2세기 초부터 축조되기 시작하였으며 기원 전후에는 기단식 적석총이 출현하여 무기단적석총과 함께 존재하였고, 적석총에 횡혈식석실이 채용되는 것은 3세기 말경으로 4세기가 되면 계단식 석실적석총이 유행하기 시작하였다.

그림 156 적석총(1. 집안 하활룡 8호분, 2. 환인 고력묘자촌 M15호분, 3. 집안 장군총)과 석실봉토분(4. 순천 요동성총, 5. 순천 천왕지신총, 6. 강서
대묘), 집안 태왕릉 묘실 및 가형석실 복원도(하)

그림 157 집안 장군총(상)과 평양 진파리 고분(하)

광개토왕비에서 동북쪽으로 약 1km 떨어져 있는 장군총(將軍塚)은 화강암 가공석으로 쌓은 7단의 계단식 적석총으로 내부에는 4단 상면을 바닥으로 한 장방형 석실이 설치되었고 분구 정상에는 가장자리에 난간을 세웠던 흔적이 남아 있다. 장군총은 한 변 길이 34m, 높이 13m에 이르고 제1단 각 변에는 대형 받침돌 3개씩을 기대어 세웠으며, 후면에 배치했던 배총(陪塚)도 2기 남아 있다. 광개토왕비 바로 남쪽에 위치한 태왕릉은 계단들이 무너져 내렸으나 한 변 길이 60m가 넘는 거대한 계단식 석실적석총이었다. 한 변 길이 30m가 넘는 초대형 적석총은 이 외에도 임강총(臨江塚), 서대총(西大塚), 천추총(千秋塚) 등이 있는데, 이들의 분구 위에서는 기와와 와당이 출토되어 정상부에 어떤 건축구조가 있던 것이며 모두 입지상으로도 우월한 곳에 단독으로 존재하여 국내성 시기 왕릉들이었을 것으로 추정되고 있다.

고구려 적석총의 마지막 형태는 석실봉토분의 영향을 받아 석실 위치가 지면

	서천왕	미천왕	고국원왕	소수림왕	고국양왕	광개토왕	장수왕	문자왕	양원왕	평원왕	영양왕
재위 기간	270~292	300~331	331~371	371~384	384~391	391~412	413~491	492~519	545~559	559~590	590~618
비정 고분	칠성산 211호	서대총 천추총	우산하 992호 태왕릉	임강총 마선구 2100호 천추총	천추총 태왕릉	태왕릉 태왕릉	장군총 전 동명왕릉 경신리 1호	토포리 대총	호남리 사신총	강서 대묘	강서 중묘

표 12 왕릉 비정 고분(강현숙 정리)

으로 내려온 것인데 이러한 적석총 중에서도 벽화고분이 발견된 바 있다.

2) 봉토분과 벽화고분

봉토분은 내부에 지상식 또는 반지하식의 횡혈식석실을 축조하고 그 위에 흙을 쌓아 석실을 덮은 고구려 후기의 묘제로 내부구조와 아울러 석실봉토분으로 불린다. 집안지역 등 압록강 유역에서는 강변 충적대지에 적석총과 함께 섞여 있기도 하나 집안지역과 평양 일대 모두 산 밑의 완만한 경사면이나 독립 구릉 위가 주 입지로 되어 있다. 석실봉토분의 외형은 방대형이 일반적이지만, 소형분은 반구형도 있다. 봉토는 흙으로만 쌓은 것이 많지만 봉토 기저부에 돌기단을 두른 것도 있는데, 이는 적석총의 영향을 받은 것으로 이해되고 있다.

석실은 깬돌로 쌓은 것과 가공석으로 쌓은 것이 있는데, 후기 벽화고분 중에는 내면을 곱게 갈아낸 판석으로 축조한 것도 있다. 연도와 한 칸의 석실로 구성된 단실묘(單室墓)가 가장 많으나, 벽화고분 중에는 현실 앞에 전실이 있는 복실묘(複室墓), 전실이나 현실에 측실(側室)이나 측감(側龕)이 있는 복실묘가 있고, 3칸의 석실을 통로로 연결하거나 단실 3개를 한 봉토 안에 설치한 것 등 특수형도 있다. 또 석실의 천정 형태가 다양하여 소형분은 평천정이 많지만 벽화고분은 궁륭상천정, 고임천정, 계단식천정, 귀접이천정[抹角藻井] 등으로 천정을 높게 올려쌓아 내부 공간의 확대를 의도하였다. 이 외에도 현실 내부에 기둥을 세우거나 회랑을 설치하기도 하고, 석실 네 모서리에 기둥과 공포(栱包)를 벽화로 그려 석실 내부를 목조 건축의 실내로 상정하기도 하였다.

석실봉토분은 중국으로부터 횡혈식 장법과 함께 받아들인 것으로 판단되는데, 고구려에서 4~5세기대에는 매장주체부가 횡혈식석실로 바뀐 계단식적석총과 석실

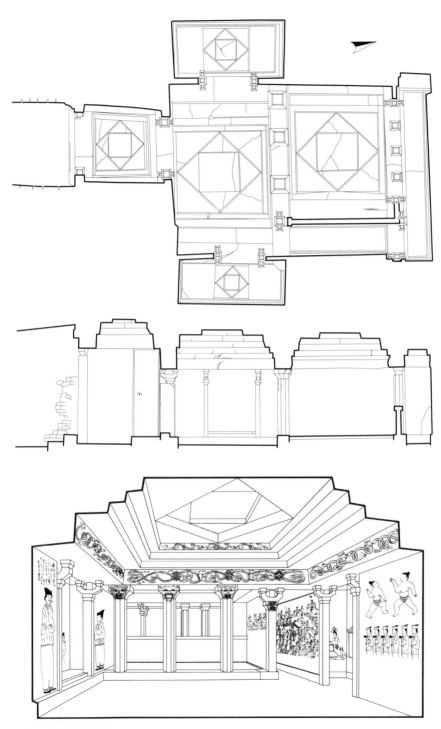

그림 158 안악 3호분 실측도

봉토분이 함께 축조되었다.

석실 벽과 천정에 그림을 그려 장식한 벽화고분은 모두 106기가 보고되어 있는데, 그 중 적석총은 단 4기로 모두 말기 형식의 적석총이며 나머지 전부가 석실봉토분이다. 지역적으로는 환인 1기, 집안지역 29기, 평양 일대 76기로 고구려 마지막 수도였던 평양 일대에 집중되어 있는 것을 알 수 있다.

벽화고분의 석실 천정에는 여러 가지 무늬와 함께 해와 달, 별 등을 그려 하늘세계를 표현하였고, 벽면 벽화의 중심 주제는 생활풍속도, 장식문도, 사신도 순으로 변화하였다. 이 중 4~5세기가 중심인 생활풍속도는 묘주의 초상화식 그림과 함께 생활 속의 여러 장면을 그린 것이며, 장식문도는 王(왕)자 도안이나 동심원무늬, 연꽃무늬, 거북등무늬 등으로 묘실 내부를 장식한 것이다. 생활풍속도와 장식문도 벽화고분은 대개 깬돌이나 다듬은 돌로 축조한 석실 벽에 백회를 바르고 벽화를 그렸다. 석실 내부구조도 생활풍속도 고분은 단실묘와 함께 여러 가지 형식의 복실묘와 특수형이 함께 만들어졌다. 사신도가 벽화의 중심 주제인 6세기 이후는 방형 현실에 중앙연도가 달린 단실묘로 단순화되었고 벽화도 갈아낸 판석에 직접 그렸다.

무덤 내부에 그림을 그려 장식하는 것은 중국 한대(漢代)에 유행하였던 장의예술의 하나로, 고구려 고분벽화도 기본적으로는 중국 묘실벽화의 영향을 받아 등장하였다고 할 수 있다. 고구려 벽화고분 가운데 초기 것들은 주로 평양 일대에서 발견되는데 안악 3호분, 평양역전 벽화분, 요동성총(遼東城塚), 덕흥리 고분 등이 그것이다.

황해도 안악군에 위치한 안악 3호분은 전실의 동서에 측실이 달린 초기 복실묘로 묘주 부부의 초상화, 주방과 마굿간 그림, 대행렬도 등이 그려져 있다. 미천왕릉 또는 고국원왕릉이라는 주장도 있지만, 묘주 초상화가 있는 서측실 앞벽에 영화(永和) 13년(357)으로 시작되는 전연(前燕) 사람 동수(冬壽)의 묵서(墨書) 묘지(墓誌)가 있어 그 축조 배경을 말해준다. 평안남도 대안시의 덕흥리 고분도 현실 앞에 전실이 있는 복실묘로 묘주가 13군 태수로부터 하례를 받는 그림과 함께 유주자사(幽州刺史)를 지내고 영락(永樂) 18년(408)에 죽은 ○○진(○○鎭)의 묵서 묘지가 있다. 고구려의 천도 이전에 평양 일대에 만들어진 이 초기 벽화고분들의 존재는 고구려 벽화고분의 발생 과정과 관련하여 시사하는 바가 크다.

고구려 벽화고분 성립에 영향을 준 것으로 중국 요령성 요양지역의 후한 말, 위·진대 벽화분이 거론되기도 하나, 이들과 고구려 벽화고분은 석실 구조, 화면 구성과

그림 159 안악 3호분 행렬도

그림 160 대안 덕흥리 고분 동벽 투시도

처리에서 차이를 보인다. 다만 요동성총의 구조는 요양지역 벽화분과 유사하나, 안

악 3호분과 유사한 구조는 요동반도 남단인 대련의 영성자(營城子) 벽화고분에서 찾

그림 161 강서 대묘 현무도(상)와 용강 쌍영총(하좌), 평양 덕화리 고분(하우) 천정

을 수 있다. 한편, 안악 3호분이나 덕흥리 고분 주인공 초상화의 구도는 요령성 조양 원대자(袁台子) 벽화분과 유사하며, 덕흥리 고분 천정 그림은 감숙성 주천(酒泉) 정가 갑(丁家閘) 5호분과 유사한 구도이다. 이와 같이 벽화고분을 구성하는 일부 속성의 유사점만으로 고구려 벽화고분의 유래를 중국의 어느 한 특정 지역으로 단정짓기는 어렵다.

그러나 고구려 고분벽화의 시작은 중국 묘실벽화의 영향을 받았다고 할 수 있지만, 중기와 후기의 장식문도와 사신도는 고구려의 특징적인 것이라 할 수 있다. 따라서 고구려에서 고분벽화는 고구려인에 의해 재창안되어 고구려적인 특색을 갖고 전개되어 간 것이라 하겠다.

5 절터

고구려는 전진(前秦)으로부터 불교를 받아들여 372년 불교를 공인하고, 375년 초문사(肖門寺)와 이불란사(伊弗蘭寺)를 지었다고 하나, 그 모습은 알 수 없다. 평양지역에서 조사된 절터로는 청암리 사지, 상오리 사지, 원오리 사지가 있고, 1970년대 발굴된 정릉사지(定陵寺址) 등이 알려져 있다. 청암리 사지는 문자왕 7년(498)에 조성

그림 162 전 동명왕릉(상)과 정릉사 복원 모습(하)

된 금강사(金剛寺) 터로 비정되는데, 8각형 목탑지를 중심으로 남쪽에 중문지가 있고 동·서·북쪽에 금당지가 있어 1탑3금당 가람배치를 이루고 있다. 상오리 사지도 같은 배치로 되어 있다.

전 동명왕릉 앞에 위치한 정릉사지에서는 〈寺(사)〉, 〈定陵(정릉)〉 등의 명문 기와가 출토되어 전 동명왕릉과 관련된 능사(陵寺)로 해석되는데, 역시 8각 목탑지 주위로 금당이 돌아가고, 그 좌우에 회랑으로 구획된 여러 개의 건축공간이 배치되어 있다.

III 유물

1 장신구

장신구로는 금속제 관과 관식, 귀걸이, 팔찌, 대금구(帶金具), 신 등이 있다.

문헌기록에 의하면 고구려에서 고위 관리는 책(幘)을, 하급 관리는 절풍(折風)을 관으로 썼으며, 절풍은 모양이 고깔과 같고 새 깃털을 꽂았다고 하였다. 무용총, 쌍영총, 개마총(鎧馬塚) 등의 고분벽화에는 사람들의 머리에 새 깃털을 꽂은 조우관(鳥羽冠)이 묘사되어 있다.

국립박물관 소장 금동제 관식은 새의 깃털을 표현한 장식 3개와 투조문(透彫文)이 있는 山(산)형 장식으로 구성되어 있고, 집안 출토 금동제 관식은 새의 두 날개 사이에 새의 깃털을 표현한 중앙 장식을 세우고 하단에 산 모양 장식을 결합한 것이다. 이러한 예는 고구려에서 새나 새의 깃털을 상징한 관장식이 널리 쓰였음을 말해준다. 태왕릉에서는 관모(冠帽)로 추정되는 영락(瓔珞) 달린 금동장식이 출토되었다. 평양지역에서는 둥근 관테 위에 초화문(草花文) 투조 금동판을 세운 관장식이 출토되었고, 청암리토성 부근에서는 불꽃 모양 장식이 여러 개 세워진 금동관이 출토되었는데 불교 조각상의 보관이었을 것으로 보고 있다.

귀걸이는 태환식(太環式)과 세환식(細環式) 두 가지가 있으며, 소환(小環)을 이어 붙인 둥근 중간식과 심엽형(心葉形) 끝장식을 달거나 또는 소형의 추(錘) 모양 장식을 단 것이 특징이다. 집안 마선구 1호분 출토 태환식 귀걸이는 경주 황남대총 북분 출

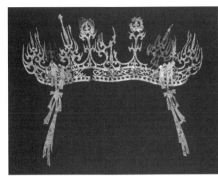
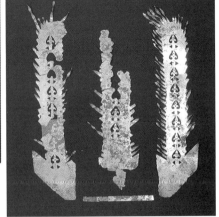

그림 163 금동 관과 신

토 귀걸이와 매우 흡사하며, 서울 능동, 충북 진천과 청원에서도 고구려 귀걸이가 출토된 바 있다.

　팔찌는 많이 발견되지 않았으나 청동 팔찌 표면에 장식이 없는 것과 돌기가 표현된 것 두 종류가 있다. 팔찌의 단면은 원형 또는 타원형에서 방형 또는 장방형으로 변화한다. 심귀리 75호 석실봉토분에서 출토된 것이 가장 오래된 형식이며, 가장 발달된 팔찌는 평양 만달산록 15호분에서 출토되었다.

　대금구는 띠고리[鉸具], 과판(銙板), 띠끝장식으로 구성되는데, 금동제 또는 은제 과판이 투조문 방형판과 심엽형 수하식(垂下飾)으로 된 진식(晉式) 대금구와 소환이 달린 역(逆)심엽형 과판으로 된 대금구로 분류된다. 진식 대금구는 집안지역을 중심으로 주로 4세기대 적석총에서 출토된다. 우산하 3296호분에서는 허리 아래로 늘어뜨렸던 요패(腰佩)도 출토되었는데, 이러한 형식은 중국의 진이나 삼연(三燕)의 진식 대금구에서는 확인되지 않는다. 역심엽형 과판은 생활유적에서도 출토되는데 진식 대금구보다 늦게 사용되었다.

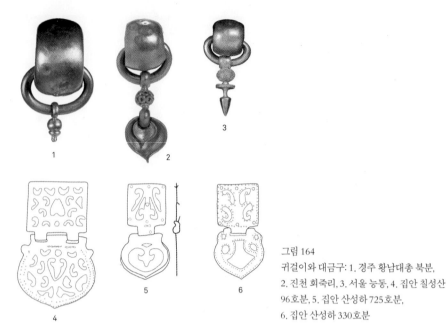

그림 164
귀걸이와 대금구: 1. 경주 황남대총 북분,
2. 진천 회죽리, 3. 서울 능동, 4. 집안 칠성산
96호분, 5. 집안 산성하 725호분,
6. 집안 산성하 330호분

　　신으로는 집안지역 고분에서 네모진 못이 촘촘히 박힌 금동제 신바닥이 여러 개 출토되었는데, 모두 장송의례용이었을 것으로 추정된다.

2 갑주와 무기

고분벽화에 묘사된 고구려 무사는 투구를 쓰고 갑옷을 입었는데 몸체는 물론 목과 팔, 다리까지 모두 갑옷으로 가렸다. 말도 머리에 말투구를 씌우고 말갑옷을 입었다. 그러나 고구려의 갑주가 완전하게 출토된 예는 없어 실물자료는 매우 빈약하다. 고구려의 갑옷은 작은 철판, 즉 소찰(小札)을 가죽끈으로 연결한 찰갑(札甲)이 일반적이다. 여러 유적에서 다양한 크기의 철제 소찰이 출토되었는데, 집안의 적석총에서는 금동제 소찰도 약간 출토되었다. 투구도 소찰을 연결한 것으로 집안지역에는 방형 소찰을 연결한 소찰주(小札胄)가, 평양지역에는 세로로 긴 철판을 연결한 종장판주(縱長板胄)가 주로 벽화에 묘사되어 있으나, 실물로는 무순 고이산성에서 만곡(彎曲)종장판주가 출토된 바 있다.

　　무기로서 가장 많이 출토되는 것은 다양한 형태의 철제 화살촉이다. 도끼날형

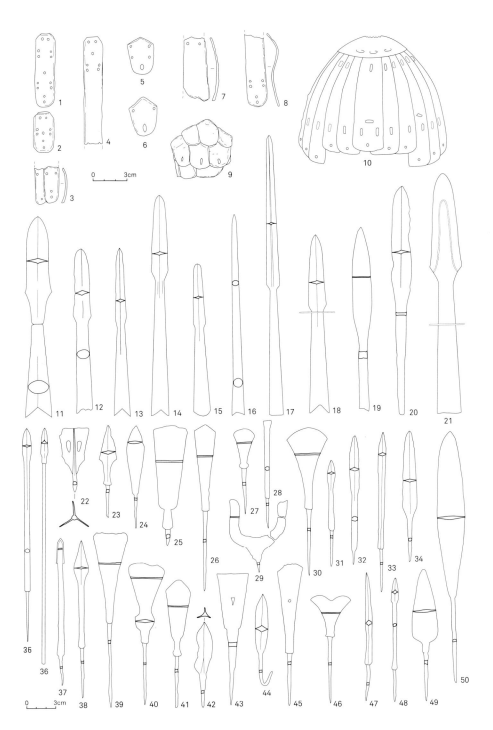

그림 165 갑주와 무기

그림 166 통구 12호분 무사도(상), 집안 무용총 수렵도(하)

철촉은 고구려의 특징적인 화살촉으로 이른 시기부터 지속적으로 사용되었다. 집안 마선구 1호분에서는 화살통도 발견되었다. 화살촉과 함께 주로 같이 나오는 무기는 창의 일종인 철모(鐵鉾)로 자루꽂이의 끝이 제비 꼬리처럼 갈라진 연미형(燕尾形)의 협봉(狹鋒) 철모와 자루꽂이 부분에 반부(盤部)가 있는 철모 등이 있다. 칼은 손잡이에 둥근 고리가 달린 소환두대도(素環頭大刀)가 일반적이지만 환두 안에 삼엽(三葉)

장식이 있는 삼엽환두대도도 출토된 바 있다. 그 중에는 은으로 장식된 장식대도도 있다.

3 농공구

고구려는 중국 전국시대 연나라의 주조철기에 이어 한나라의 단조철기 제작 기술을 받아들여 일찍부터 발달된 제철 기술을 갖고 있었다. 생산도구인 농공구는 주로 생활유적에서 출토되지만 적석총과 석실봉토분에서 부장품으로도 출토된다. 농기구로는 일찍이 호미와 낫, 그리고 한대의 농기구와 유사한 一자형 삽날, U자형 삽날, 단조괭이가 쓰였으며, 서기 4세기경에는 중국과는 다른 고구려적인 특징을 갖는 생산도구도 등장하는데 삼각형의 보습, 쇠스랑, 날이 넓은 단조호미 등이 그것이다. 공구로는 자루꽂이가 위로 향해 있어 자귀로도 쓸 수 있는 주조철부와 단조철부, 그리고 자루구멍이 옆으로 뚫린 도끼[橫孔斧]와 끌 등이 출토되었다.

환인 오녀산성에서는 여러 가지 철제 무기 및 마구와 함께 각종 농공구도 다수 출토되었는데 그 중에는 쇠망치도 포함되어 있다. 집안 우산하 3283호분에서는 낚싯바늘이 그물추와 함께 출토되었고, 국내성에서도 쇠망치가 출토된 바 있다.

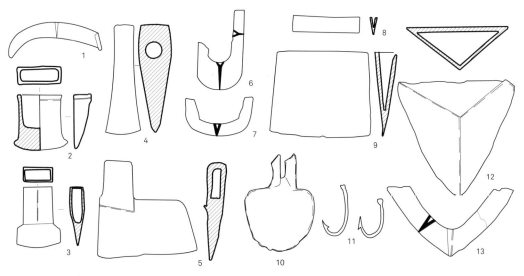

그림 167 농공구 각종

4 마구

3세기대의 고력묘자 19호분과 3세기 말로 비정되는 마선구 242-2호분에서 재갈이
출토된 바 있으며, 4세기부터는 고구려 고분에 마구가 본격적으로 부장된다. 5세기
이후에는 마구가 패왕조산성(覇王朝山城)과 아차산 보루 등 생활유적에서도 출토되
고 있다.

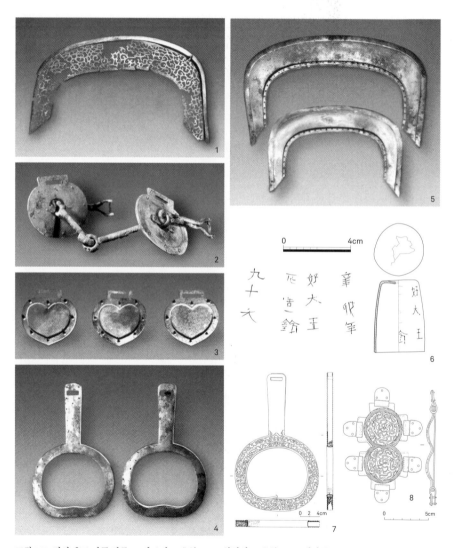

그림 168 집안 출토 마구 각종: 1. 만보정 78호분, 2~5. 칠성산 96호분, 6~8. 태왕릉

고구려의 마구로는 재갈, 등자, 안장과 종방울, 행엽, 운주 등이 출토되었다. 재갈은 재갈멈추개가 S자형 표로 된 표비(鑣轡)와 금속판으로 된 판비(板轡)가 있는데, 재갈쇠는 두 개의 철봉을 연결한 2연식으로 철봉을 꼬아 만든 것과 꼬지 않은 것이 있다. 재갈멈추개 판은 복주머니형, 타원형, 타원형 안에 十(십)자대가 있는 것 등이며, 철판으로 만들거나 철판 위에 금동판을 덧대어 장식효과를 낸 것도 있다.

등자는 발 딛는 부분이 타원형 윤부로 된 윤등자(輪鐙子)로 목심에 금동판이나 철판을 덧씌운 목심등자와 철제등자가 있다. 목심등자는 자루가 긴 편이며, 태왕릉의 등자는 목심을 금동판으로 싼 후 그 위에 다시 용문(龍文)이 투조된 금동판을 덧붙였다. 칠성산 96호분과 태왕릉의 등자는 윤부의 발 딛는 부분에 돌기가 없으나 이보다 늦은 시기의 목심등자에는 돌기가 있어 기능적으로 고려되었음을 알 수 있다. 철제등자는 발 딛는 부분을 2가닥으로 늘려 넓게 한 것, 자루가 거의 없어지고 끈을 꿰는 구멍만 남은 것 등으로 변화하였다.

안장은 나무로 만든 부분은 부식되고 안교(鞍橋)의 앞뒤 금속장식 부분만 적석총에서 주로 출토되는데, 집안 칠성산 96호분 출토품은 목심에 금동판을 덧대었고, 만보정 78호분에서는 용문투조 금동판을 덧댄 것이 출토되었다.

종방울은 태왕릉에서 끝모양이 연미형인 것과 수평인 것 두 가지가 나왔는데, 그 중 하나에는〈辛卯年好大王(신묘년호대왕)…〉등의 명문이 새겨져 있었다.

말 장식구로는 행엽과 운주가 있다. 행엽은 모두 심엽형으로 철판 위에 금동판이나 투조 금동판을 덧대었으며, 가운데를 십자형으로 구획한 것도 있다. 운주는 반구형이나 화판형(花瓣形) 좌판 중간에 영락을 달거나 원통형 입주(立柱)를 세우고 여러 가지 형태의 영락을 단 것이 있다. 그 외 각종 띠에 붙였던 장식과 띠고리, 띠가 갈라지거나 교차하는 곳에 붙였던 띠고정금구[辻金具]가 있는데 다리가 4개인 것과 5개인 것이 출토되었다. 태왕릉에서는 투조금동판으로 장식된 띠고정금구도 출토되었는데, 원형 좌판 2개를 연접하고 다리가 6개 달린 것도 출토되었다.

5 용기

1) 금속용기

집안 우산하 68호분에서는 시루와 솥, 다리가 3개 달린 솥인 정(鼎), 그리고 짧은 다리

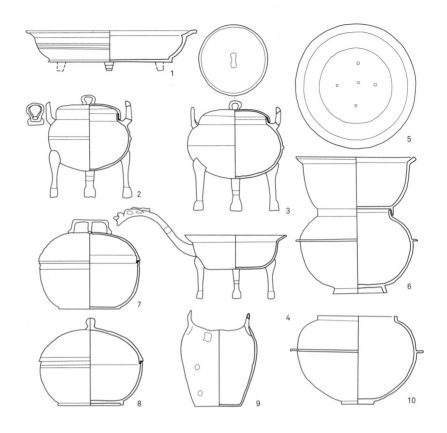

그림 169 집안 출토 청동용기류: 1·3·5·6. 우산하 68호분, 2·4·7. 칠성산 96호분, 8. 집안현 1중학교 내,
9. 하해방촌 무덤, 10. 과수장(果樹場) 적석묘

가 3개 달린 반(盤)이 함께 출토되었고, 칠성산 96호분에서는 정과 용머리 모양 손잡
이가 달린 초두(鐎斗), 대합(大盒)이 출토되었다. 모두 청동용기로 정이나 초두는 중국
동진 시기의 것과 유사하다. 솥과 시루, 합은 생활유적에서도 출토되며, 합 뚜껑에는
十(십)자형 손잡이나 보주형 꼭지가 달리는데 경주 천마총과 호우총 등 신라 고분에
서도 유사한 것이 출토되었다. 청동용기 중 동복(銅鍑)은 북방 유목문화 계통의 취사
도구의 하나로, 집안과 임강 등지에서 출토된 바 있다.

2) 토기

토기는 정선된 니질 점토로 만들었으며, 주로 납작 바닥이다. 4개의 시루손잡이와
계란형 몸체가 고구려 토기의 특징적인 속성으로 사이장경호(四耳長頸壺), 사이옹

그림 170 토기 각종: 1. 서울 몽촌토성, 2~4·7. 서울 구의동 보루, 5. 평양 만달산 1호분, 6. 평양 송신동 출토

(甕)과 사이장경옹, 손잡이가 없는 장경호가 대표적인 기종이다. 이 외에 심발(深鉢), 장동호(長胴壺)·이부호(耳附壺)·구형호(球形壺)·직구호(直口壺)·광구호(廣口壺) 등의 각종 호류, 동이, 시루, 솥, 완(盌), 이배, 반(盤), 접시 등이 있다. 원통형 삼족기(三足器), 호자(虎子), 연통, 화덕과 같은 특수형 토제품도 만들어졌다.

토기의 색조는 회색, 흑색 혹은 황색이 많으며, 표면을 마연하여 광택을 내기도 하고 암문(暗文) 효과를 낸 것도 있다. 4세기 중엽 이후 일부 기종에는 파상선문(波狀線文)이 시문되며, 호나 옹의 어깨나 접시, 완의 바닥에 문자나 부호를 새기기도 한다.

고구려 토기는 자강도 시중군 노남리 유적 상층에서 조사된 기원전 3~2세기경의 노남리형토기를 그 시원형으로 보고 있는데 태토의 니질화(泥質化), 시루 손잡이, 표면 마연 수법 등 고구려 토기의 특징들이 여기서 나타나고 있는 것을 주목하고 있다. 고구려 토기의 변천 과정을 비교적 잘 보여주는 것은 사이옹이나 사이장경옹과 같은 기종으로 계란형의 몸체가 점차 가늘어지고 길어지며, 목과 구연도 길어지면서 밖으로 심하게 벌어지는 경향을 보인다.

고구려에서는 낮은 온도에서 소성되는 연유(鉛釉)계 시유도기(施釉陶器)도 일찍

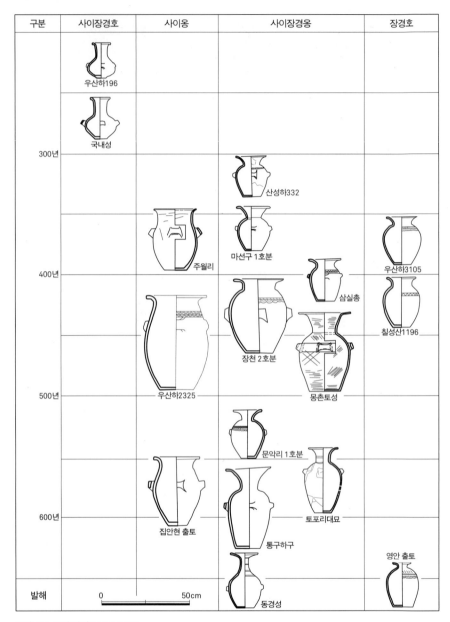

구분	사이장경호	사이옹	사이장경옹	장경호
	우산하196			
	국내성			
300년			산성하332	
		주월리	마선구 1호분	우산하3105
400년			삼실총	칠성산1196
	우산하2325	장천 2호분	몽촌토성	
500년			문악리 1호분	
600년	집안현 출토		토포리대묘	
		통구하구		영안 출토
발해	0 50cm	동경성		

그림 171 토기 편년(최종택 2006)

부터 제작되었는데 유색은 탁하고 진한 녹색이나 황갈색을 띠고 있으며, 주로 고분에서 출토되어 부장용기로 제작되었을 가능성이 있다.

집안 우산하 3319호분에서는 4점의 청자가 출토되었는데, 반구병(盤口瓶)의 기

그림 172 집안 출토 와당 각종: 1. 서대총, 2. 장군총, 3. 국내성, 4. 환도산성

형과 유색으로 보아 중국 동진대의 것이다. 함께 출토한 권운문(卷雲文) 와당의 을묘
(355)와 정사(357) 간지 명문으로 보아 그 연대가 4세기 중엽경으로 비정된다.

6 기와와 전돌

이른 시기의 무기단적석총 분구에서도 기와가 수습되어 고구려에서 기와는 일찍부
터 사용했던 것으로 보인다. 암수키와는 회색이나 붉은색으로, 안쪽에는 포흔(布痕)
이 찍혀 있고 등에는 승문(繩文)이나 격자문(格子文)이 타날되어 있다. 막새기와는 4세
기부터 널리 쓰인다. 수막새로는 반원형과 원형 두 종류가 있고 권운문, 연화문, 인동
문(忍冬文), 귀면문 등이 시문되었다. 권운문 수막새는 집안의 국내성과 초대형 계단
식 석실적석총에서 수습되었고, 그 중에는 중국 서진(西晉)대의 연호와 간지명이 있
어 연대 판단의 기준이 되고 있다. 연화문 와당은 천추총, 태왕릉 등 집안과 평양지역
의 고분, 산성과 절터 등에서 널리 출토된다. 특히 고분과 절터에서 출토된 고구려 연
화문 와당은 두 줄이나 세 줄의 돌선(突線)으로 구획하여 6판 또는 8판의 연판을 배치
하고, 연판 중앙에 돌선이나 Y자형 선을 표현한 것이 특징이다.

평양의 금강사지와 정릉사지에서는 다량의 전돌이 출토되었으며, 동대자 건물
지에서도 기와와 함께 전돌이 출토되었다. 전돌은 방형, 장방형, 삼각형, 부채꼴 등
여러 형태가 있는데 승문, 마름모꼴, 연꽃 등의 무늬가 시문되기도 한다. 전돌 가운
데에는 명문이 있는 벽돌도 출토되는데 천추총과 태왕릉은 벽돌의 명문에서 이름을
따온 것이다.

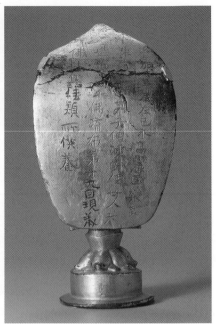

그림 173 연가7년명 금동여래입상

7 불상

불상은 금동불과 고운 점토로 빚은 소조불(塑造佛)이 있다. 고구려 금동불의 대표적인 존재는 서기 539년으로 추정되는 〈延嘉七年(연가7년)〉명 금동여래입상으로 우리나라에서 명문이 있는 불상 중 가장 오래된 것이다. 563년과 571년으로 추정되는 〈癸未(계미)〉명 금동삼존불과 〈辛卯(신묘)〉명 금동삼존불은 한 광배에 삼존불이 배치되는 일광삼존(一光三尊)식이다. 소조불로는 평양 원오리 사지에서 파괴된 불상과 보살상 다수가 출토된 바 있다. 고구려 불상은 중국 남북조시대 불상의 영향을 받아 얼굴이 길고 옷자락이 양 옆으로 힘차게 퍼진 양식적 특징을 보여준다.

8 기타

1) 금동제 관모형 장식

평안남도 중화군 진파리 고분에서 출토된 것이다. 관모처럼 생긴, 옆으로 눕힌 반타

그림 174
금동제 관모형 장식

그림 175
금동제 장막걸이

원형 금동판으로 가운데에는 원 안에 태양을 상징하는 삼족오(三足鳥)를, 그 위에는
봉황 1마리, 아래에는 용 2마리를 투조하였다. 뒷면에는 비단벌레 날개를 붙여 그 영
롱한 색이 투조문 사이로 비치게 한 것이다. 고구려 공예미술의 걸작품으로 무덤 내
피장자 두침(頭枕)의 옆장식이었을 것으로 추정하고 있다.

2) 금동제 장막걸이

집안 태왕릉에서 출토된 여러 가지 금제 또는 금동제 공예품 가운데 하나로 여러
개의 금동판 띠를 못으로 고정하여 단면 ㄱ자형으로 길이 2.68m, 너비 35cm, 높이
13.4cm의 틀을 만들고 각면을 사격자문(斜格子文) 투조 금동판으로 막은 것이다. 측
면의 사격자문 교차점에는 한 칸씩 건너 꽃 모양의 투조문을 배치하였다.

그림 176 안악 3호분의 부엌 그림(좌), 시루와 쇠솥(우상), 부뚜막(우하)

3) 부뚜막

부뚜막도 고분에서 부장품으로 출토되는데 토기 사이장경호나 금속제 솥, 반 등과 공반한다. 토제, 시유도제, 청동제, 철제 등 재질은 다양하나, 형태는 같다. 단면 4각형의 긴 몸체 한쪽 옆면에 4각형의 화구가, 윗면에는 둥근 솥구멍이 있고, 반대편에 연통을 만들었다. 화구의 위치가 몸체의 옆면 쪽에 있는 것이 중국이나 낙랑과는 구별되는 고구려 부뚜막의 특징이다.

참고문헌

강현숙, 2001, 「고분을 통해 본 4·5세기 고구려의 집권체제」, 『한국고대사연구』 24, 한국고대사학회.

_____, 2005, 『고구려와 비교해 본 중국 한, 위·진의 벽화분』, 지식산업사.

고려대학교박물관·서울특별시, 2005, 『고려대학교 개교100주년 기념 박물관 특별전-한국 고대의 Global Pride 고구려』, 고려대학교 박물관.

권오영, 2006, 「중국 유물과 벽화를 통해 본 고구려의 관」, 『고고자료에서 찾은 고구려인의 삶과 문화』, 고구려연구재단.

_____, 2009, 「고구려 횡혈식석실분의 매장 프로세스」, 『횡혈식석실분의 수용과 고구려사회의 변화』, 동북아역사재단.

김용성, 2005, 「고구려 적석총의 분제와 묘제에 대한 새로운 인식」, 『북방사논총』 3, 고구려연구재단.

김재홍, 2005, 「고구려농업생산력의 발전-철제농기구의 분석을 중심으로」, 『북방사논총』 8, 고구려연구재단.

리광희, 2005, 『고구려유물연구』, 과학백과사전출판사.

백종오, 2006, 『고구려 기와의 성립과 왕권』, 주류성.

성정용, 2006, 「고구려의 갑주문화」, 『고고자료에서 찾은 고구려인의 삶과 문화』, 고구려연구재단.

손수호, 2001, 『고구려고분연구』, 사회과학출판사.

손영종, 1995, 『고구려사』 1·2·3, 사회과학출판사.

송계현, 2005, 「환인과 집안의 고구려갑주」, 『북방사논총』 3, 고구려연구재단.

여호규, 1999, 『고구려 성 I-압록강 중상류편』, 국방군사연구소.

_____, 1999, 『고구려 성 II-요하유역편』, 국방군사연구소.

외이춘청(신용민 역), 1994, 『고구려고고』, 호암미술관.

이동희, 2009, 「고구려 적석총에서 횡혈식석실묘로의 전환」, 『횡혈식석실분의 수용과 고구려사회의 변화』, 동북아역사재단.

전호태, 2000, 『고구려 고분벽화 연구』, 사계절.

정찬영, 1973, 「기원4세기까지 고구려묘제에 관한 연구」, 『고고민속논문집』, 사회과학출판사.

조윤재, 2009, 「중국 한위진시기 횡혈식고분의 확산과 고구려고분과의 영향관계」, 『횡혈식석실분의 수용과 고구려사회의 변화』, 동북아역사재단.

최종택, 2006, 「남한지역 고구려 토기의 편년연구」, 『선사와 고대』 24, 한국고대학회.

백 제

I 개관

『삼국사기』에 따르면 백제는 기원전 18년 고구려에서 남하한 온조와 비류가 한강 유역에 정착하여 세운 십제(十濟)를 바탕으로 성장한 나라로서 온조왕 27년(9)에는 마한을 병합하였다고 한다. 그러나 백제가 마한의 중심세력인 목지국을 병합하고 고대국가 단계로 진입한 것은 서기 3세기 무렵으로, 역사학에서는 그 시기를 고이왕(234~286) 대로 보는 것이 통설이다.

한국 고고학에서 고대국가 성립의 지표로는 왕성의 축조와 특정 토기양식의 성립, 고분의 등장, 위세품(威勢品)의 제작과 사여(賜與), 원거리 대외교역권의 확립 등이 거론되고 있는데, 이 가운데 핵심적인 것은 왕성의 축조라고 생각된다. 백제에서는 그러한 증거들이 3세기 중·후반대에 등장하였다고 본다.

3세기 후반 백제의 영역은 경기도 일원으로 확대되었으며, 4세기 중·후반에는 충청도 일원에 백제양식 토기가 확산되고 백제 중앙에서 지방세력에게 사여한 것으로 여겨지는 금동관, 금동신, 대금구 등의 착장형 위세품과 중국 도자기 등이 함께 발견되고 있어 이 무렵 이 지역이 백제의 지방으로 편제된 것으로 해석된다. 그러나 금공품(金工品)으로 보아 이 지역의 백제 편입은 조금 더 이를 수 있다는 견해도 있다. 다만 그와 같은 한성기 백제의 위세품이 전남 고흥에서도 출토된 바 있어, 당시 백제 중앙과 재지 수장 간의 관계가 획일적이지는 않았을 것이다. 5세기대에는 금강 남안의 전라북도 지방도 백제에 편입되었을 것으로 보인다.

475년 고구려 장수왕의 남침으로 개로왕이 전사하고 도성이 함락됨에 따라 백제는 웅진[공주]으로 천도하여 부흥을 도모하게 된다. 한성 함락 후 충청북도 청원지역까지 진출하여 남성골산성 등을 축조하고 압박해오는 고구려로 인해 금강 이북 지역에 대한 지배력이 약화된 백제는 남쪽으로 눈을 돌려 영산강 유역에 대한 지배력의 강화를 시도하였다. 대형 분구에 석실이 축조된 나주 복암리 3호분이나 전방후원형 고분들의 출현은 그러한 정치적 과정을 말해주는 것으로 해석된다.

백제는 무령왕대의 회복된 국권을 바탕으로 성왕 16년(538)에 사비[부여]로 계획적인 천도를 단행하였다. 중앙과 지방의 제도를 정비하고 지방에 대한 직접 지배를 관철하여 나갔는데, 6세기 중엽 이후 영산강 유역까지 수도 사비지역과 같은 능산리형 석실이 축조된 것은 그 결과라고 할 수 있다. 그러나 삼국의 치열한 각축 속에 고구려, 신라와 항쟁을 계속하여 온 백제는 660년 나당연합군에 의해 멸망하였다.

이상과 같이 한강 하류역에서 일어난 백제는 웅진과 사비로 차례로 천도하였는데, 백제의 천도는 단순한 도성 이동 이상의 의미를 갖고 있어 고고학에서도 도성 위치를 기준으로 한성기와 웅진기, 사비기로 시기를 구분하고 있다.

II 유적

1 도성

문헌기록에는 백제가 처음 한강 북쪽에 도읍하였다가 남쪽의 하남위례성으로 천도하였다고 전한다. 그러나 한성기의 도성 유적으로는 한강 남안의 풍납토성(風納土城)과 몽촌토성(夢村土城)만 확인되고 있다. 조사 결과 풍납토성은 한성기 도성의 핵심으로 보이나, 475년 장수왕의 백제 도성 침공 기록에서 남성과 북성을 언급하고 있는 것을 참조할 때 풍납토성과 몽촌토성이 하나의 세트를 이루는 도성체제였다고 보인다.

풍납토성은 한강변의 충적대지 위에 판축(版築)으로 쌓았으며, 성벽의 전체 길이 약 3.5km, 기저부의 최대 폭 43m로서, 현재 잔존 높이는 11m에 이른다. 전체 면적 약 84만㎡에 달하는 성 내부에서는 의례용 건물과 제의(祭儀)유구, 대형 수혈주거지 등 성 축조 이후의 각종 유구와 더불어 성 축조 이전에 만들어진 3중 환호(環濠)도 확인되었다. 이 환호는 백제가 성 축조 이전에 이곳을 근거지로 성장하였을 가능성

그림 177 서울 풍납토성(상)과 몽촌토성(하)

을 말해준다.

　　몽촌토성은 풍납토성 남쪽에 있으며, 판축과 성토를 혼용해 낮은 구릉을 연결해 만들었다. 성의 길이는 2.3km, 내부면적은 21만m²로서, 성 내에서는 건물지와 판축대지, 수혈주거지, 저장공 등이 확인되었다.

475년 천도한 웅진성(熊津城)은 금강의 지류인 제민천 주변의 매우 협소한 공간을 차지하는데, 금강과 면해 공산성이, 그 서쪽으로 왕릉 구역인 송산리 고분군이 있다. 송산리 고분군 북쪽으로 금강과 면한 구릉에는 대형 벽주(壁柱)건물지가 발견되어 무령왕을 비롯한 왕족의 빈전(殯殿)터였을 가능성이 제기된 정지산 유적이 위치해 있다. 왕궁의 위치에 대해서는 공산성 내부설과 외부설이 있다. 내부설에서 왕궁터라고 주장되는 건물지는 규모나 시기에 문제가 있으나, 공산성 외부에서 왕궁 흔적은 아직 확인되지 않았다. 웅진성 나성(羅城)의 존재 가능성은 거의 없지만, 주변의 산성이 나성 역할을 했다는 견해도 있다.

국권을 회복한 백제는 웅진성이 협소하고 도성으로서 여건이 갖추어지지 않아 성왕 16년(538) 사비(泗沘)로 천도하게 된다. 사비도성의 가장 큰 특징은 도성을 둘러싼 나성으로, 그 축조 시기를 천도 이전으로 보는 견해와 이후로 보는 견해가 있다. 도성 내부에서는 너비 약 9m와 약 4m의 도로 유구가 발굴되었다. 도성 내부는 이러한 도로를 기준으로 남북 113.1m, 동서 95.5m 정도의 대구획으로 나누고, 그 내부는 다시 소구획으로 나누었던 것으로 보인다. 이러한 기반시설과 부소산성 출토 〈大通(대통)〉명 기와, 위덕왕 13년(566) 동 나성 밖의 능사 조영 등으로 보아 도성 공간은 천도 이전에 치밀하게 계획되고 나성도 천도 이전에 축조되었을 가능성이 높다. 최근 조사 결과 서나성과 남나성은 존재할 가능성이 거의 없으며, 사비 나성은 부소산성에서 동쪽으로 이어지는 북나성 0.9km와 동나성 5.4km 등 총 6.3km만 축조했을 것으로 보인다. 나성을 축조할 때 저지대의 경우 풍납토성에서도 사용되었던 부엽공법(敷葉工法)을 이용하였다. 전체적으로 성벽 안쪽은 성토하여 토루(土壘)를 만들고 바깥쪽에 적심석(積心石)을 채워가며 석축함으로써 견고성을 높였다. 이렇게 완성된 나성은 석축성으로 보이게 되어, 『신증동국여지승람』은 나성에 대해 석축 둘레가 13,006척이며 양쪽이 백마강에 맞닿아 있고 형태가 마치 반달 같다고 묘사하고 있다.

사비도성의 경관은 배후에 비상시 왕성의 역할을 한 부소산성을 두고 그 앞에 왕궁-관청-사원-저자 등이 배치되었을 것으로 보인다. 도성은 상·하·전·중·후의 5부(部)와 5항(巷)으로 나뉘었으며, 부소산성에서 남쪽으로 가며 중·전·후부가, 동쪽

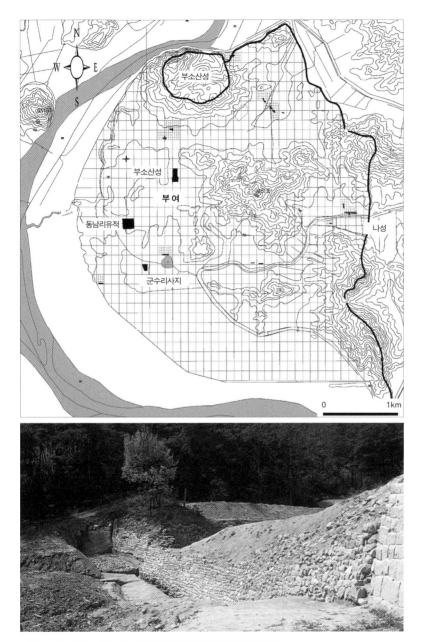

그림 178 부여 사비나성 내부 공간구획 추정도(상)와 동나성 성벽(하)

에 상부, 서쪽에 하부가 있었다는 견해가 있다.

익산 왕궁리 유적도 무왕대에 왕궁이 있었던 곳으로 밝혀지고 있는데 남북 약

그림 179 부여 관북리 대형 건물지

490m, 동서 약 240m의 석축 성터 안에서는 건물지 등 각종 시설들이 조사되고 있다. 특히 그 가운데 대형 건물지는 부여 관북리에서 조사된 대형 건물지와 크기나 축조 수법이 같아 왕궁의 중심 건물지였을 것으로 추정되고 있다. 왕궁리 유적에서는 화장실유적도 조사되었다.

2 관방유적

백제 한성기에는 도성 외에도 이른 시기부터 지방에 토성이 축조되었던 것으로 보인다. 화성 길성리토성과 같은 것이 그 예로 평지나 다름 없는 낮은 언덕에 자리하고 있다. 가까이에는 한성기 백제고분군이 자리하고 있어 한성백제에 편입된 지방세력의 거점지역에 토성이 축조된 것을 알 수 있다.

백제의 산성에는 축조 재료에 따라 목책(木柵)·토성·석성이 있는데, 목책과 토성도 석성과 함께 후기까지 존재하였으며, 산봉우리의 정상부를 테를 두르듯이 성벽을 쌓은 테뫼식 산성이 백제 산성의 중심이었다.

한성기 후반에는 교통로상의 주요 루트를 따라 북동쪽으로 포천 고모리산성

그림 180
파주 월롱산성 전경(상)과
대전 월평산성 목곽고(하)

과 반월산성, 북서쪽으로 파주 오두산성과 월롱산성, 남동쪽으로 이천 설봉산성과
설성산성, 충주 장미산성 등이 축조되었다. 이 산성들의 석축성벽에 대해서는 한성
백제 축조설과 6세기 후반 신라 축조설이 대립하고 있지만, 성 내에서는 백제 토기
가 출토되어 백제 한성기부터 방어시설이 있었음은 분명하다. 또, 그 백제 토기가 지
녁 양식이 아니라 삼족기, 고배, 식구난경호 능 중앙에서 유행하던 것이어서 이 산성

들이 백제 중앙세력에 의해 축조되었고 중앙에서 파견된 사람들이 거주하고 있었던 것으로 판단되고 있다.

웅진기에는 지금의 공주시 일원에 공산성을 중심으로 동심원상으로 산성들을 배치하여 도성인 웅진성을 방위하였던 것으로 보인다. 이 산성들은 표고 150m 내외의 낮은 구릉에 위치하고 있으며 대체로 성벽 전체의 둘레도 500m에 불과한 석성들로 되어 있다.

사비기 백제는 도성 외곽과 국경지대, 그리고 국경과 도성 사이 교통의 요충지에 산성을 쌓았으며, 지방 통치 조직이 방(方)−군(郡)−성(城) 체제로 정립되었는데 이와 관련한 각급 성이 축조되었던 것으로 보인다. 사비기 산성은 웅진기 산성에 비해 높은 곳에 입지하고 규모가 커진 예들도 있다.

백제 산성의 시설물로는 성벽과 성문, 성벽에 달린 여러 가지 방어시설 외에 성내의 저수시설과 성벽의 수구(水口), 함정 등이 조사되고 있다. 특히 저수시설로는 석축호안을 두른 저수지 외에 토광을 파고 뻘흙으로 뒷채움을 하여 설치한 목곽고(木槨庫)가 대전 월평동산성을 비롯하여 금산 백령산성, 여수 고락산성 등 백제 산성 여러 곳에서 조사되었는데 집수지(集水池)나 저장시설로 쓰였을 것으로 판단된다.

백제 멸망 후 백제 유민들에 의해 산성의 축성 기법이 일본에 전해져 규슈지방을 비롯하여 일본 열도 여러 곳에 백제식 산성이 축조되었다. 일본에서는 이를 조선식 고대산성이라 부른다.

3 생활유적

백제의 마을유적은 아직 많이 조사되지 않았지만 100기가 넘는 수혈주거지가 밀집된 큰 마을과 10여 기 이하의 작은 마을이 공존하였고, 호남지방에서는 원삼국시대부터 삼국시대까지 지속된 마을유적에서 수백 기의 수혈주거지가 조사되기도 한다. 마을의 입지는 강변의 충적대지나 나지막한 구릉이 선호되었다. 천안 용원리, 서산 부장리 및 언암리 유적처럼 마을과 고분군이 가까이에 위치하여 함께 조사된 유적들도 있는데, 용원리 유적의 경우 120기가 넘는 수혈주거지로 구성된 마을이 해발 200m 내외의 고지대에 위치하였고, 그보다 낮은 해발 110m 정도의 낮은 쪽 구릉에 150여 기로 이루어진 분묘군이 있었다. 또 마을 가까이에서 논이나 밭 유적이 조사되

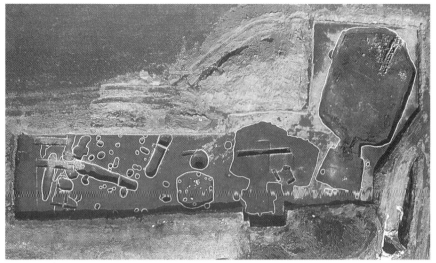

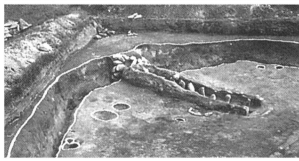

그림 181
포천 자작리 유적 전경과 2호
주거지 외줄 구들

는 예도 있다.

수혈주거지의 평면 형태는 지역에 따라 차이가 있다. 서울 강남의 풍납토성과
몽촌토성에서는 별도의 출입구가 딸린 평면 6각형의 수혈주거지가 조사되었는데,
이것은 원삼국시대 중부지방의 출입구가 딸린 장방형 평면의 呂(여)자형 주거지에
서 발전된 것이다. 이런 주거지는 포천 자작리나 용인 수지 등 임진강, 한강 유역의
여러 지역에서도 확인되고 있다. 6각형 주거지에서는 벽선 안쪽에 직경 15~20cm
이상의 주공(柱孔)이 조밀하게 열을 이루고 있고, 벽에 세웠던 판재벽이 발견되는 예
들도 있다. 유적에 따라서는 포천 자작리 2호 주거지의 예처럼 평면적 70~80m²가
넘는 대형 6각형 주거지가 포함되어 있기도 하는데, 이런 주거지는 내부에서 출토되
는 유물로 보아도 마을의 대표자나 지역 수장이 거주하였던 곳으로 판단된다. 한성
기의 도성유적과 일부 마을유적의 대형 주거지에서는 기와가 출토되나 지붕 전체를

그림 182 서산 언암리 유적 나지구 전경

기와로 이었던 흔적은 아직 확인되지 않았다.

경기도 서부지역과 호서, 호남의 서부 평야지대에서는 평면 장방형 또는 방형의 수혈주거지가 주로 조사되고 있으며, 중심부에 4개의 기둥구멍이 있는 4주식 주거지가 특징적이다. 이에 비해 소백산맥에 가까운 충남 남부지역 일부와 호남 동부지역에서는 평면 타원형 또는 원형의 수혈주거지들이 주로 조사되고 있다.

이와 같은 백제 수혈주거지에는 내부에서 밖으로 一자식으로 곧게 뻗거나 주거지 벽면을 따라 도는 외줄 구들 또는 주거지 벽에 붙여 부뚜막이 설치된 예가 많다. 부뚜막에서는 아궁이 입구에 붙였던 토제 아궁이테가 발견되는 예도 있다. 마을 유적에서는 수혈주거지 외에 기둥을 세워 지상에 다락식 창고나 건물을 만든 고상식 가옥의 기둥구멍과 다수의 저장용 수혈이 조사되기도 한다.

웅진기 공주 정지산 유적에서 조사된 벽주건물지는 사비도성과 익산, 순천 등 각지에서도 확인되고 있어 그 기능과 함께 출현 시기가 한성기까지 소급될 가능성에 대해서도 검토가 필요하다. 벽주건물이란 기둥을 촘촘히 세워 기둥이 마치 벽 역

그림 183 공주 정지산 유적

할을 하도록 만든 것으로 대벽(大壁)건물이라고도 하며, 정지산 유적은 중앙에 대형 벽주건물을 두고 주변을 목책 등으로 둘러싸고 있어 무령왕을 비롯한 왕족의 빈전 터였을 가능성이 있다. 한편 일본의 나라(奈良)현과 시가(滋賀)현 일대에서도 벽주건 물지가 다수 발견되어 이들과 백제의 관계를 시사해준다.

4 생산유적

농업 생산유적으로 밭, 논, 수리시설이 조사되고 있다. 하남 미사리와 화성 석우리 먹 실 유적 등에서는 마을유적과 함께 이랑과 고랑으로 이루어진 밭유구가 조사되었는 데, 백제의 밭은 마을의 입지와 같이 구릉이나 충적대지에 자리잡고 있으며 때로는 저습지에서 발견되는 경우도 있다. 논유구는 화성 석우리 먹실, 부여 가탑리 등 몇 곳 에서 소구획 논, 계단식 논 등 여러 형태가 조사되었으며, 부여 구봉리·노화리에서는 청동기시대 4×3m의 소구획 논에서 백제시대에는 23×7m 크기의 논으로 확대된 모 습을 볼 수 있었다. 화성 송산동 유적에서는 천안 장산리의 원삼국시대 유적과 같이 완만하게 경사진 계곡의 소하천을 막아 계단식 논을 만들고 그 양편으로 설치한 인공 수로가 발견되었다.

그림 184 부여 서나성 밖의 논유적

백제의 수리시설로는 김제 벽골제(碧骨堤)가 알려져 있다. 현재 약 3km에 달하는 제방이 남아 있는 벽골제는 문헌상의 초축 시기에는 의문이 있지만, 서울의 풍납토성과 부여의 사비 나성에서 확인된 부엽공법 등의 토목기술이 적용된 것으로, 이와 같은 수리시설은 농업생산력의 비약적인 증대를 보여주는 것이다.

철 생산유적은 진천 석장리와 충주 칠금동, 청원 오송 등지에서 조사되었다. 이 철 생산유적들은 모두 낮은 구릉지대의 경사면에 위치하고 있는 공통점이 있으며, 특히 진천 석장리 유적에서는 원삼국시대 말에서 백제 초기의 제련로(製鍊爐), 용해로(鎔解爐), 제강로(製鋼爐), 단야로(鍛冶爐)가 모두 조사되어 당시 철 생산의 실체를 잘 보여주고 있다. 원삼국시대부터 급증하는 여러 개의 측구(側口)가 있는 터널식 숯가마도 철 생산유적의 인근에서 조사되는 예가 많아 철 등 수공업생산의 발달과 관계가 깊다는 의견이 있다.

아직 웅진기 이전 것은 조사되지 않았으나 사비기의 금·은·동 등 비철금속과 유리공방 유적으로는 부여 관북리와 익산 왕궁리 유적 등 왕궁 인접 지역이나 부여 능사지, 익산 미륵사지 등 사찰유적에서 일부 조사되어 도가니와 생산품이 확인된 바 있다.

그림 185
진천 석장리 A-4호
제련로와 송풍관

　　토기 생산유적은 진천 산수리, 청양 학암리, 익산 신용리 등 각지에서 조사되고 있다. 진천 산수리 백제 토기가마는 인근 삼룡리의 원삼국 토기가마로부터 발전된 것으로 이 지역에서 원삼국 토기로부터 백제 토기로의 전환 과정을 잘 보여주고 있다. 가마는 모두 야산 경사면에 설치된 바닥이 경사진 등요(登窯)로 대·소형이 있으며, 소형은 반지하식이나 대형은 요 입구로부터 지하로 굴을 파들어가 만든 지하식으로 소성실의 평면은 장(長)타원형인데 요입구에서 수직으로 내려가 있는 연소부가 특징적이다. 익산 신용리 토기가마도 소성실의 바닥이 경사진 장타원형이나 요입구와 연소부가 수평적으로 연결된 것이 산수리 가마와 다른 점이다.

　　기와 생산유적은 부여 정암리 요지군과 청양 왕진리 요지군이 대표적이다. 기와가마는 연소실과 소성실 사이가 높은 단을 이루고 있는 것이 특징적이며, 소성실은 경사가 거의 없는 평면 장방형과 바닥이 경사진 평면 장타원형이 있다. 장타원형 소성실은 바닥이 계단식인 예들도 있다. 기와가마 유적은 부여 일원에 집중되어 있고, 사비도성 내에서 수습된 기와 중에는 5부(部) 이름이 찍혀 있는 경우가 많은 것을 볼 때, 각 부가 생산시설을 따로 관리했을 가능성도 있다. 한편 대전 월평동과 진안 월계리 등 당시 도성에서 먼 지방에서도 소규모의 기와가마 유적들이 조사되어 당시 기와의 생산과 수급이 각 단위지역별로도 이루어졌을 가능성을 말해준다.

　　한편, 공주 송산리의 전축분에 사용된 전돌을 생산한 곳으로는 부여 정동리 요지가 알려져 있으나 아직 본격적인 조사는 이루어지지 않았다.

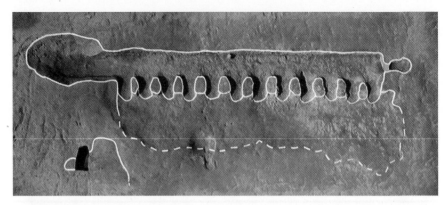

그림 186 화성 반송리 2호 숯가마

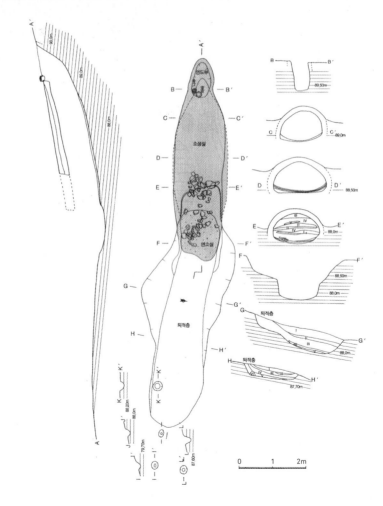

그림 187 청주 가경 4지구 토기가마

그림 188 부여 정암리 기와가마

5 고분

1) 한성기

한성기 중앙세력의 고분군은 도성유적인 풍납토성과 몽촌토성에 인접한 서울 강남 석촌동·가락동 일원에 있다. 일제강점기 초까지 이곳에는 89기의 고분이 남아 있었으나 거의 다 없어지고 지금은 극소수만 존재하고 있다. 여기서 조사된 묘제는 토광묘, 즙석(葺石)봉토분, 기단식적석총 등이 있다.

토광묘는 지상에서 아무런 흔적이 발견되지 않으나 지하에 토광을 파고 목관을 안치한 무덤으로 서기 3세기경부터 5세기까지 만들어진 것으로 판단되고 있다.

즙석봉토분은 지상에 흙으로 쌓은 봉분 내부에 목관과 옹관 등 복수의 매장주체부가 설치된 고분으로 가락동 1·2호분, 석촌동 파괴분 등이 조사되었다. 평면 말각(抹角)방형에 가까운 봉분의 직경은 15~38m, 높이는 2m 내외로 그 표면에는 중심부를 제외하고 돌을 얇게 덮은 즙석시설이 있으며, 주 매장시설에 따라 목관봉토분으로 부르기도 한다. 최근에는 지상의 봉분 안에 복수의 매장시설이 있는 점 등을 들어 서해안지방과 영산강 유역에서 발달한 분구묘(墳丘墓)와 같은 계열의 묘제로 보는 견해도 있으나 좀더 신중한 판단이 필요하다. 즙석봉토분은 3세기 중·후반경부터 축조되기 시작하였는데, 백제의 중심부에서 최초로 지상에 큰 봉분이 축조된 고분이 등장한 것이고, 내부에서는 초기 형식의 한성기 백제양식 토기들이 출토되어 그 출현은 백제국가 성립의 고고학적 증거 가운데 하나로 해석되고 있다.

기단식적석총은 깬돌을 쌓아 외형을 방대형(方臺形) 계단식으로 축조한 고분으로 현재 석촌동 3호분과 4호분이 남아 있다. 석촌동 3호분은 한 변 길이 55m, 높이 4.3m 이상으로 내외부 모두 깬돌로 축조하였으며, 현재 3단까지 남아 있으나 그 이상은 파괴되어 전체 계단 수와 매장주체 시설의 구조는 알 수 없다. 그 규모가 집안의 태왕릉이나 장군총에 필적할 만한 것으로 백제 근초고왕릉으로 추정되고 있다. 이보다 규모가 작은 석촌동 4호분은 외부는 깬돌로 3단 계단식으로 쌓았으나 내부는 흙으로 쌓은 점이 다르고, 중심부에는 중앙연도가 달린 평면 방형 석실 형태의 시설이 있었다. 이로 보아 백제 기단식적석총 중에는 전체를 깬돌로 쌓은 것과 외부는 깬돌로 내부는 흙으로 쌓은 것이 있었음을 알 수 있고, 원래의 매장주체 시설이 어떤 것이었는지 알 수 없으나 후기에는 횡혈식석실도 설치되었을 것으로 추정된다.

기단식적석총은 한성기 백제의 최고 지배층이 웅진으로 천도하기 전까지 축조하였던 묘제로 백제의 건국자들이 고구려로부터 남하하였다는 『삼국사기』기록과도 부합되는 것이다. 그러나 그 출현 시기에 대해서는 3세기 중반설과 4세기 중반설이 있지만, 어느 것이나 문헌상 백제 건국자들의 남하 시기와는 큰 차이가 있어 그 출현 과정에 대해서는 합리적인 해석이 필요하다.

한성기의 지방에서는 원삼국시대의 청당동형 주구(周溝)토광묘와 관창리형 주구묘, 즉 분구묘가 지속되는 가운데 여러 가지 변화가 일어났다. 청당동형 주구토광묘는 중서부지방에서 주로 조사되었으나 최근에는 경기 남부지역 여러 곳에서도 발견·조사되고 있는데, 백제양식 토기가 부장되는 단계에 오면 주구가 없어지고 토광 안에 목관(곽)을 안치한 매장주체부만 남는 변화를 보인다. 또 토광 안에 냇돌 또는 깬돌로 4벽을 쌓고 큰 돌로 뚜껑을 덮은 수혈식석곽묘(竪穴式石槨墓)로 발전되기도 하였는데, 이와 같은 백제 고분들의 존재 양태는 유적이나 지역에 따라 차이를 보인다. 즉, 오산 수청동 유적에서는 백제 한성기에도 매장주체부 토광 주위에 주구가 존속하였고, 한성기 백제 최대의 토광묘군인 청주 신봉동 유적의 경우 수혈식석곽묘는 축조되지 않고 주구가 없는 토광목관(곽)묘로만 일관되었다. 그러나 화성 마하리 유적에서는 토광묘가 축조되다가 수혈식석곽묘로 전환되었고, 천안 용원리 유적의 경우 일반 성원의 무덤은 토광묘인 데 비해 수장급 무덤으로는 수혈식석곽묘가 독

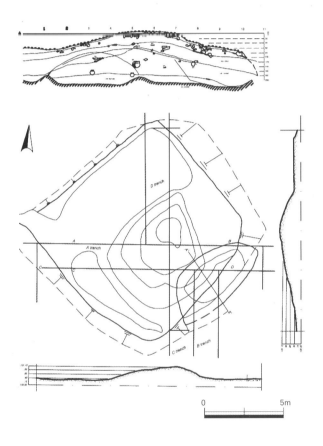

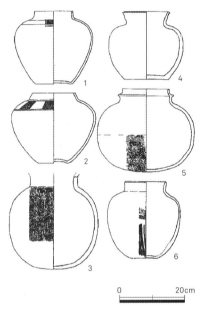

그림 189 서울 식촌동 4호분(상), 서울 가락동 2호분과 출토 유물(중),
천안 용원리 9호분(하)

그림 190 천안 용원리 고분군

립적으로 조영되었다.

　한편, 서해안지역에서는 관창리형 주구묘, 즉 분구묘의 전통이 지속되어 평면 방형의 주구를 돌리고 그 안에 분구를 쌓고 목관을 설치한 고분들이 축조되었는데, 분구의 규모가 점차 확대되어 그 모습이 좀더 뚜렷해지고, 추가매장이 이루어지면서 분구를 수평 또는 수직으로 확장해나갔다. 서산 기지리와 부장리, 완주 상운리에서 한성기 백제 유물이 출토되는 분구묘들이 조사되었다.

　최근 들어 백제 한성기의 횡혈식석실분(橫穴式石室墳)도 여러 곳에서 조사되고 있다. 서울 우면동을 비롯하여 하남 광암동, 성남 판교동, 화성 마하리, 원주 법천리, 중서부지방의 연기 송원리, 공주 수촌리, 청원 주성리 석실분 등이 그 예인데, 가장 이른 시기 것인 화성 마하리 석실분으로 보아 그 출현 시기는 4세기 후반기까지 올라간다. 이들의 석실 평면 형태는 방형과 장방형, 연도 위치는 중앙·우편재·좌편재 등 지역에 따라 그 구조가 다양하여 정형성이 갖추어지지 않았는데, 그것은 횡혈식 석실분이 특정 주체에 의해 수용되어 확산시켜 나간 것이 아니라 지방 수장의 수준에서 산발적으로 채택하였기 때문이었을 것으로 해석된다. 공주 수촌리 유적에서

그림 191 서산 기지리 고분군

독립된 수장급 분묘 구역 내에 토광묘, 석곽묘, 석실분이 순차적으로 축조되고 있는 것, 화성 마하리 유적에서 석실분이 석곽묘들보다 높은 위치에 독립적으로 존재하는 것은 그러한 과정을 말해주는 것으로 이해된다.

그러나 이들은 석실이 묘광을 파고 반지하식으로 설치되고 벽석이 납작한 깬 돌로 된 공통점이 있으며, 연기 송원리의 방형 석실분과 성남 판교동의 장방형 석실분은 석실 벽이 밖으로 배가 부른 형태인데 이와 같은 것들은 서북한지방 전실묘와 통하는 수법이어서 그 관계가 주목된다.

백제 한성기의 횡혈식석실분은 도성유적과 지근 거리인 서울 우면동과 하남시 광암동에서도 조사된 것으로 보아 서울 강남 중앙세력의 고분군에도 채용되었을 가능성이 있다. 그러나 서울 강남 방이동에서 조사된 석실분들은 그 위치가 백제 한성기 도성유적과 가까워 과거에 백제 고분으로 해석되기도 하였으나 이들은 백제 한성기 석실분들과는 축조 수법이 다르고 부장품도 6세기 후반기 이후의 신라 토기들이어서 신라의 한강 유역 진출 이후 축조된 신라 고분들이다.

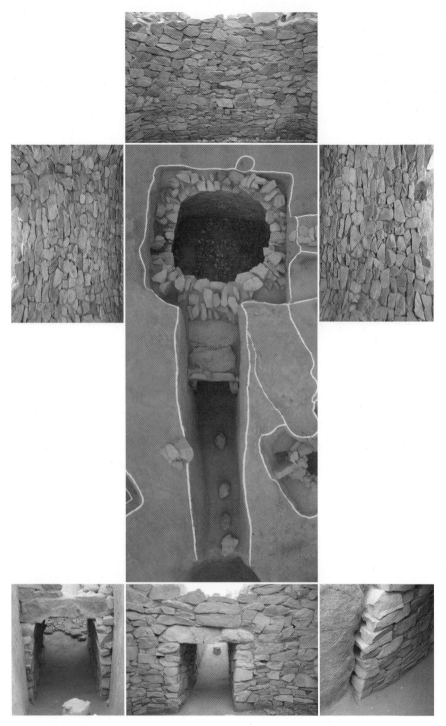

그림 192 연기 송원리 16호분 석실

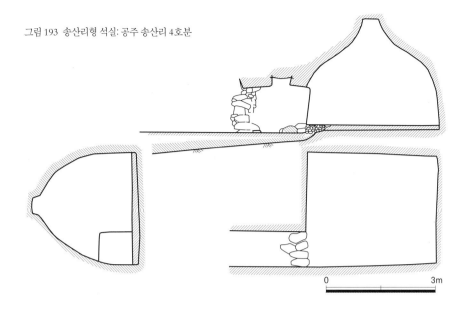

그림 193 송산리형 석실: 공주 송산리 4호분

2) 웅진·사비기

웅진 천도 후 백제 묘제는 대개 횡혈식석실분 중심으로 통일되었지만 석곽묘, 와관묘 (瓦棺墓), 호관묘(壺棺墓), 전곽묘(塼槨墓), 화장묘(火葬墓) 등도 사용되었다. 웅진기 왕릉 들이 위치한 공주 송산리 고분군에는 먼저 횡혈식석실분들이 축조되었는데, 연도가 우측에 편재한 평면 방형 석실에 궁륭상천정으로 되어 있다. 이들을 송산리형 석실이 라 하며, 한성기 석실분의 다양한 구조가 웅진기에 들어와 송산리형 석실로 정형화되 었음을 보여준다. 그러나 공주 금학동과 논산 표정리에서는 평면이 장방형인 석실분 도 조사되었다. 송산리형 석실의 분포 범위는 그다지 넓지 않아 주로 공주 일원과 금 강 하류역에서 조사되었지만 최근에는 금강 이남의 호남지방에서도 조사 예가 늘어 나고 있다.

공주 송산리 고분군에 위치한 무령왕릉과 송산리 6호분은 무늬가 있는 벽돌로 쌓아 화려한 현실과 연도를 만든 전축분(塼築墳)으로, 평면 장방형의 현실은 터널형 구조로 되었고 짧은 연도가 앞쪽 가운데에 달렸다. 이 송산리의 전축분들은 중국 남 조의 전축분을 따른 것으로 중국과의 유대를 통한 왕실 위상의 대내외적인 과시와 관련이 있었을 것이다. 송산리 6호분은 벽에 진흙을 바르고 사신도(四神圖)를 그린 벽화고분이다.

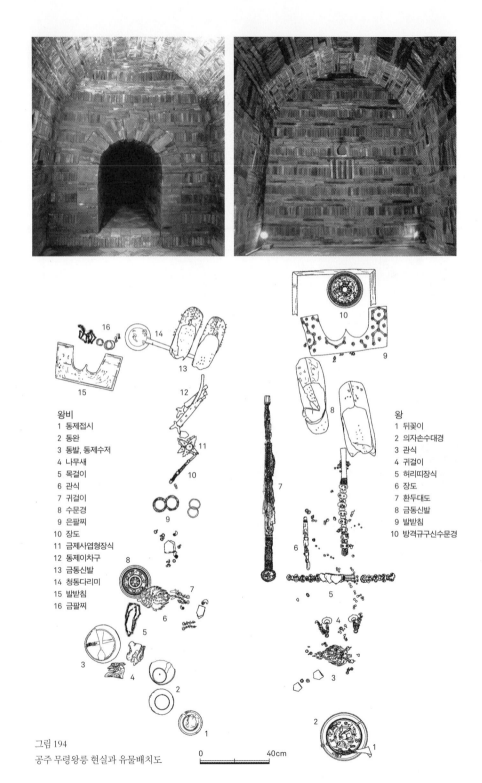

왕비
1 동제접시
2 동완
3 동발, 동제수저
4 나무새
5 목걸이
6 관식
7 귀걸이
8 수문경
9 은팔찌
10 장도
11 금제사엽형장식
12 동제이차구
13 금동신발
14 청동다리미
15 발받침
16 금팔찌

왕
1 뒤꽂이
2 의자손수대경
3 관식
4 귀걸이
5 허리띠장식
6 장도
7 환두대도
8 금동신발
9 발받침
10 방격규구신수문경

그림 194
공주 무령왕릉 현실과 유물배치도

0   40cm

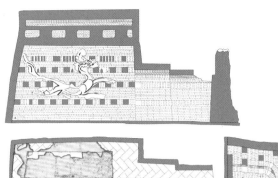

그림 195 공주 송산리 6호분

그림 196 부여 능산리 고분군

　　무령왕릉과 같은 전축분은 백제 묘제에 많은 영향을 끼쳐 사비기의 석실분은
모두 짧은 중앙연도가 달린 평면 장방형 석실로 변모되었다. 부여 능산리 고분군은
사비기 왕릉구역으로 판석으로 쌓은 장방형 석실들이 축조되었는데 다만 천정 형식
이 터널형에서 괴임식, 즉 석실단면 6각형으로, 이어서 평천정으로 변화하였다. 그
중 평천정인 능산리 1호분은 벽에 연꽃을 그린 벽화고분이다. 이와 같은 백제 후기
석실을 능산리형 석실이라고 하며, 금강 유역은 물론 영산강 유역에서도 축조되어

그림 197 능산리형 석실: 청양 장승리 A-28호분(좌), 부여 염창리 III-60호분(우)

그 분포 범위가 사비기 백제의 전 영역으로 확대되었음을 알 수 있다. 능산리형 석실의 출현과 함께 석실분이 규격화되고 중앙과 지방 간에 등급의 차이가 보여 무덤 축조에 일정한 규제가 있었음을 시사하는 바, 이를 백제의 관위제(官位制) 나아가 율령제(律令制)와 결부시켜 해석하기도 한다.

한편, 웅진·사비기에도 수혈식석곽묘가 축조되었으며, 연도는 없지만 석곽의 한쪽 단벽을 입구로 하거나 창 구조의 출입구를 만든 횡구식(橫口式)석곽묘도 축조되었다. 또, 공주 단지리에서는 야산 경사면에 지하로 굴을 뚫어 만든 횡혈묘(橫穴墓)가 다수 조사되었는데, 이들은 일본 규슈지역과 관련되는 묘제로서 백제로 건너온 왜인이나 그 후손들의 무덤이라 여겨지고 있다.

6 신앙유적

1) 절터

문헌에는 불교가 침류왕 원년(384) 백제에 전래되었고 이듬해 한산(漢山)에 절을 지었다고 하나 이와 관련된 자료는 아직 발견되지 않았다. 다만 최근 풍납토성에서 연꽃무늬 수막새가 출토되어 불교의 전래와 관련이 있을지 주목된다. 연꽃무늬는 한성기 유물 가운데 공주 수촌리 3호 석곽묘 출토 금동신 바닥과 원주 법천리 4호분 출토 청동 뚜껑에도 있으나 이들이 불교와 관련이 있는지 아니면 단순한 장식 도안인지 알

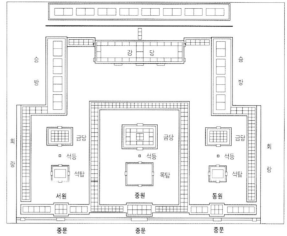

그림 198 익산 미륵사지 석탑과 가람배치도

수 없다.

　　지금까지 조사된 백제의 절터는 모두 사비기의 것으로 부여에서 용정리 사지, 정림사지(定林寺址), 금강사지(金剛寺址), 군수리 사지, 왕흥사지(王興寺址), 능사지(陵寺址) 등이 발굴되었고, 익산의 미륵사지(彌勒寺址), 그리고 통일신라 절터인 보령 성주사지(聖住寺址) 하층에서 백제 오함사지(烏含寺址) 등도 조사되어 사비기 도성 내외의 주요 지역에 많은 사찰이 건립되었음을 알 수 있다.

　　백제의 가람배치는 중문, 탑, 금당, 강당이 남북 일렬로 배치되고 강당과 중문을 회랑으로 연결한 남북 1선식 단탑(單塔)가람이 기본이며, 익산 미륵사지는 그와 같은 단위를 3개 나란히 배치한 3원(院) 가람으로 되어 있다. 탑은 목탑이 세워지다가 목탑을 석재로 번안한 미륵사지 석탑을 거쳐 정림사지 오층석탑과 같은 백제 석탑으로 발전되었다. 목탑지와 금당지 등 주요 건물은 그 기초가 지하에 넓은 구덩이를 파고 점토를 켜켜이 다져 쌓아 올린 굴광판축기단(掘壙版築基壇)으로 되어 있으며, 기단 외면은 가구식(架構式) 석축기단 외에 기와를 쌓아 마무리한 와적(瓦積)기단이 백제 사찰유적에서 많이 확인된다.

2) 제사유적

기록에 따르면 백제는 온조왕 원년에 시조묘인 동명왕묘(東明王廟)를 세웠으며, 그 38

그림 199 서울 풍납토성 경당지구 제사유적

년(22)에는 큰 단을 쌓고 천지(天地)에 제사를 지냈다고 한다. 사비기에는 시조 구태묘(仇台廟)를 세워 1년에 4번 제사 지냈다고 한다. 백제 한성기의 제사유적으로는 풍납토성 경당연립부지 44호 건물지가 주목되는데, 출입구가 달린 평면 呂(여)자형의 대형 건물지로 그 구조가 치밀하고 매우 공을 들여 만들었다. 가장자리를 따라 너비 1.5~1.8m, 깊이 1.2m의 도랑을 파고 그 바닥에 판석과 숯을 깔아 외부와 격리시켜 출입을 극도로 통제한 것으로 신전과 같은 특수 건물지였을 것으로 보인다.

풍납토성 경당연립부지의 9호·101호 수혈유구는 그 안에서 말뼈와 일부러 훼손한 토기, 구슬 등이 다량 출토되어 제사유구로 판단되는데, 도성 내부에서 발견된 것으로 보아 국가의 제사와 관련된 유구일 가능성이 크다.

한편, 일제강점기에 조사되어 절터로 알려진 부여 동남리 유적은 1990년대 재조사에서 탑지가 존재하지 않았던 것으로 밝혀져 절터가 아니라 다른 신앙유적이었을 가능성에 대한 검토가 요망된다.

이들 외에 부안 죽막동에서는 해신(海神) 제사유적이 조사되었으며, 부여 논치의 산 중턱에서 조사된 유적은 산신(山神) 제사유적으로 보기도 한다.

그림 200 부안 죽막동 유적과 출토 토기

III 유물

1 장신구

장신구를 비롯한 금공품은 부의 원천이자 지배를 위한 상징적인 도구였을 것이며, 백
제에서는 한성기 후반부터 다양한 물품이 나타난다. 그 배경에는 낙랑계 공인(工人)

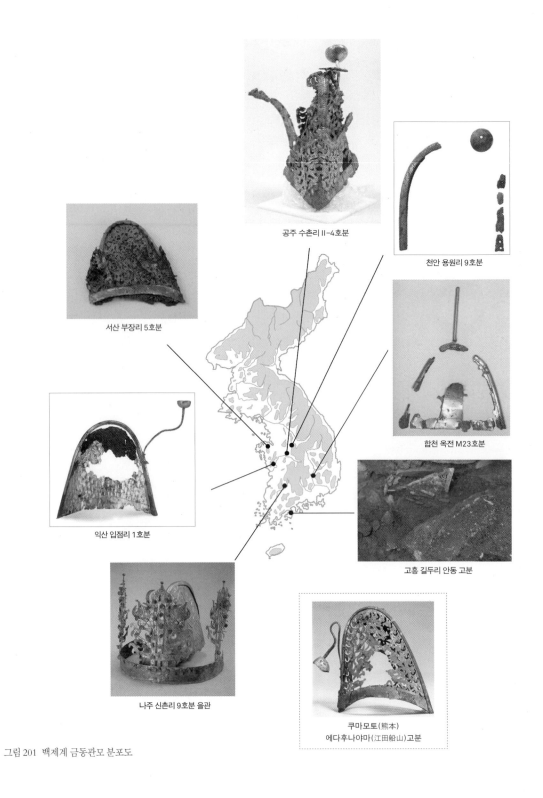

공주 수촌리 Ⅱ-4호분

천안 용원리 9호분

서산 부장리 5호분

합천 옥전 M23호분

익산 입점리 1호분

고흥 길두리 안동 고분

나주 신촌리 9호분 을관

쿠마모토(熊本)
에다후나야마(江田船山)고분

그림 201 백제계 금동관모 분포도

의 확보나 남중국과의 지속적 교류가 큰 역할을 하였을 것이다. 금공품의 제작을 위해서는 금 산지의 확보가 중요했을 텐데, 충청북도 청주와 영동·옥천, 경상북도 상주 지역 등이 사금 집중지로 알려져 있다. 금공품의 증가 시기, 그리고 이 지역들에 대한

종류 / 유구	유구	금동제품				중국도자기	마구			무기					농공구	옥	기타
		관	신	귀걸이	대금구		재갈	등자	기타	환두대도	목병도	철모	철촉	화살통			
오산 수청동 25호분	목관					청자반구병	○	○		○		○	○	○			
서산 부장리 5호 분구묘	목곽	○		○						○		○ (반[鈑] 부착)			도자, 부, 겸	곡옥 ○	철제초두, 흑색마연토기
서산 부장리 6호 분구묘			○	○		청자사이호				○					부	○	
서산 부장리 8호 분구묘			○	○						○		○			도자, 부	○	
천안 용원리 9호분	석곽	○				흑유계수호	○	○	검릉형 행엽	○		○	○	○			흑색마연토기
공주 수촌리 1호분	목곽	○	○	○	○ (은제품)	청자사이호, 뚜껑	○	○		○					살포		칠기
공주 수촌리 3호분	석곽	○					○	호등		○		○					
공주 수촌리 4호분	석실	○	○		○	흑유자기 (계수호, 병, 호), 청자소완	○	윤등							살포	유리 관옥 구슬	
원주 법천리 1호분	석실		○	○			○	○	운주	철검		○	○	○			청동초두
원주 법천리 2호분						양형청자											지석
익산 입점리 86-1호분	석실	○	○	○		청자사이호		철제 윤등	○ 은제								
나주 신촌리 9호분 을관	옹관	○	○							금동, 은장	○	삼지창	○		은장도자, 부	○	활
고흥 안동 고분	석곽	○	○														판갑
나주 복암리 3호분	석실		○														
고창 봉덕리 1호분	석실		○	○		청자반구호	○	○		○		○	○	○	단야구	○	스에키

표 13 지방 수장묘 출토 위세품

그림 202 공주 무령왕릉 출토 금관식과 부여 능산리 고분, 논산 육곡리 고분, 나주 복암리 3호분 출토 은관식

백제, 신라의 진출 시기가 비슷한 것은 우연만은 아닌 듯하다.

한성기의 금동관모는 반원형 고깔 모양으로 상부에 긴 대롱으로 반구형(半球形) 장식을 달고 있는 점이 특징이다. 관모를 만든 금동판에는 투조(透彫), 타출(打出), 축조(蹴彫) 등 다양한 기법으로 무늬를 베풀었는데, 용문(龍文)과 봉황문(鳳凰文)도 있고 조그만 영락(瓔珞)을 달기도 하였다. 이와 같은 금동관모는 대금구(帶金具), 신 등과 함께 착장형 위세품으로서 복식의 한 부분을 이루었을 것이며, 공주 수촌리 고분 등 중서부지역에서 5점, 전남지역에서 1점, 옥전 M23호분 등 가야지역에서 2점이 출토되었고, 또 일본 규슈의 에다후나야마(江田船山) 고분에서도 나온 바 있다.

백제에서도 관(冠) 양쪽에 새 깃털을 꽂았다는 기록이 있지만 이와 관련된 자료는 아직 확인된 바 없고, 공주 무령왕릉에서는 왕과 왕비의 금제관식이 각각 한 쌍씩 출토되었다. 왕과 왕비의 관식이 세부적으로는 차이가 있으나 인동문(忍冬文)과 연꽃무늬를 주제로 하여 전체적으로는 불꽃 형태를 이루고 있으며, 왕비의 관식은 병에서 연꽃이 피어나는 연화화생(蓮花化生)을 투조문으로 표현하고 있다.

사비기에는 은판을 접어 만든 줄기에 1단 혹은 2단의 곁가지가 있는 은제관식이 부여, 남원, 나주 등 여러 곳에서 출토되었는데, 백제의 관인들이 착용하였다는 은화(銀花)가 이것으로 제비가 날개를 활짝 편 모습의 철테와 결합하여 사용하였을 것으로 보인다.

이 외에 머리 장식품으로 성남 판교동의 한성기 석실분에서 은제 뒤꽂이가 출

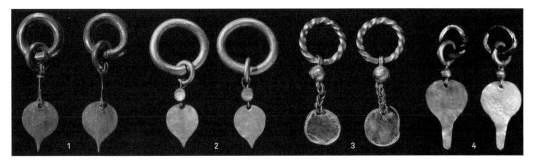

그림 203 귀걸이 각종: 1. 원주 법천리 1호분, 2. 천안 용원리 9호분, 3. 천안 용원리 44호분, 4. 청원 주성리 2호분

토되었으며, 공주 무령왕릉에서는 새가 날개를 펴고 있는 모습의 장식에서 3개의 침이 갈라진 금제 뒤꽂이가 왕의 유해부에서 나왔다.

　백제의 귀걸이는 세환식(細環式)만 발견되고 있는데, 한성기의 것은 금실로 심엽형(心葉形) 끝장식을 바로 매달거나 작은 금구슬 중간식과 심엽형 끝장식을 매달았다. 공주 무령왕릉에서는 각각 두 줄의 긴 수하식(垂下飾)이 달린 왕과 왕비의 금귀걸이가 한 쌍씩 출토되었는데 중간식으로는 긴 원통형 장식이나 영락이 달린 소환(小環) 연접 구슬이, 끝장식으로는 심엽형 금판이나 금모자를 씌운 비취곡옥, 탄환형과 네날개형 장식이 달린 것으로 한성기 귀걸이와는 비교할 수 없이 화려하다. 사비기에는 금구슬 중간식과 연결금구를 일체로 만들어 심엽형 끝장식을 매단 귀걸이가 쓰였다.

　목걸이는 크고 작은 여러 가지 구슬을 꿴 것이 일반적이나, 공주 무령왕릉에서는 석탄처럼 검고 단단한 탄목(炭木)에 금판을 입힌 구슬로 만든 목걸이, 단면 6각형의 금봉(金棒) 7마디 또는 9마디를 이은 간결하고도 세련된 금목걸이가 나왔다. 팔찌도 무령왕릉에서는 외면이 톱날 모양으로 된 금봉 또는 은봉을 둥글게 구부려 만든 것과 함께 외면에 용무늬를 새기고 내면에는 경자(庚子)년에 다리(多利)가 만들었다는 내용의 명문이 있는 은팔찌가 출토되었다.

　한성기에 중국 진(晉)대의 대금구가 수입되어 서울 몽촌토성·풍납토성, 화성 사창리 등에서 관련 유물이 출토되었다. 최근 알려지기 시작한 한성기 백제의 대금구는 방형 또는 심엽형 과판(銙板)에 귀면문(鬼面文)을 베푼 것이 특징이다. 무령왕릉에서 출토된 왕의 대금구는 은제 타원형 판을 연결한 것으로 역시 타원형 판을 연결한 1줄의 대형 요패(腰佩)가 드리워져 있다. 요패의 위아래에는 두꺼비가 투조된 오

그림 204 공주 무령왕릉 왕비 금동신

각형 금판과 백호와 주작이 새겨진 장방형 은판을 달았다.

백제의 금동신은 금동 못이 박힌 바닥판 위에 좌우 측판을 중심선에서 결합한 공통점이 있다. 좌우 측판에 베푼 무늬는 凸(철)자형 투조문, 사격자문(斜格子文), 구갑문(龜甲文)의 순으로 변화한 것으로 보이며, 무령왕릉에서는 구갑문 안에 봉황문을 투조한 금동신이 출토하였다.

2 갑주와 무기

서울 몽촌토성에서는 뼈 소찰(小札)이, 청주 봉명동 유적을 비롯한 많은 유적에서 철제 소찰이 출토되어 백제의 갑옷은 찰갑(札甲) 위주였음을 알 수 있다. 그러나 제작 기법을 복원하기에는 잔편의 수량이 적으며 투구도 확실하지 않다. 청주 신봉동 B-1호 토광묘와 안성 망이산성에서는 삼각판정결판갑(三角板釘結板甲)이 출토되어 백제에서도 판갑이 사용되었을 가능성이 있다.

한성기 이래 백제의 무기는 철모(鐵鉾)와 활 위주였다. 창의 일종인 철모는 원삼국시대 이래로 길이가 길고 자루꽂이 끝이 직선적인 기부(基部) 직기형(直基形)이 쓰이다가 4세기 이후에는 길이가 20cm 내외로 매우 짧고 기부가 제비꼬리 모양인 연미형(燕尾形)이 퍼졌다. 그 밖에도 자루꽂이 부분이 다각형이거나 반부(盤部)가 있는 철모, 삼지창 등도 더러 발견된다.

화살촉으로는 3세기대에 슴베가 없는 무경촉(無莖鏃)과 슴베가 있는 여러 가지 형식의 유경촉(有莖鏃)이 나타나며, 길이가 10cm 내외로 짧은 편이다. 4세기 후반대에는 미늘형과 도자형(刀子形) 등 새로운 형태와 함께 길이가 길어져 관통력과 살상력이 높아진 것이 나온다. 화살통은 천안 용원리 9호분과 오산 수청동 유적 등에서 출토되었다.

무기로서의 칼은 손잡이 끝에 둥근 고리가 달린 소환두대도(素環頭大刀)나 환두 없이 손잡이를 나무로 만든 목병대도(木柄大刀)가 널리 쓰였으나, 4세기 중후반부터

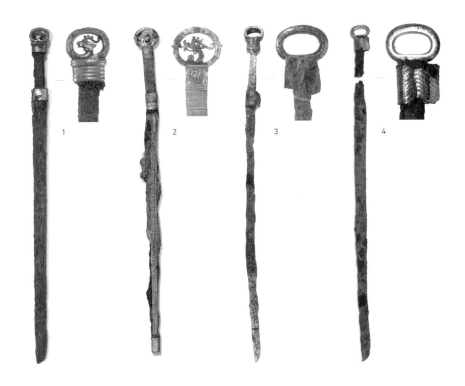

그림 205 환두대도 각종: 1. 천안 용원리 1호분, 2. 공주 무령왕릉, 3. 천안 화성리 A-1호분, 4. 논산 모촌리

는 칼자루와 칼집을 금·은·금동 등의 귀금속과 각종 무늬로 장식한 장식대도가 발달하여 소유자의 신분 표상으로 기능하였다. 백제의 장식대도를 대표하는 것은 환두를 용이나 봉황으로 장식한 용봉문환두대도, 환두나 손잡이 끝에 은실을 감입(嵌入)하여 여러 가지 무늬를 베푼 상감문(象嵌文)환두대도로 한성기부터 발달하였으며, 그 제작 기법은 가야와 일본으로도 전해졌다. 웅진기 이후에는 칼자루 끝에 각진 금통이나 은통을 끼운 규두대도(圭頭大刀)가 출토된다.

일본 덴리(天理)시 이소노가미(石上)신궁에 소장되어 있는 칠지도(七支刀)는 백제가 만들어 일본에 준 것이라고 하는데, 가운데의 본체와 6개의 가지가 모두 양날식 검 형식으로 특이한 것이다.

그림 206 토기 속에서 발견된 농공구 각종: 용인 수지 유적

3 농공구

농공구로는 전통적인 도끼, 낫, 끌, 손칼 등
의 철기와 함께, 4세기 이후 농업 생산력의
발전과 더불어 한국 특유의 농기구인 살
포가 등장하였으며 U자형 삽날도 사용되
었다. 공주 수촌리와 금산 수당리 유적 등
에는 쇠자루 살포가 매납된 바, 아마도 논
농업을 장악한 지역 수장의 권위를 상징
하였던 것이라 추측된다. 그 밖에 주조철
부, 단조철부, 유견(有肩)철부 등의 다양한
공구류들이 각지 무덤에 매납되었으며,
청주 신봉동 고분군 등에서는 철제 농공
구를 소형으로 모방한 모형(模形) 철기도

그림 207 목제 가래: 1·2. 부여 궁남지, 3. 순천 검단산성

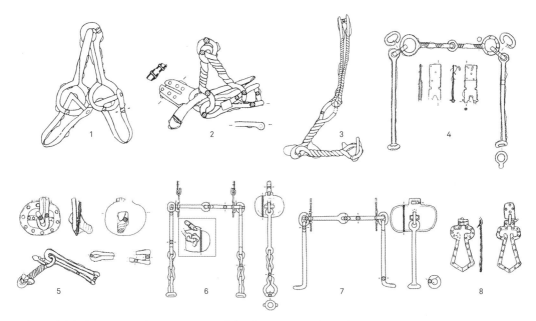

그림 208 재갈과 행엽: 1. 청주 봉명동 C-31호묘, 2·5. 천안 두정동 I-5호묘, 3. 청주 봉명동 B-72-2호묘, 4. 청주 신봉동 90A-4호묘, 6. 공주 수촌리 II-1호분, 7. 수촌리 II-3호분, 8. 천안 용원리 1호분

출토되어 이러한 철기가 많이 출토되는 대가야와의 관계를 시사하기도 한다.

목제 농기구로는 부여 궁남지와 순천 검단산성에서 긴 자루가 달린 가래가 출토되었다.

4 마구

최근 충주 금릉동 78-1호 토광묘에서는 중국 동북지방인 길림성 유수(楡樹) 노하심 (老河深) 유적 등 북방지역 마구와 관련성이 깊은 고식 재갈이 서기 3세기대 토기들과 공반되어 마한–백제지역에서 마구의 사용 시기와 그 계통에 대해 새로운 검토가 필요하게 되었다.

백제 마구로 재갈[轡]과 등자는 많이 알려져 있으나 그 외는 출토 예가 적다. 재갈은 재갈멈추개가 표(鑣)로 된 표비(鑣轡), 금속판인 판비(板轡), 타원형 철테 안에 十(십)자대(帶)가 있는 환판비(環板轡), 재갈쇠 끝에 둥근 철환(鐵環)이 하나 끼워진 원환비(圓環轡)로 구분된다. 그 중 가장 일반적인 것은 표비인데, 앞의 금릉동 표비는 한

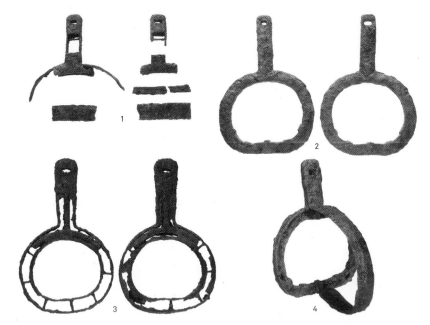

그림 209 등자: 1. 공주 수촌리 Ⅱ-5호분, 2. 천안 용원리 9호분, 3. 공주 수촌리 Ⅱ-4호분, 4. 공주 수촌리 Ⅱ-3호분

가닥의 철봉을 S자형으로 구부려 단접(鍛接)한 2연식 재갈쇠[銜] 끝에 S자형 프로펠러식의 고식 표를 꽂은 것이다. 4세기대로 내려오는 표비는 제작 기법이 금릉동 것과 같은 것도 있으나 재갈쇠가 3줄 겹쳐꼬기 기법으로 만들어지고 재갈과 고삐를 잇는 고삐이음쇠[引手] 끝이 삽자루 모양으로 된 것이 있다. 천안 두정동, 청주 봉명동 토광묘 등에서 출토되었으며 백제지역에 초기 마구가 정착되는 고(古)단계의 양상을 보여준다. 이후 4세기 말~5세기 초부터는 한 가닥의 철봉으로 재갈쇠를 만들고 재갈쇠 끝에 유환(遊環)이라 불리는 작은 고리를 끼워 역시 한 가닥의 철봉으로 길게 만든 인수를 건 백제 표비로 정형화된다. 유환은 백제 표비의 특징을 잘 나타내주는 것으로 청주 신봉동 고분군의 마구는 이러한 신(新)단계의 양상을 대표한다.

판비로는 재갈멈추개판이 타원형인 것과 f자형인 것이 있다. 공주 수촌리와 천안 용원리 고분에서 출토된 재갈의 타원형 판은 하단 가운데가 위로 살짝 만곡된 것이 특징이고, f자형 판비는 가야와 일본에서 집중적으로 출토되는데 백제지역에서는 공주 송산리와 부여에서 출토된 것이 전한다.

백제의 등자는 발 딛는 부분이 타원형 윤부로 된 윤등자(輪鐙子)와 주머니 모양으로 된 호등(壺鐙)이 있다. 윤등자로는 철판을 전체적으로 덧씌운 목심(木心)등자와 철제등자도 출토 예가 있으나, 백제에서는 자루구멍 주위와 자루에서 윤부가 갈라지는 부분 등 취약 부분만 철판으로 보강한 목심등자가 널리 쓰였다. 목심철판등자 중에는 자루 단면이 5각형으로 되어 있는 것이 백제 등자의 특징이다. 호등은 가야와 일본에서 출토 예가 많으나 공주 수촌리 유적에서 5세기 전반기의 이른 시기 것이 출토되어 그 기원을 재고하게 되었다.

안장은 양호한 출토 예가 없으나 천안 용원리, 공주 수촌리 고분 등에서 목제안교에 박았던 띠고리[鉸具]와 안교 앞뒤턱의 철테가 출토되어 그 기본구조는 이해할 수 있게 되었다.

장식구로는 천안 용원리 고분군에서 소형의 검릉형행엽(劍菱形杏葉)이 출토되어 가야와 일본에서 유행한 이 종류 행엽의 기원을 살필 수 있다. 이 외에 띠가 교차하는 곳에 붙었던 다리가 3개 달린 띠고정금구 등의 출토 예가 있다.

이와 같은 백제 마구는 주로 지방고분들에서 출토된 실용적인 것이지만, 익산 입점리 석실분의 철판에 은을 입힌 재갈과 행엽이나, 웅진기 무렵 등장하는 f자형 판비와 같이 장식적 성격이 강한 마구도 공존하였을 것이다.

5 용기

1) 금속용기

풍납토성과 원주 법천리 고분에서 용머리 모양 손잡이가 달린 청동초두(鐎斗)가 출토

그림 210 공주 무령왕릉 출토 동완(좌)과 동탁은잔(우)

그림 211 부여 왕흥사지 출토 사리구

되었는데, 이들은 중국 동진(東晋) 시기에 해당하는 것이다. 원주 법천리 고분 출토 연꽃무늬 청동뚜껑은 신라 고분인 경주 금관총의 인동문 손잡이가 달린 청동초호(鐎壺)의 연꽃무늬 뚜껑을 연상시킨다.

공주 무령왕릉에서는 동제완(銅製盌)과 잔, 동제주발(酒鉢)과 접시, 동탁은잔(銅托銀盞), 동제수저, 청동다리미 등이 출토되었다. 5개의 동제잔은 모두 크기와 모양이 같고 굽이 달렸으며 외면에는 연꽃이 피어난 모습, 내면에는 연꽃 사이에서 물고기가 노는 모습을 새겼다. 동탁은잔은 잔과 뚜껑은 은으로, 받침은 동으로 만든 것으로 연꽃과 삼산(三山), 봉황을 비롯한 상서로운 동물 등 겉면 전체에 화려한 무늬가 새겨졌다. 이 동탁은잔은 백제, 가야 지역에서 출토되는 녹유탁잔(綠釉托盞)과 토기탁잔, 일본 각지에서 발견되는 동제탁잔의 모델이 된 것으로 판단된다.

불교유적으로 부여 왕흥사 목탑지에서는 〈丁酉年(정유년)〉(577)명 청동합 속에 금제와 은제의 사리호(舍利壺)가 담겨 출토되었다. 익산 미륵사지 서탑에서는 내외호(內外壺)로 이루어진 금제사리호가 기해(己亥, 639)년에 사리를 봉안한 내용을 금판에 새긴 금제사리봉안기 등 여러 장엄구와 함께 출토되었다. 또 부여 능사지 출토 금동대향로(金銅大香爐)는 중국의 박산향로(博山香爐)에서 발전한 것이지만, 한 마리의 용이 뚜껑 덮인 몸체를 받치고 있는데, 몸체는 연꽃잎으로, 뚜껑은 각종 무늬가 새겨진 산 모양의 장식으로 덮고 꼭대기에는 봉황이 서 있는 모습으로 백제 미술의 수준을 보여주는 걸작품이다.

그림 212 흑색마연토기 각종: 1. 화성 석우리 먹실유적, 2·6. 서울 석촌동 86-적석유구, 3. 서울 가락동 2호분, 4·5. 천안 용원리 9호 목곽묘, 7. 서울 풍납토성 경당지구

2) 토기

백제 토기는 한강 유역에서 이중구연호(二重口緣壺)와 양이부호(兩耳附壺) 등 원삼국시대 범마한양식 토기와는 다른 삼족기(三足器) 등의 새로운 기종, 흑색마연토기와 같은 새로운 기법 등이 등장하면서 성립된 새로운 양식의 토기이다. 한성기에 출현한 백제 토기의 주요 기종으로는 유개식 또는 무개식의 고배, 배형(杯形)삼족기와 반형(盤形)삼족기, 직구단경호(直口短頸壺), 직구광견호(廣肩壺), 난형호(卵形壺), 기대(器臺) 등이 있는데, 이들은 대체로 정선된 니질 태토로 만들어졌으며 일부는 표면을 흑색으로 마연하였다. 백제 토기의 성립기에 등장하는 이 흑색마연 기법에 대해서 과거에는 고구려 토기와 관련짓기도 했으나 칠기의 재질감을 토기에 번안한 것이라는 새로운 해석이 오히려 설득력이 있다. 이 외에도 한성기 백제 토기에는 이전 시기부터 내려오는 각종 단성호류, 시루, 심발형(深鉢形)토기와 장란형(長卵形)토기 등이 있으며, 심

그림 213 서울 풍납토성 출토 토기 각종

발형토기와 장란형토기는 일상생활용 자비용기로서 모래가 많이 섞인 거친 태토로 연하게 만들어졌다.

　한성기 백제 토기의 성립 시기는 서기 3세기 중·후반경으로 보고 있으며 4세기 중반을 기점으로 한성 I기와 II기로 구분하기도 한다.

　웅진·사비기의 백제 토기는 고배, 삼족기, 직구호, 기대 등 한성기의 기종이 계승되기도 하지만, 동완과 같은 금속기의 영향으로 대부완(臺附盌) 등 낮은 굽이 달린 기종과 장경병, 벼루 등의 신기종도 등장한다. 또 변기와 호자(虎子) 등 특수용기도 만들어졌다. 사비기에는 고구려 토기의 영향으로 소성도가 낮아진 흑회색 연질의 접시와 전 달린 토기, 연통 등이 제작되기도 하였다.

　백제에서도 무령왕릉의 동탁은잔을 모방한 녹유탁잔과 같은 연유(鉛釉)계의 녹유도기도 일부 제작되었는데, 색조는 진한 녹갈색으로 발색이 매우 불투명한 편이다.

　한편 서진대 전문도기(錢文陶器)를 시작으로 동진 청자 등 중국 도자기의 수입이 활발하여 최근까지 200점에 가까운 중국 도자기가 백제지역에서 출토되었다. 시기별로는 한성기가 압도적이고, 중앙에서는 생활유적 출토량이 많으나 지방에서는 고분에서 주로 출토되고 있어 중앙에서 원거리교역권을 독점하여 분배하였을 가능성이 높다. 무령왕릉 이후 사비기에는 부여와 익산의 왕궁지 등 생활유적에서만 출

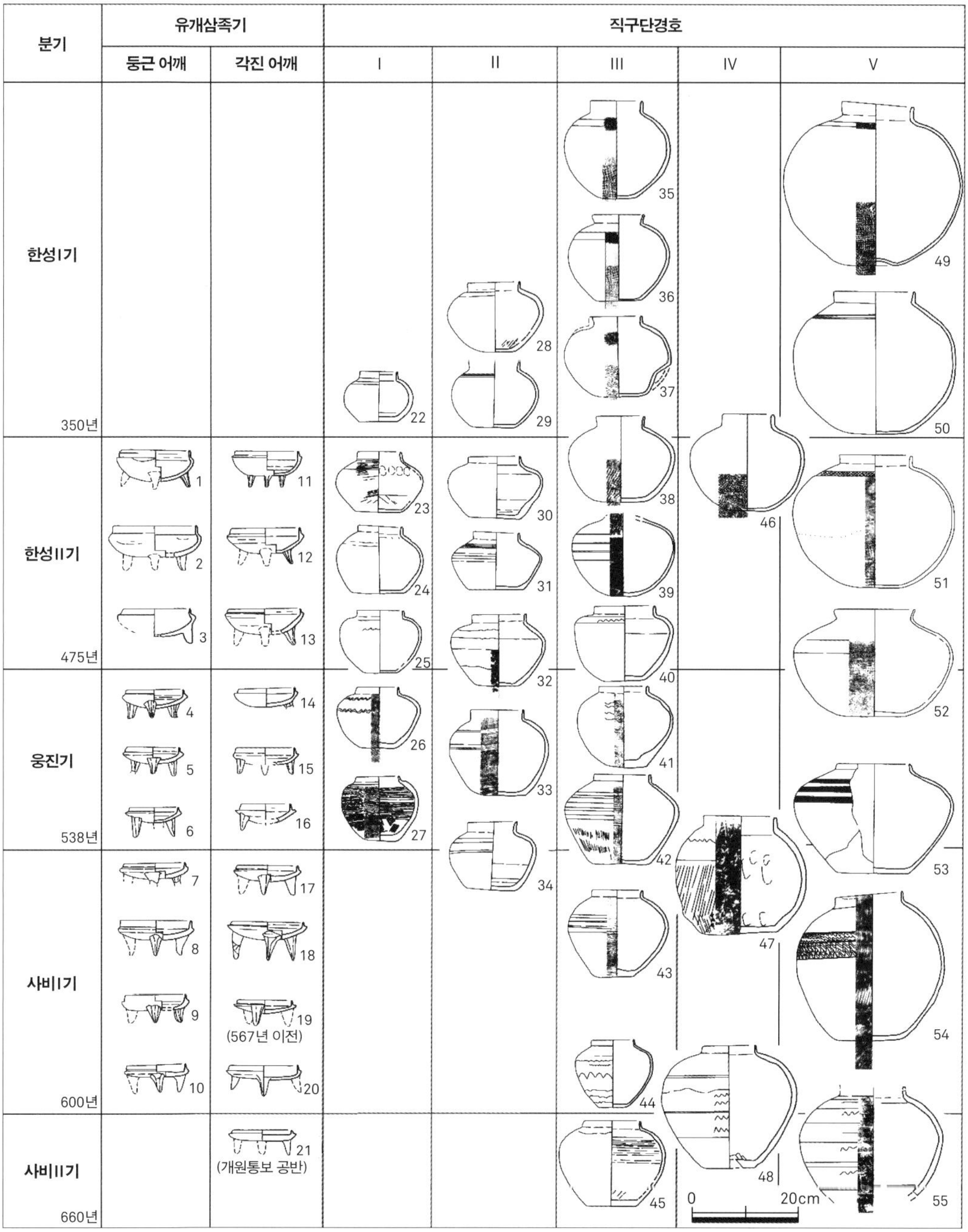

분기	유개삼족기		직구단경호				
	둥근 어깨	각진 어깨	I	II	III	IV	V
한성I기 350년			22	28 29	35 36 37		49 50
한성II기 475년	1 2 3	11 12 13	23 24 25	30 31 32	38 39 40	46	51 52
웅진기 538년	4 5 6	14 15 16	26 27	33 34	41 42		53
사비I기 600년	7 8 9 10	17 18 19 (567년 이전) 20			43 44	47	54
사비II기 660년		21 (개원통보 공반)			45	48	55

그림 214 삼족기와 직구단경호 편년(박순발 2003)

그림 215 공주 수촌리 고분군 출토 중국 도자기

토되고 수량도 한성기보다 훨씬 줄어든다. 이는 중국 자기를 번안한 연유도기 등이 제작되는 한편 웅진기 이래 좀더 화려한 금속기가 백제인의 고급 문물에 대한 향유욕을 대체하였기 때문이라 여겨진다. 중국 도자기는 백제를 중심으로 한 한·중·일 유적의 교차편년에 큰 도움을 준다.

6 기와와 전돌

백제 기와는 처음 낙랑의 영향을 받아 성립되었으며, 풍납토성과 몽촌토성 등 중앙의 도성유적과 고분군뿐만 아니라 포천 자작리 유적, 화성 화산 고분군 등 지방의 생활유적과 고분군에서도 출토되어 한성기부터 건물은 물론 무덤에도 널리 사용되었음을 알 수 있다. 한성기에는 암·수키와와 수막새가 제작되었는데, 모두 니질 태토로 만들었으며 회색연질이 많다. 암·수키와는 제작틀인 와통(瓦桶) 없이 토기 제작과 같은 방식으로 성형되기도 하였으나 점토띠를 와통에 붙여 쌓아 성형하는 방법이 주로 쓰였다. 와통은 나무판 여러 개를 끈으로 엮어 만든 통쪽와통이 주로 쓰였으나 통나무의 가운데를 파낸 원통와통을 사용한 예도 있다. 두께 1cm 내외로 얇은 것이 한성기 기와의 특징인데, 내면에는 와통의 통보로 씌웠던 마포(麻布) 흔이 찍히게 되나 지우기도 하며, 등쪽에는 성형 시 두드려서 찍힌 평행선문, 격자문, 승문 등의 타날문이 있다. 수키와는 유단식과 무단식이 모두 있다. 수막새는 원형으로 무문도 있으나 초화문이나 전문(錢文)을 베푼 것이 많은데, 최근 풍납토성에서 연꽃무늬 수막새와 수면문(獸面文) 수막새가 출토되어 한성기에 이미 중국과 교류를 통해 불교문화와 함께 이들을 수용하였음을 알게 되었다.

웅진기 이후 암·수키와의 제작은 와통에 점토판을 붙여 성형하는 방법이 주로 쓰였으며, 와통의 통쪽엮기에는 매우 다양한 기법이 관찰된다. 와통에서 성형된 통기와에 분할선을 표시하는 방법으로는 와통에 긴 막대기나 눈테를 붙이는 방식이 모두 이용되었으며, 자른 면을 여러 차례에 걸쳐 깨끗하게 깎아 다듬은 것이 특징이다.

웅진·사비기 수막새는 6판 또는 8판의 연화문 와당으로 정형화되었으나, 파문(巴文)와당도 만들어졌다. 사비기에는 암막새의 발생 가능성도 있지만 연화문 연목와(椽木瓦), 귀면문 부연와(附椽瓦)도 쓰였으며, 익산 미륵사지에서는 녹유 연화문 연목와가 출토되기도 하였다. 이 외에 지붕의 내림마루나 귀마루 끝을 장식하는 마루기와, 용마루 양 끝에 세웠던 치미도 사용되었다. 사비기 부여, 공주, 익산 등의 기와 건물지에서는 음각, 양각의 각종 명문이 찍힌 기와들이 자주 출토되어 이들을 인각와(印刻瓦)라고 부르는데, 최근에는 금산 백령산성, 정읍 고부읍성 등 지방의 산성에서 산성의 명칭이나 백제의 행정구역과 관련된 명문기와가 출토되기도 한다.

백제에서 전돌은 한성기부터 사용되어 서울 풍납토성, 석촌동 고분군 등에서 무늬 없는 4각형 전돌이 출토된다. 공주 송산리 6호분과 무령왕릉은 연화문이나 오

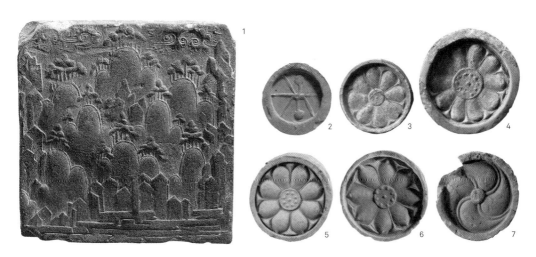

그림 216 전돌과 와당: 1. 부여 외리 절터, 2. 서울 풍납토성 나-7호 주거지, 3·4. 공주 공산성, 5. 부여 능사지, 6·7. 부여 구아리 출토

그림 217 부여 부소산성 출토 금동두광

수전(五銖錢)문이 새겨진 벽돌로 축조한 고분이다.

부여에서는 속이 비어 블럭처럼 생기고 앞면에 연화문이나 인동문을 배치한 상자형 벽돌이 여러 유적에서 발견되었는데, 부여 정암리 요지에서도 똑같은 것이 출토되어 그 제작지로 꼽히고 있다. 백제의 전돌로는 부여 외리의 백제시대 건물지에서 출토된 4각형 문양전이 압권이라고 할 수 있는데, 각각 귀신문, 반룡문(蟠龍文), 봉황문, 연화문 등 8종류의 문양이 양각되었으며, 그 중 2종류의 산경문전(山景文塼)에는 마치 한 폭씩의 산수화와 같은 그림을 새겼다.

7 불상

백제지역에서 출토된 가장 오래된 불상은 서울 뚝섬 출토 금동여래좌상으로 중국의 4세기대 불상양식을 따르고 있다. 그러나 백제의 불상은 주로 사비기 유적에서 출토된다. 서산 보원사지 출토 금동여래입상, 부여 군수리 사지 출토 금동보살입상 등이 백제의 이른 시기 금동불로 알려져 있다. 부여 부소산성에서 출토된 원형의 금동두광(頭光)은 세련된 투조기법으로 무늬를 베푼 백제 금동불 광배의 화려한 모습을 잘 보여준다.

납석제 불상도 부여의 몇몇 유적에서 출토되었는데 군수리 사지 출토 여래좌상은 뚝섬 출토 금동불과 같은 자세를 취하고 있다.

소조불상으로는 부여 정림사지와 능사지, 익산 제석사지 등에서 파손품들이 출토되었는데, 특히 정림사지에서 출토된 100여 편 이상의 소조상 가운데에는 농관(籠冠)을 쓴 여인상 머리부분이 많고, 이들은 중국 낙양의 영녕사지(永寧寺址)에서 출토된 북위(北魏)의 상들과 흡사하다. 충남 청양의 폐기된 가마터 안에서는 7개의 조각으로 분리되는 대형의 토제대좌가 나와 대형 소조불도 만들어졌음을 알 수 있다.

8 기타

1) 목간

부여 관북리·능사지·궁남지 등 여러 유적에서 나무를 납작하고 길게 깎아 필요한 내용의 글을 붓으로 쓴 문서 목간(木簡)이 출토되었다. 최근 전남 나주 등 지방에서도 출토되고 있다. 백제의 목간은 대부분 행정문서나 장부 제작과 관련된 국가의 기록물들이며 사찰, 행정구역, 도량형의 이름이 적혀 있는 예들도 출토되고 있어 문헌사료가 적은 백제사 연구에 큰 도움이 된다.

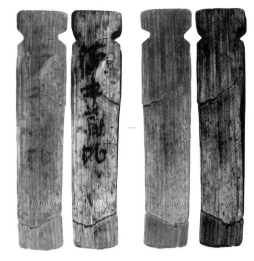

그림 218 부여 쌍북리 유적 출토 목간

2) 나막신

부여 능사지에서 출토되었다. 나무 통판을 깎아 바닥판과 그 아래 앞뒤로 2개의 굽을 만든 판자형 나막신으로, 일본의 소위 게다와 같은 모양이다. 바닥판 앞뒤면은 둥글며 앞쪽 가운데와 중앙부의 양쪽에 끈을 꿰기 위한 구멍을 뚫었다.

3) 짚신

부여 궁남지와 관북리, 나주 복암리 등에서 나왔다. 바닥판과 발에 고정시키는 끈만으로 이루어져 오늘날의 샌들과 가까운 형태로, 우리의 현대 짚신과는 다르고 일본의 고대 짚신과 유사하다. 부여 궁남지와 관북리에서 출토된 짚신은 재료가 부들 또는 부들 유사종으로 밝혀졌다.

공주 무령왕릉 출토 주요 유물

묘지석(墓誌石) 무령왕릉 연도 입구 가까이에 놓여 있던 가로 41.5cm, 세로 35cm, 두께 5cm의 석판 2매로 각각 앞면에는 왕과 왕비의 묘지를, 뒷면에는 지신에게서 무덤으로 사용할 토지를 매입한다는 관념적인 매매기록인 매지권(買地券)을 새겼고 위에 오수전 한 꾸러미가 놓여 있었다. 왕의 묘지는 〈寧東大將軍百濟斯麻王(영동대장군백제사마왕)…〉로 시작되어 무덤 주인공이 백제 무령왕임을 알게 되었으며, 삼국시대 왕릉에서 묘지가 나온 것은 현재까지 무령왕릉이 유일하다.

진묘수(鎭墓獸) 무령왕릉 연도에 놓여 있던 것으로, 무덤에 들어오는 침입자와 사악한 기운을 막아낸다는 상상의 동물로 중국의 묘장관념을 따른 것이다. 돌로 만들었으며 전체적으로 돼지와 같은 모습인데 머리에 사슴뿔 모양의 쇠뿔을 박았다.

그림 219 무령왕릉 출토 주요 유물: 묘지석(상), 진묘수(좌중), 두침과 족좌(우중), 청동거울(하)

두침(頭枕)과 족좌(足座) 무령왕릉의 일본산 금송(金松)으로 만들어진 왕과 왕비 목관 안에 놓여 있던 머리받침과 발받침이다. 모두 나무로 만든 것으로 왕의 머리받침과 발받침에는 띠 모양 금판을 이어 구갑문으로 구획하고 금판 교차점과 구갑문 가운데마다 6판의 금꽃을 배치하였다. 왕비의 머리받침은 금박으로 구갑문을 구획하고 구갑문 내부마다 비천(飛天), 어룡(魚龍), 연꽃, 인동 등의 그림을 그렸으며, 양쪽 위에는 나무로 깎아 금박으로 장식한 봉황 1쌍을 마주보게 얹었다. 왕비의 발받침에는 구갑형 구획 없이 화려한 그림을 그렸으나 지워졌고 양쪽 위에는 쇠줄기에 금잎이 달린 나무 모양 장식 하나씩을 세웠다.

청동거울 무령왕릉에서 3점의 청동거울이 출토되었다. 왕쪽에서 의자손수대경(宜子孫獸帶鏡)과 방격규구신수경(方格規矩神獸鏡)이 출토되었고, 왕비 쪽에서 수대경(獸帶鏡)이 출토되었다. 거울이 많이 부장되는 일본 고분과 달리 우리나라 삼국시대 왕릉에서 거울이 3점 출토된 것은 이례적이며, 왕의 머리 쪽에서 나온 의자손수대경과 똑같은 거울이 일본에서 3점이나 발견되어 그 관계가 주목된다. 백제지역에서는 이 외에 부안 죽막동과 공주 공산성 제사유적에서 방제경(倣製鏡)이 나왔다.

참고문헌

권오영, 1988, 「4세기 백제의 지방통치방식 일례-동진청자의 유입경위를 중심으로」, 『한국사론』 18, 서울대학교 국사학과.

_____, 2005, 『무령왕릉-고대 동아시아 문명 교류사의 빛』, 돌베개.

김길식, 1994, 「삼국시대 철모의 변천-백제계 철모의 인식」, 『백제연구』 24, 충남대학교 백제연구소.

김무중, 2004, 「백제 한성기 지역토기편년-경기 서남부 지역을 중심으로-」, 『고고학』 제3권 제1호, 서울경기고고학회.

김승옥, 2003, 「전북지역 1~7세기 취락의 분포와 성격」, 『한국상고사학보』, 44.

김성남, 2001, 「중부지방 3~4세기 고분군 세부편년」, 『백제연구』 33, 충남대학교 백제연구소.

류기정, 2003, 「진천 삼룡리·산수리요 토기의 유통에 관한 연구(하)」, 『숭실사학』 16, 숭실대학교 사학회.

류창환, 2004, 「백제마구에 대한 기초적 연구」, 『백제연구』 40, 충남대학교 백제연구소.

박순발, 2000, 「사비도성의 구조에 대하여」, 『백제연구』 31, 충남대학교 백제연구소.

_____, 2001, 『한성백제의 탄생』, 서경.

山本孝文, 2006, 『삼국시대 율령의 고고학적 연구』, 서경문화사.

성정용, 1998, 「금강류역 4~5세기 분묘 및 토기의 양상과 변천」, 『백제연구』 28, 충남대학교 백제연구소.

_____, 2001, 「4~5세기 백제의 지방지배」, 『한국고대사연구』 24, 한국고대사학회.

신희권, 2007, 「도성의 출현과 백제의 형성」, 『국가형성의 고고학』, 사회평론.

윤무병, 1992, 『백제고고학연구』, 충남대학교 백제연구소.

이남규, 2002, 「한성백제기 철기문화의 특성-서울·경기지역의 농공구를 중심으로」, 『백제연구』 36, 충남대학교 백제연구소.

이남석, 2002, 『백제 묘제의 연구』, 서경문화사.

이동희, 2007, 「백제의 전남 동부지역 진출의 고고학적 연구」, 『한국고고학보』 64, 한국고고학회.

이한상, 2000, 「백제이식에 대한 기초적 연구」, 『호서고고학』 3, 호서고고학회.

_____, 2009, 『장신구 사여체제로 본 백제의 지방지배』, 서경문화사.

임영진, 1993, 「백제초기 한성시대 고분에 관한 연구」, 『한국고고학보』 30, 한국고고학회.

최맹식, 2006, 『삼국시대 평기와 연구』, 주류성출판사.

최병현, 1997, 「서울 강남지역 석실분의 성격-신라 석실분연구(1)」, 『숭실사학』 10, 숭실대학교 사학회.

최완규, 1997, 「전북지방 백제횡혈식석실분」, 『호남고고학보』 6, 호남고고학회.

한신대학교 학술원, 2008, 『백제 생산기술의 발달과 유통체계 확대의 정치사회적 함의』, 학연문화사.

영산강 유역

I 개관

영산강 유역은 원삼국시대의 마한지역 가운데 가장 늦게 백제에 편입된 곳으로 한강 유역에서 백제가 국가 단계로 진입할 즈음인 서기 3세기 후반부터 이 지역에 대한 백제의 직접지배가 관철되는 6세기 중엽 직전까지 백제의 중앙과는 사뭇 구별되는 문화상을 보여준다. 그와 같은 양상은 특히 고분문화에서 현저하다. 원삼국시대에 서해안을 따라 유행하던 방형주구묘(方形周溝墓), 즉 원래는 작고 낮은 분구에 목관을 안치하였던 분구묘(墳丘墓)가 삼국시대에 들어와 이 지역에서는 여러 가지 형태의 고분, 특히 거대한 고총(高塚)으로까지 발전하고 매장주체부도 점차 옹관으로 바뀌어 U자형 전용 옹관을 매장한 대형 옹관고분은 일찍부터 이 지역의 삼국시대 문물을 대표하는 존재로 각인되었다.

　　과거에는 문헌기록의 해석에 따라 영산강 유역이 4세기 후반에는 백제의 영역으로 편입된 것으로 보았다. 그러나 이와 같이 영산강 유역은 한반도에서 분구묘 계통의 고분이 본격적으로 전개되고, 또 그 전통이 가장 늦게까지 남아 있었던 곳으로 밝혀져, 이는 이 지역에서 백제의 중앙과는 구별되는 강력한 재지 토착세력이 성장하고 있었던 증거로 해석되고 있다. 다만 그들이 백제와 맺고 있던 관계가 어떤 것이었는지가 논의의 초점이 되고 있는데, 백제의 간접지배나 영향력하에 있었다고 보는 견해가 있는가 하면 영산강 유역에는 6세기 전엽까지 백제와는 구별되는 독자적인 정치체가 존재하였다는 주장도 있다. 또, 근래에는 일본 고분시대의 특징적인 전방후원분(前方後圓墳)과 형태가 같은 전방후원형 고분, 내부 구조가 일본 규슈지방의

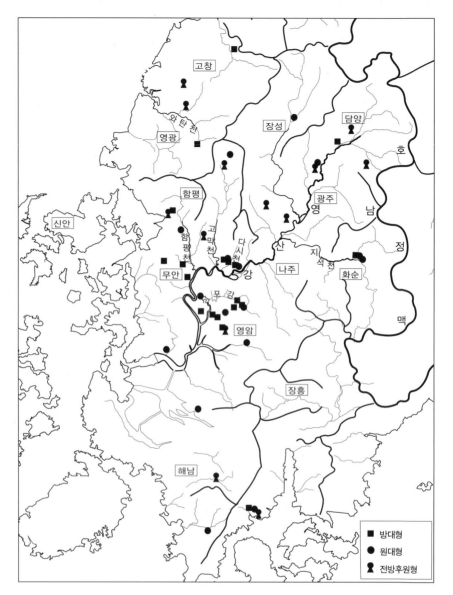

그림 220 영산강 유역 고총 분포도

고분들과 닮은 횡혈식석실분들이 이 지역에도 분포하고 있는 것이 밝혀져 그러한 왜계 문물의 출현을 둘러싼 당시의 국제관계가 학계의 논쟁 대상으로 되고 있다. 특히 전방후원형 고분의 피장자에 대해서는 영산강 유역 재지세력, 왜인이나 왜계 백제관료설 등 의견이 분분하다.

삼국시대 영산강 유역 문화권은 영산강 본류와 지류를 포함한 호남정맥 서쪽의 전남 서부지역이 중심이지만 북쪽으로는 전라북도 고창지역까지, 남쪽으로는 해남반도까지를 포함한다. 그 가운데 옹관고분의 중심지는 영산강 하류역인 영암 시종과 나주 반남 일대로 이 지역에는 방대형(方臺形)옹관고분이 많으나 전형적인 전방후원형 고분은 보이지 않는다. 복암리 고분군이 있는 나주 다시와 화순 등 영산강 중류지역도 비슷한 양상이다. 전방후원형 고분은 옹관고분의 중심지를 외곽에서 둘러싸듯 고창, 담양, 광주, 함평, 해남 등지에 분포하여 지역적 차이를 보이고 있다.

이 지역에서 백제의 중앙과 같은 고분문화가 전개되는 것은 6세기 중엽 이후로 소형의 반구형 봉토 안에 능산리형 석실이 축조되면서 분구묘의 전통도 소멸되어 간다. 이는 이 지역에도 백제의 직접지배가 관철되어 간 증거로 해석되고 있다.

II 유적

1 생활유적

영산강 유역에서 마을유적은 대개 강변 가까이에 위치한 나지막한 구릉에서 그 아래 충적지로 이어지며 입지하고 있는데, 수혈주거지 수백 기가 밀집 분포하는 대형 마을유적들이 조사되고 있다. 함평 중랑 유적에서 200여 기, 광주 산정동 유적에서 340여 기의 3~5세기대 주거지가 조사되었으며, 담양 태목리 유적에서는 1000여 기의 주거지가 발굴되었는데 일부 청동기시대 것도 포함되어 있으나 대부분은 3~5세기의 것이라 한다.

마을유적 가운데에는 광주 하남동이나 담양 태목리처럼 마을 가까이에 분묘군이 조성되어 있어 함께 조사되는 예도 있고, 무안 양장리 유적에서는 주거지군 사이에 위치한 저습지에서 농경과 관련된 수리시설이 조사되고 농기구를 비롯한 다수의 목제유물이 출토되기도 하였다. 또 광주 산정동 유적처럼 마을유적에서 토기가마가 함께 조사되기도 한다.

수혈주거지는 평면 방형으로 네 모서리 가까이에 기둥구멍이 있는 4주식 주거지가 일반적이다. 주거지 내부에는 한쪽 벽에 붙여 부뚜막이 설치되고, 아궁이 입구

그림 221
마을유적: 광주 하남동(상), 담양
태목리(하)

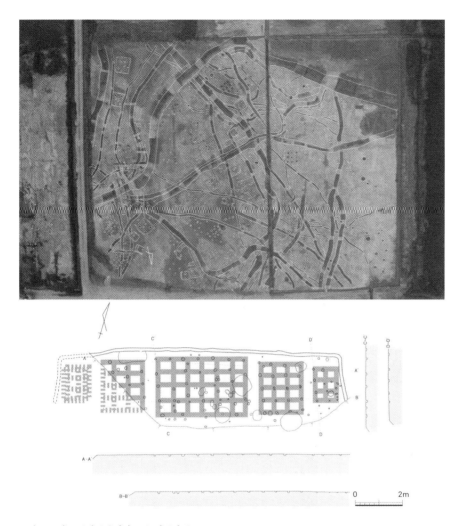

그림 222 광주 동림동 유적과 65호 건물지군

에 붙였던 토제 아궁이테가 출토되는 예도 있다. 주거지 벽을 따라 안쪽에 벽구(壁溝)
가 있기도 하지만, 담양 성산리 유적, 해남 신금 유적 등에서는 배수나 방수를 위하
여 주거지 밖으로 도랑을 두른 예들도 조사되었다.

　　한편 나주 복암리 낭동 유적과 무안 양장리 유적에서는 한 변 길이 10m 정도의
대형 방형 주거지가 발견되어 지역 수장이나 유력자와 관련된 시설이었을 것으로
추정되고 있다. 광주 동림동 유적은 영산강의 지류인 광주천변에 위치한 대규모 생
활유적으로 수혈주거지 100여 기와 함께 이례적으로 지상식 건물지가 64기나 조사

되었는데, 수혈주거에서 생활이 불가능한 홍수철에는 생활공간을 지상 건물로 이동하였을 것으로 해석된다. 또한 이 유적의 중심부에는 대형 건물지를 가운데에 두고 그 좌우로 중·소형 건물지 두 채씩을 대칭으로 배치하고 주위로 도랑을 두른 지상 건물지군이 위치하였는데, 지역 수장과 관련된 시설이거나 제의 등 특수목적의 공간이었을 것으로 추정된다. 광주 산정동 유적에서는 외곽으로 도랑을 두른 방형 지상 건물지가 조사되었는데 도랑 내부에서는 제의 관련 유물들이 출토되었다.

2 생산유적

나주 오량동 토기가마군은 영산강 유역의 특징적인 대형 옹관을 전문 제작하였던 대

그림 223 광주 효천 2지구 가마군(상)과 13호 가마(좌하), 나주 오량동 19호 가마(우하)

규모 생산단지로 가마는 지반을 파내려가 연소실과 소성실을 단 없이 설치하여 세장한 평면을 이루는 지하식 등요들이며, 연소실 앞쪽에 평면 원형의 요전부(窯前部)가 설치된 것이 특징이다. 옹관과 함께 개배 등도 제작되었다. 나주 당가 유적에서는 토기가마와 공방지가 함께 조사되었는데, 토기가마들은 지하식으로 소성실 바닥이 계단식이고 가마 밖에서 깊고 긴 도랑을 지나 연소실에 이르게 되어 있는 것이 특징이다. 호, 고배, 개배, 삼족기 등을 제작하였던 곳으로 백제 토기의 영향이 강해진 시기의 것이다.

3 고분

영산강 유역에서는 원삼국시대의 분구묘로부터 발전된 여러 형식의 고분들이 만들어졌다. 이 고분들은 분구 주위에 도랑, 즉 주구(周溝)를 돌리고 분구를 먼저 조성한 다음 매장주체부를 설치하는 전통적 축조 방식이 지속되는 가운데 외형과 내부구조가 다양하게 변화하였는데, 크게 보아 높지 않은 평면 사다리꼴 분구가 축조된 제형분기(梯形墳期)와 여러 가지 형식의 높고 큰 분구가 축조된 고총기(高塚期)로 나누어 볼 수 있다.

　　원삼국시대에는 분구 중앙에 목관을 안치하던 방형 분구묘가 3세기 후반부터

그림 224 함평 만가촌 고분군

그림 225 나주 신촌리 9호분 분구와 옹관

영산강 유역에서는 제형(梯形) 분구묘로 변화되면서 매장주체부도 중앙의 목관 외에 분구 가장자리나 주구에 옹관이 부가되기 시작한다. 함평 만가촌 고분에서는 제형 분구를 연속적으로 수평 확장해나간 것이 확인되기도 하였다. 이후 분구는 더욱 크고 긴 사다리꼴이 되며 분구 내에 여러 개의 목관과 옹관이 설치되어 다장(多葬)화하

그림 226 광주 월계동 2호분 주구 유물 출토 상황

고, 점차 목관보다는 옹관 중심으로 바뀌면서 옹관고분이 성립되어 갔다. 이 단계 옹관고분은 영암 시종면 지역이 중심인데 이전 시기에 비하면 분구의 높이도 약간 높게 축조되었다.

고총기인 5세기 후반부터 6세기 전반기까지 영산강 유역의 고분들은 더욱 복잡하게 전개되었다. 옹관고분은 그 중심지가 나주 반남면 일대로 바뀌고 분구가 고총화하여, 자미산 주위의 신촌리·덕산리·대안리·흥덕리 등에 직경 45m, 높이 9.2m에 이르는 대형분까지 축조되었다. 이는 사실상 고총이 존재하지 않는 백제 중앙과는 다른 양상이다. 분구 형태는 방대형, 원대형(圓臺形) 등 다양하나 분구 상부에 여러 개의 옹관을 매장하는 한 무덤 내 다장의 전통이 유지되었다. 고분의 주위로 두른 주구에서는 많은 유물이 출토되는데, 나주 복암리 2호분의 주구에서는 많은 토기와 함께 소·말·개 뼈가 확인되기도 하였다. 고분 축조 과정이나 이후의 제의와 관련된 유물로 판단된다. 매장주체부로 쓰인 옹관은 몸체와 구경부(口頸部)가 뚜렷이 구분되는 초기 형식에서 점차 구경부의 구분이 없어지고 몸체가 길어진 U자형으로 변화되었으며, 옹관고분에서는 지역화된 영산강 유역 양식 토기가 주로 출토된다.

부장품으로 금동관과 금동신이 출토된 나주 신촌리 9호분의 경우 일단 완성된 고분을 다시 수직적으로 확장하여 옹관들이 상하로 매납되었고, 일본 고분의 하니

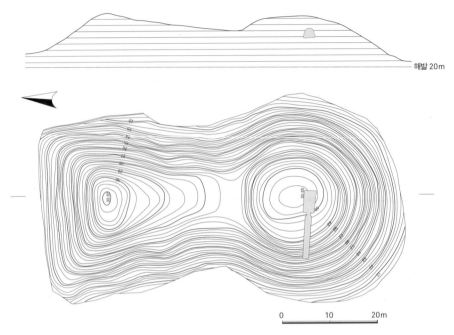

그림 227 해남 방산리 장고산 고분

그림 228 광주 월계동 1·2호분(좌)과 1호분 석실(우)

와[埴輪]처럼 분구 주위로는 원통형 토기를 세워 묻었던 것이 확인되었다.

한편 이 시기에는 분구 외형이 전방후원형을 이루는 대형 고분들이 옹관고분 중심지 외곽지역에 축조되었는데, 해남 방산리 장고산 고분은 그 길이가 70여 m에

그림 229 나주 복암리 3호분(상)과 96석실(하)

이른다. 현재까지 10여 기의 전방후원형 고분이 발견되었으며, 발굴조사를 통하여
후원부에 대개 횡혈식석실이 축조되고 분구 주위로는 원통형 토기를 배치하였던 것
이 확인되었다. 그런데 이 전방후원형 고분의 석실은 평면 장방형이 많고, 깬돌로 쌓

은 석실벽 하단에 대형 판석을 놓기도 하고 연도와 석실 사이에 문틀시설이 갖추어지는 등의 특징을 갖고 있다. 이와 같은 석실은 전방후원형 고분뿐만 아니라 해남 월송리 조산 고분과 같이 원분(圓墳)에서 조사되는 예들도 있어, 이들을 월송리형 석실 또는 영산강식 석실이라 부르기도 한다. 영산강 유역의 이 초기 석실들은 그 구조가 백제 중앙의 고분들과는 다른 점이 많아, 일본 규슈지방에서 그 계보를 찾기도 한다.

나주 복암리 3호분은 원래 축조되어 있었던 2~3기의 제형 분구묘 위로 방대형의 고총분구를 쌓아 올리고 그 중심부에 초기형 석실을 설치한 것이다. 방대형 분구에는 그 외에도 수많은 옹관과 각종 형식의 석실이 추가 설치되어 영산강 유역 고분의 변천 과정을 그대로 보여주었다. 중심부의 석실 안에도 옹관이 매납되었을 뿐만 아니라 방대형 분구 자체에도 옹관이 추가 매장되어 영산강 유역에서 옹관고분은 초기 석실분과 공존하였던 것이 이 고분에서 밝혀졌다.

또 이 고분에는 6세기 중엽부터 능산리형 석실이 설치되기 시작하여 영산강 유역에서 백제 중앙의 묘제가 사용되기 시작하는 과정을 보여주었다. 능산리형 석실은 이와 같이 분구묘 전통의 고분에 설치되기도 하나 장성 학성리 유적, 함평 석계리 유적에서와 같이 소형의 반구형 봉토 안에 설치되어 이 지역에서 점차 분구묘의 전통이 소멸되어 간 것을 알 수 있다. 능산리형 석실에서는 사비기의 백제 토기들과 함께 은화관식 등 백제 중앙의 위세품도 출토되어, 영산강 유역이 백제의 직접지배하에 들어간 것을 말해준다.

한편 영산강 유역 동쪽인 고흥반도의 안동 고분은 수혈식석곽이 설치된 원형의 분구묘 전통의 고총으로 백제 한성기의 금동관모가 출토되어 주목된다. 삼국시대 전남 동부지역에서는 영산강 유역과는 달리 사비기에 들어와 백제 고분이 축조되기 이전에는 순천 운평리 고분과 같이 가야 고분들이 축조되고 있었다.

III 유물

1 장신구

옹관고분 중에서는 나주 신촌리 9호분 을관에서 금동관, 금동관모, 귀걸이, 동(銅)팔

그림 230 나주 신촌리 9호분(상)과 복암리 3호분(하)의 금속유물

찌 등의 장신구와 함께 여러 자루의 장식대도가 출토되어 주목을 받고 있다. 금동관
은 테 위에 3개의 초화형(草花形) 장식을 세운 대관(帶冠)으로 백제 중앙에서 이와 같
은 관이 출토된 예는 없어 양식적으로는 고령 출토 가야금관과 비교된다. 금동관모
는 반원형의 고깔 모양이며 인동무늬를 새겼다. 금동신은 사격자(斜格子) 구획 안에
꽃무늬를 베푼 것으로 익산 입점리 고분 출토품과 유사하다.

그 외 전방후원형 고분인 함평 신덕 1호분에서도 금동관편이 수습되었고, 복암
리 3호분 석실에서는 6각형 구획 안에 꽃무늬를 베풀고 물고기 모양의 영락을 단 금

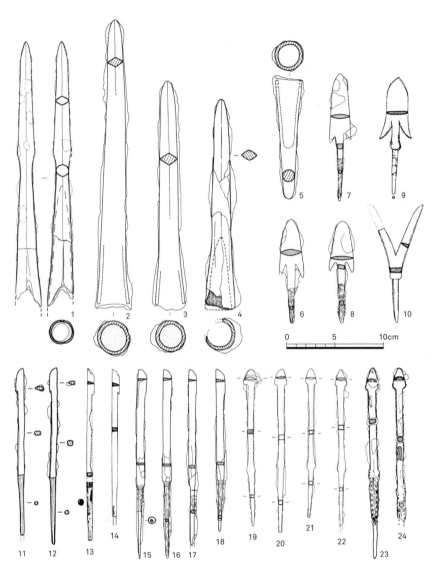

그림 231 철모와 철촉 각종

동신이 출토되었다. 동팔찌는 대안리 9호분 등에서도 출토되었다.

2 갑주와 무기

갑옷으로는 장성 만무리 고분에서 삼각판혁철판갑(三角板革綴板甲), 해남 내동리 외도

1호분에서 횡장판정결판갑(橫長板釘結板甲)이 출토되었고, 광주 쌍암동 고분과 전방후원형 고분인 함평 신덕 1호분, 해남 방산리 고분에서 찰갑(札甲)편이 출토되었다.

무기로는 철모와 화살촉, 칼 등이 출토된다. 철모는 자루꽂이 부분의 단면이 원형인 것과 8각형인 것이 있으며, 나주 신촌리 9호분에서는 삼지창도 출토되었다. 철촉은 무덤에서 여러 개가 묶인 상태로 발견되기도 하는데, 미늘이 있는 넓은 촉이 많이 나오는 편이며 유엽형(柳葉形)과 도자형(刀子形) 몸체에 슴베가 긴 장경촉(長莖鏃)도 다수 출토된다. 나주 복암리 3호분 석실에서는 도자형 장경촉만 수십 점이 출토되기도 하였다.

칼은 40여 점이 출토되었으며, 칼집과 손잡이를 금이나 은으로 장식한 장식대도도 여러 점 출토되었다. 나주 신촌리 9호분에서는 삼엽문(三葉文)환두대도와 함께 단봉문(單鳳文)환두대도가 2점씩 출토되었고, 나주 복암리 3호분에서는 규두(圭頭)대도와 3개의 C자형 고리에 귀면문이 있는 귀면문삼환대도(鬼面文三環大刀)가 출토되었다. 한편 전방후원형 고분인 함평 신덕 1호분에서는 손잡이 끝에 철봉을 꼬아서 만든 반원형 고리를 단 이른바 꼰환두대도가 출토되었는데, 이와 같은 환두대도는 일본에서 주로 출토된다.

옹관고분에서는 이 외에 농공구로 주조철부와 단조철부, U자형 삽날과 낫, 망치 등도 출토되며 나주 신촌리 9호분에서는 쇠톱이 출토되었다.

3 마구

마구는 주로 석실분에서 출토된다. 해남 월송리 조산 고분에서 f자형 경판비(鏡板轡)와 검릉형 행엽, 철제윤등자가, 함평 신덕 1호분에는 표비와 목심철판등자, 은으로 장식된 띠고정금구가 출토되었다. 나주 복암리 3호분에서는 호등과 심엽형 행엽이 출토되었다. 호등은 담양 대치리 유적에서도 출토 예가 있다.

4 토기

영산강 유역에서도 목관 중심의 제형분기까지는 이중구연호, 양이부호와 같은 원삼국시대 이래의 범마한양식 토기가 쓰였으나 옹관고분이 성립되는 4세기 후반기부터

그림 232 광주 쌍암동 고분(좌)과 월계동 1호분(우) 출토 토기

광구소호(廣口小壺), 장경(長頸)소호 등이 출현하여 변화를 보이기 시작한다. 이후 영산강 유역 양식이라 불리는 지역양식 토기가 성립하여 고총의 옹관고분과 전방후원형 고분이 축조되는 시기에 널리 사용되었다. 영산강 유역 양식 토기를 대표하는 기종으로는 유공(有孔)광구소호, 유공횡병(橫瓶) 등이 꼽히며, 이 외에 개배, 고배, 자라병, 기대 등이 있다. 이와 같은 토기들의 성립에는 한성기 백제 토기, 소가야를 중심으로 한 가야 토기, 그리고 일본 고분시대의 스에키[須惠器] 등이 영향을 미친 것으로 판단되고 있다.

한편 일본 고분의 하니와처럼 고분의 분구 주위에 묻어 세웠던 원통형 토기들이 옹관고분인 나주 신촌리 9호분과 광주 월계동 전방후원형 고분 등 여러 유적에서 출토되었는데, 이들을 분구수립토기 또는 분주토기(墳周土器)라 부르기도 한다. 바닥까지 만들어져 토기호에 가까운 호형과 아래 위가 뚫린 통형으로 구분되며, 호형이 먼저 사용되다가 통형이 출현하여 널리 퍼진 것으로 보인다. 원통형 토기들은 현지에서 제작되면서 변화되었지만 원래는 일본고분의 하니와를 모델로 한 것이며, 광주 월계동 전방후원형 고분의 분구에서는 일본의 고분에 세웠던 것과 같은 모양의 목제품이 출토되었다.

이와 같이 영산강 유역에는 특색 있는 지방 토기 문화가 성립되어 있었으나 6세기 중엽 백제 중앙의 능산리형 석실분이 축조되기 시작하면서 소멸되고 사비기

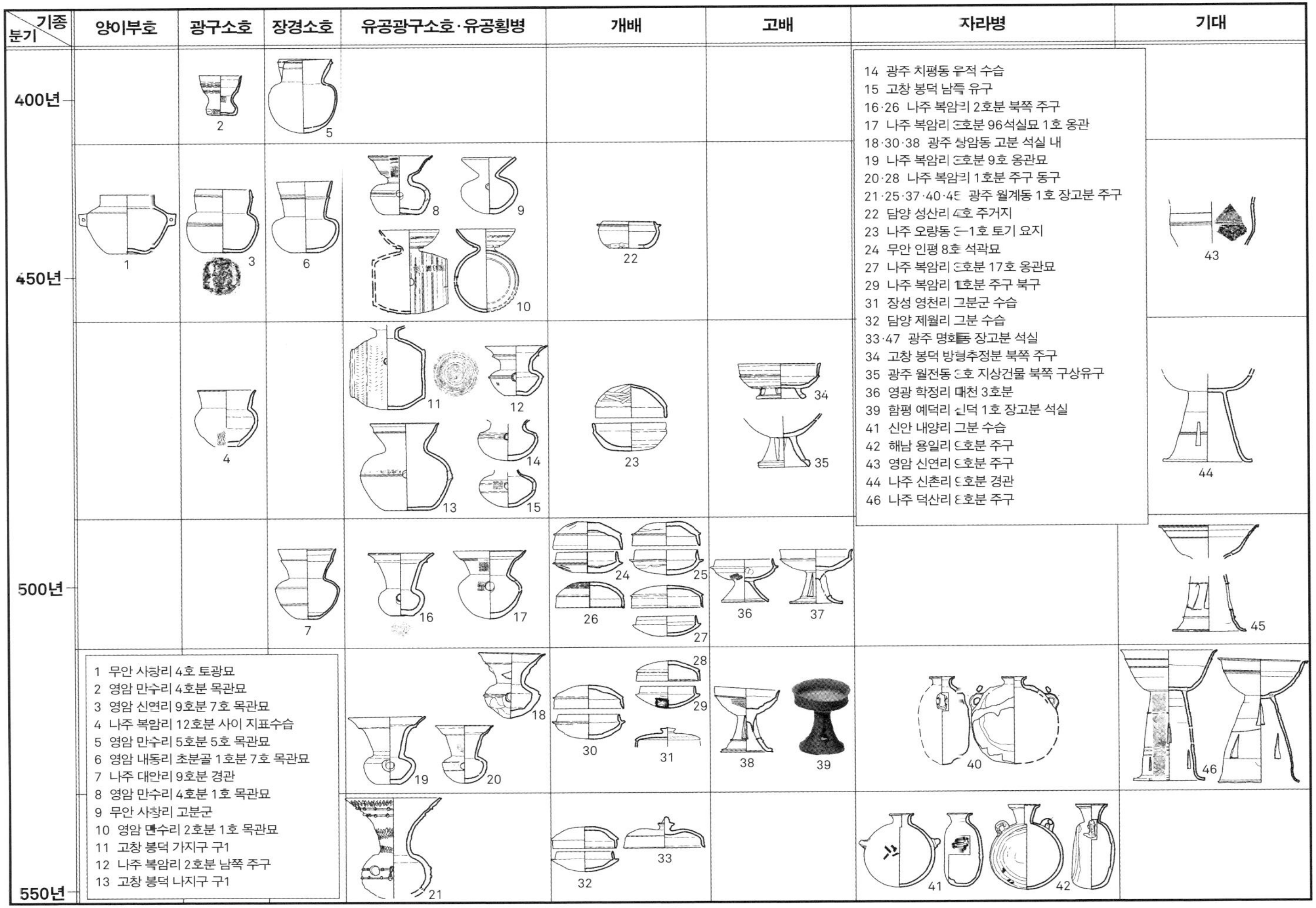

기종\토기	영이부호	광구소호	장경소호	유공광구소호	유공광병	개배	고배	자라병	기대
400년									
450년									
500년									
550년									

14 광주 치평동 유적 수습
15 고창 봉덕 남북 유구
16·26 나주 복암리 2호분 북쪽 주구
17 나주 복암리 3호분 96석실묘 1호 옹관
18·30·38 광주 쌍암동 고분 석실묘 1호 옹관묘
19 나주 복암리 1호분 9b호 옹관묘
20·28 나주 복암리 1호분 주구 동구
21·25·37·40·4도 광주 월계동 1호 장고분 주구
22 담양 성산리 4호 주거지
23 나주 오량동 c-1호 석관묘
24 무안 인평 8호 석곽묘
27 나주 복암리 3호분 17호 옹관묘
29 장성 영천리 고분군 수습
31 담양 제월리 고분군 수습
33·47 광주 명화동 장고분 석실
34 고창 봉덕리 방형추정분 북쪽 주구
35 광주 월전동 c호 지상건물 북쪽 구상유구
36 영광 학정리 대천 3호분
39 함평 예덕리 신덕 1호 장고분 석실
41 신안 내양리 고분 수습
42 해남 용일리 c호분 주구
43 영암 신연리 c호분 주구
44 나주 신촌리 c호분 경관
45 나주 복암리 c호분 주구
46 고창 봉덕리 8호분 주구

1 무안 사창리 4호 토광묘
2 영암 만수리 4호분 목관묘
3 영암 신연리 9호분 7호 목관묘
4 나주 복암리 12호분 사이 지표수습
5 영암 만수리 5호분 5호 목곽묘
6 영암 내동리 초분골 1호분 7호 목관묘
7 나주 대안리 9호분 경관
8 영암 만수리 4호분 1호 목관묘
9 무안 사창리 고분군
10 영암 대수리 2호분 1호 목관묘
11 고창 봉덕 가지구 구
12 나주 복암리 2호분 남쪽 주구
13 고창 봉덕 나지구 구

그림 233 영산강 유역 고분 토기 편년(서현주 2006)

백제 토기로 통일되어 갔다.

5 기타

다른 지역보다 청동거울의 출토가 많은 편으로 해남 월송리 조산 고분, 광주 쌍암동 고분, 담양 제월리 고분에서 소형의 방제경인 주문경(珠文鏡) 3개, 변형육수경(變形六 獸鏡) 1개가 나왔으며 왜계 유물로 보인다.

참고문헌

강봉룡, 1999, 「영산강유역 '옹관고분'의 대두와 그 역사적 의미」, 『한국사론』 41·42, 서울대학교 국사학과.

국립나주문화재연구소, 2007, 『영산강유역 고대문화의 성립과 발전』, 학연문화사.

권오영, 2005, 「고고자료로 본 백제와 왜의 관계」, 『한일관계사연구논집』 2, 경인문화사.

김낙중, 2000, 「5~6세기 영산강유역 정치체의 성격」, 『백제연구』 32, 충남대학교 백제연구소.

_____, 2009, 『영산강유역 고분연구』, 학연문화사.

박순발, 2000, 「백제의 남천과 영산강유역 정치체의 재편」, 『한국의 전방후원분』, 충남대학교 출판부.

박중환, 1997, 「광주·전남지역 장고형고분의 분구에 대하여」, 『호남고고학보』 21, 호남고고학회.

박천수, 2006, 「영산강유역 전방후원분을 통해 본 5~6세기 한반도와 일본열도」, 『백제연구』 43, 충남대학교 백제연구소.

서현주, 2003, 「삼국시대 아궁이틀에 대한 고찰」, 『한국고고학보』 50, 한국고고학회.

_____, 2006, 『영산강 유역 고분 토기 연구』, 학연문화사.

성낙준, 1983, 「영산강유역의 옹관묘 연구」, 『백제문화』 15, 공주사범대학 백제문화연구소.

_____, 1996, 「영산강유역 옹관고분의 문화적 성격」, 『백제연구』 26, 충남대학교 백제연구소.

신경철, 2000, 「고대의 낙동강, 영산강, 그리고 왜」, 『한국의 전방후원분』, 충남대학교 출판부.

우재병, 2002, 「영산강유역 전방후원분 출토 원통형토기에 관한 시론」, 『백제연구』 31, 충남대학교 백제연구소.

이영철, 2004, 「옹관고분사회 지역정치체의 구조와 변화」, 『호남고고학보』 20, 호남고고학회.

이정호, 1999, 「영산강유역의 고분 변천과정과 그 배경」, 『영산강유역의 고대사회』, 학연문화사.

임영진, 2002, 「영산강유역의 분구묘와 그 전개」, 『호남고고학보』 16, 호남고고학회.

_____, 2003, 「한국 분주토기의 기원과 변천」, 『호남고고학보』 17, 호남고고학회.

전라남도 편, 2000, 『영산강유역 고대사회의 새로운 조명』, 호남고고학회.

주보돈, 2000, 「백제의 영산강유역 지배방식과 전방후원분 피장자의 성격」, 『한국의 전방후원분』, 충남대학교 출판부.

酒井清治, 2004, 「5·6세기 토기에서 본 나주세력」, 『백제연구』 39, 충남대학교 백제연구소.

최성락, 2002, 「삼국의 성립과 발전기의 영산강유역」, 『한국상고사학보』 37, 한국상고사학회.

최완규, 2000, 「호남지역의 분묘유형과 전개」, 『호남고고학보』 11, 호남고고학회.

홍보식, 2005, 「영산강유역 고분의 성격과 추이」, 『호남고고학보』 21, 호남고고학회.

신 라

I 개관

진한 12국 가운데 경주의 사로국을 모체로 하여 성장한 신라는 『삼국사기』에 의하면 기원전 67년에 건국되어 서기 1세기부터 주변의 소국들을 차례로 정복하여 3세기 중반에는 낙동강 이동의 영남지방 통합을 일단락 지은 것으로 나타난다. 그러나 경주와 동질적인 고고학 자료의 분포 범위가 주변 지역으로 넓혀지기 시작하는 것은 3세기 후반부터로, 원삼국시대 후기 영남지방에 등장한 목곽묘가 경주에서는 신라식 목곽묘라 불리는 세장방형의 동혈주부곽식(同穴主副槨式) 목곽묘로 발전하여 울산, 포항 등 주변 지역으로 퍼져 나갔다.

신라의 최고 지배자들이 마립간으로 불리기 시작한 4세기 후반 경주에는 신라 특유의 적석목곽분(積石木槨墳)이 출현하여 고총으로 축조되고, 금관과 금제 대금구를 비롯한 각종 금공품과 낙동강 이서의 가야 토기와는 구별되는 신라 토기가 부장되기 시작하였다. 이와 같은 경주의 고총문화는 5세기로 넘어가며 가야산 이남의 낙동강 이서를 제외한 전 영남지방과 동해안의 강릉지방까지 급속히 확산되어 갔다. 고고학 자료에서 보여주는 그러한 변화는 진한 사로국으로부터 신라 국가로의 전환과 마립간 시기 신라의 지방지배 양상을 보여주는 증거로 해석되고 있다.

신라는 6세기 전반 율령을 반포하는 등 중앙집권 체제를 정비하고 지방에 대한 직접지배를 확대해 나갔으며, 불교를 공인하여 경주에는 사찰이 세워지고 묘제도 석실봉토분으로 바뀌어 고총문화는 쇠퇴하고 신라 후기의 고분문화가 성립되어 갔다. 축적된 국력을 바탕으로 낙동강 이서의 가야지역으로 진출하기 시작한 신라는

6세기 중반에는 죽령을 넘어 한강 하류역과 동해안의 원산만까지 진출하여 한반도 중부지방을 장악하고 562년 대가야 병합을 끝으로 가야세력의 통합을 완수하였다. 신라가 새로 진출한 지역에는 수많은 신라의 성곽이 축조되고 단각고배(短脚高杯)와 부가구연장경호(附加口緣長頸壺)로 상징되는 신라의 후기 고분문화가 이식되었다.

　　한강 유역을 차지하여 풍부한 물산을 장악하고 중국과 직접 통할 수 있는 교통로를 확보한 신라는 이후 치열한 삼국항쟁기를 거쳐 7세기 후반 백제와 고구려를 차례로 멸망시키고 삼국을 통일함으로써 한민족과 민족문화 형성의 길을 열게 되었다.

II 유적

1 도성

문헌기록에 의하면 신라 최초의 왕성은 시조 혁거세 때 쌓은 금성(金城)이라고 하나 이에 대해서는 잘 알려진 바가 없다. 경주의 월성은 삼국시대에 축조되어 통일신라 말까지 사용된 신라의 왕성유적으로, 『삼국사기』에는 신라 파사니사금 때인 서기 101년 축조하였다고 전한다. 그러나 월성 주위로 두른 해자(垓子)와 일부 성벽의 기저부 조사 결과 월성의 성벽 밑에서 3세기 후반부터 출현하는 신라·가야 조기양식 토기가 나와 월성의 축조 시기는 서기 3세기 이전으로 올라가기는 어려울 것으로 판단되고 있다.

　　월성 일대는 원래 낮은 구릉으로 토성이 축조되기 이전 일찍부터 사람들이 살고 있었으나, 이곳에 성벽이 축조된 것은 적석목곽분에 부장되는 신라 토기가 출현하기 직전에 해당되는 서기 4세기쯤이었을 것으로 추정된다. 월성에는 경주 남천(南川)이 자연 해자 역할을 하는 남쪽을 제외하고 동·서·북쪽으로 5세기 후반경부터 연못식의 해자를 설치했던 것이 밝혀졌다. 월성 내부 지하에 대한 물리 탐사 결과 궁궐을 비롯한 많은 건물들이 배치되어 있었던 것이 확인되었지만, 아직 발굴조사가 이루어지지 않아 이들이 어느 시기의 것인지, 삼국시대에는 어떤 건물이 배치되어 있었는지는 알 수 없다.

　　신라가 중앙집권화를 이룩한 서기 6세기 이후 신라의 궁궐체제가 변화하여 월

그림 234 경주 월성과 시가지

성에 있는 대궁(大宮) 외에 양궁(梁宮)과 사량궁(沙梁宮)이 존재하였다고 하나 고고학적으로 밝혀진 바는 없다.

경주 일원에서는 지표 상에서 신라시대 도시구획의 흔적이 관찰되고 있어 일찍부터 신라 왕경의 도시계획에 대한 연구가 진행되어 왔으며, 최근에는 왕경 관련 유적의 발굴조사도 상당히 진척되고 있다. 문헌에는 자비마립간 12년(469)에 경도(京都)의 방리명(坊里名)을 정했다고 기록하고 있는데, 현재까지의 조사 결과로 보면 늦어도 6세기 중·후반부터는 월성 북편의 황룡사지 주변 일대부터 이방제(里坊制)가 시행되기 시작하여 점차 주변 지역으로 확대되어 나간 것으로 판단된다. 황룡사와 동쪽으로 인접한 왕경 유적 조사 결과를 보면 한 방은 동서 172.5m, 남북 167.5m의 크기로, 방의 사방으로는 자갈을 층층이 다져 설치한 직선 도로가 지나가고 그 안에 담으로 둘러싸인 주거구역이 있는데, 도로는 6세기 중·후반에 처음 설치된 후 여러 차례 수리되었으나 방의 규모와 기본구조는 삼국시대 초축 이후 큰 변화없이 통일신라를 거쳐 고려시대까지 내려온 것으로 밝혀졌다.

경주에는 도성의 방어시설로서 도성을 둘러싼 나성은 설치되지 않았으며, 그 대신 경주 주변의 요충지마다 성곽을 배치하여 외적의 침입을 막았다.

2 관방유적

경주 월성의 남쪽에는 도당산토성과 남산토성, 동쪽에는 명활산토성 등이 지근 거리에 위치하여 있는데, 이들은 왕성인 월성을 방어하기 위하여 5세기 이전에 축조된 토성들로 판단되고 있다. 좀더 외곽 지역으로는 서쪽 건천에 작성, 북쪽 강동에 양동리토성, 남쪽 양산 하북면에 순지리토성이 있으며, 순지리토성에서는 발굴 결과 너비 4m의 간격을 두고 두 줄로 1m마다 영정주(永定柱)인 나무 기둥을 나란히 박아 그 사이와 안팎에 흙을 켜켜이 다져 올라간 축조 수법이 밝혀졌다.

6세기 이후에는 경주분지를 둘러싸고 있는 산에 석성을 쌓아 왕도를 수호하였는데 동쪽의 명활산성, 서쪽 선도산의 서형산성, 남쪽 남산의 남산신성과 내남 용장리의 고허성 등이 그것으로 명활산성과 남산신성에서는 작성비(作城碑)가 출토되어 그 축조 연대를 분명히 하고 있다.

신라는 원래의 영토인 낙동강 동쪽 영남지방은 물론 소백산맥을 넘어 자비마립간 13년(470)에 축조한 충북 보은의 삼년산성을 비롯하여 6세기 이후 새로 진출한 낙동강 서쪽의 옛 가야지역, 한강 유역과 동해안의 원산만 일대 등 각지에 수많은 산성들을 축조하였다. 특히 경기도의 한강 이북지방에는 파주 오두산성, 양주 대모산성 등 신라 산성의 수가 많고 임진강-한탄강 남안을 따라서는 더욱 조밀한 분포를 보이고 있는데, 이들은 그 북안의 고구려계 성곽들과 마주 대하고 있어 삼국통일 때까지 신라와 고구려의 대치선을 보여주는 것 같다. 이와 같은 신라의 산성들 중에는 순수 군사용뿐만 아니라 6세기 이후 신라의 지방 통치제도로서 주군제(州郡制)가 시행되면서 그 행정 중심지에 축조된 것, 그리고 주요 교통로를 보호하기 위하여 축조된 것 등이 포함되어 있었을 것이다.

신라 산성들은 포곡식(包谷式)도 있으나 테뫼식이 많으며, 대부분 석성으로 성벽의 기저부를 보강하기 위하여 성벽 하단부에 석축을 덧대어 쌓은 기단보축이 특징이다. 또 성벽에는 산성 내부의 물을 성 밖으로 빼내기 위하여 사다리꼴이나 5각형의 수구를 설치하였는데, 그 바닥이 계단상으로 단이 지며 내려와 성벽 밖으로 내

그림 235 보은 삼년산성과 성벽

밀게 하여 물이 성벽보다 멀리 떨어지게 한 것도 신라 산성에서 볼 수 있는 수법이다.

산성 안에서는 창고터 등 건물지를 비롯하여 연못이나 석축호안의 집수(集水) 시설, 우물 등이 조사되고 있는데, 소백산맥의 새재[鳥嶺]와 계립령에 인접한 문경 고보산성에서는 백제 산성에서 다수 조사된 바 있는 대형의 목곽고(木槨庫)가 발견되었다. 함안 성산산성의 저수지에서는 아라가야 멸망 후 신라에 의한 축성에 동원된 여러 지역의 인명이 기록된 목간 등 수많은 목간이 출토되었다. 하남 이성산성에서도 목간이 출토된 바 있는데, 8각형 건물지 등 다각형 건물지도 여러 개 조사되어 제사와 관련된 건물들이었을 것으로 추정되고 있다.

3 생활유적

왕성이었던 경주 월성의 북쪽에서는 땅에 구멍을 파고 기둥을 박아 세운 지상식 건물지 20여 기가 월성의 연못형 해자와 함께 존재하였던 것이 밝혀졌다. 또, 월성 북쪽에서는 연못형 해자가 폐기되고 난 뒤 세워진 회랑(回廊)처럼 긴 초석 건물지들이 다수 조사되었는데, 이들 중에는 설치 시기가 통일신라 이후로 내려가는 것도 있으나 월성의 성벽과 평행하게 세워진 계림 동편의 건물지들은 연못형 해자가 폐기되는 6세기 중반경 축조된 것으로 밝혀졌다. 이들은 그 위치로 보아 관아 등 왕성에 딸린 공공건물들이었을 것으로 추정된다.

경주에서 조사된 대표적인 마을유적인 황성동 유적은 철 생산과 관련된 특수한 기능을 갖고 있던 취락으로, 원삼국시대 전기에는 평면 원형 주거지들 안에 철 공방이 있었지만 후기로 내려오면서 주거지가 방형으로 바뀌고 주거구역과 생산구역이 분리되었고, 다시 주거구역이 이동되면서 삼국시대 초기까지 존속했던 것으로 밝혀졌다. 이 황성동 유적의 주거구역 가까이에는 분묘군이 위치해 있다.

지방에서 신라의 마을유적 조사는 아직 많이 이루어지지 않았지만 경산 임당 유적, 대구 시지지구, 성주 장학리 유적 등에서는 50기 이상의 수혈주거지가 조사되었고, 포항 호동 유적에서는 원삼국시대부터 삼국시대까지 만들어진 주거지 280여 기가 조사되었고, 기장 가동 유적에서는 삼국시대 주거지 150기가 조사되었다.

신라의 마을유적은 처음에는 구릉의 정상부와 사면, 구릉 말단부, 충적대지인 평지 등 여러 곳에 위치하다가 후기가 되면 하천변의 자연제방이나 선상지와 같은 넓은 평지로 입지가 변하였다. 대구 시지지구와 칠곡지구에서는 주거구역에 인접하여 생산구역과 분묘구역이 있고, 주거구역에서 가까운 위치에 성곽이 분포하고 있는 것이 밝혀져 이와 같은 공간배치가 마을의 일반적인 형태였을 것으로 상정하는 견해도 있다.

그림 236 기장 가동 유적

　수혈주거지의 평면 형태는 원삼국시대 후기에 원형계와 방형계가 같이 존재하였으나 점차 방형계가 주류로 바뀌었으며, 주거지의 규모는 중·소형이 일반적이지만 삼국시대 초기에는 50m²가 넘는 대형이 포함되기도 한다. 수혈 벽 아래로 기둥구멍이 돌아가는 벽주(壁柱)식이 많고, 취사와 난방 시설로는 주거지 벽에 붙여 부뚜막을 설치하거나, 주거지 벽과 사이를 두고 내부에서 밖으로 뻗거나 또는 벽을 따라 도는 외줄 구들이 후기로 오면서 더욱 많이 설치되었다. 마을유적에서는 수혈주거지 외에 고상식 건물의 기둥구멍들도 조사된다. 대구 시지지구 등에서는 도로와 우물 유구 등도 발견된 바 있다.

4 생산유적

농업 생산유적으로 밭 유구는 대구 동천동·서변동 등에서 조사되었고, 논 유구로는 울산 발리 유적과 굴화 유적 등에서 계단식 논이, 대구 서변동 유적에서는 계단식 논과 소구획 논이 함께 조사되었다. 대구 동천동 유적에서는 제방, 나무와 돌을 이용하여 축조한 보(洑), 수로 등의 수리시설도 발굴되었다.

　원삼국시대 전기부터 철기를 제작한 황성동 유적에서는 원삼국시대 후기부터

그림 237 울산 발리 유적 논 유구

삼국시대 초기까지의 용해로(鎔解爐), 제강로(製鋼爐), 단야로(鍛冶爐) 등은 조사되었으나 제련로(製鍊爐)는 발견되지 않았다. 반면 밀양 사촌 유적과 양산 물금 유적에서는 제련로만 조사되었다. 이는 철을 생산하는 제련 공정과 제강 및 철기를 제작하는 공정이 분업화되었음을 의미하는 것으로 해석된다. 울산 달천 철장은 철광석 산지로 유명한데, 경주 황성동 유적에서 제작된 철기도 달천 철장의 철광석으로 제련한 철을 사용한 것으로 판단되고 있다.

철 생산과 관련하여 백탄(白炭)을 생산한 것으로 보이는 터널식 숯가마는 경주 손곡동·물천리 유적과 월산리 유적에서 다수 발굴되었다.

신라 토기 생산유적도 경주를 비롯하여 여러 곳에서 조사되었다. 경주 화산리 유적에서는 신라·가야조기양식 토기로부터 신라전기양식 토기로의 변화 과정을 보여주는 토기가마들이 조사되었다. 구릉의 경사면에 설치한 등요들이지만 가마의 폭이 좁고 연소실과 소성실의 구분이 분명하지 않아 충북 진천의 백제 토기가마와는 계통이 다르며 창녕 여초리에서 조사된 소위 고식 도질토기가마의 전통을 이은 것으로 보인다.

경주 손곡동·물천리 유적은 5~6세기 신라 조정이 관여했을 것으로 보이는 대규모 신라 토기 생산단지로 수십 기의 토기가마가 발굴되었다. 지하식도 있으나 대

그림 238 경주 손곡동 신라 토기가마군(상), 밀양 사촌 제철유적 및 송풍관(하)

부분 반지하식으로 구릉 경사면에 설치된 등요인데 역시 폭이 좁아 세장한 편이며 연소실과 소성실의 구분이 없는 형식이며, 6세기로 내려오면 폭이 넓어지고 가마 입구 양벽을 냇돌로 축조한 특징이 있다. 가마보다 높은 위치인 구릉 능선부에서 물레 축구멍이 있는 토기 제작 공방지와 성형된 토기의 건조장이었을 것으로 판단되는 고상식 건물지가 다수 조사되었다. 대구 욱수동·경산 옥산동 유적에서도 많은 토기 가마와 공방지가 발굴되었다.

기와가마는 경주 손곡동·물천리 유적과 경주 내남 화곡리 유적 등에서 조사되었는데, 모두 반지하식 등요로 토기가마보다 소성실의 경사도가 높은 편이나 계단은 설치되지 않았다.

5 고분

신라는 고구려, 백제와는 달리 도읍을 옮기지 않고 경주가 줄곧 수도였으므로 최고 지배계층이 축조한 주요 고분은 지금의 경주 일원에 분포한다. 경주에서 축조된 신라 고분을 주 묘제에 따라 구분하면 신라식 목곽묘, 적석목곽분, 석실봉토분의 순으로 변화되었다. 이와 같은 주 묘제의 존속 시기에 따라 경주와 지방의 신라 고분을 살펴보면 다음과 같다.

신라식 목곽묘란 길게 판 하나의 토광 안에 피장자를 안치한 주곽과 피장자의 발치 쪽에 부장품을 매납하기 위한 부곽을 함께 설치한 세장방형의 동혈주부곽식 목곽묘로 3세기 후반경부터 축조되기 시작하였다. 경주 구정동 유적에서 처음 발견된 뒤 경주 죽동리와 황성동 유적에서도 조사되어 구정동형 목곽묘 또는 경주식 목곽묘라 부르기도 하였다. 신라식 목곽묘는 원삼국시대 후기에 영남지방에서 축조되고 있었던 장방형 목곽묘로부터 발전한 것이지만 김해 대성동, 동래 복천동 유적에서와 같이 주곽과 부곽이 별도의 토광에 설치된 이혈(異穴)주부곽식 목곽묘와는 구별되는 구조이고, 환두대도와 철모를 비롯한 많은 무기, 철제 갑옷과 투구 등이 부장되고 순장(殉葬)의 흔적이 발견되는 등 사로국 단계의 무덤과는 질적으로 다른 모습을 보여준다.

이와 같은 신라식 목곽묘는 경주 인근의 포항 옥성리, 울산 중산리와 양동을 비롯하여 경산 임당동, 대구 서변동 유적 등으로 분포 범위가 넓어져가고 있어, 이는 정치적으로 신라의 세력 범위가 확대되어 갔던 증거로 해석되고 있다.

신라식 목곽묘는 지상에 아무런 흔적이 없이 지하유구만 발견되지만 원래는 목곽 위로 낮게 봉토를 쌓았던 것이며 아직 지상에 거대한 봉토를 가진 고총으로 발전하지는 않았다. 그러나 경주 황성동 유적, 울산 중산리 유적에서는 토광과 목곽 벽 사이를 흙 대신 돌로 채운 적석식(積石式) 또는 사방(四方)적석식 목곽묘가 조사되어 신라 적석목곽분의 출현 과정과 관련하여 주목받고 있다.

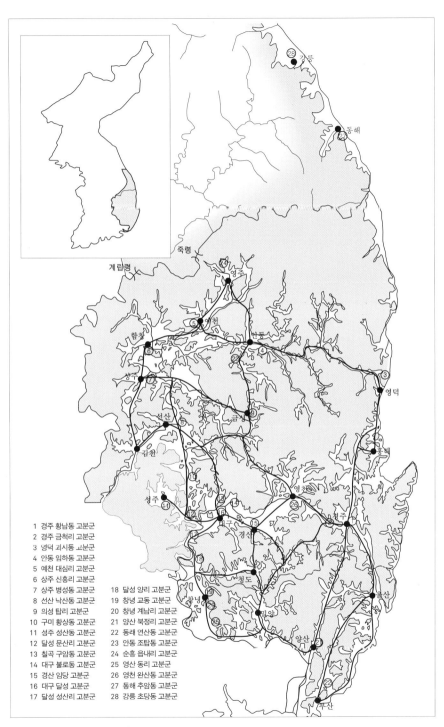

그림 239 신라의 주요 고분군과 교통로(이희준 1998, 수정)

1 경주 황남동 고분군
2 경주 금척리 고분군
3 영덕 괴시동 고분군
4 안동 임하동 고분군
5 예천 대심리 고분군
6 상주 신흥리 고분군
7 상주 병성동 고분군
8 선산 낙산동 고분군
9 의성 탑리 고분군
10 구미 황상동 고분군
11 성주 성산동 고분군
12 달성 문산리 고분군
13 칠곡 구암동 고분군
14 대구 불로동 고분군
15 경산 임당 고분군
16 대구 달성 고분군
17 달성 성산리 고분군
18 달성 양리 고분군
19 창녕 교동 고분군
20 창녕 계남리 고분군
21 양산 북정리 고분군
22 동래 연산동 고분군
23 안동 조탑동 고분군
24 순흥 읍내리 고분군
25 영산 동리 고분군
26 영천 완산동 고분군
27 동해 추암동 고분군
28 강릉 초당동 고분군

그림 240 신라식 목곽묘: 경주 구정동 고분(좌), 경산 조영동 고분(우)

　　한편 경주 구어리에서는 주곽과 부곽이 따로 설치된 대형의 이혈주부곽식 목
곽묘도 발견되어 신라의 최고 지배집단은 이때 이미 자신들만의 묘형을 갖고 있었
을 가능성이 점쳐지기도 한다.

　　적석목곽분은 매장주체부인 목곽의 주위와 위에 냇돌을 쌓아 적석부를 형성하
고, 그 위로 다시 봉토를 쌓고 봉토의 주위로는 냇돌로 호석(護石)을 쌓아 돌린 고분
이다. 황남대총(皇南大塚), 금관총(金冠塚), 천마총(天馬塚) 등 대형분은 목곽과 적석부
등 일체의 구조가 지상에 축조되었지만 그 외 중·소형분은 지하에 토광을 파고 설치
하여 적석부가 토광과 목곽 벽 사이와 그 위로 구축되었다. 적석목곽분의 기본형은
원형분이지만 원형분 2기를 대개 남북으로 연접하여 축조한 부부합장의 표형(瓢形)
쌍분(雙墳)도 있고, 중·소형분의 경우는 호석을 잇대어 달아내가며 고분을 추가 설치
해 나가거나 한 줄의 호석 안에 여러 묘곽을 설치한 예들도 있다. 이와 같은 묘형의
차이는 고분의 규모나 부장유물의 수준 차이와도 일정한 관련이 있어 피장자들의
사회적 위계와 관련된 것으로 해석되고 있다. 적석목곽분의 피장자는 대개 머리를
동쪽으로 두었으며, 묘곽의 형식이 다양한데 피장자가 안치된 주곽과 피장자의 발
치 쪽에 부곽이 있는 주부곽식(主副槨式)에서 부곽이 생략된 단독곽식(單獨槨式)으로

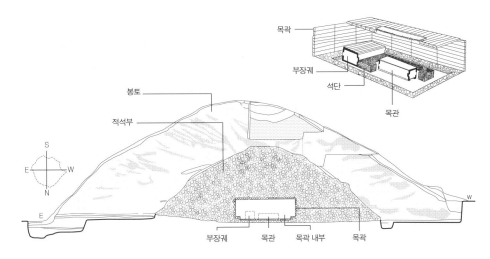

목곽
부장궤
석단
목관

봉토
적석부

부장궤   목관   목곽 내부   목곽

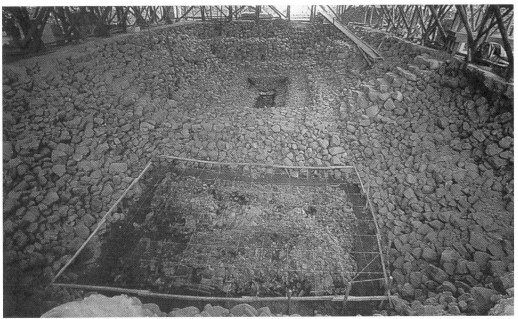

그림 241 경주 천마총 내부구조(상)와 황남대총 남분 주부곽(하)

변화한 것으로 파악된다.

경주에서 적석목곽분의 출현은 신라에서 고총문화가 본격화한 것으로, 표형 쌍분인 황남대총의 남북 길이는 120m, 높이 22m에 이르고, 단독 원분 중에도 직경 80m, 높이 20m에 달하는 대형분이 존재한다. 부장품에 있어서도 금관, 금제귀걸이 를 비롯한 각종 금공품과 기승용(騎乘用) 마구, 철제 무기 등이 대량으로 부장되어,

그림 242 경주 황남대총(조사 전)

적석목곽분은 고분 규모뿐만 아니라 출토 유물에 있어서도 다른 시기나 지방을 압도한다. 이와 같은 적석목곽분은 경주 시내 평지에 대고분군을 형성하고 있고, 경주 이외의 지방에서 발견되는 예도 있으나 전형적인 것은 극히 드물어 삼국시대 신라의 최고 지배계층이 배타적으로 사용한 묘제라고 할 수 있다.

적석목곽분의 기원에 대해서는 종래 낙랑의 목곽묘와 선사시대 지석묘의 적석부, 또는 원삼국시대 영남지방의 목곽묘와 고구려 적석총이 결합하여 발생하였다는 내부발생설과 북방아시아에서 새로 전래되었을 것이라는 외부유입설이 있어 왔으나, 최근에는 앞시기 목곽묘로부터의 자체발생설이 좀더 유력해지고 있다.

적석목곽분의 축조 시기와 주요 고분의 편년에 대해서는 여러 가지 견해차가 있지만, 축조 시기는 대체로 신라의 최고 지배자가 마립간(麻立干)으로 불렸던 4세기 후반부터 6세기 전엽까지로 좁혀지고 있어 적석목곽분은 '마립간 시기의 신라묘제'라고 할 수 있다. 또한 황남대총, 서봉총, 금관총, 천마총, 금령총 등 주요 고분의 축조 순서, 즉 상대편년에 대해서도 견해가 일치되어 가고 있다. 그러나 가장 이른 시기의 적석목곽분으로 알려진 황남동 109호분 3·4곽 및 발굴 고분 가운데 시기가 가장 이른 대형분으로 다른 고분의 편년에도 많은 영향을 주는 황남대총의 연대에 대해서는 아직 견해 차이가 좁혀지지 않고 있다. 적석목곽분 시기 경주에는 수혈식석곽묘와 옹관묘도 만들어졌지만 적석목곽분보다는 위계가 낮은 존재들이었다.

적석목곽분 시기 경주의 고총문화는 지방으로 급속히 파급되어 영남지방 곳곳

표 14 경주지역 고분 편년안

	伊藤秋男 (1972)	藤井和夫 (1979)	최병현 (1992, 2000)	이희준 (1998)	김용성 (1998)	이한상 (2004)
300					월성로 가 30 / 월성로 가 31	
			월성로 가 30 / 월성로 가 29 / 월성로 가 8 / 월성로 가 5, 6	월성로 가 8 / 월성로 가 29 / 월성로 가 5, 6	월성로 가 29 / 월성로 가 8	
350	황남 109호3·4 / 황오 14호		황남 109호(3·4) / 월성로 가 13 / 미추왕릉 5구1 / 미추왕릉 5구6 / 황남 110호 / 98호 남분	월성로 가 13 / 황남 109(3·4) / 미추왕릉 5구1, 6 / 황남 110호 / 월성로 나 13	월성로 가 5, 6 / 월성로 가 13 / 황남 109(3·4)	황남 109호(3·4)
400		황남 109호(3·4) / 미추왕릉 5구6호 / 황오 14호 / 황남 110호	98호 북분 / 서봉총	98호 남분(내물) / 월성로 나 12	월성로 나 13 / 미추왕릉 5구1호 / 미추왕릉 5구6호	황오 14(1) / 황남 110호 / 98남분
450	서봉총, 금령총 / 금관총, / 황남 109호(1·2) / 황남 83호	98호 남분 / 황남 109호(1·2) / 82호 동곽 / 금관총, 식리총	금관총 / 천마총 / 금령총 / 식리총, 은령총	월성로 가 4 / 월성로 다 5	황남 110호 / 98호 남분(눌지) / 북분, 금관총 / 천마총	98호 북분 / 금관총, 서봉총 / 식리총
500	호우총	82호 서곽 / 천마총, 금령총 / 호우총	호우총 / 보문리 부부총(적석) / 보문리 부부총(석실)	호우총	금령총 / 호우총 / 보문리 부부총	금령총 / 천마총 / 은령총, 호우총 / 보문리 부부총(적석) / 보문리 부부총(석실)
550	보문리 부부총	보문리 부부총	충효리 1-3호분 / 황성동 석실분			
600						

에 고총이 밀집된 대고분군들이 형성되었다. 영남 각지 고총들의 매장주체부는 원삼국시대 후기 이래의 목곽으로부터 수혈식석곽으로 전환되어 갔고, 그 가운데 특히 가야산 이남 낙동강 이서의 가야권역을 제외한 전 영남지방과 동해안지방에서는 곧이어 횡구식(橫口式)석곽도 발생하여 함께 축조되고 있었는데, 지역에 따라 석곽의 축조 석재나 기법, 또는 부곽의 배치 상태 등에서 세부적인 차이를 표출하고 있다.

그림 243 성주 성산동 59호분

그림 244 양산 부부총 횡구부(안쪽에서)

이와 같이 매장주체부를 중심으로 한 묘제나 고분 구조에서는 경주와 지방 사이, 지방의 각 지역 사이에 차이가 있었지만 관모(冠帽), 대금구(帶金具) 등 복식품을 비롯하여 마구, 토기 등 부장품에 있어서는 지방도 경주의 고총문화로 동질화되는 한편 경주와 지방 사이의 위계 차이도 뚜렷하여 낙동강 이동 영남지방과 동해안지방의 고

고분군	주요 묘제	초축 연대	출토 유물
경주 왕궁 고분군 (황남, 황오, 황성, 노동, 노서동)	적석목곽	4세기 중~	금관, 금관식, 금이식, 금수식, 금경식, 금제과대, 금팔찌, 금반지, 금동신발, 금장대도, 유리용기, 금은용기
경주 안계리 고분군	적석목곽	4세기 후?~	금이식, 금수식, 곡옥부경식, 은장대도, 유리잔
동래 복천동(연산동) 고분군	목곽·적석목곽 수혈식석곽	4세기(대형묘), 5세기 중~	금동관, 금이식, 곡옥부경식, 은장대도
양산 북정리 고분군	횡구식석곽	5세기 후?~	금동관, 은관식, 금이식, 곡옥부경식, 금천, 은지환, 금동식리, 은장대도, 청동초두, 철부
창녕 계성리 고분군	수혈식석곽	5세기 전~	금동관, 금동관식, 금이식, 금수식, 곡옥부경식, 은과대, 은천, 대도
창녕 교동 고분군	횡구식석곽	5세기 중~	금동관, 금이식, 금수식, 곡옥부경식, 은과대, 금장대도, 청동용기, 철부
화원 성산 고분군	수혈식석곽	5세기 중?~	은관식, 금이식, 금동과대, 대도
대구 달성 고분군	수혈식석곽 횡구식석곽	5세기 중?~	금동관, 금동관식, 금이식, 금수식, 곡옥부경식, 은과대, 금동식리, 금동장대도, 은고배, 청동합
경산 임당 고분군	적석목곽 암광목곽	4세기 중후~	금동관, 금동관식, 금이식, 금수식, 곡옥부경식, 은과대, 금동천, 금지환, 금동식리, 금장대도, 청동용기, 철부
대구 불로동 고분군	수혈식석곽	5세기 중?~	
대구 구암동 고분군	수혈식석곽	5세기 중~	금동관, 금동과대
대구 문산리 고분군	수혈식석곽	5세기 중후~	금동관, 은관식, 금동이식, 금동과대, 금동지환, 은장대도, 청동합
성주 성산동 고분군	수혈식석곽	5세기 중?~	금동관, 은관식, 금이식, 금수식, 은과대, 은천, 은지환, 은장대도
구미 황상동 고분군	수혈식석곽	5세기 중?~	금동관, 금동관식, 금동이식, 경식, 은과대, 금동식리
선산 낙산동 고분군	횡구식석곽	5세기 중?~	
상주 병성리 고분군	횡구식석곽	5세기 중?~	금동이식, 경식
상주 신흥리 고분군	횡구식석곽	5세기 중?~	금이식, 곡옥부경식, 은과대
의성 탑리 고분군	적석목곽 변형적석목곽	5세기 전?~	금동관, 금동관식, 금이식, 금수식, 곡옥부경식, 은과대, 은장대도, 철부
안동 조탑동 고분군	횡구식석곽	5세기 후~	금이식, 은과대
영주 읍내리 고분군	횡혈식석실	6세기 ?~	
영덕 괴시리 고분군	적석목곽	5세기 중?~	곡옥부경식, 수식용중공구

표 15 주요 발굴 고분군

분들은 신라의 지방고분으로서의 정체성을 분명히 하여 갔다.

한편 문헌기록에는 신라에서 지증왕 3년(502) 순장을 금했다고 하는데, 황남대총 남분 등 경주의 이른 시기 적석목곽분 중에서도 순장이 확인되는 예가 있지만 지방고분에서 오히려 더 많이 확인된다. 경산 임당동 고분군에서는 한 곽(槨) 안에 주피장자와 머리 방향을 달리하여 순장 인골이 남아 있는 많은 고분이 조사되었으며, 최근 발굴된 창녕 송현동 고분에서도 여러 명의 순장자가 발견되어 그 중 10대 여성

그림 245 경주 방내리 (영)16호분

의 모습이 복원되기도 하였다.

　6세기 전반 경주에서는 적석목곽분의 축조가 중단되고 횡혈식석실을 내부구조로 한 석실봉토분이 축조되기 시작하면서 신라 고분은 큰 변동을 맞이하게 된다. 신라에서 횡혈식석실분은 적석목곽분 시기 늦은 단계에 일부 지방에서 축조되기 시작하고 있었는데, 이때 경주의 신라 최고 지배층이 이들을 전격적으로 수용한 것이라 판단된다. 경주에서 이와 같은 묘제의 변화는 율령의 반포, 불교의 공인 등 6세기 전반기에 단행된 신라의 중앙집권체제 확립과도 관련된 것이라 여겨지며, 이때부터 고분의 주된 입지가 산으로 바뀌고 박장화(薄葬化)하여 규모는 축소되고 부장품도 극히 간소화된 후기 고분문화로 변모되어 갔다. 그러나 적석목곽분 시기 왕릉들은 평지의 고분군에 혼재되어 있었던 데 비해 이때부터 왕릉들이 산지에 독립 구역을 형성해 가 성장된 왕권의 모습을 상징적으로 보여주는 것 같다.

　경주의 신라 석실분은 산지에서도 주로 능선을 따라 배치되고 석실은 거칠게 다듬어진 큰 돌을 사용하여 지상식으로 축조되어 백제와는 다른 경향을 보인다. 석실의 평면 형태는 장방형과 방형이 있으며 장방형은 평천정, 방형은 궁륭상 천정이 일반적이다. 연도의 위치는 중앙, 좌편재, 우편재식이 있으며 좌편재가 좀더 많은 것이 특징적이다. 석실 내부에는 시상(屍床)을 높게 쌓고 목관 없이 석제 두침(頭枕)과 족좌(足座)에 피장자를 직접 안치하였던 예가 많이 발견된다. 이른 시기 석실분에는

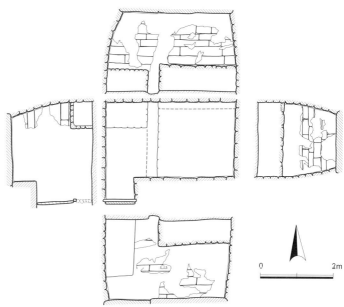

그림 246 석실봉토분 영일 냉수리 고분(상), 영주 읍내리 고분(하)

단각고배와 부가구연장경호를 세트로 한 특징적인 후기양식 신라 토기가 부장되었고 이어서 인화문이 찍힌 유개합(有蓋盒)과 세경병(細頸甁)으로 바뀌어 갔다. 한편 불교의 공인으로 신라 후기에는 유개합 등 토기에 유골을 담아 매장한 화장묘도 발생하였다.

이와 같은 신라 후기의 고분문화도 지방으로 급속히 확산되어 갔는데 낙동강 이동 원래 신라의 지방은 물론, 특히 신라의 가야지역 병합과 한강 하류역 및 원산만에 이르는 동해안지방 진출로 신라가 새로 차지한 지역에는 이때 수많은 신라 고분군이 형성되었다. 이 지방고분군들에는 횡구식석곽분과 횡혈식석실분들이 주로 축조되었으며, 신라 후기 최대의 지방고분군이라 할 수 있는 충주 누암리 고분군에서는 주로 횡혈식석실분이, 경기도 최대의 신라 고분군인 여주 매룡리 고분군에서는 횡구식석곽분이 더 많이 조사되어 고분군에 따라 차이가 있기도 한다. 일부 지방의 석실분들에서는 관못과 관고리가 발견되어 피장자 안치에 목관을 사용한 예가 많이 발견되는 것이 경주와는 다른 점이다. 그러나 지방의 신라 고분군은 단각고배 단계가 지나면 급속히 그 수가 줄고, 고분의 규모도 극히 왜소해져 고분문화가 소멸되어 가는 경향을 보인다.

한편, 신라의 지방고분 가운데 영일 냉수리에서는 장방형의 주실 앞으로 뻗은 연도에 부장품 매납을 위한 규모가 작은 부실을 평면 ├자형 배치로 단 석실분들이 조사되었다. 또, 영주 순흥 읍내리와 태장리에서는 각각 벽화석실분이 1기씩 발견된 바 있는데 모두 고구려 고분벽화의 영향을 강하게 보여주고 있지만 태장리 벽화고분에는 신라 외위(外位) 관등 술간(述干)을 받은 어숙(於宿)이라는 주인공의 명문이 있다. 이들은 신라에서 석실분의 출현 과정과 관련하여 주목되는 존재들이다.

6 신앙유적

1) 절터

신라에 불교가 전해진 것은 5세기 초 이전이지만 공인은 법흥왕 14년(527)에 이루어졌고, 같은 왕 22년(535)에 창건한 흥륜사(興輪寺)가 신라 최초의 사찰이었다고 한다. 그러나 지금까지 발굴조사가 이루어진 삼국시대 신라의 절터로는 경주 황룡사지(皇龍寺址)와 분황사지(芬皇寺址)가 있다.

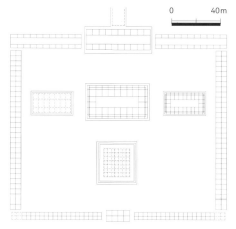

그림 247 경주 황룡사 가람배치도(좌)와 복원 모형(우)

문헌기록에 황룡사는 진흥왕 14년(553) 월성 동쪽에 신궁을 짓다가 황룡이 출현하여 사찰로 바꿔 지은 것이며, 유명한 황룡사 9층목탑은 선덕왕 14년(645)에 세웠다고 전한다. 황룡사지 발굴에서는 건물들의 기본배치가 크게 다른 1차 가람과 2차 가람이 드러났다. 1차 가람은 회랑과 긴 건물로 둘러싸인 중심 구역을 옆으로 3등분한 형식으로 사찰보다는 궁궐 배치에 가까운 모습을 띠고 있으며, 2차 가람은 9층목탑 북쪽 정금당의 동서로 동금당과 서금당이 일렬로 배치된 1탑3금당식이었는데, 9층목탑이 세워질 무렵에 이와 같은 배치가 갖추어졌을 것으로 판단된다.

분황사는 선덕왕 3년(634)에 창건되었는데, 발굴 결과 현존하는 모전석탑(模塼石塔) 북쪽에 3금당이 品(품)자형으로 배치되어 있었다. 이와 같은 예들로 보아 신라의 가람배치는 고구려 사찰의 1탑3금당 배치의 영향을 깊이 받고 있었던 것을 알 수 있는데, 황룡사 2차 가람보다는 분황사의 가람배치가 더 고구려식에 가깝다고 할 수 있다.

2) 제사유적

기록에 의하면 신라에서는 2대 남해왕 3년(6)에 시조 혁거세묘(赫居世廟)를 세우고 수시로 제사를 지냈으며, 21대 소지왕 9년(487) 시조 탄강지인 나을(奈乙)에 신궁(神宮)을 세워 제사를 지내기 시작하였다고 한다. 그런데 조선시대 이래로 신라 시조 혁거세의 탄생지라고 전해져온 나정(蘿井) 유적을 발굴조사한 결과 통일신라기의 담으로 둘러싸인 8각형 건물지와 그 아래에서 중심에 큰 기둥을 세우고 주위로 환호(環濠)와 나무울타리를 두른 초기철기시대 이래의 유구, 환호를 메우고 원형의 초석 건물을 세운 삼국시대 유구가 나와 이곳에 일찍부터 중요한 제사유적이 있었음을 알게 되었다.

III 유물

1 장신구

신라 고분에서는 관, 관모, 관식, 귀걸이, 목걸이, 가슴걸이, 팔찌, 반지, 대금구, 신 등의 장신구가 출토되는데, 대형 고분에서는 이들이 모두 발견되지만 소형 고분에서는 그 중 몇 가지로 한정되기도 한다. 장신구는 대부분 피장자가 착장한 상태로 발견되며, 남자의 경우는 환두대도가 함께 착장된다. 이들은 재질과 동반품에 따라 피장자의 위계를 말해주는 복식품이라 여겨진다.

신라의 복식품 가운데 가장 대표적인 것은 금관으로, 관테 위에 山(산)자형 가지가 3~4단 돋은 나무 모양 장식과 사슴뿔 모양 장식을 세운 것이다. 관테나 세운 장식에는 영락(瓔珞)이나 곡옥을 매달아 화려하게 꾸몄다. 경주 황남대총 북분·서봉총·금관총·천마총·금령총에서 그와 같은 금관이 출토되었고, 경주 교동 고분에서는 가지가 1단인 나무 모양 장식만 있는 초기 형식의 금관이 출토되었다. 금관과 같은 모양의 금동관도 많이 만들어져 경주의 금관 출토 고분에서 함께 출토되거나 그보다 아래급 고분, 그리고 지방의 수장급 고분에서 출토된다. 이와 같이 나무 모양이나 사슴뿔 모양 장식을 관으로 사용하는 것은 시베리아 샤먼관 등 북방아시아에서 유래된 것으로 판단되고 있다.

신라 관에는 이 외에 관테 위에 가장자리를 가위로 촘촘히 오려 꼬아 새의 날개나 깃털을 상징하는 장식을 세운 조우관(鳥羽冠)이 있다. 이와 같은 관은 고구려에서 연유했다고 생각되며 금동판이나 은판으로 제작되었는데 출토 숫자는 많지 않다.

관모는 상부가 둥근 고깔 모양으로 역시 금·금동·은으로 제작되었으며, 금관총과 천마총에서 나온 금제 관모는 여러 가지 투조문으로 장식된 금판 여러 매를 연결하여 만들었다. 이와 함께 자작나무 껍질을 누벼 만든 백화수피제(白樺樹皮製) 관

그림 248 경주 천마총 출토 장신구

모도 출토되는데, 상부가 둥근 고깔 모양과 상부가 직선적인 사다리꼴의 두 종류가
있다.

　　관식은 관모 앞에 세워 붙이는 장식으로 금·금동·은판을 오려 날개를 펴고 나
는 새나 나비 모양으로 만든 것이다. 금관총과 천마총에서는 투조문 금판으로 만든

그림 249 지방고분의 금동관: 대구 비산동 37호분(좌)과 단양 하리 유적(우) 출토품

것이 나왔고, 그 외 금동판으로 만든 예도 있으나 은판으로 만든 것이 많이 나온다.

귀걸이는 많은 신라 고분에서 출토되고 그 형식이 시기에 따라 민감하게 변해 고분 편년에 유용하게 이용된다. 신라 귀걸이는 신라인의 미감과 최고조에 이른 금속공예 기술을 보여주는 것으로 고리의 굵기에 따라 태환식과 세환식으로 나뉘며, 고리에 단 중간식과 끝장식에 따라 여러 형식이 있다. 태환식에는 소환을 이어붙여 둥글게 만든 구형(球形) 장식과 반구형(半球形) 장식을 위아래로 배치한 중간식과 심엽형 끝장식을 다는 것이 일반적인데, 시기가 내려오면 중간식에 많은 영락을 달고 태환에 누금세공(鏤金細工) 기법으로 금실과 금알갱이를 붙여 꽃 모양 등 여러 가지 무늬를 베풀어 화려하게 장식하기도 하였다. 세환식도 처음에는 태환식과 같은 중간식과 끝장식을 달았지만 이어서 중간식이 소환을 이어붙인 6면체, 소환이나 금판으로 만든 원통형·장고형·구형 등 여러 가지로 변하고 끝장식도 심엽형 외에 펜촉형·추(錐)형이 달리기도 하여 태환식보다 다양하게 발전하였다.

목걸이는 남색의 유리구슬을 꿰고 아래에 비취곡옥을 매단 것이 일반적이지만, 금실을 여러 가닥 엮어 만든 금사슬이나 금구슬을 꿰어 만든 줄에 금곡옥이나 비취곡옥을 단 금목걸이도 있다. 위계가 높은 대형 고분에서는 목걸이 외에 많은 크고

그림 250 경주 고분 출토 태환식 귀걸이와 세환식 귀걸이: 1. 황남대총 북분, 2. 황오동 100-7호분, 3. 노서동 138호분, 4. 황오동 100-2호분

작은 유리구슬과 금구슬을 여러 줄로 꿰고 네모띠 모양의 금장식을 중간 중간에 넣어 고정시키고 끝에는 비취곡옥을 매달아 어깨에서 가슴을 거쳐 배까지 내려오게 한 가슴걸이[胸飾]도 출토된다. 목걸이나 가슴걸이에 쓰인 구슬에는 여러 가지 색의 유리구슬 외에 수정 다면옥(多面玉), 호박(琥珀)이나 마노(瑪瑙)제의 대추옥·대롱옥과 곡옥이 있고, 큰 남색 유리구슬 표면에 다른 색으로 무늬를 넣은 점박이구슬도 있다. 경주 미추왕릉지구 고분에서 나온 목걸이의 큰 유리구슬 속에는 서역인 얼굴이 감입되어 있다.

　　팔찌는 아무런 장식 없이 단면 원형의 금봉을 둥글게 구부려 만든 것에서 외면을 뱀의 배처럼 긴 돌기를 새기거나 둥근 돌기를 촘촘히 돌려 장식한 것으로 발전하였다. 둥근 돌기 가운데에 유리를 끼워넣어 장식한 것도 있으며, 경주 노서동 고분에서 출토된 금팔찌는 단면 사각형으로 양 측면에 꼬리를 물고 있는 용무늬를 새겼다.

　　반지 중에는 민무늬 금판을 구부려 만든 단순한 것도 있으나, 표면을 마름모꼴로 만든 것, 눈새김을 한 것, 누금세공 기법으로 꽃잎 모양을 만들고 구슬을 박아 화려하게 장식한 것도 있다.

　　신라의 대금구도 띠고리, 과판, 띠끝장식으로 구성되어 있고, 여기에 물고기·숫돌·약통·족집게·곡옥·손칼 등을 끝에 매단 요패를 늘어뜨렸다. 과판은 가죽이나 비단 띠 위에 붙인 방형판과 그 아래에 단 심엽형 수하식으로 되어 있는데, 방형판에 삼엽문(三葉文)을 투조한 것이 일반적이지만 그보다 규모가 크고 용무늬를 투조한 것도 있다. 삼엽문 투조 과판은 여러 가지 형식으로 발전하였다. 경주의 금관 출토 고분에서는 금제 대금구와 요패가 금관과 세트를 이루어 출토되며, 그보다 위계가 낮은 고분에서는 금동제나 은제 대금구가, 지방의 수장급 고분에서는 은제 대금구가 금동관과 세트를 이루어 출토된다. 5세기에 유행한 이와 같은 대금구와는 달리 6세기에는 과판이 작은 방형판이거나 소환이 달린 역심엽형인 이른바 누암리형 대금구가 사용되었다.

신라의 금동신은 바닥 판 위에 凸(철)자형 투조문이 있는 발등 쪽과 뒤꿈치 쪽 판 2매를 발 가운데에서 결합한 것이 기본형이다. 보통 바닥에는 긴 금동못을 박았으며 바닥과 상판에 영락을 달아 장식하기도 한다. 한편, 경주 식리총에서는 바닥판과 상판 모두 가장자리에는 불꽃무늬를 투조하고 가운데에는 6각형의 거북등무늬 구획 안에 연꽃·귀신·봉황·괴수(怪獸) 등 여러 가지 형상을 투조한 화려한 금동신이 나왔는데, 상판이 좌우 측판을 중심선에서 결합한 형식인 점과 함께 신라에서는 이질적인 것이다. 이와 유사한 금동신은 최근 전북 고창 봉덕리 고분에서 출토되었다.

2 갑주와 무기

갑옷은 판갑(板甲)과 찰갑(札甲)이 모두 쓰였다. 신라지역에서 판갑은 세로로 긴 철판들을 못을 박아 연결하여 만든 종장판정결판갑(縱長板釘結板甲)만 나왔는데, 경주 구정동과 울산 중산리의 신라식 목곽묘에서 출토된 것이 우리나라에서 가장 오래된 형식이다. 비늘갑옷인 찰갑도 일찍부터 쓰여 여러 고분에서 갑옷 각 부위의 소찰(小札)들이 출토된 바 있다. 최근 경주 황오동 고분에서는 부속 갑옷을 모두 갖춘 완전한 찰갑 한 벌과 말갑옷 한 벌이 함께 출토되었다. 신라 고분에서 부속 갑옷으로는 목 가리개인 경갑(頸甲), 팔 가리개인 비갑(臂甲), 정강이 가리개인 경갑(脛甲) 등이 따로 나오는 예도 있는데 황남대총·금관총 등에서는 금동제 또는 은제 경갑이 출토되었다.

투구도 신라지역에서는 세로로 긴 철판들을 가죽끈으로 연결한 종장판주(縱長板冑)만 출토된다. 철판이 만곡(彎曲)되지 않은 종장판주와 S자상으로 만곡된 만곡종장판주가 모두 존재하나 만곡종장판주가 많이 나왔다.

무기로는 여러가지 형식의 철제 화살촉, 철모(鐵鉾), 환두대도(環頭大刀)가 쓰였다. 화살촉은 촉 머리에 슴베가 달리거나 촉 머리와 슴베 사이에 줄기가 있는 유경식(有莖式)이 주로 쓰였으며, 촉 머리는 역자형(逆刺形)·버들잎형·뱀머리형·도자형(刀子形) 등 다양한 형식이 출토된다. 특히 고구려의 도끼날형 철촉에서 유래된 착두형(鑿

그림 251 경주 황오동 C10호분 말갑옷과 찰갑

頭形), 그리고 삼익형(三翼形) 철촉은 고구려계로 신라 화살촉이 고구려의 영향을 많이 받았음을 말해준다. 경주 월성로 고분, 경산 임당동·조영동 고분, 동래 복천동 고분 등에서 금동판으로 장식된 화살통이 출토되었으며, 경주 호우총에서는 나무에 흑칠(黑漆)하여 귀신 얼굴을 나타낸 목심칠면(木心漆面) 화살통이 출토되었다.

　신라식 목곽묘 단계에는 묘곽 바닥에 철모 수십 개를 깔아 피장자의 위세를 나타내기도 하였는데, 이 시기에는 자루꽂이가 직기형(直基形)이고 몸체 단면이 볼록

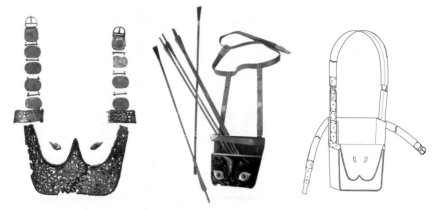

그림 252 화살통: 경산 임당동 7B호분(좌), 경주 호우총 출토 복원품(중), 동래 복천동 21·22호분 출토품 복원도(우, 최종규 안)

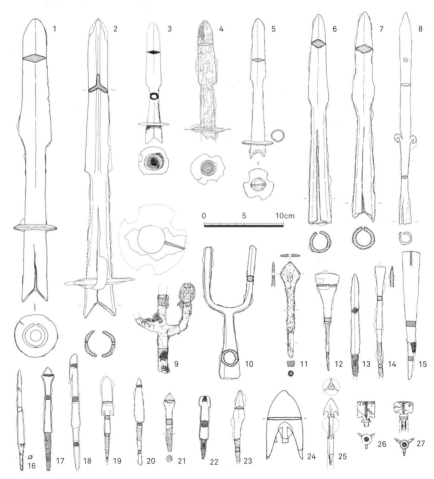

그림 253 철촉과 철모

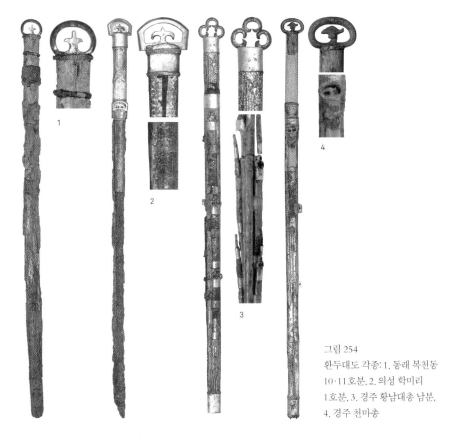

그림 254
환두대도 각종: 1. 동래 복천동
10·11호분, 2. 의성 학미리
1호분, 3. 경주 황남대총 남분,
4. 경주 천마총

렌즈형인 장신형 철모가 많으며, 그 가운데 몸체와 자루꽂이 사이 양쪽으로 갈고리 모양의 장식을 단 궐수문(蕨手文) 철모는 신라지역에서만 출토되는 특징을 보인다. 적석목곽분 단계의 철모는 전체 길이가 좀 작아진 가운데 자루꽂이가 연미형(燕尾形)으로 몸체 단면은 마름모형으로 바뀌었으며, 자루꽂이에 반부(盤部)가 있거나 몸체가 삼익형인 것, 삼지창 등도 다수 출토되는데 이들은 신라 철모가 고구려와 친연관계가 있음을 말해준다.

신라의 환두대도로는 환두가 C자형 고리 3개로 이루어진 삼환두대도, 환두 안에 삼엽형(三葉形) 장식이 있는 삼엽환두대도, 아무런 장식이 없는 소(素)환두대도가 있는데, 이 중 삼환두대도와 삼엽환두대도는 칼집을 금·은판이나 금동판으로 장식한 장식대도들이다. 신라 고분에서 피장자가 착장한 환두대도에는 위계 차이가 있어서 금관과 금제 대금구가 출토되는 고분에서는 보통 삼환두대도가 함께 착장되며, 삼엽환두대도는 이보다 낮은 위계의 피장자가 착용하였다. 백제와 가야 고분에

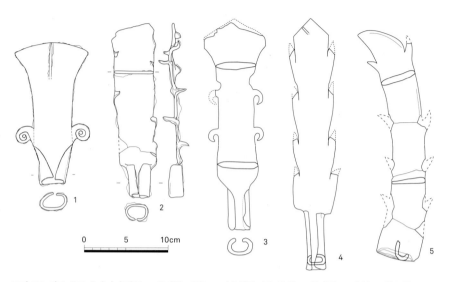

그림 255 경주 출토 유자이기 각종: 1. 구정동 2호분, 2. 미추왕릉 7구 3호분, 3. 황남동 110호분, 4. 황오동
82호분 동총, 5. 금령총

서 많이 출토되는 용봉문(龍鳳文)환두대도도 신라 고분에서 소수 출토된 예가 있으
나 이들은 외래계로 판단된다. 한편 경주 계림로 고분에서는 칼집과 손잡이에 누금
세공 기법으로 금판과 금알갱이를 붙여 테두리를 만들고 홍마노(紅瑪瑙)를 감입하여
화려하게 장식한 특이한 형태의 장식보검이 출토되었는데, 이는 서역계로 판단되고
있다.

이 외에 긴 철판의 양쪽을 도려서 갈고리 모양의 돌기를 1단 또는 여러 단 만들
고 아래쪽에 자루꽂이를 배치한 유자이기(有刺利器)가 있는데 대체로 위계가 높은 대
형분에 부장되어 있어 매장의례에 사용된 무기형 의기(儀器)로 판단되고 있다.

3 농공구

신라 고분에는 단조하여 다른 철제 도구를 만들기 위한 소재인 철정(鐵鋌)과 단면 4각
형인 긴 철봉을 다수 부장한 예가 많은데, 황남대총 남분 부곽에는 철정이 100매 또
는 200매, 철봉이 10매 또는 20매를 한 단위로 하여 여러 무더기가 부장되어 있었다.

철기 단야구(鍛冶具)로는 집게·망치·끌·모루 등이 고분에서 출토되는데 이들이
모두 함께 출토되는 것은 소형분 중에서이고, 위계가 높은 고분에는 집게만 부장하

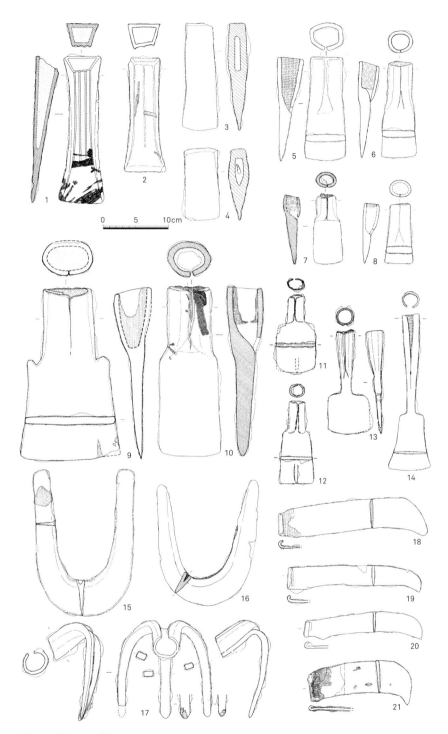

그림 256 철제 농공구 각종

거나 집게와 망치만 부장하였으며, 이는 공인 지배를 상징적으로 표현한 것으로 해석되고 있다.

농기구로는 땅을 파고 흙을 고르는 U자형 삽날과 쇠스랑, 논의 물꼬를 조절하는 살포, 제초구로 호미, 수확구로 낫 등이 쓰여 주로 고분에서 부장품으로 출토된다. 이때 호미의 모양은 살포와 유사하나 4각형 날부분 위에 살포보다는 짧은 자루꽂이가 있어 ㄱ자형의 약간 긴 자루를 꽂아 사용한 것이다. 4세기 이후 출현하는 살포와 호미는 각각 수전(水田) 농업의 증대와 한전(旱田)제초 농법의 시도를 말해주는 자료라 해석되고 있는데 살포는 중대형 고분에서, 호미는 중소형분과 생활유적에서 주로 출토되고 있다. 이 외에 단면 사다리꼴의 주조철부도 농기구인 괭이로 사용되었을 것이라는 견해가 많다.

공구류로는 자루꽂이가 위로 향해 있는 단조철부와 유견(有肩)철부, 자루구멍이 옆으로 뚫린 도끼[橫孔斧], 끌, 손칼 등이 출토되는데, 이 중 단조철부를 농기구인 괭이로 보는 견해도 있고 유견철부는 자귀로 사용되었을 것으로 본다.

4 마구

경주 적석목곽분을 비롯한 신라 고분에서는 위계가 가장 낮은 소형분 외에는 대부분 마구가 부장되었는데, 경주 금령총 출토 기마인물상 토기는 신라의 마장(馬裝), 곧 각종 마구의 착장 상태를 잘 보여준다.

신라에서 재갈[轡]은 재갈멈추개가 금속판으로 된 판비(板轡)가 일찍부터 사용되었으며 그 외 표비(鑣轡), 환판비(環板轡), 원환비(圓環轡)도 나온다. 재갈쇠[銜]는 모두 2연식인데, 월성로 가-13호분 출토 재갈 등 고식은 각각 철봉을 구부려 2줄로 겹쳐 꼬았으나 5세기 이후의 신식은 꼬지 않은 1줄의 철봉으로 되어 있다. 고삐이음쇠[引手]도 고식은 끝이 삽자루 모양인 2줄식인데, 신식은 1줄식이고 끝을 사각형이나 원형의 고리로 만들었으며, 원형의 고리를 밖으로 구부린 것이 신라 재갈의 특징이다. 신라의 표비에 표가 남아 있는 예는 거의 없는데, 대부분 유기물질로 만들어졌기 때문으로 판단된다. 판비의 재갈멈추개 판은 심엽형과 타원형이 많고 그 가운데에는 인동문이나 十자형 대를 돋게 하고 금동판이나 은판을 입힌 것, 투조문이 새겨진 금동판을 입힌 것 등 화려하게 장식한 것도 다수 출토된다. 환판비는 타원형 철테 안

그림 257 기마인물상 토기(경주 금령총 출토)

에 재갈쇠가 걸리는 ⊥형 또는 X형 대(帶)가 있는 것으로 신라 고분에서는 ⊥형보다 X형이 더 많이 출토된다. 원환비는 재갈쇠 끝에 철환(鐵環)을 하나씩 끼운 것으로 신라 고분으로는 양산 부부총에서 출토된 바 있다.

신라 등자는 모두 자루 아래에 타원형 윤부(輪部)가 있는 윤등자로 목심에 철판이나 금동판을 덧씌운 목심 등자와 청동제나 철제의 금속제 등자 있다. 목심철판 등자에는 자루와 윤부 전체에 철판을 덧씌운 것과 윤부의 앞·뒷면 일부에는 철판을 붙이지 않은 것이 있다. 목심금동판 등자는 전체에 금동판을 덧씌웠으며 그 중에는 용 무늬 등 투조문(透彫文) 금동판을 씌운 것도 있다. 목심 등자 가운데에는 자루가 짧고 너비가 넓은 것과 길고 좁은 것이 있는데 윤부의 앞·뒷면 일부에 철판을 붙이지 않은 것 가운데 자루가 짧고 넓은 것이 많다. 금속제 등자는 대부분 철제로 목심 등자보다는 늦게 출현하며, 목심 등자와 철제 등자 모두 늦은 시기에는 발 딛는 부분을 넓게 하거나 두 가닥 또는 세 가닥으로 늘려 발을 딛기에 편리하도록 하였다. 청동제 등자는 황남대총 남분에서 주조품이 출토된 바 있다.

안장은 천마총에서 기수(騎手)가 앉는 부분인 좌목(座木), 그 앞뒤로 세운 앞턱[前輪]과 뒤턱[後輪]으로 구성된 안교(鞍橋), 안교 아래의 말 등에 깔았던 안욕(鞍褥)까지 나와 신라 안장의 구조를 이해하게 되었다. 안교는 나무로 만들고 앞턱과 뒤턱에 철테를 씌우거나 겉면을 철판·은판·금동판으로 장식하였는데 용문 등 여러 가지 투

그림 258 경주 천마총 출토 천마도 장니

조문 은판이나 금동판으로 화려하게 장식된 것도 다수 출토되었다. 신라 안교의 앞·뒤턱은 대부분 좌목의 선단부(先端部)를 감싸는 금구가 있어 좌목이 안교 앞·뒤턱 밖으로 돌출되지 않는 구조인 것을 알 수 있는데, 이는 좌목돌출 안교로 판단되는 고구려의 이른 시기 안교와는 다른 구조이다.

안장 아래에 달았던 장니(障泥)는 대나무를 얇게 깎아 삿자리 모양으로 엮고 투조금동판을 씌운 죽심금동판 장니가 천마총과 금령총에서 나왔고, 천마총에서는 백화수피에 천마도를 그린 채색 천마도 장니도 함께 출토했다.

종방울로는 마탁(馬鐸)과 마령(馬鈴)이 있는데, 마탁은 청동종 형태로 대소형이 있으며 대형에는 사격자문을 장식하였다. 마령은 청동방울로 단독 방울 외에 3환령과 4환령도 출토된다.

장식구로는 행엽과 운주가 있다. 말띠에 늘어뜨렸던 행엽에는 심엽형과 편원어미형(扁圓魚尾形)이 있다. 심엽형은 철제와 철로 만들고 은판이나 금동판으로 장식한 것이 있으며 十자대나 인동문을 베풀기도 하였는데, 신라와 가야 지역 모두에서 출토된다. 편원어미형은 위는 타원형이고 아래는 물고기 지느러미 모양으로 철판에 금동판을 입힌 것과 금동판만으로 만든 것이 있으며, 신라지역에서만 나오는 행엽으로

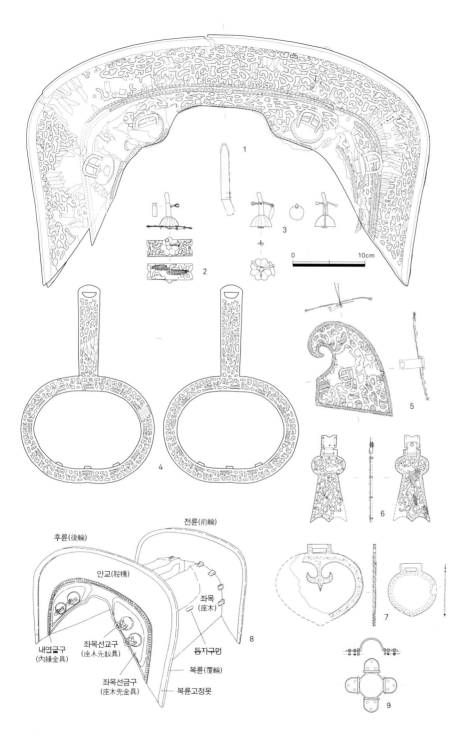

전륜(前輪)

후륜(後輪)

안교(鞍橋)

좌목
(座木)

내연금구
(內緣金具)

좌목선교구
(座木先鉸具)

좌목선금구
(座木先金具)

등자구멍

복륜(覆輪)

복륜고정못

1

2

3

4

5

6

7

8

9

0   10cm

그림 259 마구 각종: 1~7. 경주 황남대총 남분, 8. 신라 안교 복원도, 9. 천마총

그림 260 경주 황남대총 북분 출토 은잔과 금제 고배

신라 마구의 특징을 잘 나타내는 것이다. 이 외 서기 500년을 전후한 늦은 시기에는 종형(鐘形) 등 새로운 형식의 행엽도 출현하였다. 말띠 위에 붙여 장식한 운주는 반구형 또는 화판형(花瓣形) 좌판 위에 영락이 달린 입주(立柱)를 세운 것이 일반적이다.

이 외에 각종 띠에 붙였던 띠장식과 띠고리 가 있으며, 띠가 여러 갈래로 갈라지거나 교차하 는 데 붙였던 띠고정금구[辻金具]도 다수 출토된 다. 띠고정금구는 환형(環形)·사각형·반구형 등 으로 철제와 철에 은판이나 금동판을 입힌 것, 금동테 안에 조개껍질을 끼워 넣은 것도 있다. 띠고정금구에는 3~5개의 다리가 달려 있다.

신라의 마구 중에는 금동판이나 은판, 또 는 투조문 금동판이나 은판으로 장식하여 화려 한 장식마구가 많은 것이 특징이다. 황남대총 남 분에서 출토된 마구 중 한 벌은 안장을 비롯하여 모든 부속품을 용무늬가 투조된 금동판으로 장 식하고 금동판 밑에는 비단벌레 날개를 깔아 그 영롱한 빛이 투조문 사이로 비치게 한 호화의 극치를 이루는 것이다.

5 용기

1) 금속용기

황남대총 남·북분, 금관총, 천마총 등 높은 위계의 경주 고분에서는 금·은·금동제 완 (盌), 고배, 소합(小盒)과 금동제 각배(角杯), 그리고 청동제 정(鼎), 초두(鐎斗), 대합(大 盒), 다리미 등 다양한 금속용기들이 출토되며, 지방의 수장급 고분에서도 한두 가지 청동용기들이 출토된다. 다리가 3개 달리거나 달리지 않은 쇠솥은 이보다 위계가 낮 은 고분까지 많은 고분에서 출토된다.

그림 261 청동용기: 1·3. 경주 금관총 출토 초두와 사이호, 2. 경주 서봉총 출토 정

그림 262 경주 호우총 출토 청동호우

소형 금속용기 중에는 황남대총 북분에서 귀갑(龜甲)형 구획 안에 여러 가지 동물무늬를 타출(打出)한 은잔이 나왔는데, 무늬의 내용과 표현 방법이 서역미술과 깊은 관련성을 보여준다. 식리총에서 나온 동완(銅盌)은 내면 4방향에 모양이 다른 연꽃무늬를 새겼고 바닥에도 무늬가 있다.

신라 고분 출토 청동초두는 양(羊)머리 모양 주구(注口)가 달린 것이 많지만, 금관총에서는 연꽃무늬 뚜껑이 덮이고 용이 인동잎을 물고 있는 긴 손잡이가 달린 초두가 나왔고, 식리총에서는 용머리 모양 손잡이가 달린 초두가 나왔다. 금관총 초두의 것과 유사한 연꽃무늬 청동뚜껑은 백제 고분인 원주 법천리 고분에서 나온 바 있고, 식리총 초두는 중국 동진(東晉) 시기에 해당하는 것이다.

그림 263 경주 고분 출토 유리용기 각종: 황남대총 남북분(상, 좌하), 안계리 고분(중하), 금령총(우하)

청동대합은 뚜껑에 十자형 손잡이나 보주형 꼭지가 달리는데, 같은 모양의 은제대합도 있다. 서봉총에서 출토된 十자형 손잡이 은제대합에는 고구려의 연호로 판단되는 연수(延壽) 원년 신묘(辛卯)년에 만들었다는 명문이 써 있고, 또 호우총에서는 바닥에 〈乙卯年國岡上廣開土地好太王壺杅十(을묘년국강상광개토지호태왕호우십)〉이라는 명문이 있어 서기 415년 고구려 광개토대왕을 기념하여 만든 것임을 알 수 있는 보주형 꼭지 청동합이 출토되었다. 이들은 이와 같은 청동 또는 은합의 계통을 알려주고 있을 뿐만 아니라 신라 고분의 편년에도 중요한 근거가 되고 있다.

이 외에 황남대총에서는 뚜껑이 덮인 청동호(壺)와 시루, 3개의 다리가 달린 반(盤)이 나왔으며, 금관총에서는 청동 사이호(四耳壺)가 나왔는데 그 모양이 고구려 토기의 사이장경옹(四耳長頸甕)과 같다.

2) 유리용기

유리용기는 피장자가 금관과 금제대금구를 착장한 경주의 최고위계 고분에서 출토되며 그 외에는 경주 월성로 가-13호, 경주 안계리 4호분에서 나왔다. 가야 고분인 합천 옥전 M1호분에서도 1례가 있는데 그것은 경주로부터 입수되었을 것이다. 투명한 유리잔, 투명 유리에 파상문이나 그물문, 또는 점문을 도드라지게 한 잔이나 다리 달

그림 264 칠기: 1. 경주 황남대총 남분, 2·3. 경주 천마총

린 잔이 많고, 짙은 청색의 완과 구갑문 잔도 있다. 그 외 황남대총 남분에서는 손잡이가 달리고 입이 봉황머리 모양인 봉수형병(鳳首形甁)이 나왔고, 황남대총 북분에서는 투명 유리에 짙은 갈색의 나뭇결무늬로 장식한 다리 달린 잔이 나왔다. 이와 같은 유리용기는 대개 지중해 연안에서 유행한 로만 글라스 계통이라 한다. 황남대총 북분에서는 그 외에 커트(cut)무늬 잔도 나왔는데, 사산(Sasan)조 페르시아 계통으로 판단되고 있다.

3) 칠기

칠기도 경주의 최고위계 고분과 그 바로 아래 위계 고분에서 출토된다. 잔, 이배(耳杯), 고배, 완, 소합, 찬합(饌盒), 뿔 모양 잔, 새 모양 잔, 오리 모양 잔 등이다. 대나무를 얇게 깎아 삿자리 모양으로 엮은 죽심(竹心)에 칠을 한 얇은 칠기와 나무 그릇에 칠을 한 약간 두꺼운 목심칠기가 있으며, 대개 그릇의 겉면은 흑색으로 내면은 붉은색으로 칠하였다. 뚜껑이 있는 그릇의 경우 뚜껑에는 꽃잎 모양의 은판이나 금동판 받침과 함께 고리 꼭지를 박기도 하였다. 칠기의 겉면에는 대개 흑색 바탕에 붉은색으로 여러 가지 그림을 그렸는데, 물결 모양이나 삼각형의 불꽃무늬, 연꽃무늬, 봉황과 새, 소·말·돼지 등 여러 가지 동물이 그려져 있어 신라 회화의 연구 대상이 되기도 한다.

4) 토기

신라 토기는 정선된 니질 태토로 만들고 굴가마[登窯]에서 1000℃ 이상의 높은 온도로 구워 두드리면 쇳소리가 날 정도로 단단한 회청색 경질토기가 주류를 이루며, 대체로 신라 고분의 변천과 궤를 같이 하여 양식이 변화하였다. 신라식 목곽묘가 축조

그림 265 신라 토기(좌)와 가야 토기(우)

	신라양식 토기	가야양식 토기
고배	1 대체로 그릇과 뚜껑의 깊이나 운두가 높고 무개식도 많다. 2 다리의 형태가 직선적인 사다리꼴이고 거기에 뚫린 구멍이 장방형이며 위와 아래의 것이 엇갈리게 배치되었다. 3 뚜껑의 꼭지는 단추 모양의 것도 있으나 굽다리 모양이 주류를 이룬다. 4 무늬는 대칼로 새긴 기하학적 무늬이다.	1 뚜껑과 그릇 모두가 납작하다. 2 다리의 형태가 나팔상이고 거기에 뚫린 구멍이 세장방형이며 위와 아래의 것이 한 줄로 배치되었다. 3 뚜껑의 꼭지는 단추형에 한정된다. 4 무늬는 점선문이 많다.
장경호	1 목과 어깨의 접착부가 각을 이룬다. 2 굽을 확대한 것 같은 다리가 달리는 것이 많다. 3 무늬는 각종 도구로 새긴 기하학적 무늬이고 토우를 붙이기도 한다.	1 목과 어깨가 곡선으로 연결되어 몸체가 둥근 모양이다. 2 다리가 없는 것이 많고 굽받침이나 높은 기대 위에 얹혀진다. 3 무늬는 목에 돌려진 물결무늬에 한정된다.

표 16 신라 토기와 가야 토기

되기 시작하는 3세기 후반부터 영남지방에는 회청색 경질토기가 급격히 늘어나고 새로운 기종도 많이 출현한다. 이들을 고식 도질토기라 부르기도 하는데, 다음 단계의 본격적인 신라 토기와 가야 토기의 실질적인 시작 단계이므로 신라와 가야의 조기양식 토기라고 할 수 있다. 주요 기종은 원저단경호(圓底短頸壺), 양이부호(兩耳附壺), 고배(高杯), 노형기대(爐形器臺), 소형의 통형(筒形)기대, 컵형토기 등이다. 이 신라·가야 조기양식 토기는 김해·부산 지역의 외절구연(外折口緣)고배, 함안을 비롯한 다른 영남지방의 통형고배와 같이 지역 차이가 있으므로 이를 각각의 지역양식으로 설정해

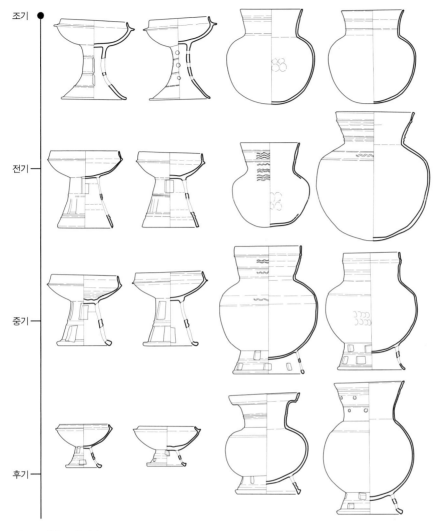

그림 266 신라 토기 변천도(김용성 2009)

야 한다는 주장도 있지만 전체적으로 전 영남지방에 공통성이 강하므로 공통양식 속의 지역색으로 이해해야 한다는 견해가 우세하다.

　　경주에서 적석목곽분이 축조되기 시작하는 4세기 후반부터 영남지방 토기는 낙동강을 중심으로 낙동강 이동양식과 이서양식으로 분화되었는데, 넓은 의미의 신라 토기는 이들을 모두 포함하기도 하지만 낙동강 이동양식을 신라전기양식 토기, 이서양식을 가야(양식) 토기로 구분한다. 신라전기양식 토기도 회정색 경질토기가

그림 267 신라 토기 지역양식: 대구 칠곡(좌상), 의성(우상), 성주(좌하), 창녕(우하)

주류로 주요 기종은 굽다리에 큰 구멍을 2단으로 엇갈리게 뚫은 2단투창 고배와 원저 또는 대부장경호(臺附長頸壺)인데 이들은 시간에 따른 변화가 민감하게 반영되어 신라 고분의 편년자료로도 곧잘 활용된다. 고배는 이른 시기의 규모가 큰 것에서 점차 작아져 왜소해지고, 장경호는 목이 길어지고 몸체도 어깨각이 분명한 편구형(偏球形)에서 둥근 구형으로 변화하였다. 이 외에도 각종의 고배와 개배(蓋杯), 대소 단경호, 발형과 통형 기대, 대호 등이 있으며 회색 연질의 시루, 적갈색 연질의 심발형토기도 있다.

신라전기양식 토기는 각종 시문구(施文具)로 그어낸 기하학적 무늬가 특징인데, 후기로 오면서 무늬의 종류도 단순해지고 시문 면적도 줄어 무문화하는 경향을 보여준다. 또한 고배나 장경호에 영락을 달아 장식하거나 각종 자세의 사람이나 여러 가지 동물 토우(土偶)를 붙여 장식한 장식토기, 오리·말·배·짚신 등 특정한

그림 268 토우 장식 토기

그림 269
지방의 신라후기 토기: 용인
보정리 다-23호분

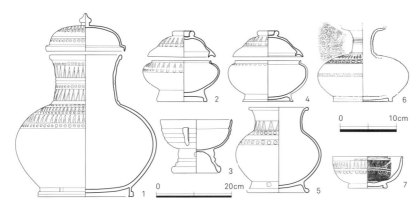

그림 270 초기 인화문토기: 1~5. 경주 서악리 고분, 6. 울산 화산리 20호분, 7. 경주 황룡사지

물건을 본떠 만든 상형(像形)토기도 있다.

신라전기양식 토기는 낙동강 이동지방은 물론 신라 고분이 분포된 성주 이북의 낙동강 이서지방과 동해안지방에서 출토되며, 가야 토기에 비하면 전체적으로 통일성이 강하지만 형태상 약간의 지역차도 있어 경주양식, 창녕양식, 성주양식, 의성양식 등으로 지역양식을 설정하기도 한다.

경주에서 횡혈식의 석실봉토분이 축조되는 6세기 중엽경부터 신라 토기는 다시 양식이 변화되기 시작하여 신라후기양식 토기가 성립되어 갔다. 신라후기양식 토기는 무늬를 미리 새겨놓은 도장같은 시문구로 찍어낸 것이 특징이어서 종래 인화문(印花文)토기라 부르기도 하였는데, 유개합(有蓋盒), 세경병(細頸瓶), 화장용 골호

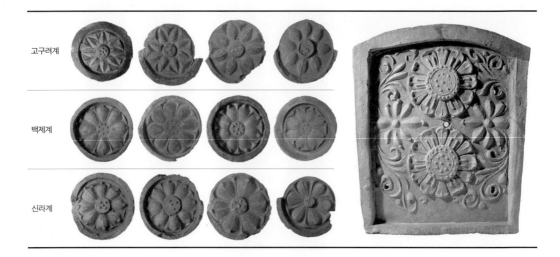

고구려계				
백제계				
신라계				

그림 271
기와 각종: 수막새(경주 월성)
사래기와와 치미(경주 황룡사지)

등이 주요 기종이다. 그러나 후기양식 초기는 과도기여서 전기양식과 관련이 있는
단각고배와 부가구연장경호가 유행하였으며, 무늬도 전기양식에서 잔류한 그어낸
원문류와 삼각무늬의 조합이 유행하는 가운데 이들이 차례로 찍은무늬로 전환되어

갔다. 새 기종도 정착되고 수적형문(水滴形文) 등 새로운 무늬가 발생하여 인화문이 본격적으로 발달하기 시작하는 것은 7세기에 들어와서이며, 이 신라후기양식 토기, 곧 인화문토기는 통일신라로 들어가 전성기를 맞게 된다.

신라에서도 삼국 말에는 연유계 녹유도기가 제작되기 시작하였으며, 황남대총 북분에서는 중국 동진대 흑갈유 자기소병 1점이 출토되었다.

6 기와와 전돌

신라에서 기와는 6세기 가까이 되어서 사용되기 시작한 것으로 판단되며 경주 월성 해자, 황룡사지, 분황사지 등에서 신라 초기의 기와들이 출토된다. 평기와인 암·수키와의 제작에는 제작틀인 와통(瓦桶)에 점토띠를 붙여 쌓아 성형하는 방법이 사용되었는데 경주에서는 세로로 긴 나무판 여러 매를 끈으로 엮어 만든 통쪽와통을 사용한예도 있으나 주로 통나무의 내부를 파낸 원통와통을 사용한 것이 신라 기와의 특징이다. 평기와의 내면에는 와통에 씌웠던 마포흔이 찍혔으며 등쪽에는 평행선문·격자문·승문이 타날되었는데 고구려, 백제에 비하여 승문이 적고 평행선문이 주류를 이루고 있다. 수키와에는 유단식과 무단식이 모두 있다.

막새기와로는 6세기 전반기부터 연화문 수막새가 사용되기 시작하였는데, 고구려와 백제의 영향으로 고구려계 연화문 와당과 백제계 연화문 와당이 제작되다가 6세기 후반기에 들어와 신라형 연화문 와당이 성립되었다. 7세기 중엽경에는 귀면문 와당도 출현하여 황룡사지에서 출토되었다. 월성 해자에서는 고식 연화문 수막새와 함께 대형 토기 구연부와 같은 형태의 시원형 암막새가 출토되었는데 무늬는 새겨지지 않았다.

이 외에 특수기와로는 황룡사지에서 연화문이 새겨진 사래기와, 용마루 끝에 세웠던 치미 등의 장식기와가 출토되었다. 이 치미는 높이가 1.8m가 넘는 초대형으로 사람얼굴 모양과 연화문으로 장식되어 있다.

신라에서도 6세기 이후 건물 바닥에 까는 전돌이 제작·사용되어 경주 다경 와 요지에서는 무문전과 함께 연화문전이 출토된 바 있다.

7 불상

그림 272 경주 황룡사지 출토 청동 거울

고구려, 백제가 불교를 받아들인 것보다 150년 가까이나 뒤에 불교를 공인한 신라에서는 불상조각도 늦게서야 발달하기 시작하였다. 석조불상이나 마애불 외에 유적에서 출토되는 것으로는 금동불이 있는데, 경주 황룡사지에서 출토된 금동불두는 6세기 중엽경의 삼산관(三山冠)을 쓴 사유상의 불두로 추정된다. 서울 삼양동 출토 금동관음보살입상은 머리에 화불(化佛)이 새겨진 삼면보관을 쓰고 있는 7세기경의 독존(獨存) 관음으로 고구려 것이라는 주장도 있다. 이 외에 영주 숙수사지에서 출토된 금동여래입상 중에 7세기 신라 불상이 있다.

8 기타

1) 청동거울

신라 고분에서 거울이 출토되는 예는 극히 드문데, 경주 황남대총 남분에서는 문양대에 8마리의 새가 배치된 청동 박국경(博局鏡) 1점이 출토되었다. 박국경은 종래 TLV경, 또는 방격규구경(方格規矩鏡)으로 불린 것이다. 황남대총 북분에서는 가장자리에 동심원을 음각하고 그 안쪽에 연호문(連弧文)이 있는 철경(鐵鏡)이 출토되었다. 금령총에서는 왜경(倭鏡)인 주문경(珠文鏡) 1점이 출토되었다.

이 외에 문헌기록에 서기 645년에 세웠

그림 273 함안 성산산성 출토 목기(상)와 목간(하)

다고 전하는 황룡사 9층목탑지 심초석 하부에서는 무문경, 빛을 발하는 모습을 형상화한 일광문경(日光文鏡), 중국 수경(隋鏡)인 사신경(四神鏡) 등 3점의 청동 거울이 출토되었다.

2) 함안 성산산성의 목간과 목기

신라가 아라가야를 통합한 뒤 세운 함안 성산산성의 동문지 옆 저수지에서는 많은 목간과 목기가 출토되었다. 출토된 목간은 230여 점으로 소나무 가지를 다듬어 만들었으며 대부분 수하물의 내용을 기록하여 매달았던 것으로 판단된다. 당시의 지명, 인명, 관등명, 곡물명이 적혀 있어 신라사 연구에 큰 도움을 준다.

성산산성에서는 이와 함께 농기구인 써레, 고무래, 곰방메, 눈금이 새겨진 나무자, 각종 공구의 나무자루 등 많은 목기가 출토되었다.

참고문헌

곽종철, 2002, 「우리 나라의 선사~고대 논밭유구」, 『한국 농경문화의 형성』, 한국고고학회.

김낙중, 1988, 「신라 월성의 성격과 변천」, 『한국상고사학보』 27, 한국상고사학회.

김도헌, 2008, 「선사·고대 농구 조합과 생산력의 변화―영남지역을 중심으로」, 『영남고고학』 47, 영남고고학회.

김두철, 1992, 「신라와 가야의 마구」, 『한국고대사논총』 3, 한국고대사연구소.

김용성, 1998, 『신라의 고총과 지역집단』, 춘추각.

_____, 2003, 「황남대총 남분의 연대와 피장자 검토」, 『한국상고사학보』 42, 한국상고사학회.

김창억, 2000, 「삼국시대 취락의 공간배치 유형」, 『경북대학교 고고인류학과 20주년 기념논총』, 경북대학교 고고인류학과.

박종익, 2005, 「성곽유적을 통해 본 신라의 한강유역 진출」, 『기전고고』 5, 기전문화재연구원.

신창수, 2002, 「신라의 왕경」, 『강좌 한국고대사』 7, 가락국사적개발연구원.

우병철, 2006, 「신라 및 가야식 철촉의 성립과 확산」, 『한국고고학보』 58, 한국고고학회.

_____, 2008, 「철촉과 철모로 본 신라, 가야 그리고 왜」, 『영남고고학』 47, 영남고고학회.

이난영·김두철, 1999, 『한국의 마구』, 한국마사회 마사박물관.

이상준, 2003, 「경주 손곡동·물천리 요적을 통해 본 신라토기 소성기술」, 『문화재』 36, 국립문화재연구소.

이선희, 2009, 「월성해자 출토 고식수막새의 제작기법과 편년연구」, 『한국고고학보』 70, 한국고고학회.

이성주, 1998, 『신라·가야사회의 기원과 성장』, 학연문화사.

_____, 2009, 「신라·가야 토기양식의 생성」, 『한국고고학보』 72, 한국고고학회.

이인숙, 1993, 『한국의 고대유리』, 도서출판 창문.

이한상, 1995, 「5~6세기 신라의 변경지배방식―장신구 분석을 중심으로」, 『한국사론』 38, 서울대학교 국사학과.

_____, 2004, 『황금의 나라 신라』, 김영사.

이희준, 1998, 「4~5세기 신라의 고고학적 연구」, 서울대학교 박사학위논문.

_____, 2002, 「4~5세기 신라 고분 피장자의 복식품 착장 정형」, 『한국고고학보』 47, 한국고고학회.

_____, 2007, 『신라고고학연구』, 사회평론.

장경숙, 2000, 「문헌과 고고자료에 보이는 한국의 고대갑주」, 『영남고고학』 27, 영남고고학회.

천말선, 1994, 「고대농구에 대한 고찰」, 『영남고고학』 15, 영남고고학회.

최병현, 1992, 『신라고분 연구』, 일지사.

_____, 2001, 「신라 초기 석실분의 양상―신라의 지방석실분 연구(2)」, 『한국고고학보』 44, 한국고고학회.

최종규, 1983, 「중기고분의 성격에 대한 약간의 고찰」, 『부대사학』 7, 부산대학교 사학회.

홍보식, 2003, 『신라 후기 고분문화 연구』, 춘추각.

가 야

I 개관

가야는 삼국시대 낙동강 서쪽의 영남지방에 자리하고 있던 여러 정치체의 통칭이다. 원삼국시대의 삼한 가운데 이곳에서 성장하고 있던 변한 소국들은 백제로 통합된 마한, 신라로 통합된 진한과는 달리 하나로 통합된 국가를 성립시키지 못한 채 10여 개의 정치체로 분립된 상태로 존재하다가 6세기 중엽 신라로 통합되었다.

그 가운데 김해의 금관가야(구야국, 가락국), 함안의 아라가야(안야국, 안라국), 고성의 소가야(고자국), 고령의 대가야(가라국) 등이 대표적인 존재인데, 가야의 정치발전 단계에 대해서는 다양한 견해가 있다. 4세기 이전에는 금관가야를 중심으로, 5세기 이후는 대가야를 중심으로 연맹체를 형성하고 있었다는 단일연맹론, 축조 방법이나 묘곽(실) 배치 상태 등이 동질적인 고분과 토기 양식의 분포로 보아 가야에는 전체가 통일된 정치·문화체가 존재하지 않았으며 금관가야, 대가야, 아라가야, 소가야 등의 주도 아래 지역별로 독자적인 연맹체를 형성하고 있었다는 지역연맹론, 그리고 5세기 후반 이후 대가야는 고대국가로 발전하였다는 고대국가론 등이 있다.

원삼국시대 변한으로부터 삼국시대 가야로의 전환을 나타내주는 가장 현저한 고고학 자료는 3세기 후반기부터 김해 대성동 고분군에 조영되기 시작한 대형 목곽묘라고 할 수 있다. 금관가야의 왕묘가 분명한 이 대형 목곽묘들은 기본적으로 원삼국시대 후기의 목곽묘로부터 발전한 것이지만, 유물의 대량 부장과 순장이 이루어진 단독 또는 주부곽이 분리된 대형 목곽묘로 이전 시기와는 현격한 차이를 보여주며 한편으로 경수를 숭심으로 한 신라의 봉혈주부곽식 목곽묘와 내비뇌기도 한다.

가야의 여러 정치체 가운데 가장 먼저 두각을 나타낸 것은 낙동강 하류에 위치한 금관가야로, 금관가야는 옛 김해만을 중심으로 배후의 진영지역에 걸쳐 세력을 형성했을 것으로 판단된다. 또한 3세기 후반 이후의 소위 고식 도질토기는 전 영남지방에 걸쳐 양식적 공통성이 강한 가운데 유독 김해-부산 지역을 중심으로 외절구연고배를 특징으로 하는 지역성을 표출하고 있어 부산의 동래 복천동 고분군 축조세력도 김해의 금관가야와 정치적으로 연관되어 있었을 것으로 추정되고 있다. 금관가야는 서기 400년 신라와 연합한 고구려군의 남정으로 급격히 쇠퇴하여 겨우 명맥을 유지해간 것으로 판단된다.

한편 영남지방의 삼국시대 토기는 4세기 후반부터 낙동강을 중심으로 낙동강 이동양식 신라 토기와 이서양식 가야 토기로 분화되어가기 시작했는데, 5세기 이후의 가야 토기는 함안양식, 진주-고성양식, 고령양식 등 크게 3개의 지역양식으로 구분되며, 이들을 부장한 고총이 각지에 조영된다. 이와 같은 가야 토기 지역양식의 분포권은 동질적인 고분의 분포 상태와 함께 각각 아라가야, 소가야, 대가야의 세력 범위로 해석되고 있다.

아라가야는 남강 하류의 함안분지를 중심으로 성장하여 남해안의 진동만에 걸쳐 세력을 형성하였다. 아라가야의 대표적인 유적은 함안 도항리·말산리 고분군으로, 남북으로 길게 뻗은 구릉의 능선부를 따라 50여 기의 고총이 조영되었는데 주변에서는 고총 이전 시기의 목관묘와 목곽묘도 조사된다. 왕묘급 고총이 일정 구역에 집중되어 있지 않고 여러 소 구릉에 분산 배치되어 있는데, 이는 아라가야의 정치 발전 상태를 짐작하게 해준다.

소가야는 고성반도를 중심으로 성장하여 남해에 면한 사천지역, 진주를 비롯한 산청·합천 남부의 남강 중류역에 걸쳐 세력을 형성했을 것으로 보인다. 그러나 6세기로 들어오면 진주-고성양식 토기의 분포권은 고성, 사천 일대로 좁혀져 그만큼 세력이 약화되었을 것으로 추정된다. 소가야의 중심 유적은 고성 송학동 고분군이지만 고성 내산리 고분군과 산청 중촌리 고분군도 이에 필적하여 소가야 내부의 세력관계를 상징하고 있다.

대가야는 고령에서 일어나 세력을 확장하여 5세기 후반 이후 전성기에는 남으로 황강수계의 합천과 남강수계의 산청, 서로는 소백산맥 동쪽의 거창, 함양과 하동은 물론 그 서쪽인 금강 상류의 진안·장수, 섬진강 건너편인 임실·남원·순천·여수에

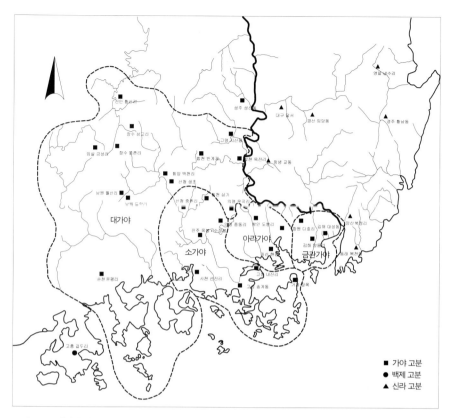

그림 274 5세기 후반 가야 여러 나라의 권역(박천수 안)

이르는 호남 동부지역에 걸쳐 대 권역을 형성하였던 것으로 보인다. 대가야의 중심 유적은 고령 지산동 고분군으로 고총을 비롯한 수백 기의 고분이 조영되어 있으며, 특히 고분군이 자리한 주산 정상부 가까이의 능선에는 누세대의 왕묘 구역이 형성 되어 다른 지역의 가야 고분과는 비교가 되지 않는 대형분이 줄을 지어 있다.

대가야 권역의 고분에서는 고령양식 토기뿐만 아니라 귀걸이를 비롯한 대가야 식의 위세품이 출토되기도 한다. 또 〈大王(대왕)〉, 〈下部(하부)〉라는 명문이 쓰여진 토 기도 발견되었으며, 고령분지 주변은 물론 그 남쪽 의령, 합천 지역을 포함한 낙동강 중류역에 대가야식 산성이 조영되었다. 이와 같은 사실은 대가야가 5세기 후반 이후 고대국가로 발전한 것을 보여주는 증거로 여겨지고 있다. 그러나 대가야는 멸망할 때까지 고분에 고령양식 토기가 부장된 권역 전체에 대한 직접지배는 관철하지 못 한 것으로 판단되고 있다.

문헌기록에는 532년 금관가야가 신라에 복속하였다고 하는데, 고고학 자료로 보아 신라는 그 무렵부터 남강 유역을 비롯한 가야의 중심부로 진출하기 시작하였고, 562년 대가야가 정복되면서 가야 세력은 모두 신라에 통합된 것으로 판단된다.

II 유적

1 생활유적

김해 대성동 고분군에 인접하여 있는 봉황토성은 원삼국시대의 환호마을에서 서기 4세기 이후 평지성으로 전환된 것이며, 많은 노동력을 동원하여 축조한 토성의 구조와 규모로 보아 백제의 풍납토성, 신라의 월성과 같이 금관가야의 왕성으로 추정된다. 토성은 협축(夾築) 성벽에 즙석(葺石)을 한 구조이며, 이 유적에서는 복골(卜骨), 말뼈, 철재(鐵滓), 일본열도산 하지키[土師器]가 다수 출토되어, 왕성 내의 제사장과 공방, 시장의 존재가 상정된다.

또, 김해지역에서는 왕성인 봉황토성을 중심으로 관동리 유적과 같은 항만마을, 여래리 유적과 같은 제철마을이 도로망을 통하여 유기적으로 결합되어 있었던 것으로 보인다. 관동리 유적은 고(古) 김해만의 해안가에 위치하였는데 간선과 지선으로 잘 정비된 도로망을 중심으로 기둥을 땅에 박아 세우고 지면을 생활 면으로 한 건물지 100여 동, 부두에서 선박에 오르는 다리인 잔교(棧橋)로 판단되는 유구가 조사되었다. 여래리 유적에서는 많은 수의 제철 관련 수혈, 지상식 건물지, 의례용으로 판단되는 8각건물지가 돌을 깔아 만든 도로유구와 함께 조사되었다.

고령 지산동 고분군에 인접한 구릉에는 대가야 왕궁이 조영되고 이를 둘러싼 산성의 방어망이 형성되었다. 왕궁지에서 조사된 대형 건물은 전체의 평면 형태를 파악하지는 못했으나 2기의 대형 부뚜막이 설치되었으며, 출토 유물로 보아 6세기 초경의 왕궁 부속 건물이었을 것으로 추정된다. 왕궁지와 인근의 지산동 마을유적 및 대가야 권역 내의 마을유적들을 비교하면 왕궁 등 대형 건물이 있는 국읍, 길이 8m급 수혈주거지가 포함된 마을, 길이 3~4m급의 수혈주거지로 구성된 마을로 구분할 수 있어 그 위계화를 엿볼 수 있다.

←수로왕릉   추정 복원선   봉황대 →

점토벽

소토층   −7m

소토층

내구

자연수로   습지 퇴적층

고정주   −3m

0   5   10m

그림 275 김해 봉황대 유적: 전경(상), 봉황토성 외벽(중), 토성 단면도(하)

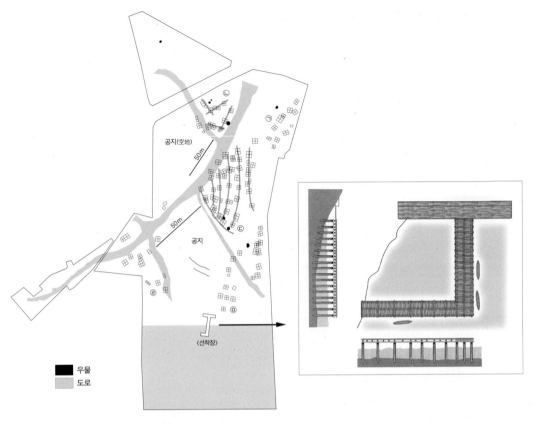

그림 276 김해 관동리 유적과 잔교 복원도

　　가야지역에서 일반 마을유적은 구릉과 평지에서 모두 발견되나 구릉 사면에 위치하는 예가 가장 많다. 그러나 대규모 마을유적은 주로 평지인 하천의 자연제방에 분포하는 예가 많아 산청 소남리에서는 3~4세기대 주거지 160여 기, 진주 평거동에서는 3~5세기 주거지 300여 기가 조사되었다. 진주 평거동 유적에서는 수혈주거지 구역 외곽에 고상(高床)창고군이 위치하고 그 바깥에 대규모의 논과 밭 유적이 있었다.

　　삼국시대 가야지역에 해당하는 영남 서부 내륙의 수혈주거지는 평면 원형계의 타원형 주거지가 일반적이며 구릉에 설치된 주거지의 수혈벽 아래에는 벽구가 돌아가는 예가 많으나 평지 주거지에서는 발견되지 않는다. 취사와 난방 시설로는 외줄 구들이나 부뚜막을 설치하였는데, 특히 평지 주거지에 외줄 구들을 설치한 예가 많

그림 277 진주 평거동 유적 전경(상)과 주거지군(좌하), 외줄 구들 주거지(우하)

다. 영남 서부지역의 외줄 구들은 원삼국시대의 판석 조립에서 삼국시대의 점토 축조로 바뀌었으며, 점토 구들이 타원형 주거지의 벽을 따라 1/4~1/3 정도 돌아가는 것이 특징이다.

2 관방유적

가야 왕궁의 배후성인 고령 주산성과 아라가야 왕궁의 배후성인 함안 봉산산성은 외성과 내성을 갖춘 이중성이나, 대부분의 가야 성곽은 소형의 테뫼식 산성이다. 축조기법은 외곽 모서리 등에서 부분적인 석축이 확인되지만 대체로 토석 혼축과 삭토법을 사용했고, 부분 석축된 성벽도 대부분 편축성벽이다.

대가야의 산성은 낙동강 서안의 방어선을 따라 낙동강 동안의 신라 산성과 대치하며 고령에서 의령까지 서로 조망하는 위치에 조밀하게 연계되어 축조되었다. 또한 내륙에도 서로 조망할 수 있는 위치에 성곽이 조영되어 이중의 방어체계를 형성하고 있다.

3 생산유적

가야지역에서는 골짜기, 선상지, 하천 범람원 등 다양한 지형을 논으로 이용하였으며, 창원 반계동에서는 논에서 밭으로 반복 전환하며 농사를 지은 유적이 조사되었다. 진주 대평리에서는 두둑과 고랑으로 이루어진 밭 유구가 조사되었다.

김해 여래리 마을유적에서 제련로(製錬爐)는 분명하지 않으나 철광석·송풍관·철재·철제품 등이 출토되었는데, 같이 출토된 토기로 보아 5세기대에 제철이 행해진 것으로 보인다. 창원 성산 패총에서는 단야로(鍛冶爐)와 철재, 고성 동외동 패총에서는 송풍구와 철재, 김해 봉황대와 부원동 유적·진해 용원 유적·산청 옥산리 유적에서는 철재가 출토되어 각지에서 철기 단야가 행해졌음을 알 수 있다. 철 생산에 필요한 백탄을 제조한 터널식 숯가마도 김해 화정 유적 등 주로 김해지역에서 조사되었다.

토기가마는 함안 묘사리와 우거리에서 조사되었는데, 4세기대의 소위 고식 도질토기, 즉 신라·가야 조기양식 토기를 생산한 유적들로서 소성실의 너비가 좁아 세장한 형태의 등요이며 연소실과 소성실 사이에는 불턱이 없이 바닥이 그대로 연결된 구조이다. 이와 같은 고식 도질토기가마는 창녕 여초리에서도 조사되었으나 5세기 이후의 가야 토기를 생산한 유적은 아직 분명하지 않다.

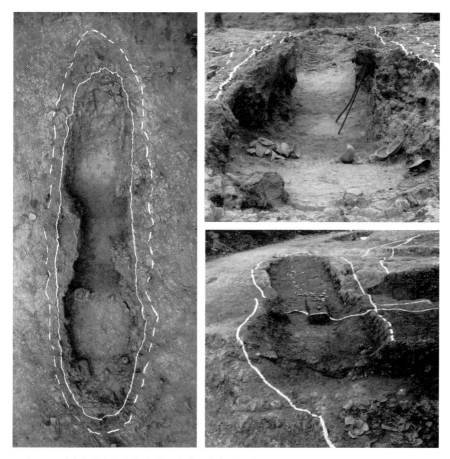

그림 278 토기가마: 함안 우거리 2호(좌, 우상)와 묘사리 2호(우하)

4 고분

가야 고분은 매장주체부에 따라 구분하면 목곽묘, 수혈식석곽분, 횡혈식석실분으로 구분된다. 3세기 후반에 이르러 김해 대성동 고분군에는 입지와 규모, 부장유물 등의 매납에 있어 이전 시기와는 뚜렷이 차이가 나는 대형 목곽묘들이 등장한다. 대성동 29호분은 구릉에 단독으로 입지한 대형 목곽묘로 최초로 순장이 확인되고 부곽이 아직 독립되지는 않았지만 피장자 발치 쪽에 토기를 대량 매납한 부장공간이 구획되었다. 이보다 뒤에 축조된 대성동 13호분부터는 피장자 발치 쪽에 주곽과는 별도의 토광을 파고 부곽을 설치한 이혈수부곽식(異穴主副槨式) 복곽묘로 발전하였다. 김해 대성농

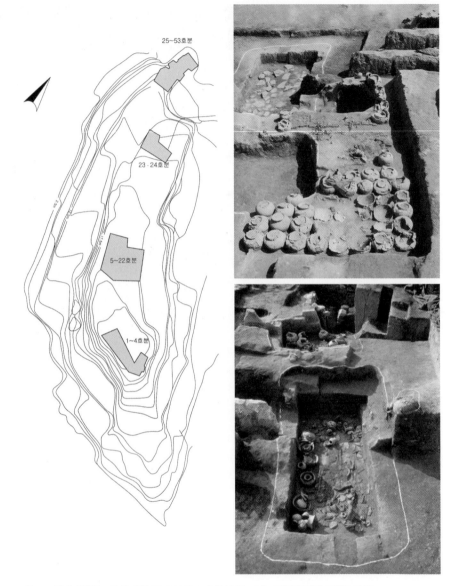

그림 279 김해 대성동 고분군: 유구 분포도(좌), 29호분(우상), 39호 이혈주부곽식 목곽묘(우하)

고분군의 이와 같은 대형 목곽묘들은 기본적으로 원삼국시대 후기부터 영남지방에서 축조되고 있었던 장방형 목곽묘로부터 발전된 금관가야의 왕묘들이었을 것이다. 대형의 이혈주부곽식 목곽묘는 동래 복천동 고분군에도 축조되었으며, 이들은 아직 고총은 아니어서 지상에 고분의 흔적은 남아 있지 않으나 원래는 목곽 위로 낮게 봉토를 쌓았을 것으로 판단된다. 가야 시기의 목곽묘는 고령 쾌빈동 유적, 합천 옥전 고분군, 함안 도항리·말산리 고분군에서도 조사되고 있는데 이들 중 5세기 이후의 대형 목곽묘는 거대한 봉토가 축조된 고총으로 되어 있다.

가야 고분의 매장주체부는 4세기 후반부터 수혈식석곽으로 전환되기 시작하였으며 5세기 이후에는 고총으로 발전하여 낙동강 이서 가야지역 곳곳에 수혈식석곽을 내부주체로 한 고총군이 조영되었다. 그러나 수혈식석곽분으로의 전환 시기는 지역마다 차이가 있어서 목곽묘 전통이 오랫동안 지속된 함안지

그림 280 동래 복천동 54호분

역에서는 5세기 중엽, 합천 옥전 고분군에서는 5세기 말 가까이 되어서야 석곽분이 축조된다. 수혈식석곽은 대부분 4벽을 할석으로 쌓고 판석 뚜껑을 덮었는데, 지역에 따라 이른 시기 수혈식석곽에는 내부에 목곽이 함께 설치된 예들도 있다. 가야 고분의 수혈식석곽은 길이와 너비의 비가 4:1이 넘는 세장방형이 일반적이며, 이는 신라 중심부와 가까운 낙동강 이동지방의 장방형 석곽과 대비되는 가야 고분의 특징이라 할 수 있다.

가야 고분의 중심 묘제는 이와 같은 수혈식석곽분이라 할 수 있는데 6세기로 들어와 가야지역에도 횡혈식석실분이 부분적으로 축조되었다. 가야의 횡혈식석실은 2유형으로 구분되는데 하나는 고령 고아리형 석실로 궁륭상 천정에 연도가 한쪽으로 편재된 백제의 송산리형 석실을 조형으로 한다. 합천 저포리 D1-1호분, 옥전 M11호분, 남원 두락리 2호분과 같은 것이 그 예로 주로 대가야권에서 조사된다. 고령 고아동 벽화고분은 공주 송산리의 백제 전축분식으로 앞뒤의 단벽(短壁)이 수직으로 올라가는 터널식이며, 천정에 연꽃이 그려진 가야지역 유일의 벽화고분이다.

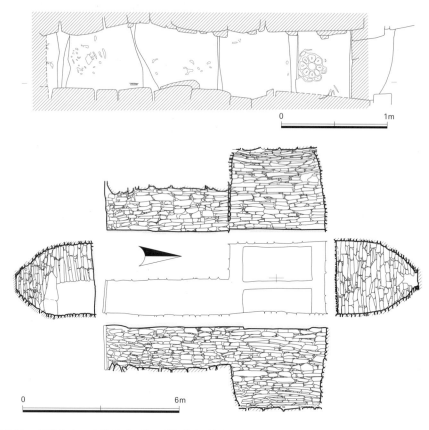

그림 281 합천 옥전 M3호분(상)과 고령 고아동 벽화고분(하)

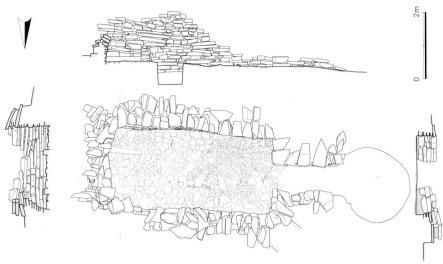

그림 282 고성 내산리 34호분 주실

다른 하나는 진주 수정봉·옥봉형 석실로 재지의 세장방형 수혈식석곽에 횡혈식석
실의 요소를 도입하여 한쪽 단벽 중앙에 연도를 설치한 것이다. 고성 송학동 고분군
과 내산리 고분군, 함안 도항리 고분군, 의령 중동리 고분군과 같은 소가야권과 아라
가야권에서 발견된다.

한편, 가야 고분은 고분 축조 방법이나 묘곽의 배치 상태에서 지역적 특성을 나
타내고 있다. 고령 지산동 고분군과 함안 도항리·말산리 고분군의 고총은 모두 지하
에 토광을 파고 묘곽을 설치한 다음 그 위에 봉토를 쌓은 봉토분들이다. 그러나 묘곽
의 배치 상태와 구조는 양 지역 사이에 차이가 있다. 함안 도항리·말산리 고분은 1봉
토 1묘곽이 기본으로 부곽이 따로 없고, 석곽 벽에는 개석을 받치기 위해 나무 가구
(架構)를 설치했던 흔적으로 벽감(壁龕)과 같은 구조가 남아 있는 것이 특징이다. 순
장은 피장자와 같은 곽에 이루어졌다. 고령 지산동 고분은 한 봉토 안에 석곽이 1개
만 설치된 예도 있으나 주곽의 뒤쪽이나 옆에 부곽이 설치된 예가 많고, 이 주부곽을
중심에 두고 그 주위로 순장곽이 돌아간 예들이 많다. 순장은 순장곽뿐만 아니라 중
심부의 주곽과 부곽에서도 이루어졌다.

고성 송학동과 내산리 고분군 등 고성지역의 고총은 지상에 먼저 분구를 쌓은
다음 분구 일부를 되파고 석곽(실)을 설치한 것으로 고령, 함안 지역의 봉토분과는

그림 283 함안 도항리·말산리 고분군: 유구 분포도(좌상), (문)10호분 목곽(우상), (문)15호분 석곽(하)

달리 분구묘로 되어 있으며, 이는 한반도에서는 영산강 유역 고분과 통하는 고분 축조방식이다. 석곽(실)의 배치 또한 다른 지역과 차이가 있어 중앙에 규모가 큰 석곽(실)이 위치하고 그 주위로 중소형 석곽이 배치된 것이 일반적이다. 중소형 석곽은 순장곽이 아니라 시기를 달리하여 추가된 것으로 각 고분은 가족묘적 성격을 갖고 있는 것이라 하겠다.

한편, 고성 송학동 1호분 B호 석실, 의령 경산리 1호분·운곡리 1호분, 사천 선진리 고분, 거제 장목 고분 등은 석실 입구에 문주석이 설치되고 석실벽 하단에 요석(腰石)이라 부르는 긴 장대석이 있고, 석실 내에 뚜껑 없는 석관 모양의 시설이 있거나 뒷벽에 선반을 설치한 것으로 이들은 그 구조로 보아 일본열도계로 판단된다.

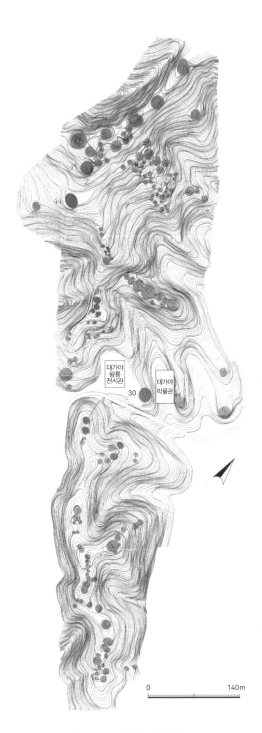

그림 284 고령 지산동 고분군 분포도

그림 285 고령 지산동 75호분(상), 44호분 평면도(좌하), II-4호분 석곽(우하)

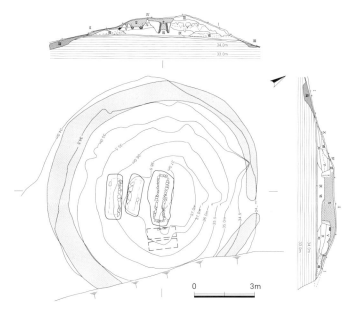

그림 286 고성 율대리 2호분 평면도와 단면도

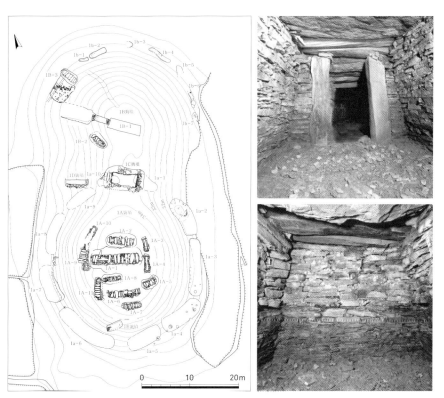

그림 287 고성 송학동 1호분 평면도(좌)와 1B호 석실 내부(우)

	아라가야	금관가야		소가야	대가야	
		김해	부산		고령	합천
I	도항리 (문)35호	대성동 29호				
II	도항리 (경)33호	대성동 59호		진주 무촌리 2구 13호		
III	의령 예둔리 26호	구지로 1호	복천동 38호	진주 무촌리 2구 124호		
IV	황사리 45호	대성동 13·18호	복천동 60호 주곽	진주 무촌리 2구 23·26호	반운동	옥전 54호
V	황사리 44호	구지로 6호	복천동 54호	송학동 1E호	반운동	옥전 27호
VI	황사리 36호	구지로 15호	복천동 57호	진주 무촌리 2구 24호	쾌빈동 12호	
VII	말산리 (경)10호	대성동 1호	복천동 31·32호	산청 옥산리 2호	쾌빈동 1호	옥전 68호
VIII	오곡리 3호	칠산동 20호	복천동 21·22호	산청 옥산리 29호		옥전 23호
IX	도항리 (문)36호	칠산동 33호 가달 5호	복천동 10·11호	진주 우수리 18호	지산동 35호	옥전 35호
X	도항리 (경)13호	예안리 36호	복천동 (동)1호	진주 무촌리 2구 85호	지산동 30호	옥전 31호
XI	도항리 8호	예안리 35호	복천동 4·15호	진주 무촌리 3구 82호	지산동 32호	옥전 M2·M1호
XII	도항리 15호	예안리 71호	학소대 2구1호	진주 무촌리 3구 145호	지산동 (영대)1호	옥전 M3호
XIII	도항리 (문)51호	예안리 39호	임석 1·2호	연당리 23호 송학동 I A-1호	지산동 44호	옥전 M4호
XIV	도항리 암각화고분	다호리 B1호		연당리 18호 송학동 I B-1호(1차)	지산동 45호	
XV	도항리 (문)47호	다호리 B27호		연당리 18호 송학동 I B-1호(2차)		옥전 M6호
XVI					고아동 벽화고분	옥전 M11호

표 17 가야 고분 상대편년안(박천수 안)

III 유물

1 장신구

가야의 관으로는 고령 지산동 32호분 출토 금동관이 대표적인데, 관테 위에 초화형
의 대형 장식 하나를 세웠다. 초화형 장식은 상부에 보주형 장식이 있는 반타원형판
으로 그 중간 양쪽에 나뭇가지 모양 장식을 대칭으로 세웠다. 고령 지산동 30호분에
서는 관테 위에 보주형 장식 3개를 세운 간단한 형식의 소형 금동관이 출토되었다. 관
테 가운데에 보주형 장식, 그 좌우에 쌍엽형(雙葉形) 장식을 대칭으로 세운 오구라(小

그림 288 금·금동제 관(상)과 귀걸이(하): 1. 고령 지산동 32호분, 2. 오구라 수집품, 3. 호암미술관, 4. 합천 옥전
23호분, 5. 함안 도항리 (경)11호분, 6. 옥전 28호분, 7. 옥전 91호분, 8. 옥전 M6호분, 9. 옥전 M11호분

館) 수집 금관, 관테 위에 초화형 장식 4개를 세운 호암미술관 소장 금관도 대가야 고분에서 출토되었을 것으로 추정된다. 이 외에 합천 옥전 M6호분에서는 3단의 山(산)자형 가지가 있는 나무 모양 장식 3개를 세운 신라관 형식의 금동관이 출토되었다.

　　관모로는 합천 옥전 M23호분에서 고깔 모양의 몸체 상부에 긴 대롱이 달린 금동관모가 출토되었는데, 한성기 백제 관모 형식으로 백제로부터 입수되었을 것이다.

　　가야지역에서 귀걸이는 주로 고령양식 토기가 부장된 고분에서 출토되어 대가야양식이라고 할 수 있는 특징적인 귀걸이가 발달하였다. 세환식만 있으며 세환 아래로 금사슬을 늘어뜨려 심엽형이나 공구체(空球體) 등의 끝장식을 단 간단한 형식도 있지만, 세환 바로 아래에 공구체 중간식을 달고 그 아래로 금사슬을 늘어뜨려 끝장식을 단 것이 기본형이다. 공구체 중간식에 소형 장식을 여러 줄 달고 중간식 아래로도 여러 줄의 장식을 늘어뜨리거나, 세환 아래에 여러 줄의 장식을 다는 등 복잡한 형식으로 발전하였다. 대가야 양식 귀걸이에는 여러 가지 모양의 특징적인 끝장식이 달리는데 삼익형, 원추형, 산치자형 등도 있다. 초기에는 백제 귀걸이의 영향을 받아 제작되다가 대가야의 독자적인 귀걸이로 발전한 것으로 보인다. 고령 지산동 고분군을 중심으로 합천 옥전·반계제 고분군, 함양 백천리 고분군, 장수 봉서리 고분군, 곡성 방송리 고분군, 순천 운평리 고분군과 같은 대가야 권역을 중심으로 분포하고, 5세기 중엽 이후 일본열도에도 다수 이입되었다. 이 외에 옥전 고분군에서는 백제계와 신라계의 귀걸이도 출토되었다.

목걸이는 유리구슬과 비취곡옥을 꿰어 만들었으며, 3~4세기에는 금관가야권에 주로 부장되었으나, 이후 대가야권에 집중한다. 이 외에 귀걸이에 쓰이는 것과 같은 소형 금제 원통형 장식을 사용한 옥전 72호분 출토 목걸이가 있다.

팔찌는 합천 옥전 M2호에서 금제, 진주 중안동 고분과 옥전 82호분에서 은제, 옥전 28호분에서 동제가 나왔다. 신라 팔찌에 비해 가늘지만 외면을 돌기 상태로 만든 것은 같다.

대금구는 합천 옥전 M1호분에서 쌍엽문(雙葉文) 투조 과판, 고령 지산동 주산 39호분에서 귀면문 압출(壓出) 과판으로 구성된 금동제 대금구가 출토되었고, 옥전 M11호분에서도 띠고리와 띠끝장식이 출토되었다.

2 갑주와 무기

갑옷으로는 세로로 긴 철판을 가죽끈으로 엮어 만든 종장판혁철판갑(縱長板革綴板甲)이 일찍부터 쓰여 김해 양동리와 대성동 고분군 및 동래 복천동 고분군의 3~4세기 고분에 부장되었다. 5세기 이후에는 실용적인 찰갑(札甲)이 널리 사용되어 판갑은 많이 제작되지 않지만 신라 고분과 달리 가야 고분에서는 판갑이 계속 부장되었다. 그 중에는 대판(帶板) 사이에 삼각형 철판을 가죽끈이나 못으로 결합한 삼각판혁철판갑과 삼각판정결(釘結)판갑, 대판 사이에 가로로 긴 철판을 못을 박아 결합한 횡장판(橫長板)정결판갑도 있다. 이들은 그 형식과 분포로 보아 일본열도계로 판단된다.

투구도 종장판주(縱長板胄)와 소찰주(小札胄)가 주로 출토된다. 차양주(遮陽胄), 충각부주(衝角付胄)의 출토 예도 있는데 이들은 일본열도계로 판단된다.

말갑옷은 한반도에서 실물로서는 처음으로 함안 도항리·말산리 고분군의 마갑총에서 출토된 이후 합천 옥전 M1호분 등 여러 곳에서 출토되었다. 말투구도 김해 대성동 고분, 함안 도항리 고분, 합천 옥전 고분 등 여러 지역의 고분에서 출토되

그림 289 갑주: 동래 복천동 86호분(좌상), 김해 양동리 78호분(우상), 고령 지산동 32호분(좌하), 합천 옥전 28호분(우하)

었는데, 영남지방의 말투구는 출현기에는 신라·가야지역의 형식이 혼재하나 5세기 후반기에는 상판이 한 판이고 챙의 형태가 삼화형(三花形)인 합천 옥전 M3호분 출토 품과 같은 대가야형과 상판이 2분할된 동래 복천동 10·11호분 출토품 계열의 신라 형으로 구분된다.

　　무기로는 가야 고분에서 화살촉, 철모, 환두대도가 출토된다. 화살촉은 유경식 (有莖式)이 주이고 촉 머리의 형식은 다양하다. 금관가야 고분에는 폭이 넓은 마름모

그림 290 함안 마갑총의 말갑옷 노출 상태(좌)와 세부(보존 처리 후, 우상), 옥전 M3호분 말투구(우하)

꼴 철촉이 주로 대형분에 부장되었고, 아라가야 고분에는 버들잎형, 도자(刀子)형 등 실전용 철촉이 주로 부장되며 도끼날형도 출토 예가 있다. 대가야에서는 5세기 중엽이 되어서야 광형계 역자형 철촉이 등장한다. 한편, 김해 대성동 고분군에서는 골촉(骨鏃)과 벽옥제(碧玉製) 화살촉도 출토되었는데, 이들은 일본열도계로 판단된다.

화살통은 본체 앞부분을 장식한 금구와 화살통을 매다는 띠의 장식금구 등 금동장식만 출토된다. 본체 장식금구는 山(산)자형과 대륜(臺輪)형이 있는데 전자는 고구려·신라계, 후자는 백제계로 구분된다.

자루꽂이가 직기형(直基形)에서 연미형(燕尾形)으로 바뀐 이른 시기의 철모가 김해지역을 중심으로 분포한다. 자루꽂이가 다각형인 철모와 자루꽂이 끝부분을 은판으로 감아 장식한 철모가 주로 대가야 권역에 분포하는데, 특히 후자는 무령왕릉, 지산동 44호분 등에 부장되는 것으로 보아 위세품으로 판단된다.

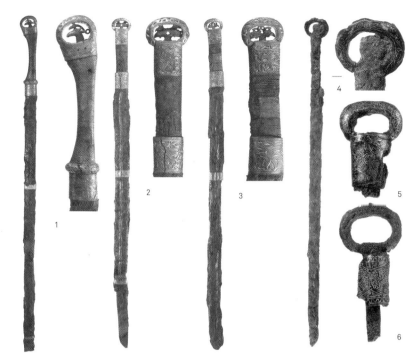

그림 291 환두대도 각종: 1~3. 합천 옥전 M3호분, 4. 고령 지산동 32NE-1호분, 5~6. 남원 월산리 M-1호분

환두대도(環頭大刀)는 환두에 아무 장식이 없는 철제 소(素)환두대도가 일반적이지만, 상위 위계의 고분에서는 환두에 은실을 감입(嵌入)한 철제 상감문(象嵌文)환두대도와 용이나 봉황문 장식이 있는 금장 또는 금동장 용봉문환두대도 등의 장식대도가 출토된다. 이와 같은 장식대도는 제작 기법과 무늬로 보아 백제의 영향으로 출현한 것으로 보이나 옥전 M3호분 출토품과 같이 5세기 후반기 오면 대가야에서 독자적으로 제작한 용봉문환두대도가 출현한다. 고구려의 장식대도를 수용한 신라와는 달리 대가야는 백제의 장식대도를 수용하였는데 이는 당시의 국제정세를 반영하는 것이다.

무기형 의기(儀器)로 판단되는 유자이기(有刺利器)가 가야지역에서는 함안과 합천 옥전 지역에서 출토되는데, 김해 양동리 고분군에도 출토 예가 있다. 함안지역에서는 가시를 새 모양으로 만들어 붙인 특징적인 것도 출토된다.

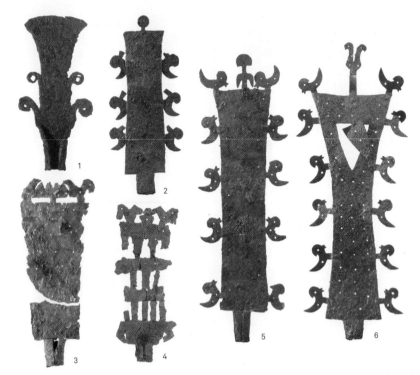

그림 292　유자이기 각종: 1. 고령 쾌빈리 1호 목곽묘, 2. 함안 도항리 3호분, 3. 합천 옥전 5호분, 4. 옥전 7호분,
5. 도항리 10호분, 6. 도항리 13호분

3 농공구

철기 제작 소재인 철정(鐵鋌)은 김해 대성동 고분군과 동래 복천동 고분군에서부터
집중 부장되었는데, 가야 고분의 철정은 지역에 따라 그 모양에 조금씩 차이가 있다.
금관가야의 철정은 양 단부가 직선적이면서 좌우 대칭을 이루며, 아라가야의 철정은
양 단부가 가볍게 내만한 것이 특징이다. 대가야의 철정은 양 단부가 직선적이나 좌
우가 정연한 대칭을 이루지는 않는다. 철정은 5세기 초 이후 금관가야지역에서는 부
장이 쇠퇴하고, 함안지역에서 부장량이 늘어난다. 5세기 후엽부터는 철정의 크기도
줄어들고 점차 부장되지 않는다. 함안과 합천 옥전 지역에서는 형태가 일정하지 않은
봉상(棒狀)철기가 출토되는데 이들도 철기 제작을 위한 소재로 판단된다.

　　철기 제작에 사용된 단야구(鍛冶具)로는 집게, 망치와 숫돌이 김해, 마산, 창원,
합천 옥전 지역의 고분에서 출토되었으며 그 부장 양상은 신라지역과 같다.

　　철제 농기구로는 U자형 삽날과 쇠스랑, 살포, ㄱ자형 자루가 꽂히는 호미, 낫

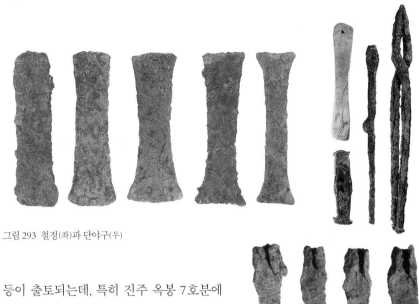

그림 293 철정(좌)과 단야구(우)

등이 출토되는데, 특히 진주 옥봉 7호분에서는 영남지방에서 유일하게 철제 보습이 출토되었다. 단면 사다리꼴의 주조철부, 단조철부와 유견철부, 손칼 등의 농공구도 출토된다.

한편, 대가야 권역에서는 특징적으로 실제 사용하기에는 너무 작고 날도 없는 축소 모형의 농공구가 고분에 부장된다.

그림 294 모형 농공구: 따비형(상, 고령 지산동 (영)1지구 18호분), 호미형(하, 고령 본관동 36호분)

4 마구

가야 마구의 재갈도 재갈쇠[銜]는 2연식이며 고식은 각각 2줄로 겹쳐 꼬았으나 신식은 꼬지 않은 1줄의 철봉으로 되었다. 고삐이음쇠[引手]도 고식은 끝이 삽자루 모양인 2줄식이고, 신식은 1줄식이다. 재갈쇠와 고삐 이음쇠 사이에 유환(遊環)을 사용하고 고삐이음쇠 끝에 표주박형 고리[引手壺]를 단 것이 많은데, 이는 신라와는 다르고 백제 마구와 통하는 것이다. 가야의 재갈도 재갈멈추개에 따라 표비(鑣轡), 판비(板轡), 환판비(環板轡), 원환비(圓環轡)로 나눌 수 있는데, 판비에는 재갈멈추개 판이 심엽형은 없고 타원형이 대부분이며 특히 하단 가운데가 위로 오목한 내만타원형이 많은 것이 특징이다. 또 f자형 판비도 줄토된다. 환판비는 타원형 절테 안에 재갈쇠를 걸기 위

그림 295 마구 각종(1): 1. 김해 대성동 2호분, 2. 동래 복천동 23호분, 3. 함안 도항리 54호분, 4. 대성동 1호분,
5. 고령 지산동 I-3호분, 6. 합천 옥전 M3호분, 7 옥전 5호분

한 X형 또는 ⊥형 대(帶)가 있는데 가야지역에서는 X형보다 ⊥형이 많다.

등자는 목심윤등자가 가장 많이 출토되지만 늦은 시기 고분에서는 철제등자와
목심호등(壺鐙)도 발견된다. 목심등자는 자루와 윤부의 특정 부위만 철판으로 보강
한 것이 많지만 늦은 시기 것은 전체를 철판으로 씌운 것도 있다. 늦은 시기 것은 발

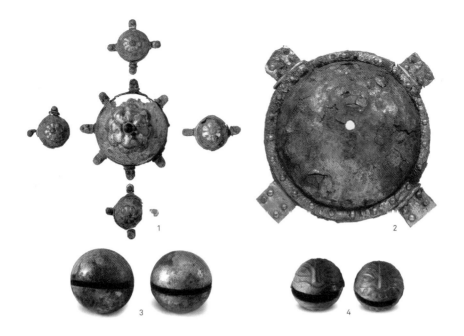

그림 296 마구 각종(2): 1. 의령 경산리 2호분, 2. 고령 지산동 45호분, 3. 합천 옥전 M3호분, 4. 합천 반계제 가A호분

을 딛기에 편리하고 또 미끄러지지 않도록 발 딛는 부분을 넓게 하거나 돌기를 부착 시킨 것이 많다. 고령·합천 지역에서는 자루 단면이 5각형인 목심등자가 출토되는 데, 이와 같은 것은 백제 등자에서도 볼 수 있다.

안장으로는 안교(鞍橋)의 앞·뒤턱[前·後輪] 가장자리에 끼웠던 철테[覆輪]가 주로 발견되는데, 합천 옥전 M3호분에서는 귀갑문(龜甲文)이 베풀어진 금동장 안교 앞턱 과 뒤턱이 출토되었다. 이 외에 김해 대성동 1호분, 고령 지산동 45호분, 함안 도항리 38호분과 39호분 등에서 안교 앞·뒤턱을 장식한 금동판 또는 철판 일부가 나왔다.

장식구는 심엽형 행엽(杏葉)과 검릉형(劍菱形) 행엽이 출토되는데, 심엽형은 신 라와 공통되는 것이지만 검릉형은 백제 고분에 예가 있다. 신라의 특징적인 편원어 미형(扁圓魚尾形) 행엽은 가야지역에서는 함안과 합천 옥전 지역에서만 출토되었는 데 최근 고령 지산동 73호분과 75호분에서도 출토되어 그 분포 범위가 확대되고 있 다. 합천 반계제 고분에서는 귀면문 청동방울이 출토되었다. 이 외에 띠의 교차점에 붙였던 발이 여러 개 달린 띠고정금구[辻金具]도 출토된다.

5 용기

1) 금속용기

그림 297 고령 지산동 44호분 동완

고령 지산동 44호분, 합천 옥전 M3호분·저포리 D1-1호분, 의령 경산리 2호분에서 동완(銅盌)이 출토되었는데, 굽이 달리지 않고 높이에 비해 입술 직경이 크며, 입술의 단면은 역삼각형이다. 입술 밑과 몸체 상반부, 그리고 바닥 가까이에 침선(沈線)을 돌렸다. 이와 같은 동완은 무령왕릉 출토품과 유사하여 백제계로 판단된다. 진주 수정봉 2호분 출토 동완은 이들과는 계통이 다르고 경주 분황사 출토품과 동일한 형태인 점에서 신라계로 추정된다.

2) 토기

가야 토기는 니질 태토로 물레를 사용하여 성형하고 1000℃ 이상의 고온을 낼 수 있는 등요에서 환원염으로 소성한 회청색 경질토기 위주이며, 삼국시대 토기 가운데 가장 경도가 높은 토기가 많다. 가야 토기는 크게 3세기 후반기에 출현하는 고식 도질토기, 즉 신라·가야 조기양식 토기와 4세기 후반기 이후의 낙동강 이서양식 가야 토기로 나누어 볼 수 있다.

고식 도질토기는 원삼국시대 와질토기에서 발전한 것으로 소형의 원저단경호(圓底短頸壺), 양이부(兩耳附)단경호 등 각종 경질 단경호가 먼저 출현하고 이어서 고배, 노형기대(爐形器臺), 소형의 통형(筒形)기대, 컵형토기, 광구소호(廣口小壺) 등으로 기종이 확대된다. 이 고식 도질토기는 다음 시기 신라 토기와 가야 토기의 실질적인 출발점이면서 전 영남지방에 걸친 공통양식으로 신라·가야 조기양식 토기라고 할 수 있는데, 다만 김해·부산지역만은 다른 지역과 구별되는 지역색을 표출하고 있다. 즉, 김해·부산지역에서는 다른 지역의 통형고배와는 구별되는 외절구연(外折口緣)고배가 유행하고 노형기대도 손잡이가 붙고 대족이 낮아 다른 지역과 차이가 있다. 이에 따라 김해·부산지역의 고식 도질토기를 다른 영남지방의 공통양식과 구별하여 금관가야의 토기 양식으로 설정하기도 한다. 이를 제외한 공통양식의 양식 교류 중

그림 298 고식 도질토기: 김해지역(상), 함안지역(하)

심지는 함안지역으로 보는 견해가 많다.

　낙동강 이서양식 가야 토기는 이 신라·가야 조기의 공통양식 토기가 4세기 후반기부터 낙동강 이동양식 신라 토기와 분화하기 시작하여 성립한 것으로, 5세기 이후가 되면 가야 토기와 신라 토기는 낙동강을 중심으로 완전 분립 상태가 된다. 가야 토기의 기종도 신라 토기와 같이 고배와 장경호가 중심이고 그 외 개배와 각종 단경호, 통형과 발형기대 등이 있다. 고배의 굽다리나 기대에 상하로 투공을 뚫을 경우 1열로 뚫어, 상하를 교차로 뚫은 신라 토기와 차이가 있고, 이른 시기 고배 뚜껑에는 유충문(幼蟲文), 기대에는 사격자문이 새겨지기도 하지만 가야 토기에 가장 많이 새겨진 무늬는 밀집 물결무늬이다.

　그런데 경주를 중심으로 양식적 통일성이 강한 신라 토기와는 달리 가야 토기는 전체를 하나의 양식으로 묶을 수 없을 만큼 지역색이 강하여 사실상 몇 개의 지역양식으로 존재하였다. 이를 함안양식, 진주-고성양식, 고령양식으로 구분하며, 이들의 분포지를 각각 아라가야, 소가야, 대가야의 정치적 세력 범위로 판단하고 있다.

　함안양식 토기는 고배의 굽다리 형태 등 고식 도질토기의 공통양식을 계승한 측면이 강하며, 2단투공 유개식 고배도 있지만 삼각형투창 고배, 화염형투창 고배, 고리형 파수가 붙은 고배가 특징이다. 장경호는 목이 밖으로 벌어진 무개식이 출토된다. 노형기대에서 발전한 발형기대는 대족이 좁고 긴 것이 특징이다.

그림 299 가야 토기: 함안양식(상), 진주-고성양식(중), 고령양식(하): 1. 함안 도항리 (문)38호분, 2·3. 함안 말산리 구34호분, 4·6. 진주 가좌동 1호분, 5. 마산 현동 64호분, 7. 고령 지산동 44호분, 8·9. 합천 옥전 M4호분

그림 300 상형토기: 1·2. 함안 말이산 34호분, 3. 함안 도항리 39호분, 4. 김해 능동 6호분, 5. 창원 다호리 B1호분

진주-고성양식 토기는 굽다리 하단에 돌대가 돌아가고 1단의 세장방형 투공이 뚫린 유개식 고배, 목이 심하게 밖으로 벌어져 구연부가 수평면을 이루어 수평구연호(水平口緣壺)라 부르기도 하는 장경호를 특징으로 한다.

고령양식 토기는 상하 1열 2단 투공고배와 유개식 장경호가 대표적이다. 시기가 내려가며 고배는 납작해져 소형화하고 장경호는 목이 직립하는 변화를 보인다. 여러 단의 삼각형 투창이 1열로 뚫린 발형기대도 고령양식 토기의 특징이지만, 뱀모양의 세로띠를 4줄 붙인 화려한 통형기대는 삼국시대 기대 가운데 압권으로 제사용 또는 의례용으로 사용되었을 것이다.

가야 토기 가운데에는 오리 모양, 집 모양, 기마인물상 등 상형토기도 출토된다.

6 자연 유물

가야지역에 해당하는 남해안 패총에서는 골제와 철제의 낚싯바늘, 작살과 함께 어패류 유체가 출토된다. 김해 대성동 2호분, 합천 옥전 M3호분과 같은 왕묘급 고분에 역자식 철제 작살이 부장된 것은 당시 어로활동이 중시되었음을 시사한다. 진해 용원 패총에서는 강치·소라·전복·참돔·감성돔·농어·상어 등을 포획한 것이 밝혀졌다. 내륙지방인 고령 지산동 44호분에서는 담수어인 누치가 토기에 담겨 부장되었고, 합천 저포리 B-20호분에는 어망추가 달린 그물이 부장되어 담수어로도 성행했음을 시사한다. 고령 지산동 34SE-3호분에서는 토막낸 대구를 고배에 담아 부장하였고, 고둥도 부장되어 해안의 물산이 멀리 떨어진 내륙으로 이동하였음을 알 수 있다.

가축으로는 김해 대성동에서 소뼈가 다수 출토했고, 부산 동래 패총에서는 집돼지 뼈가 출토했다. 닭뼈도 각지에서 출토된다. 말뼈는 동래 패총, 고령 지산동 44호분, 합천 반계제 가A호분에서 출토되었다.

그림 301 김해 대성동·양동리 고분군 출토 통형동기(상)와 대성동 13호분 출토 파형동기(하)

7 기타

1) 통형동기와 파형동기

통형동기는 창의 나무자루 끝에 꽂는 의기로 대나무 마디 모양이며 김해 대성동 고분군과 양동리 고분군, 동래 복천동 고분군에서 43점이 출토되었고 수집품까지 합하면 70여 점에 이른다. 파형동기는 원형으로 소용돌이 모양의 가지가 돌아가는 형태로 방패의 장식으로 판단되는데, 김해 대성동 고분군에서만 6점이 출토되었다. 이들은 과거에는 일본열도에서만 알려졌었는데, 이와 같이 금관가야지역 고분에서도 다수 출토되어 그 기원지에 대한 새로운 해석이 제기되고 있다.

2) 청동거울

가야지역의 3~4세기 고분에서는 중국계 거울이 출토된다. 김해 대성동 2호분과 양

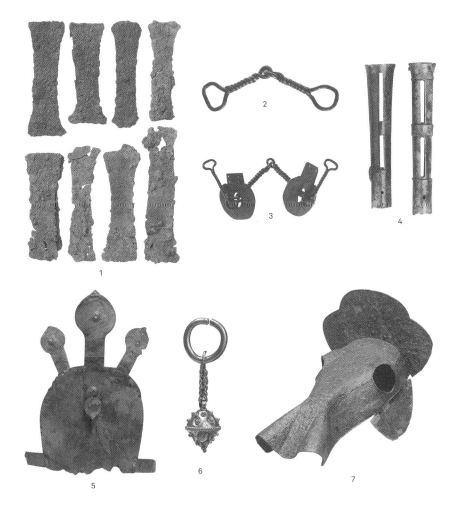

그림 302 일본열도 출토 가야계 유물

1~3. 효고(兵庫) 교자츠카(行者塚) 고분, 4. 나라(奈良) 니이자와센츠카(新澤千塚) 500호분, 5. 후쿠이(福井) 니혼마츠야마(二本松山) 고분, 6. 쿠마모토(能本) 모노미야쿠라(物見櫓) 고분, 7. 와카야마(和歌山) 오타니(大谷) 고분

동리 441호분에서는 박국경(博局鏡), 대성동 2호분에서는 부조식(浮彫式)과 세선식(細線式)의 수대경(獸帶鏡)이 그 예이다. 그러나 고령 지산동 45호분과 산청 생초 9호분의 주문경(珠文鏡)과 같이 5~6세기에는 왜경이 부장되었다.

참고문헌

공봉석, 2008, 「경남 서부지역 삼국시대 수혈건물지의 구들연구」, 『한국고고학보』 66, 한국고고학회.

_____, 2009, 「경남 서부지역 삼국시대 주거와 취락」, 『영남지방 원삼국-삼국시대 주거와 취락』 1, 영남고고학회.

곽장근, 1999, 『호남 동부지역 석곽묘 연구』, 서경문화사.

곽종철, 2003, 「가야의 생업」, 『가야고고학의 새로운 조명』, 혜안.

권오영, 1992, 「고대 영남지방의 순장」, 『한국고대사논총』 4, 고대사회연구소.

김건수, 1999, 『한국 고대-원시의 어로문화』, 학연문화사.

김두철, 2003, 「무기·무구 및 마구를 통해 본 가야의 전쟁」, 『가야고고학의 새로운 조명』, 혜안.

김세기, 2003, 『고분 자료로 본 대가야 연구』, 학연문화사.

김태식 외, 2004, 『가야, 잊혀진 이름 빛나는 유산』, 혜안.

류창환, 2007, 「가야의 마구에 나타난 전환기적 특징-전기가야 마구에서 후기가야 마구로」, 『가야와 그 전환기의 고분문화』, 국립창원문화재연구소.

박천수, 2003, 「지역간 병행관계로 본 가야고분의 편년」, 『가야고고학의 새로운 조명』, 혜안.

_____, 2007, 『새로 쓰는 고대한일교섭사』, 사회평론.

손명조, 2003, 「가야의 철 생산과 유통」, 『가야고고학의 새로운 조명』, 혜안.

신경철, 1989, 「가야의 무구와 마구-갑주와 등자를 중심으로」, 『국사관논총』 7, 국사편찬위원회.

_____, 1992, 「김해 예안리160호분에 대하여」, 『가야고고학논총』 1, 가야문화연구소.

안순천, 1996, 「소형철제농공구 부장의 의의」, 『영남고고학』 18, 영남고고학회.

유병록, 2009, 「삼국시대 낙동강 하류역 및 남해안 취락의 특성」, 『영남지방 원삼국-삼국시대 주거와 취락』 1, 영남고고학회.

이성주, 1998, 『신라·가야사회의 기원과 성장』, 학연문화사.

_____, 2003, 「가야토기 생산·분배체계」, 『가야고고학의 새로운 조명』, 혜안.

이주헌, 2000, 「아라가야에 대한 고고학적 검토」, 『가야 각국사의 재구성』, 혜안.

이한상, 2003, 「가야의 위세품 생산과 유통」, 『가야고고학의 새로운 조명』, 혜안.

이희준, 1995, 「토기로 본 대가야의 권역과 그 변천」, 『가야사연구-대가야의 정치와 문화』, 경상북도.

_____, 2003, 「합천댐 수몰지구 고분 자료에 의한 대가야 국가론」, 『가야고고학의 새로운 조명』, 혜안.

조영제, 2007, 『옥전고분군과 다라국』, 혜안.

조효식, 2008, 「영남지역 삼국시대 성곽의 지역별 특징」, 『영남고고학』 45, 영남고고학회.

차순철, 2003, 「단야구 소유자에 대한 연구」, 『문화재』 36, 국립문화재연구소.

홍보식, 2000, 「고고학으로 본 금관가야」, 『고고학을 통해 본 가야』 한국고고학회 학술총서 1, 혜안.

통일신라와 발해

통일신라

I 시대 개관

신라는 당나라와 연합하여 660년 백제를 정복하고 이어서 668년 고구려를 멸망시킨 다음 한반도에서 당나라 세력을 축출함으로써 삼국을 통일하였다. 그러나 통일신라의 영토는 중국 동북지방과 한반도 북부지방의 고구려 영토를 잃어버리고 한반도의 대동강과 원산만 이남으로 한정되었다.

문헌에서는 8세기 중기를 기점으로 통일신라를 중대(中代)와 하대(下代)로 구분하고 있다. 중대는 무열왕계가 왕위를 이어가며 정치적 안정을 이루고 이를 바탕으로 문화를 크게 발전시켰으나 하대는 내물왕계를 표방한 진골귀족들이 집권하여 중앙에서는 왕위를 둘러싼 귀족들의 분열이 심화되고 지방에서는 호족이 대두하여 후삼국시대를 맞게 된 정치적 혼란기로 평가된다. 신라는 935년 한반도에서 새로운 강자로 떠오른 고려에 투항함으로써 멸망하였다.

통일 이후 신라사회는 급격한 변동을 겪게 되고 그러한 변화는 고고학적 물질문화에도 그대로 반영되어 있음이 점차 밝혀지고 있다. 그러나 중대와 하대를 명확히 구분하여 대비시킬 수 있을 만큼의 조사와 연구는 아직 미진하다.

통일신라에서는 왕경이 체계적으로 정비되면서 도시공간이 확장되고, 궁궐·관아·저택·사찰 등의 건물과 도로·배수구·우물·담장 등의 생활 편의시설, 각종 생산시설이 경주라는 공간에 계획적으로 배치되었다. 경주 주위의 산록은 왕경 거주민의 생활을 위한 물품의 생산 공간, 그리고 분묘 공간으로 재편되었다. 기와 생산의 비약적 증가와 함께 기와건물이 급속히 늘어나고 곳곳에 불교사원이 세워지면서 왕경의 경관은 급격히 변모하였다. 무덤의 규모가 축소되고 화장과 장골기 매장 습속의 확산으로 지상에 거대한 봉토를 남기는 무덤의 축조는 줄어들었다.

행정제도의 정비로 인해 지방 곳곳에는 거점도시가 만들어졌고, 왕경과 지방도시는 도로망으로 연결되었다. 지방의 거점도시에는 각종 관아와 불교사원이 세워졌으며 토기·기와 등 생활용품을 생산하는 시설이 마련되었다. 철 생산시설은 철광석의 산지에서 운영되었으며 그 형태는 관영체제로 추정된다.

불교가 사회 전반에 걸쳐 큰 영향을 끼치면서 고고학적 물질문화에서도 많은 변화가 나타났다. 삼국시대처럼 고분에 부장하기 위해 다량의 토기를 생산하던 습속은 사라졌으며, 토기는 관아·성곽·취락·사찰 등 생활유적에서 출토되는 비율이 압도적으로 높다. 화장의 증가와 함께 외형을 화려하게 장식한 장골기가 등장하였으며 중국 도자기의 수입이 늘어나면서 이에 자극받아 연유도기의 생산도 증가하였다. 중국의 도자기나 금속용기를 모방한 토제와 금속제 용기가 등장하면서 새로운 기종과 기형이 나타났다. 왕족과 귀족, 지방의 주요 사찰에 기거하는 일부 승려들은 금속제 식기를 사용하기도 하였다.

한편 이 시기는 당과 밀접한 관계를 유지하면서, 서역·일본·발해와의 교류도 활발하게 진행되었다. 통일전쟁의 과정에서 신라와 당 사이에는 일시적으로 군사적인 충돌도 있었으나 8세기 이후에는 활발한 교류가 이루어졌다. 신라는 당에 사신을 파견하고, 승려와 학자 등 많은 신라인들이 유학하였는데 이들을 통하여 당의 선진 문물이 수입되었다.

신라는 서역과도 교류하였다. 서역인의 모습을 표현한 석상이 경주의 왕릉 앞에 서 있거나, 토용이 무덤에 부장되기도 하였다. 『삼국사기』잡지 색복(色服)·거기(車騎)·옥사(屋舍)조에는 해외에서 수입된 다양한 물품의 이름이 나타나 있는데, 특히 양모로 짠 양탄자와 같은 물품은 신라와 서역 간의 직접적인 교류의 결과인지, 당나라를 통한 교류의 산물인지 규명이 필요하다.

삼국통일 이후 신라와 일본 사이에는 경제교류가 활발히 진행되었다. 각종 신라 물품이 일본에 수출되었는데 당시의 양상은 일본 정창원에 소장되어 있는 금동가위·신라먹·신라금·숟가락 등의 존재를 통해 알 수 있다. 정창원에는 752년 일본을 방문한 신라인에게 물건을 사기 위해 일본인들이 매입 예정 품목과 가격을 적어 정부에 제출했던 문서인 매신라물해(買新羅物解)가 남아 있다.

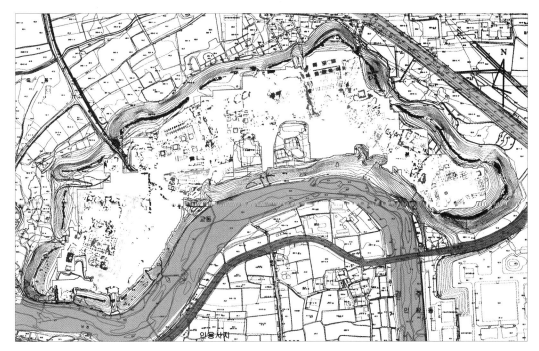

그림 303 경주 월성 유구배치도(지구물리탐사 결과)

II 유적

1 왕경과 지방도시

삼국시대 이래로 신라의 왕성이었던 경주 월성 내부에 대해 최근 지구물리탐사 방법으로 지하유구를 탐색한 결과 거의 빈 공간 없이 궁궐 건물이 있었던 것으로 밝혀졌다. 이들 중에는 회랑으로 둘러싸여 일정한 권역을 형성하고 있는 것도 다수이며, 유구들의 중복도 심하여 삼국시대부터 통일신라기까지 많은 궁궐이 세워졌던 것으로 판단된다.

신라시대 월지(月池)였던 것이 분명한 경주 안압지에서는 발굴조사 결과 내부에서 3개의 섬과 방향에 따라 직선과 곡선으로 쌓은 석축 호안이 드러났고, 막대한 유물이 출토되었다. 그리고 그 서쪽과 남쪽에서는 동궁(東宮)으로 판단되는 궁궐지가 발굴되었다. 『삼국사기』에는 문무왕 14년(674) 궁내에 원지(苑池)를 만들었고 19년에 동궁을 장건했다는 기록이 있다. 또, 월성 동남편의 현 국립경주박물관 터에서

그림 304 경주 왕경지구 위성사진(국립문화재연구소 2002)

는 남궁(南宮) 명문이 있는 기와가 출토되어 이곳에 남궁이 있었던 것으로 추정되며,
과거에 분황사 서쪽에서 조사된 바 있는 전랑지(殿廊址)는 통일신라 때 세워진 북궁
(北宮)이었을 것으로 판단된다.

　　경주시내 유적의 활발한 발굴조사로 신라 왕경에 대한 많은 고고학적 성과가
축적되면서 왕경의 기본구조와 시가지 확장 방식, 토지 분할, 인구 이동의 동향, 주
거공간의 배치와 규모, 크고 작은 가옥의 차이, 그리고 출토 유물을 통한 생활상 등
도 밝혀지고 있다. 왕경 내부 도로유적은 20여 개소 이상 조사되었는데, 이를 통해
왕경의 이방(里坊) 구획이 단계적으로 확장되었으며, 그 크기가 모두 균일하지는 않
았던 것으로 밝혀졌다. 또 황룡사지 동남편에서는 왕경 내부 도시구획의 최소 단위

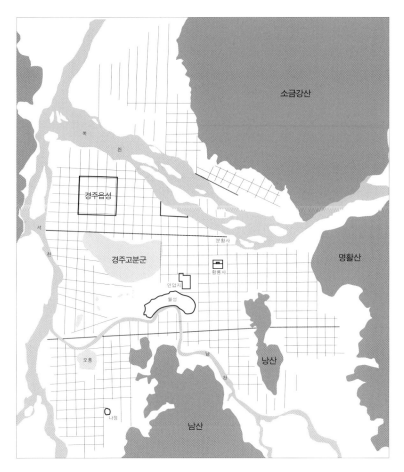

그림 305 경주 신라 왕경 복원도(이은석 2004)

인 방(坊)의 실체가 드러났다. 동서남북 방향으로 달리는 도로에 의해 구획된 방형의 공간은 통일 이전에 형성된 공간을 계승한 것으로 보이는데 동서 172.5m, 남북 167.5m로서 담장으로 둘러져 있었으며 내부 면적은 약 8,000평에 달하였다. 내부에는 19동의 가옥이 질서 정연하게 배치되어 있었는데 그 배치와 규모에서 차이가 보여 『삼국사기』옥사조 내용과 비교할 수 있는 발판이 마련되었다. 이 밖에 종교 관련시설, 우물과 화장실, 골목길 등이 확인되었다. 방을 감싼 도로는 폭 15m 이상의 대형, 10m 내외의 중형, 5m 내외의 소형으로 나뉘는데 자갈·모래·점토를 다진 위에다시 자갈을 3~5cm 두께로 깔았으며, 수레바퀴 흔적이 남아 있다.

경주 구황동 분황사 서쪽과 용강동에서는 내부에 섬이 있는 연못형의 원지가

그림 306
경주 황룡사지 동편 신라 왕경
유적(상)과 유구 분포도(하)

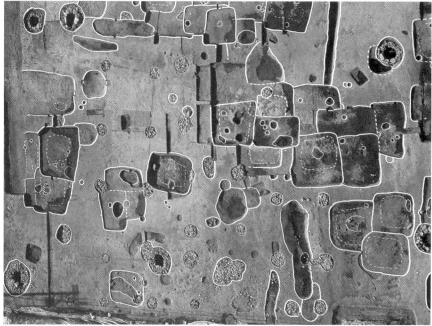

그림 307 상주 복룡동 유적 3지구 전경(상)과 유적 세부(하)

발굴되었으며, 유상곡수(流觴曲水)의 연회 장소로 알려진 경주 남산 서록의 포석정에
서는 주변에서 큰 건물터와 제기들이 발굴되어 국가적인 제사의식을 행하던 장소였
다는 주장도 제기되었다.

　　신라 왕경은 당 장안성을 부분적으로 수용한 것으로 알려져 있지만 이와 같이
이방제의 구체적인 내용, 시간의 흐름에 따라 왕경의 경관과 도시 기능이 변모한 보

습이 점차 밝혀지고 있다. 나아가 앞으로 급수와 배수, 연료의 공급, 쓰레기와 분뇨의 처리 방식 등 환경과 위생의 전반에 대한 연구도 이루어져야 할 것이다.

지방도시인 5소경은 왕경을 지방에 축소하여 만든 것이지만 구체적인 내용은 알려진 것이 별로 없다. 최근에는 5소경 이외의 지방 도시유적이 조사되기 시작하였다. 상주 복룡동과 대구 동천동에서는 수혈가옥·고상가옥·우물·도로·소규모 쓰레기 매립장 등이 확인되어 지방도시의 구조와 지방민의 생활상을 복원할 수 있는 단서가 마련되었다. 이 외에도 달성 죽곡리와 기장 철마 고촌, 진주 무촌리 등지에서 통일신라의 도로유구가 조사되어 향후 중앙과 지방, 지방과 지방을 연결하는 교통망에 대한 연구가 기대된다.

지방의 취락에서는 여전히 수혈 주거지가 일반적인데 부뚜막에서 옥외로 빠지는 돌로 만든 외줄 구들이 설치되는 것이 보통이다.

2 관방유적

통일 이후에도 외침과 반란에 대비해 관문과 요충지의 축성과 증개축은 계속되었다. 고구려와 백제는 멸망하였지만 한반도에 침입한 당나라 세력을 몰아내기 위한 전쟁이 한창이던 문무왕 12년(672)에 한산주에 주장성이, 13년(673)에는 경주시 동북쪽에 북형산성이 축조되었다. 주장성의 위치는 현재의 경기도 광주 남한산성으로 추정되는데 발굴조사 결과 정면 53.5m(14칸), 측면 17.5m(4칸)의 초대형 건물지가 발견되었으며 이 건물에 올린 기와는 길이 64cm, 무게 19kg에 이르는 초대형이었다.

통일전쟁이 마무리된 이후에도 전략적 요충지와 변경, 해안 지역에서는 성곽의 신축과 증개축이 계속되어 722년에는 경주 동남쪽에 관문성이 축조되었다. 한산주의 중요 성곽이면서 중국으로 가는 길목에 위치한 화성의 당성은 초축 연대는 알 수 없지만 통일신라시기에 중요한 성으로 기능하였음이 발굴조사 결과 확인되었다.

이 시기에 쌓은 성은 대부분 석성으로서 장방형의 할석에 일부 자연석을 혼용하여 쌓았는데, 지형에 따라 축조 방법을 적절하게 달리하였다. 그러나 통일신라의 성은 통일 이전의 것을 부분 수축하거나 증·개축해 통일 이전과 이후의 차이가 명확하지 않은 경우가 많다.

그림 308
광주 남한산성 대형 건물지(상)와
출토 기와(좌하: 통일신라, 우하: 조선)

3 생산유적

1) 철기

통일신라의 철 생산유적으로는 밀양의 금곡, 삼랑진 큰검세, 양산의 범어·가촌·외화 유적 등 낙동강 동안과 그 지류 유역에서 발견되었다. 이들은 철광 산지에서 가깝고 강을 통해 생산품의 운반이 편리한 곳이다. 양산 범어·가촌 유적에서는 제련과 관련된 유물이 출토되었다. 구조와 발견된 유물로 보아, 여러 가지 제련 기술이 사용되었고 대량 생산체제로 운용되었다고 추정된다.

2) 청동기

통일신라에서는 다양한 청동기가 관영 또는 사영 공방에서 제작되었으나, 청동기 생

그림 309 경주 동천동 유적 흙벽돌 벽체(좌상, 중)와 청동 주조공방 유구 및 세부(우상, 좌하), 관련 유물(우하)

산과 관련, 채광이나 선광과 관계된 유적은 알려진 바 없다. 주조유적의 경우는 1990년대 이후 왕경 유적의 조사과정에서 공방시설과 관련된 유물이 알려지며 활기를 띠게 되었다. 청동기 생산 공방으로는 경주시 동천동 7블록의 도시유적 내에서 확인된 제련로를 들 수 있다. 한편 경주 감은사에서 발견된 주종유구의 존재를 고려할 때 범종과 같은 불교유물의 제작은 사찰 내에서 진행된 것으로 보인다.

3) 토기

통일 이후 지역에 따라 약간의 차이는 있지만 전국적으로 토기의 기종과 문양에서는 통일성이 확대되었다. 이는 지방의 토기 생산체제와 운영이 중앙과 연결되었음을 의미한다. 중앙의 공인이 지방에 파견되어 중앙의 토기 제작 기술이 확산되었을 가능성도 있다. 이 시기의 가마유적은 경주 화곡리·망성리·손곡동·물천리, 김해 삼계동, 달성 서제리, 보령 진죽리, 영암 구림리, 용인 성복동, 공주 가교리 등에서 조사되었다.

왕경 주변 지역의 토기가마는 수십 기 이상이 군을 이루는 대규모 생산시설이다. 경주 화곡지구의 자연 수로에서 출토한 토기는 안압지 출토품과 동일한 각종 인화문으로 장식되었다. 이곳 가마에서 생산된 제품이 왕경에 공급되었고, 토기에 새긴 명문을 볼 때 관요의 형태로 운영되었을 가능성이 있다. 일상생활에 사용되는 토기는 별도의 가마에서 만들었을 가능성이 있다.

지방에서 운영된 토기가마는 1기만 독립적으로 분포하는 예와 4~5기가 군을 이루는 예가 있다. 후자의 경우라도 4~5기가 동시에 운영된 것은 아니고 2~3기 단위로 운영되었을 가능성이 높다. 지방 가마에서는 완과 합을 중심으로 한 일상생활 용기가 생산되었다.

가마의 구조는 대부분 등요이며, 평면 형태와 소성부 및 연소부 구조에서 약간의 변화가 있다. 대체로 길이 500cm 이하, 너비 200cm 이하로 길이에 비해 너비가 넓고 짧은 편이다. 소성실 바닥에는 이상재(離床材)로 쓰인 기와편이 출토되는 사례가 많다. 연소부와 소성부 경계에는 적석시설이 있는데 이것은 소성 시 용이한 온도 조절과 완성품의 반출 시 요체 손상을 막기 위한 시설로 보인다.

서울 사당동 유적에서 출토된 토기 중에는 〈○○縣器村(○○현 기촌)〉이라는 명문이 남아 있어서 전업적으로 토기생산에 종사하던 공인들로 이루어진 마을의 존재 가능성을 보여준다. 보령 진죽리 요지와 영암 구림리 요지처럼 9세기 이후에는 소성도가 매우 높은 경질토기가 대량 생산되었는데, 이를 생산한 가마의 구조 및 고려 도기가마와 청자가마와의 관계에 대한 연구가 필요하다.

4) 기와

통일 이후 왕경에 수많은 건물이 건립되며 왕경 주위의 산곡에는 기와가마가 빽빽이 들어섰다. 왕경에서 8km 이내에 위치하며 풍부한 물과 땔감, 양질의 태토 등이 갖추어진 곳에서 기와의 생산이 이루어졌다. 현재 확인된 기와가마는 천북면(물천리, 신당리, 화산리), 내남면(망성리, 화곡리), 현곡면(하구리, 금장리) 지역에 밀집 분포하고 있다.

지방의 주요 도시에서도 통일신라 기와가마가 발견되는데 대표적인 것으로는 보령 천방, 익산 미륵사지, 청양 본의리, 상주 청리, 안동 정상동, 울산 대곡리, 서울 진관동 유적 등을 들 수 있다.

기와 생산에 대한 연구는 주로 왕경 주위 가마의 분포조사와 더불어 특정 요지 제작품의 출토 사례 분석을 중심으로 이루어졌다. 이를 통해 왕경 주위에서 생산된 기와가 왕경의 주요 시설물에 공급되었음을 확인할 수 있었다.

기와가마는 여러 기준에 따라 다양하게 분류되지만, 가장 많은 것은 반지하식 의 등요로서 소성실은 경사져 올라가며 적석화구(積石火口), 단공식(段孔式) 연도가 특징적이다.

4 고분

왕경에서는 8~9세기까지 비교적 많은 고분이 만들어졌지만, 통일 이후 지방에서는 고분의 축조가 크게 감소하여 수십 기 이상으로 이루어진 고분군은 거의 보이지 않게 되며 소수의 무덤으로 구성된 고분군만이 만들어졌다.

매장시설로는 횡혈식석실분·횡구식석곽분·수혈식석곽묘·토광묘·장골기 등 이 있다. 횡혈식석실분과 횡구식석곽분은 이미 통일 이전부터 거의 모든 지역에서 광범위하게 사용하던 매장시설로서, 대부분 봉토로 덮여 있다. 횡구식석곽분은 횡 혈식석실분의 무리 속에 소수로 존재하며 소형인 경우가 많다. 석실에는 2~3구의 주검이 안치된 예가 많은데 부부나 가족의 성원이 추가장된 결과이다. 토광묘도 수 적으로 많지는 않지만 계속 사용되었다. 한편 불교의 성행과 함께 화장의 보급은 장 골기의 확산을 가져왔다. 장골기는 단독으로 발견되는 경우도 있고 석실분군 속에 섞여 있는 경우도 있다.

경주에서 횡혈식석실분은 시내 평지에도 일부 존재하지만 대부분은 경주 분지 를 둘러싸고 있는 산록에 대소 고분군을 형성하고 있다. 봉토 직경 10m 이상의 큰 무덤이 많으나, 그 규모는 통일 이전보다 현저하게 줄어들어 직경이 25m를 넘지 않 으며, 높이는 5m 이내이다. 봉토의 평면형은 원형이 기본이나 구정동 방형분은 예외 적으로 방형이다. 봉토의 가장자리로는 깬돌로 호석을 쌓았다. 석실은 깬돌로 쌓았 으며 평면 방형, 궁륭상 천정이 일반적이고, 석실의 남쪽으로 둔 연도는 우편재와 좌

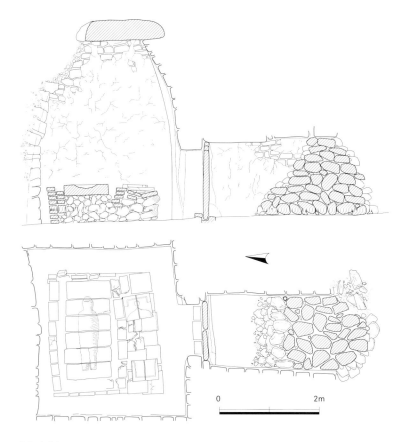

그림 310 경주 쌍상총

편재도 있지만 점차 중앙연도로 통일되어 갔다. 시기가 내려오면 연문(羨門) 구조가 발달하여 두짝의 돌문이 달리고 연문 앞쪽의 비도(扉道)가 길어져 2단 연도를 이룬다. 석실 내부 벽면은 회를 바른 것이 많으나 벽화가 발견된 예는 없다. 다만 경주 남산 서록에 위치한 전 신덕왕릉(神德王陵)에서 회를 바른 석실 벽면 하단을 병풍을 두른 것처럼 구획하여 채색한 것이 발견되었을 뿐이다.

석실 내부에는 시상이 높게 설치되었고, 시상 위에는 돌을 깎아 만든 두침(頭枕)과 족좌(足座)가 놓여 있는 예가 있다.

통일신라 고분은 박장화되어 부장품은 많이 발견되지 않는데, 경주 황성동 고분과 용강동 석실분에서는 석실 내부에 배치한 도용(陶俑)이 발견되었고, 또 용강동 석실분 내부에는 방위에 따라 정농 12지상이 배지되어 있었는데 이와 같은 예늘은

그림 311 경주 용강동 고분과 도용

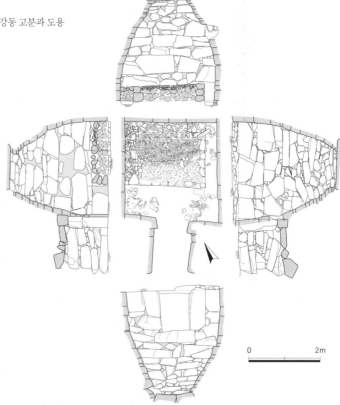

0   2m

그림 312 경주 괘릉

중국의 매장 습속을 받아들인 것으로 판단된다.

경주 시가지 주위의 산록과 평지에는 왕릉이라 전해 오는 무덤이 여럿 있다. 통일신라 왕릉들은 대체로 하나씩 독립해 있으며, 전 신문왕릉은 평지에 있지만 대개는 평지에서 구릉이 시작되는 지점에 있다. 이 왕릉들도 내부구조는 횡혈식석실로 추정되며, 봉토 하부의 호석시설이 12지상을 조각한 판석조 호석에 돌 난간을 두른 구조로 발전하였다. 또 왕릉 앞으로 상석(床石), 돌사자, 문·무인석, 귀부(龜趺)와 비석을 배치한 능역(陵域)을 조성하기도 하였는데, 38대 원성왕(785~798)의 능으로 추정되는 경주 괘릉에서 그와 같은 모습을 잘 볼 수 있다. 전 김유신 장군묘에서는 판석조 호석에 새겨진 12지상 외에 봉분 주위로 배치한 납석제 12지상이 발견되기도 하였다.

화장묘는 통일 이후 왕경 주위의 산록에 집중적으로 조영되고, 8세기 이후 지방에도 퍼지며 군집 양상을 띠기도 한다. 화장묘는 뼈를 담는 용기와 그것을 감싸는 용기로 된 이중형과 뼈만 담은 용기로 된 단일형으로 구분된다. 다양한 화장묘의 성격과 그 확산의 사회적 배경과 이유 및 장법 차이에 따른 피장자의 신분 문제에 대한 연구는 아직 이루어지지 않았으며, 화장이 이루어진 장소인 화장유구도 아직 발견되지 않았다.

그림 313 경주 전 김유신묘(좌)와 십이지상(우)

그림 314 경주 출토 장골기(상)와 공주 정지산 출토 화장묘(하)

5 신앙유적

1) 절터

경주 일대에 대한 지표조사에서는 180여 개소의 신라 사찰터가 확인되었을 만큼 많은 사원이 조영되었으나 현재 20여 곳 정도의 절터만이 조사되었다. 그 중 사원 전체의 가람배치를 파악할 수 있을 정도의 조사가 이루어진 것은 감은사지·고선사지·황

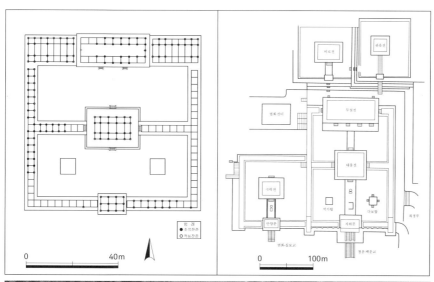

그림 315 경주 감은사지(좌상)와 불국사(우상) 가람배치도 및 불국사(하)

그림 316 경주 나정유적(상)과 청원 쌍청리 다중환호유적(하)

룡사지·분황사지·사천왕사지·미륵사지 등이다.

통일 직후에서 8세기까지는 평지 또는 평지성 구릉에 사찰이 세워졌는데 가람 배치는 사천왕사·감은사와 같은 쌍탑 1금당식이 기본이지만, 고선사지는 금당원(金堂院)과 단탑의 탑원(塔院)이 분리된 2원(院)식이고 불국사는 대웅전 권역 외에 극락전 권역이 따로 설치된 2원식이다.

9세기에는 지방 곳곳에 사원이 창건되었으며, 특히 선종사상의 유행과 함께 깊

그림 317 경주 왕경지구 건물지 지진구 노출 상황

은 산골에 산지가람이 세워졌다. 산지가람은 삼국시대 이래의 평지가람과는 달리 탑과 금당의 배치가 자유로워서 그 조합으로 가람배치를 설명하기 어렵다. 이와 같이 통일기의 사원은 지형에 따른 분류보다는 탑과 금당의 중요도 변화와 같은 구조적 특징의 연구가 신앙 대상의 변화나 예배 대상의 차이 등을 이해함에 도움이 될 것이다.

2) 제사유적

왕경에서는 경주 나정유적에서 초기철기시대와 삼국시대 유구 위에 통일기의 담으로 둘러싸인 8각형 건물지가 발견되어 국가나 왕실의 중요 제의시설이 있었을 것으로 판단되고 있다.

지방의 제사유적으로는 제주도 용담동 유적, 울릉도 현포리 유적, 하남 이성산성 팔각건물지, 해남 월출산 유적, 부산 정관 달음산 유적 등이 알려져 있다. 삼국통일 이후 불교가 깊숙이 침투하며 전통적 제의체계에 큰 변화가 일어났다고 추정되는데, 삼국시대 제사유적에서 보이는 다양한 유물 대신 토기와 토마(土馬), 나무인형, 묵서목간(墨書木簡) 등이 훼기(毀棄) 또는 폐기된다. 특히 묵서로 행위를 표현하거나 말 모양 토우를 제사 공헌품으로 사용하는 현상이 두드러진다. 또한 나무나 돌로 남근(男根)을 사실적으로 만드는 등, 제사유물에 변화가 나타난다.

한편 청원 쌍청리에서는 9세기경에 해당되는 다중환호(多重環濠)유적이 발견되었다. 7줄의 환호로 둘러싸인 내부 공간에서 모종의 제의가 이루어졌을 것으로 추정되는데 발견된 기와 중에는 〈村主(촌주)〉나 〈管(관)〉 등의 문자가 새겨진 기와가 있기 때문에 서원경과 촌주의 관계를 해명할 실마리를 제공해 준다.

통일신라시대에는 지신에게 제사를 지낸 후 매장한 지진(地鎭) 또는 진단(鎭壇) 유구와 유물이 증가한다. 세우고자 하는 건물의 성격이나 종교적 차이에 따라 지진 의식이나 매납품의 종류가 달랐을 수 있다.

III 유물

1 금속기

1) 장신구

박장과 화장의 풍습이 유행함에 따라, 무덤에 화려한 장신구를 착장한 채로 시신을 매장하는 풍습은 사라지게 된다. 당식과대(唐式銙帶)의 대금구가 중앙과 지방의 무덤에서 다수 출토되었는데 재질은 철과 청동으로 나뉜다. 당식과대는 소형의 무덤에서도 출토

그림 318 당식과대: 부여 부소산성 복원품(상)과 경주 장군로(하)

되기 때문에 이를 착용한 자가 반드시 높은 신분의 귀족이었다고 보기는 어렵다. 삼국시대에 등장한 가랑비녀도 널리 사용되는데 무덤보다는 경주 왕경 유적 등 생활유적에서 나오는 빈도가 높다.

한편, 이 시기의 장신구나 귀금속품은 대부분 사찰의 석탑에 모셔진 사리장엄구나 지진구, 진단구의 형태로 출토되었다. 종류는 유리병, 은제합, 원반형 수정, 마

노·수정·비취제 곡옥, 수정옥, 유리옥, 금동장식
판, 거울, 귀걸이, 대금구 등이 있다. 황룡사를 비
롯하여 통일 직전 시기의 불탑에서 출토된 장신구
의 종류와 형태는 이전의 적석목곽분이나 횡혈식
석실분에 부장된 것들과 동일하다. 따라서 고분에
장신구를 부장하던 전통이 불교신앙의 수용 이후,
사리장엄구나 지진구, 진단구의 형태로 계승되었
음을 알 수 있다. 이 외에도 안압지에서는 빗, 금동
옷걸이, 발[簾]걸이 등 건축물에 소요된 생활용품
이 발견된 바 있다.

그림 319 금속제 식기(경주 안압지·익산 미륵사지 등, 상)와 쇠솥(용인
언남리 유적, 하)

2) 식기

왕경에 위치한 귀족의 가옥이나 지방의 관청, 그리
고 큰 사찰에서는 금속제 식기의 사용이 확산되었
다. 특히 구리에 주석을 섞어 만든 놋그릇[鍮器]이
널리 사용되었는데 그 종류는 굽달린 완, 굽이 없
는 완, 접시, 병 등 다양하다. 놋그릇을 만들던 공방
터가 왕경에서 발견되어 중앙의 관영 공방의 운영
방식을 보여준다. 다리가 3개 달리거나 혹은 없는
쇠솥도 이 시기에 많이 사용된다.

3) 생산도구

통일신라의 생산도구는 기본적으로 삼국시대의
생산도구를 발전적으로 계승한 것이다. 다만 삼국
시대에는 각종 생산도구가 무덤에 부장된 데 비하

그림 320 용인 언남리 유적 출토 철제 농기구 각종

여 왕경, 지방도시나 산성, 제사유적 등에서 출토되는 빈도가 높아진 점이 다르다.

농기구로는 철제 우경구(牛耕具)와 삽날, 쇠스랑, 낫, 호미 등이 널리 사용되었
다. 특히 보습과 볏으로 구성된 우경구는 통일신라 이후 자료가 급증하는데 중앙의
왕경 유적, 지방의 거점 도시나 군진 소재지에서 줄토되고 있다. 축력을 이용한 본격

적인 우경의 보급을 의미하는 자료이다.

이러한 농기구는 자물쇠, 초두 등과 함께 매납된 상태로 발견되는 예도 있는데, 용인 언남리 유적에서는 많은 양의 철제 볏과 보습이 각종 철제품과 함께 매납된 수혈이 조사되었다.

그림 321 사리기: 경주 감은사(좌), 선산 도리사(우)

4) 불교 관련 금속기

통일신라시대의 불교 관련 조각품은 범종, 불상, 석탑, 부도, 석등과 같은 석조품과 다양한 금속기가 있다. 상원사 동종, 성덕대왕신종과 같은 범종은 통일신라 시기의 금속기 중 가장 클 뿐만 아니라 당대의 과학기술 수준을 총체적으로 반영하고 있다는 점에서 매우 중요하다. 6세기 중엽 황룡사에서 시작된 삼국시대의 사리장엄 봉안은 통일신라에 들어와 더욱 증가한다. 7세기 후반부터 8세기 전반에는 장송의례의 상여를 불교식으로 번안하여 금판이나 금동판으로 만든 전각(殿閣)형 내·외함 속에 사리를 유리병에 넣어 봉안하였다. 칠곡 송림사, 경주 불국사 석가탑, 감은사지 석탑 등의 사리기가 대표적인 예이다. 8세기 후반에서 9세기에는 납석제 사리호, 금속제의 당(堂)형, 금속병(甁) 등 다양한 형태와 재질의 사리기가 추가된다. 이러한 변화는 당나라의 사리장엄구 변화 양상과 연동되기 때문에 중국과의 문화교류를 보여주는 좋은 예이기도 하다.

한편, 창녕 말흘리의 퇴장유적에서는 부(釜), 정(鼎), 초두 등 다양한 금동·청동 용기류와 함께 금동 풍탁·귀면·불상이 새겨진 투조금동판 등 여러 가지 불교공예품이 출토되었다.

2 토기

고분 부장품으로서의 기능이 강조되던 삼국시대 토기와 달리 통일신라의 토기는 실용성이 크게 강화되었다. 기종에는 대각이 달린 장경호, 합과 완, 장경병 등이 있는데,

그림 322 창녕 말흘리 유적 출토 금공품 각종

그림 323 경주 왕경지구 출토 토기 솥(좌)과 주전자(우)

짧은 대각과 인화문이 중요한 특징이다.

통일신라 토기는 기능 면으로 식기 및 조리기 등의 생활용기, 분묘 부장용기 및 장골기로 구분할 수 있다. 이 중 생활용기가 가장 다양하고, 출토량도 많다. 삼국시대에 비해 식기의 형태가 다양해지는데, 고배가 사라지고 완과 합의 빈도가 높아지는 것은 식문화의 변화를 반영한다. 조리용기인 시루는 통일신라에 들어와 형태가 변해 평저가 주종을 이루게 되고 이러한 형태는 고려, 조선으로 계승된다. 완과 합은 통일신라기의 대표적인 식기로서, 뚜껑과 몸체에 문양이 있는 것과 없는 것이 있다.

장법의 변화로 무덤에 부장되는 토기는 유개합, 병, 완 정도에 그치게 된다. 부장용 토기에는 연속마제형문(連續馬蹄形文), 점열지그재그문, 국화문 등 비교적 단순한 무늬가 시문되는 데 비해 장골기는 분묘 부장 토기보다 세련되고 장식성이 뛰어

그림 324 경주 출토 인화문토기(안압지, 상)와 장골기(민애왕릉, 경주 출토, 남산, 하) 각종

낳다. 장골기로는 유개합이 단독으로 또는 전용 골호의 내용기로 사용되었고, 전용 골호인 연결고리유개호가 외용기로 사용되었다. 그 밖에 뚜껑 달린 대부직구호, 병, 유개호 등이 골호로 사용되었으며, 전용 골호에는 화승문(花繩文), 영락문(瓔珞文) 등 여러 가지 복합문과 지그재그문·꽃무늬·새무늬 등으로 화려하게 장식되었다.

통일신라 토기에서 인화문은 8세기 전반기까지 크게 성행하였으나 8세기 후반기부터는 쇠퇴하여 무문화되어 갔는데, 완전 무문화된 〈元和十年(원화10년)〉(815) 명 골호, 즉 연결고리유개호는 그와 같은 과정을 말해준다. 또 통일신라 후기에 오면 대형 동체의 병형토기, 사각병 등 각종 편병, 주름무늬 대·소병 등 새로운 기종들이 다수 출현한 것을 안압지나 보령 진죽리 및 영암 구림리 요지 출토 토기를 통해 알 수 있다.

한편 통일신라에서도 녹유와 같은 연유계 도기나 와당도 제작되었지만, 당에서 수입된 도자기가 경주 안압지와 황룡사지, 왕경 내 가옥, 부여 부소산성, 익산 미륵사지, 완도 청해진 등 왕경과 지방의 사찰, 중요 거점 유적에서 출토되고 있다. 중국 도자기 수입은 9세기대에 집중되는데, 당나라 말기의 월주요(越州窯)계 해무리굽 완과 대접이 주류이다. 당시 왕경 및 지방의 귀족층 사이에서도 금속용기와 함께

그림 325 통일신라 후기 토기 각종: 1·2·7·8. 영암 구림리, 3~6. 보령 진죽리, 9~11. 경주 안압지

그림 326
수입 도자기 각종: 청자(좌상), 당삼채(우상), 청자(좌하) 및 백자(우하) 해무리굽 완

그림 327 기와 각종: 암막새와 모서리 기와(상), 수막새(좌중), 부연와와 연목와(우중), 곱새기와(좌하), 귀면와(우하)

생활용기로 애용되었겠지만, 선종 불교와 함께 차를 마시는[飮茶] 풍습이 유행하면서 다기(茶器)의 수요가 많았기 때문으로 판단된다. 이와 같은 도자기의 수요로 인해 늦어도 10세기에는 한반도에서 청자와 백자가 생산되기 시작하여 고려청자로 발전하여 갔다.

3 기와 및 전돌

통일신라 기와에 대한 연구는 가마의 구조, 수막새 동범와(同范瓦)를 통한 수급관계, 평기와 및 와당의 제작 기법 등을 중심으로 이루어졌다. 건축물의 사용 기간은 길기 때문에 처음 축조할 때 사용한 기와는 부분적으로 교체되면서 신구 제품이 공존하므

그림 328 경주 출토 전돌 각종: 1. 조로2년명, 보상화문(안압지), 2. 보상화문(황룡사지), 3. 녹유(석장사지),
4. 탑상문(석장사지), 5. 누각문(경주 출토), 6. 수렵문(경주 출토)

로 고고학적 발굴조사 과정에서 출토된 기와의 세부편년은 쉽지 않다. 기와가 건물
지, 가마터, 분묘 등에서 토기와 공반되는 사례가 늘어나는 만큼, 기와의 편년 연구는
토기에 대한 연구와 병행해 이루어질 필요가 있다.

통일신라 평기와의 제작에는 원통와통을 주로 사용하였지만 점토띠가 아니라
점토판 소지로 성형하였으며, 타날판의 길이가 길어지고 문양은 어골문과 사격자문
이 주종을 이루었다. 아울러 문자를 새긴 타날판이 널리 사용된 특징도 있다.

수막새의 무늬는 삼국시대 이후 연화문이 계속 발전하였는데 복잡하고 화려한
무늬가 등장한다. 특히 중판(重瓣)연화문의 출현이 이 시기의 가장 큰 특징이다. 이

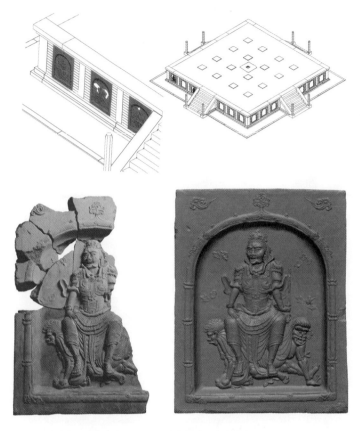

그림 329 경주 사천왕사지 동탑지 복원도(상), 녹유신장상 전돌과 복원도(하)

밖에 보상화문, 당초문, 사자문, 기린문, 쌍조문 등이 있다. 암막새는 삼국 말~통일 초부터 사용하기 시작하였으며 무늬는 당초문을 공통 문양으로 삼고 인동문, 구름 문, 보상화문, 포도문 등이 결합되는 형태를 취했다.

암·수키와 외에 지붕 각 부위에 쓰이는 부속 기와와 특수 기와, 연목와, 부연와, 곱새기와 등 각종 장식기와도 발생하여 크게 유행하였다.

전돌은 바닥전, 벽전, 기단전으로 구분되는데 바닥전이 가장 많다. 문양은 보상 화문과 연화문이 주류를 이루며 용문, 누각문, 수렵문, 불상문, 불탑문 등 특수한 문 양이 시문된 것도 있다. 경주 안압지에서는 〈調露二年(조로2년)〉(680)명 보상화문전 이 출토되었다.

한편 경주 사천왕사지에서는 과거에 사천왕상을 새긴 것으로 판단된 대형의 녹유전 파편들이 출토된 바 있는데, 최근 발굴 결과 각각 상호가 다른 3종류의 신장 상을 새긴 녹유전을 목탑 기단 한 면마다 중앙의 계단을 중심으로 양쪽에 각각 한 벌씩, 모두 합하여 24개를 세운 것으로 밝혀졌다. 이 녹유신장상 전은 목탑의 기단장식으로 쓰인 것도 이례적이지만 그 조각 수법이 걸출한 명작으로 평가되고 있다.

나말여초기의 고고학

나말여초기란 통일신라 말에서 고려 초기까지의 전환기를 가리킨다. 구체적인 시점에 대해서는 다양한 견해가 있지만 대개 진성여왕대 이후 전국적인 반란(899)부터 고려 왕조의 성립과 성종의 즉위(981)까지를 이 시기로 보는 점에서는 공통적이다.

이 시기는 왕권을 향한 중앙의 진골귀족 간의 항쟁의 여파로 지방에서 호족이 대두되고 농민봉기가 거세게 일어나던 시기이다. 종교적으로는 중앙의 교종을 대신하여 선종과 미륵신앙이 유행하였다. 따라서 중앙의 고분이나 사찰 못지않게 지방 호족의 고분, 그들과 연결된 사찰이 중요한 의미를 지니게 된다.

후삼국이 정립하면서 후백제와 태봉, 고려는 각기 관방시설과 도성을 건설하였다. 그 결과 철원에는 태봉국의 도성이었던 궁예성이, 전주에는 후백제의 견훤이 쌓았다는 동고성이, 논산에는 견훤의 무덤이라 전해지는 고분이 있다.

이렇듯 나말여초기에 대한 고고학적 연구는 통일신라고고학, 고려시대고고학과는 차별성이 있는 연구 목적과 방법론이 필요하지만 이러한 점에 착목하여 연구한 성과는 보이지 않는다. 다만 구제 발굴조사 과정에서 축적된 자료를 토대로 기초적인 연구가 진행되고 있을 뿐이다.

지방 호족과 관련된 것으로 여겨지는 건물지와 사찰의 조사, 고려 분묘의 편년과 구조에 대한 연구, 통일신라~고려에 이르는 도기의 형태적 변화와 편년을 추적한 연구 등을 그 성과로 꼽을 수 있다. 하지만 이 외에도 고려 청자의 발생 시점, 인화문토기에서 고려 도기로의 전환, 횡혈식석실분의 소멸과 석곽묘의 대두, 금속제 일상용기와 불구의 유행 등 수많은 연구 과제가 놓여 있는 상황이다.

참고문헌

강인구, 1984, 「신라왕릉의 재검토(1)-나릉진안설과 관련하여」, 『동방학지』 41, 연세대학교 동방학연구소.

국립경주박물관, 2000, 『신라와전』, 국립경주박물관.

국립중앙박물관, 2003, 『통일신라』, 국립중앙박물관.

김길식, 2002, 「한국의 빙고와 상장례」, 『한국고고학보』 47, 한국고고학회.

김성구, 1984, 「통일신라의 와전연구」, 『고고미술』 162·163, 한국미술사학회.

김원용, 1985, 「토기-통일신라-」, 『한국사론』 15, 국사편찬위원회.

김유식, 2006, 「6~8세기 신라기와 연구검토」, 『동악미술사학』 7, 동악미술사학회.

민덕식, 1986, 「신라왕경의 도시설계와 운영에 관한 연구」, 『백산학보』 33, 백산학회.

박달석, 2007, 「통일신라시대 사벌주의 이방제 검토」, 『대동고고』, 대동문화재연구원.

박태우, 1987, 「통일신라시대의 지방도시에 대한 연구」, 『백제연구』 18, 충남대학교 백제연구소.

山本孝文, 2004, 「한반도의 당식과대와 그 역사적 의의」, 『영남고고학』 34, 영남고고학회.

_____, 2006, 「복식자료로 본 통일전후 신라사회의 신분질서」, 『선사와 고대』 21, 한국고대학회.

송기호, 1997, 「사당동요지 출토 명문자료와 통일신라 지방사회」, 『한국사연구』 99, 한국사연구회.

송윤정, 2009, 「통일신라 철제우경구의 특징과 발전양상」, 『한국고고학보』 72, 한국고고학회.

이난영, 1983, 「통일신라의 동제기명에 대하여-안압지출토품을 중심으로-」, 『미술자료』 32, 국립중앙박물관.

이은석, 2004, 「왕경의 성립과 발전」, 『통일신라시대고고학』, 한국고고학회.

장준식, 1998, 『신라 중원경 연구』, 학연문화사.

전덕재, 2009, 『신라왕경의 역사』, 새문사.

정길자, 1980, 「신라 장골용기 연구」, 『한국고고학보』 8, 한국고고학회.

주경미, 2002, 「한국 고대 불사리장엄에 미친 중국의 영향」, 『미술사학연구』 235, 한국미술사학회.

최병현, 1987, 「신라후기양식토기의 성립시론」, 『삼불김원용교수정년퇴임기념논총 I』, 일지사.

_____, 1988, 「신라 석실고분의 연구-경주의 횡혈식석실을 중심으로-」, 『숭실사학』 5, 숭실대학교 사학회.

황인호, 2009, 「신라 왕경의 계획도시화과정 연구」, 『신라사학보』 17, 신라사학회.

홍보식, 2004, 「통일신라토기의 상한과 하한-연구사 검토를 중심으로-」, 『영남고고학』 34, 영남고고학회.

_____, 2007, 「신라의 화장묘 수용과 전개」, 『한국상고사학보』 58, 한국상고사학회.

발 해

I 개관

발해는 698년에 건국되어 통일신라와 남북국을 이루다가 926년에 멸망했다. 그 역사는 선왕의 즉위를 경계로 전기와 후기로 나뉜다. 1대 고왕(高王) 대조영(大祚榮, 698~719)이 당나라로부터 탈출해 와 동모산에 건국했고, 그 뒤를 이은 2대 무왕(武王, 719~737)은 대외정복을 활발히 벌여 영토를 크게 넓혔으며, 3대 문왕(文王, 737~793)은 57년간 재위하면서 내부의 문물제도 마련에 주력했다. 특히 문왕은 국력을 크게 고양시켰으니, 그것은 스스로 불교의 이상적 군주인 전륜성왕(轉輪聖王)을 표방하고, 황상(皇上)이나 조고(詔誥)와 같은 황제 용어를 사용하고, 일본에 보낸 국서에서는 고구려왕들처럼 천손(天孫)을 자칭한 데에서도 드러난다. 최근 용해 고분군에서 발굴된 묘지명을 통해 3대 문왕, 9대 간왕의 배우자가 각각 효의황후(孝懿皇后), 순목황후(順穆皇后)였음이 밝혀졌다. 당시 발해의 왕은 비록 왕이라 했지만 황제와 같은 존재였던 것이다.

문왕이 사망한 뒤로는 내분이 빈번했다. 그러다가 10대 선왕(宣王, 818~830)이 즉위하면서 왕권을 재차 강화하여 중흥을 맞이하게 된다. 그는 요동 방면과 신라 방면으로 영토를 더욱 넓혀서 사방의 국경선과 5경·15부·62주의 행정구역을 확정했다. 9세기 후반이 되면 당나라 과거시험인 빈공과(賓貢科)에서 발해 학생이 신라 학생을 누르고 수석을 차지하는 일이 발생하고, 발해 사신이 당나라 조정에서 신라보다 윗자리에 앉기를 요구한 쟁장사건(爭長事件)이 벌어지기도 했다. 이러한 국운 융성은 당시 당나라 및 통일신라의 쇠퇴와 대비되었으니, 9세기에 당나라로부터 해동성국(海東盛國)이라는 영예를 얻은 배경을 짐작할 수 있다.

발해는 10세기 초부터 쇠퇴하기 시작하여 마침내 거란족[요]의 침공에 무릎을 꿇고 말았다. 멸망 뒤에 일부는 고려에 들어와 한국사에 편입되었으나, 대부분은 현지에 남아 요나라 통치를 받으면서 점차 거란족 등에 흡수되어 갔다. 요나라 지배에 불만을 품은 유민 가운데 일부는 부흥국가를 세우기도 했으나 모두 실패로 돌아갔다. 유민 활동은 12세기 초까지 간헐적으로 등장하다가 사라지고 만다.

발해의 영역은 현재의 만주 동·중부와 연해주 남부, 북한 일대에 걸쳐 있었으며, 그 크기는 통일신라의 4~5배, 고구려의 1.5~2배 정도였다. 정치적·문화적 중심지는 가장 오랜 기간 수도였던 상경(上京)을 포함한 5경(京)지역으로, 그 가운데 함경남도에 있던 남경을 제외하고는 모두 만주 동부지역에 집중되어 있다.

지배층은 고(高) 씨를 위시한 고구려계 인물이 주축이었고, 피지배층은 말갈족이 다수였다. 함경도지역에는 고구려계가 대부분이었던 데 비해서 연해주 일대에는 말갈족이 주로 거주하여 지역적인 차이도 있었다. 대외적으로는 당나라와 가장 활발한 교섭을 전개했고 일본·신라·중앙아시아 지역과도 교류했다. 이에 따라 발해문화에는 고구려와 말갈 및 당나라의 요소가 가장 뚜렷하게 나타나고, 그 밖의 지역에서 유입된 것들이나 발해 독자적인 요소도 발견된다.

상층문화는 초기에 고구려문화가 주축을 이루다가 문물제도가 정비되면서 당나라문화로 변모해가는 경향을 보이는데, 특히 지방제도, 도성제도, 고분양식 등에서 이러한 변화를 뚜렷이 읽을 수 있다. 발해는 8세기 전반기까지 고구려식 지방제도를 채택했으나 그 후 당나라 제도를 수용하면서 부주현제(府州縣制)로 전환했다. 애초 산성에 의지하여 건국했지만 그 다음부터는 당나라 수도를 모방하여 평지성에 도읍했다.

최상위층의 무덤은 초기에 석실분 일색이었으나 점차 당나라 양식의 전실묘를 수용하는 양상을 보인다. 석실분인 정혜공주(貞惠公主, 737~777) 무덤에서 전실묘인 정효공주(貞孝公主, 757~792) 무덤으로의 변화가 이를 잘 반영한다. 정혜공주는 고구려 전통에 따라 3년장을 치렀지만 정효공주는 5월장을 치른 차이도 보인다. 그렇지만 와당의 연판문, 고식의 불상, 외줄 구들에서는 고구려문화가 후기까지 농후하게 남아 있었음을 보여준다. 북방의 외줄 구들은 북옥저에서 발원하여 고구려를 거쳐 발해로 전해졌고, 이후 여진족-만주족으로 계승되었다.

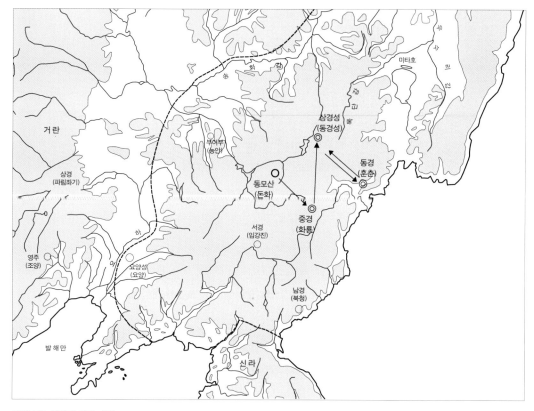

그림 330 영역과 천도 과정

　반면에 기층문화는 말갈문화가 중심이 되었다. 토광묘와 손으로 빚은 황갈색 통형관(筒形罐)이 이 문화를 대표하는데, 발해 중심지보다는 변두리 지역, 특히 연해주 일대에 많이 분포되어 있다.

　한편, 주초장식와(柱礎裝飾瓦), 입체적으로 만들어진 귀면와, 글자가 찍힌 문자기와, 山(산)자형 장식이 달린 머리꽂이, 청동기마인물상 등은 발해 유적에서 독특하게 발견되는 유물들이다. 또 무덤 위에 탑이나 건물을 짓는 묘상건축물(墓上建築物) 축조 풍습도 발해에서 특징적으로 나타난다.

　지방에는 중앙에서 파견된 지방관 아래에 수령을 대표로 하는 말갈집단들이 있었으니, 중앙권력은 지방세력을 완전히 해체하지 못하고 이들 위에 얹혀 있었음을 알 수 있다. 따라서 수령은 통일신라의 지방세력가인 촌주보다 훨씬 독립성을 유지하고 있었다. 지방 유적에서 토착 말갈문화가 압도적인 것도 이 때문이며, 또 이것이 발해가 외침을 받아 쉽게 와해된 원인이 되었다.

II 연구 경향과 쟁점

발해 연구는 중국, 남북한, 러시아, 일본에서 활발히 이루어지고 있다. 영토가 지금의 중국, 북한, 러시아에 걸쳐 있었으므로 고고학적 발굴조사와 연구는 주로 이곳에서 진행되고 있다. 중국과 북한에서는 지표에 드러난 성터나 절터, 고분을 많이 조사한 데 비해서, 러시아에서는 소규모 발굴을 다년간에 걸쳐서 지속적으로 진행하는 방식을 택하기 때문에 주거지 발굴에 강점을 지니고 있다.

발해 유적에 대한 본격적인 발굴은 1933년과 1934년에 상경성(上京城, 과거의 동경성東京城)에서 실시되었고, 그 후 팔련성(八連城), 서고성(西古城)으로 확대되었다. 그 당시의 발굴은 일본인 연구자들이 주도했다. 해방 후에 중국인 연구자의 손으로 처음 발굴한 것이 육정산(六頂山) 고분군으로서, 이때에 정혜공주 무덤이 확인되었다. 그렇지만 본격적인 조사와 발굴은 1980년대부터 이루어졌고, 대상 범위도 성터와 고분에서 절터, 가마터 등으로 확대되었으며, 지역적으로도 5경을 벗어난 지방사회로까지 넓어졌다. 1990년대 이후에 영안 홍준어장(虹鱒魚場) 고분군, 육정산 고분군, 용해 고분군 및 상경성, 서고성, 팔련성에서 대규모 발굴이 이루어졌다.

러시아 연해주에서의 본격적인 조사는 1958년에 코프이토 절터, 1960년에 아브리코스 절터를 발굴하면서 비롯되었으나 그 후로는 금나라 유적 조사에 힘을 기울이면서 한동안 소강상태에 있었다. 1970년대 들어 다시 발해 유적에 관심을 기울였고, 최근에는 한국인 학자와 공동으로 크라스키노 성터, 체르냐찌노 5 고분군 등을 집중적으로 발굴하고 있다. 남한 연구자들이 중국 측 발굴에 참관마저 할 수 없고, 북한의 유적에 접근할 수도 없는 현실이기에, 러시아에서의 공동 발굴은 발해 유적에 대한 일차적 정보를 확보할 수 있다는 점에서 중요한 의미를 지닌다.

북한은 1963~1965년에 중국과 함께 만주의 발해 유적을 공동으로 발굴했으나, 역사적 해석의 충돌로 더 이상 진전되지 못했다. 1980년대 들어서는 함경도 일대의 유적 조사에 힘을 기울여 다수의 유적을 확인했으니, 최근의 발해사 연구는 함경도 지역에서 조사된 자료들에 주로 의존하고 있다. 근래에는 연변대학과 공동으로 청진 부거 고분군을 발굴했다.

한편, 발해는 일본과 외교를 맺어 활발히 왕래했으므로 이에 관한 기록이 일본에 많이 남아 있고, 관련 유물도 때때로 발굴되고 있다. 또 일제시대에 만주에서 발해 유적을 조사하였던 경험도 가지고 있고 근래에 러시아 크라스키노 성터 발굴에도 참여했다. 이러한 이유로 인해 일본에서도 다양한 연구가 이루어지고 있다.

이에 비해서 남한의 연구는 가장 늦게 출발하여 축적된 연구 성과가 적은 편이고, 그나마 문헌연구가 주류를 이룬다. 그렇지만 근래에 들어서 발굴 보고서와 연해주에서의 발굴 자료를 토대로 한 고고학적 연구성과가 발표되기 시작하고 있다.

각국의 연구는 나름대로 특색을 지닌다. 이것은 근본적으로 발해의 성격 규정 및 역사 귀속과 연관되어 있다. 중국과 러시아는 발해를 말갈계 국가로 보는 반면에, 한국과 일본은 고구려계 국가로 여기고 있다. 중국에서는 길림시 일대에 거주했던 속말말갈(粟末靺鞨)족이 주체가 되어 세운 나라로서 독립국가가 아닌 당나라 지방정권이라고 규정한다. 반면에 러시아에서는 자국의 소수민족 역사로 설명한다. 러시아 연구자들이 당나라문화 일변도로 보는 시각을 지양하고 다양한 종족과 문화를 내세우면서 중앙아시아로부터의 요소를 강조하는 것도 이 때문이다. 그럼에도 두 나라 연구자들은 고구려 요소보다는 말갈 요소에 집착하는 공통성을 보인다.

이와 정반대로 북한에서는 발해가 모든 측면에서 고구려를 계승한 나라라고 정의하면서 당나라 및 말갈 요소에 대해서는 전혀 고려하지 않고 있다. 일본에서도 발해를 고구려 계승국으로 보는데, 그것은 문헌 사료에 고구려가 일본의 조공국으로 설명되어 있는 데에 기인한다. 이에 따라 발해도 천황제 질서에 편입된 부용국처럼 이해되는 경향이 보인다.

결과적으로 발해에 대해서는 크게 두 가지 시각이 존재한다. 하나는 말갈문화를 무시하면서 오직 고구려 계승국으로 바라보는 것이고, 다른 하나는 그 반대로 말갈과 발해를 일체화시키면서 고구려를 이들로부터 떼어내려 하는 것이다. 이러한 시각 고정은 역사적 사실을 올바로 파악하는 데에 장애가 된다.

고분 연구에서도 그러한 경향이 확인된다. 발해의 초기 지배자들이 묻혀 있는 육정산 고분군에서는 북한의 주장처럼 고구려 요소만 등장하는 것은 아니다. 석실의 구조나 내외부 시설 등에서 고구려 전통을 강하게 띠고 있지만, 관곽(棺槨)의 사용, 화장이나 다인장(多人葬)의 존재, 2차장 및 짐승뼈 공반과 관련된 매장 습속, 말갈식 토기라고 하는 통형관(筒形罐)이 가장 많은 수를 차지하는 부장품 양상에서 말갈적 요소도 많이 섞여 있다. 따라서 발해의 건국집단에는 고구려 전통은 물론이고 말갈 전통도 상당히 혼입되어 있는 것을 확인할 수 있다.

속말말갈의 중심지인 길림시 일대의 고분 변화 과정도 잘못 해석되고 있다. 중국에서는 통상적으로 속말말갈족이 토광묘를 조영하다가 석축묘(石築墓, 석관·석곽·석실묘)로 이행했다가 발해 건국 뒤에 육정산 고분군 조성 단계로 넘어간 것으로 이해한다. 그래야만 육정산 고분군에서 주류를 이루고 있는 석축묘의 주인공이 속말말갈족이 되고, 그에 따라 속말말갈 주체설이 증명되기 때문이다. 그러나 고고학적 자료만 검토한다면, 오히려 고구려적 특징을 지닌 육정산 고분군의 석축묘가 길림시 일대의 속말말갈족에게 영향을 주면서 토광묘에서 석축묘로 변화된 것으로 보아야 한다. 이렇게 되면 고구려의 석축묘 전통이 육정산 고분군을 거쳐 발해 건국 후에 길림시 일대의 속말말갈족에게도 영향을 끼친 것으로 해석할 수 있다.

결국, 국가적 이해관계를 벗어나 사실 자체를 바라보는 유연한 시각을 가질 때에 발해사를 제대로 규명할 수 있다.

III 유적

1 왕경과 생활유적

발해의 생활유적으로는 성터와 궁궐, 주거지와 건축지 등이 조사되었다.

발해 성터는 크게 평지성과 산성으로 구분된다. 기능에 따라서 중심성과 이를 호위하는 위성(衛城)으로 분류되고, 위성에는 다시 보루·차단성 등이 있다. 축성 재료로 볼 때에 토성·석성·토석혼축성이 있으니, 평지성에는 토성이 다수를 차지하는 데에 비해서 산성에는 석성과 토석혼축성이 많고 그 중에서도 석성이 주류를 이룬다. 평면 형태는 장방형·정방형·부정형 등이 있다.

그렇지만 발굴이 제대로 이루어진 것은 상경성을 비롯하여 팔련성, 서고성과 같은 평지성 몇 개에 불과하다. 상경성은 756년 초에 도읍지가 되면서 가장 오랫동안 수도로 삼았던 곳이고, 서고성은 8세기 전반에 일시로 도읍했던 곳이며, 팔련성은 8

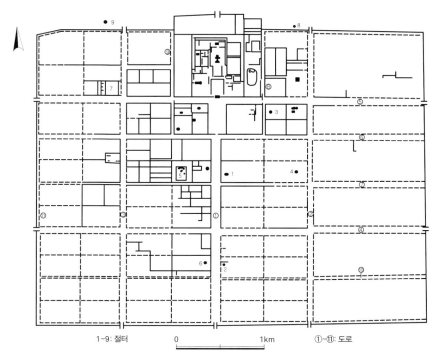

그림 331 영안 상경성 평면도

세기 후반에 10여 년간 도읍했던 곳이다. 그러나 전면 발굴은 이루어지지 않았다. 러시아에서는 노보고르데예프카 성터와 크라스키노 성터가 활발히 조사된 편이다.

　　성터 발굴이 미진하기 때문에 연구도 초보적인 수준에 머물고 있다. 상경성은 몇 차례의 조사를 통하여 성 내부의 구조가 비교적 자세히 확인되었다. 당나라 장안성을 모방하여 외성(外城)·궁성(宮城)·황성(皇城)으로 구성되었다. 외성은 동서로 긴 횡장방형인데 북쪽 벽의 가운데가 밖으로 튀어나와 있어서 전체적으로 凸(철)자형을 이룬다. 외성은 둘레가 16,313m이고, 10개의 성문이 있으며, 성벽 밖으로는 해자를 돌렸다. 내부에는 11개의 도로가 종횡으로 연결되어 도시 전체가 바둑판 모양의 방(坊)을 이룬다. 방은 80여 개로 추정되며, 4개의 방이 한 단위를 이루어 田(전)자 모양을 나타낸다. 이곳에는 일반 주택과 시장, 절이 자리잡고 있었다. 궁성은 북쪽에 치우쳐 있고 4개의 구역으로 나뉜다. 오봉루(五鳳樓)라 불리는 궁성 정문 유적이 남아 있는데, 그 뒤로 이어지는 중심구역에는 5개의 궁전지가 일직선으로 자리잡고 있다. 제4궁전지와 서쪽 구역의 침전지에서는 발달된 구들 시설이 확인되었다. 황성은 궁성 남쪽에 있으며 중앙 관청이 있던 곳이다.

서고성은 외성 둘레가 2720.1m인 종장방형을 이룬다. 내성은 중북부에 위치하며 둘레가 992.8m이다. 내성 궁전구역은 건물 배치에서 상경성 궁성 제3~5궁전 구역과 일치한다. 내성 안에는 동서로 격벽이 설치되어 있어 두 부분으로 나뉘는데, 남쪽 부분에서 회랑으로 연결된 4개의 궁전지가 발굴되었고, 북쪽 부분에서는 1개의 독립된 궁전지가 발굴되었다. 제4궁전지에서는 구들 시설이 확인되었다.

팔련성도 외성 둘레가 2885.4m인 종장방형을 이룬다. 내성은 중북부에 위치하며 남벽은 중간이 안쪽으로 들어가 있는데, 전체 둘레는 1065.6m이다. 전체 구조는 서고성과 유사하다.

성터에 대한 연구에서 가장 관심이 쏠려 있는 부분은 행정체계인 5경·15부·62주의 소재지를 성터와 연결시키는 작업이다. 5경의 비정에는 대체로 의견이 일치되어, 상경은 흑룡강성 영안(寧安) 상경성, 중경은 길림성 화룡(和龍) 서고성, 동경은 길림성 훈춘(琿春) 팔련성, 서경은 길림성 임강(臨江) 일대, 남경은 함경남도 북청 청해토성으로 보고 있다. 또 발해 건국지인 동모산은 돈화(敦化) 성산자(城山子)산성이 지목되고 있다. 5경을 제외한 나머지 10부(府) 가운데 장령부(長嶺府)는 화전(樺甸) 소밀성(蘇密城), 솔빈부(率賓府)는 동녕(東寧) 대성자(大城子)고성으로 비정되고, 주성(州城) 가운데 염주(鹽州)는 크라스키노 성터, 속주(涑州)는 길림시 남성자(南城子)고성, 호주(湖州)는 남호두(南湖頭)고성으로 비정되고 있다.

크라스키노 성터는 다년간에 걸쳐 절터, 우물, 기와로 쌓은 지하창고, 외줄 구들 주거지 등이 발굴되었다. 특히 우물은 고르바트카 성터에서 발굴된 것과 마찬가지로 고구려식으로 쌓았다. 또 성벽 발굴을 통하여 안팎에 돌을 쌓고 그 안에 흙을 채워 넣는 방식을 택한 것을 확인하였다. 서고성에서는 구 지표면을 굴착하고 그 내부를 판축하여 기초부를 만든 후 그 위에 판축성체를 올린 외성의 구조가 드러났다. 외성의 내부에 위치한 내성, 즉 궁장은 구 지표면을 굴착하여 그 내부에 강돌을 깔고 그 위에 판축을 하는 공정을 여러 번 거듭하여 기초부를 튼튼히 하고 그 위에 판축하여 저면 폭 2.65m의 담벽을 올린 점이 확인되었다. 발해에는 영주도, 신라도, 일본도와 같은 5개의 주요 대외교통로가 있었으니 그 선상에 위치하는 성들을 조사하여 구체적인 교통로를 파악하는 연구가 있다. 또 고구려 및 당나라 성과 비교하여 발해가 초기에는 산성 중심의 고구려식 방어체계를 취했다가 점차 당나라 방식인 평지성

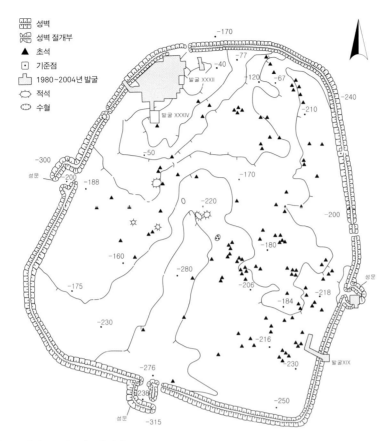

그림 332 연해주 크라스키노성 평면도

성벽
성벽 절개부
초석
기준점
1980~2004년 발굴
적석
수혈

중심의 방어체계로 전환된 것을 밝혀내기도 했다. 그러나 발해 성터의 구체적인 연대에 대한 연구는 미흡한 편이다.

주거유적으로는 러시아 연해주의 성터 안팎에서 화덕 자리나 구들[炕]이 딸린 반지하식, 지상식 주거지가 다수 확인되었다. 발해 구들은 ㄱ자형, 두줄 구들이 가장 많은데, 북옥저·고구려 때에는 ㄱ자형, 외줄 구들이 주류였던 점을 감안하면 고래 수가 많아진 것이다. 근래에는 발해 유민이 만든 요나라 때의 외줄 구들이 몽골에서도 발굴되었다.

이 밖에 다락창고터로 보이는 24개의 주춧돌로 구성된 유구가 10여 군데에서 확인되었다. 또 상경성 부근에서는 오공교(五孔橋), 칠공교(七孔橋)와 같은 교량유적도 발견되었다.

그림 333 화룡 서고성 외성 남문지 동측 성벽 단면

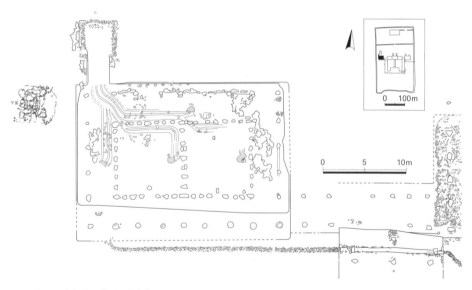

그림 334 화룡 서고성 4호 궁전지

2 생산유적

생산유적으로는 야철지, 가마터 등이 보고되었다. 중경 관할의 철주(鐵州)에 속한 위성현(位城縣, 지금의 무산)은 철의 생산지로 유명했다. 발해가 멸망한 뒤에는 거란이 야철 장인들을 그 중심지로 강제 이주시켜 활용한 기록이 있다. 노보고르데예프카 산성을 조사한 결과, 흙으로 구운 거푸집·도가니·주물용 국자·쇳물 찌꺼기·송풍관 등이 발굴되어 커다란 수공업 중심지였음이 밝혀졌다.

기와나 벽돌을 굽던 가마터는 중국과 북한, 연해주에서 다수 조사되었다. 특히 상경성 부근의 행산(杏山)가마터는 도성 축조에 사용된 벽돌과 기와를 구웠던 곳으로 알려져 있다.

3 고분

중국과 북한에서는 수천 기의 고분이 확인되어 수백 기가 발굴되었다. 이에 비해서 러시아에서는 최근에 와서야 발해 고분들이 확인되었다. 중국에서 발굴된 고분 가운데 특히 주목되는 것으로는 1949년 발굴 당시 묘지가 출토된 육정산 고분군의 정혜공주 무덤과 1980년에 묘지와 벽화가 발견된 용해 고분군의 정효공주 무덤을 들 수 있다.

정혜공주 무덤은 반지하식 대형 석실봉토분으로서 묘도, 연도, 현실로 구성되었고, 현실 지붕은 고구려 고분에서 일반적으로 보이는 말각조정식이다. 봉토에서는 다수의 기와가 발견되었다. 여동생인 정효공주의 무덤은 당나라 고분과 유사한 지하식 전실묘로서 계단식 묘도, 석문, 연도, 현실로 구성되었다. 현실 천정은 고구려 양식을 따라 평행고임을 한 뒤에 큰 판석으로 덮었다. 무덤 위에는 전탑을 쌓았다.

용해 고분군에서는 2004년과 2005년에 14기의 왕실 무덤이 발굴되었는데, 여기서 황후 묘지 2점과 함께 고구려 조우관의 전통을 보여주는 금제 관장식도 발굴되었다.

이 밖에 중요한 유적으로는 순금제 부장품이 출토된 화룡 하남둔(河南屯) 고분, 삼채(三彩) 도기가 발견된 화룡 북대(北大) 고분군, 탑장(塔葬)의 실체를 보여주는 훈춘 마적달(馬滴達) 고분, 지방세력의 실상을 반영하는 안도(安圖) 동청(東淸) 고분군, 벽화와 다인장을 보여주는 왕실 무덤인 영안 삼릉둔(三陵屯) 고분군, 대규모 발굴을 통하여 324기의 고분과 함께 제단 7기, 주거지 1기, 유물 2천여 점이 조사되어 다양한 고분 유형과 매장 습속을 확인할 수 있는 영안 홍준어장 고분군 등이 있다. 북한

그림 335 돈화 육정산 정효공주묘 투시도와 현실 벽화

에서는 북청 평리 고분군, 화대 정문리 창덕 고분군, 화대 송동리 송동부락 고분군, 청진 부거리 고분군에서 다수의 고분이 발굴되었다. 특히 화대 금성리 고분군에서는 인물과 꽃이 그려진 벽화고분 1기가 2004년에 조사되었다. 러시아에서는 1997년에 체르냐찌노 5 고분군이 발견된 이래 2006년까지 155기가 발굴되었는데, 토광묘가 절대 다수를 차지하면서 일부 석실묘가 섞여 있는 양상을 보여준다.

발해 고분은 축조 재료에 따라 토광묘, 석축묘, 전실묘로 대별된다. 석축묘에는

그림 336
화룡 용해 M14호분
출토 금제관식

석실묘, 석곽묘, 석관묘가 모두 포함된다. 토광묘-석축묘-전실묘 순서로 출현하며, 토광묘는 말갈, 석축묘는 고구려, 전실묘는 당나라의 전통을 반영한다. 중심지에서는 석실묘와 석곽묘가 중심을 이루고 토광묘와 전실묘가 극히 적다는 점에서 고구려 전통이 지배적이었음을 확인할 수 있다.

상경성의 서북편에 형성된 홍준어장 고분군에서는 323기에 달하는 발해 고분이 발굴조사되었다. 구조적으로도 다양한 묘제가 포함되어 있어서 발해 고분군을 이해하는 데에 표준적인 유적이라고 할 수 있다. 대개 봉토를 갖추고 있었는데 재료와 구조에 따라 전실묘, 횡혈식석실분, 수혈식석곽묘, 석관묘 등으로 나뉜다. 수적으로 다수를 점하는 것은 횡혈식석실분으로서 현실의 평면은 방형과 장방형이 공존하며 연도의 위치는 중앙연도식과 편재식이 섞여 있다. 규모나 출토 유물 면에서 전실묘의 위상이 가장 높고 그 다음이 횡혈식석실분, 그 다음이 석곽묘와 석관묘로 추정된다. 하나의 매장주체에 다수의 시신이 매장된 추가장의 형태를 띠고 있으며 부장품은 토기 몇 점과 당식과대를 위주로 한 장신구에 가랑비녀나 팔찌, 반지 등이 추가되는 정도이다.

그림 337 영안 홍준어장 고분군: 전실묘(좌상), 횡혈식석실 군집(우상), 횡혈식석실(좌하), 수혈식석곽묘(우하)

그림 338 연해주 체르냐찌노 5 고분군

이 밖에 묘상건축물의 존재, 단인장(單人葬)·2인합장(二人合葬)·다인합장(多人合葬)이나 1차장·2차장, 그리고 화장과 같은 매장 방식의 성격에 대한 연구도 있다.

이러한 묘제 및 장제와 함께 무엇보다 중요한 것은 고분 벽화이다. 특히 정효공주 무덤에 그려진 12명의 인물도, 삼릉둔 2호묘 및 금성리 고분에서 발견된 인물도 및 꽃 그림은 발해 회화를 이해하는 데에 귀중한 자료이다. 중국에서 발표된 글은 대체로 벽화 내용이나 벽화 기법을 기술하는 데에 그치고 있지만, 국내에서는 발해 복식을 복원한 글도 발표되었다.

4 불교유적

불교유적으로는 절터와 탑터가 있다. 대표적인 절터로서 상경성 1호·2호·9호 절터, 함경남도 신포시 오매리 절터, 연해주 코프이토 절터·아브리코스 절터·크라스키노 성터 안의 절터 등을 손꼽을 수 있다. 특히 상경성 2호 절터에는 석등과 석불이 온존해 있고, 오매리 절터에서는 고구려 때에 만들어진 명문 금동판(金銅板)이 발견되었다.

탑터로는 정효공주 무덤탑, 마적달탑(馬滴達塔), 영광탑(靈光塔) 3기를 지목할 수

그림 339 신포 오매리 절터

있는데, 모두 전탑이다. 무덤 위에 세운 무덤탑으로서 묘상건축물의 전통을 계승하고 있다. 영광탑은 7층 높이로 현재까지도 그대로 남아 있다. 이 밖에 절터 안에서 조사된 탑터도 있다.

IV 유물

1 금속공예품

금속공예품은 철제가 가장 많다. 기능에 따라 분류하면 그릇·가위·자물쇠·삽·낫 등과 같은 일상용품들, 투구·찰갑·창·화살촉 등과 같은 무구와 무기류, 풍탁과 같이 절에서 사용하던 것들로 나뉜다. 구리로 만든 제품에는 불상·거울·못·팔찌 등이 있는데 도금한 것도 많다.

금제 장신구로는 화룡 하남둔에서 발견된 허리띠와 귀걸이·팔찌·꽃 장식 등이 대표적이다. 발해 유적에서 발견되는 과대는 대부분 당식과대라고 불리는 것이어서 과판(銙板)의 형태는 당, 신라, 일본 등 주변국과 마찬가지로 손톱 모양과 방형이며 재질은 청동과 철이다. 그런데 그 중에는 과판에 작은 구멍이 많이 뚫린 것이 있는데 특히 연해주 일대에서 많이 발견되어 발해 유물의 특징을 보여준다.

영안 홍준어장 고분군에서는 장방형의 청동제 패식이 많이 발견되었다. 위와 아래에는 연주문이 달리고 상반부에 장방형의 투공을 배치하였으며 주위에 다양한 형태의 문양을 새긴 특이한 것이다. 한편 연해주 크라스키노 성터 부근의 강가에서 발견된 청동용(靑銅俑)은 발해인의 얼굴과 의상을 연구하는 중요한 자료가 된다. 청동으로 만든 기마인물상이나 연해주지역에서 주로 발견되는 작은 소형 장식물도 특징적이다.

2 토기

발해인들이 주로 사용한 그릇은 토기이며 유약을 바른 도기와 자기도 일부 사용하였다. 이들은 세 가지로 대별된다.

그림 340 토기 각종: 1·2·4~7·11·12·15·16·20. 영안 홍준어장 고분군, 3·8~10·13·14·19·22·23. 영안 상경성, 17·18·21. 돈화 육정산 고분군

　　첫째는 태토가 거칠고 모래가 많이 섞여 있으며, 홍갈색·회갈색·황갈색 등 산화염 소성된 부류이다. 이들은 주로 말갈계 토기들이고, 이른 시기에 많이 보인다. 기종별로는 깊이가 깊은 관(罐)이 압도적인 다수를 점하고 여기에 약간의 뚜껑과 완

그림 341 도자기 각종: 1·2. 영안 상경성 제2궁전지, 3. 영안 삼릉둔

등이 더해진다.

둘째는 태토가 정선되며 물레를 사용하여 성형하고 환원염 소성되어 회색을 띠는 부류이다. 이들은 주로 고구려계 토기이다. 표면에는 다양한 문양을 누르고, 찍고, 새기고, 덧붙여 장식했으며, 일부에는 글자를 새기거나 찍었다. 이들은 중·후기에 많이 보인다.

셋째는 유약을 바른 도기로서, 구운 온도가 높고 바탕이 희고 단단하다. 유약으로 삼채를 즐겨 사용했는데, 이를 생활 용기로 많이 사용한 것은 통일신라가 장례용으로 녹유를 많이 사용한 것과 대비된다. 화룡 북대(北大) 고분군에서 삼채 도기, 화룡 석국(石國) 고분에서는 삼채 도용, 삼릉둔 4호묘에서는 삼채 향로가 각각 발굴되었다. 자기는 수량이 아주 적은데, 상경성에서 출토된 것으로 백자완(白磁碗)과 자색관(紫色罐) 등을 들 수 있다.

이상의 도자기는 세 가지 계통을 반영한다. 첫째는 말갈 전통을 담고 있는 것으로서 입술이 두 겹이고 몸통이 긴 통형관이 대표적이다. 이러한 계통의 단지에는 일반적으로 톱날 같은 융기문이 덧붙여져 있다. 둘째는 고구려 풍격을 지닌 것으로서 상경성에서 발견된 입이 나팔처럼 벌어지고 몸통에 가로띠 손잡이가 달린 병이 여기에 속한다. 마지막으로 삼채 그릇은 당에서 유래된 것이다.

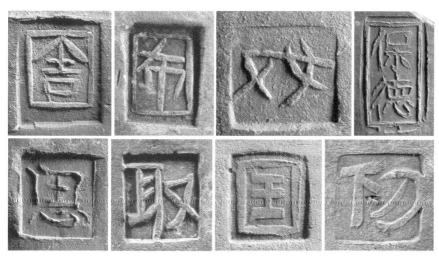

그림 342 기와에 나타난 글자

3 기와와 전돌

발해 기와에는 암키와·수키와·치미·귀면와·주초장식와 등이 있다. 유약을 바른 것과 바르지 않은 것이 있는데 유약은 녹유가 대부분이고 자색 유약도 일부 있다. 유약을 바르지 않은 것은 대부분 회색이다. 암키와의 겉면에는 새끼줄무늬 등이 남아 있고, 안쪽에는 포목흔이 많으며, 가장자리에는 손가락으로 누른 무늬나 연주문 또는 톱날무늬가 특징적으로 나타난다.

와당의 문양은 연꽃잎이 주종을 이룬다는 점에서 고구려 계승성을 강하게 나타낸다. 그렇지만 세부적인 면에서는 고구려 와당에서 보이지 않는 점도 많다. 연꽃잎은 6개짜리가 기본을 이루며, 연꽃잎 사이에는 十자·달 문양이나 문자 등이 배치된 경우가 많다. 연해주 코르사코프카 절터에서 출토된 것에는 연꽃잎 사이에 봉황새가 부조되어 있다.

발해 기와에는 문자를 찍거나 새긴 것이 다수 발견되어 주목된다. 이들은 주로 상경성·팔련성·서고성에서 출토된 것들로서, 문자 종류는 250종 이상이다. 주로 한 가지 글자를 찍거나 새긴 것들이다. 주변국에서는 이 시기에 문자기와가 별로 발견되지 않아서 발해문화의 한 특색을 이룬다.

지붕 용마루에 장식하는 치미는 상경성·서고성·연해주 아브리코스 절터 등에

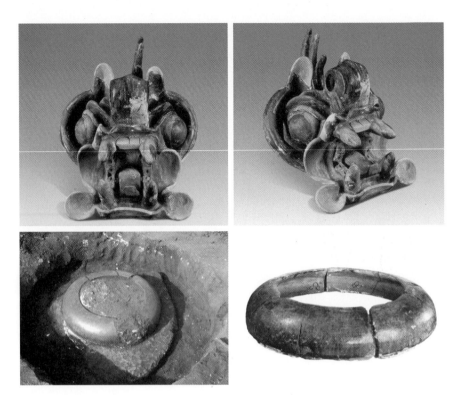

그림 343 영안 상경성 귀면와(상)와 주초장식(하)

서 발견되었다. 상경성 제1절터에서 출토된 것을 예로 들면, 길이 97cm이고 높이 87cm로서 표면에 엷은 녹유를 칠하였다. 귀면와는 상경성·서고성 등지에서 발견되었다. 기본 형태는 커다란 눈망울을 부라리고 있고, 입을 크게 벌려서 기다란 혓바닥과 툭 튀어나온 이빨이 드러나 있다. 코는 입 위에 뭉툭하게 만들어져 있고, 귀는 큰 고리처럼 표현되어 있으며, 뒤쪽으로 뿔처럼 생긴 갈기가 돋아 있다. 입체적으로 표현되어 있는 점에서 통일신라를 비롯한 삼국 귀면와와 다른 발해적인 특징을 보여준다. 주초장식와는 발해에서 독특하게 발견된다. 커다란 고리 모양을 하여 기둥과 주춧돌이 만나는 부분을 씌워서 기둥이 썩는 것을 방지했다. 몇 개 조각으로 나뉘어 조립식으로 되어 있다. 겉에 연꽃잎을 새기기도 하였고, 녹유를 바른 것이 많다.

바닥에 깔기 위해서 만든 방형 또는 장방형 전돌에는 보상화무늬나 인동무늬가 장식된 것이 있는데, 통일신라 전돌과 유사하지만 세련미는 떨어진다.

그림 344 불상 각종: 1·2. 영안 상경성, 3. 혼춘 팔련성

4 불상과 조각품

조각품으로는 불상이 대표적이다. 재료에 따라 전불·금불·금동불·석불·철불·소조불·칠불 등으로 나뉜다. 불상들은 고구려 영향을 고수하여 고식을 강하게 띠고 있는 것이 많지만, 당나라의 영향을 받아 조성된 아미타정인의 소조불, 연화화생을 상징한 동자상, 팔이 여러 개 달린 변화관음상 등도 발견된다.

가장 대표적인 것은 틀에 찍어서 구워 만든 전불로서 상경과 동경에서 다량 출토되었고, 연해주의 아브리코스 절터에서도 발견되었다. 전불은 중국이나 일본에서도 사용되지만 발해 것이 둥글고 입체적이라는 점에서 차이가 난다. 오히려 고구려 원오리 절터에서 출토된 것과 비슷해서 고구려 전통을 계승한 것임을 확인할 수 있다.

금불이나 금동불은 제단에 꽂기 위해서 아래쪽에 짧은 막대가 달려 있어 발해 불상의 특색을 드러낸다.

석불로서는 상경성 안의 흥륭사(興隆寺)에 안치된 것이 가장 규모가 크지만 많이 변형되어 있다. 일본 오하라(大原)미술관에는 〈咸和四年(함화4년)〉명의 비상형(碑像形) 오존상(五尊像)이 소장되어 있다.

상경지역에는 관음보살상이 주류를 이루는 데에 비해서 서경과 농성 지역에는

그림 345 화룡 정혜공주묘 돌사자상(좌)과 영안 상경성 제2절터 석등(우)

석가모니불과 다보불을 병좌시킨 이불병좌상(二佛竝坐像)이 많이 발견되어 지역적 특색도 엿볼 수 있다. 이와 같은 차이는 각각 과거 고구려 외지와 내지였던 데에서 원인을 찾을 수 있다. 관음보살입상 가운데에는 서 있는 자세로 생각에 잠겨 있는 독특한 사유상이 보이고, 이불병좌상의 세부 양식에서도 발해 고유의 특징이 드러난다.

이 밖에 상경성 토대자(土臺子)에서 발견된 사리함도 주목된다. 여러 겹으로 된 이 사리함에는 사천왕상이 새겨진 방형의 은합(銀盒)이 들어 있었다.

조각품으로는 석등, 석사자상(石獅子像), 귀부, 그릇 다리 장식물, 묘지석 등이 있다. 상경성 2호 절터에 현무암으로 만든 높이 6m의 거대한 석등이 원래의 모습을 간직한 채 남아 있어 발해문화의 표상이 되고 있다. 정혜공주 무덤 등에서는 무덤을 지키던 석사자상이 출토되었다.

이 밖에 발해 사신 이거정(李居正)이 일본에 전해준 다라니경이 현재 일본 시가 (滋賀) 이시야마데라(石山寺)에 전해지고 있다. 또 발해 사신과 관련된 고문서들이 일본에 전해지고, 발해 사신의 활동을 보여주는 목간 등의 유물도 일본 유적에서 종종 발굴되고 있다.

참고문헌

고구려연구재단, 2006, 『2005년도 러시아 연해주 크라스키노성 발굴 보고서』, 고구려연구재단.

국립문화재연구소, 2006, 『한·러 공동발굴특별전 아무르·연해주의 신비』〈특별전 도록〉, 국립문화재연구소.

국립문화재연구소·러시아과학원 극동지부 역사학고고학민속학연구소, 2006·2007, 『연해주의 문화유적 I·II』, 국립문화재연구소.

김종혁, 2002, 『동해안 일대의 발해 유적에 대한 연구』, 중심.

동북아역사재단 등, 2007, 『2006년도 러시아 연해주 크라스키노 성 발굴보고서』, 동북아역사재단.

문명대 외, 2004, 『러시아 연해주 크라스키노 발해 사원지 발굴 보고서』, 고구려연구재단.

V.I. 볼딘·E.I. 겔만, 2005, 『2004년도 러시아 연해주 발해유적 발굴 보고서』, 고구려연구재단.

서울대학교박물관·동경대학문학부, 2003, 『해동성국 발해』〈특별전 도록〉, 서울대학교 박물관.

송기호, 1998, 「육정산 고분군의 성격과 발해 건국집단」, 『산운사학』 8, 고려학술문화재단.

_____, 2006, 『한국 고대의 온돌: 북옥저, 고구려, 발해』, 서울대학교 출판부.

에.베. 샤브꾸노프 엮음, 송기호·정석배 옮김, 1996, 『러시아 연해주와 발해 역사』, 대우학술총서 번역 97, 민음사.

연해주 문화유적 조사단 편, 1999, 『연해주에 남아 있는 발해』, 고구려학술문화재단.

원호식 편, 1994, 『러시아 연해주 발해유적』, 대륙연구소.

정석배·Yu.G. 니끼친, 2007, 「체르냐찌노 5 발해고분군의 고분유형과 출토유물」, 『고구려연구』 26, 고구려연구회.

주영헌, 1971, 『발해문화』, 사회과학출판사.

편찬위원회, 1991, 『조선유적유물도감』 8 발해편, 평양, 외국문종합출판사.

한국전통문화학교 외, 2005·2006·2007·2009, 『연해주 체르냐찌노 5 발해고분군(I~IV)』, 한국전통문화학교.

부록

중근세 고고학의 현황과 전망

I 서론

언론 보도를 통해 널리 소개된 사실이지만, 최근 서울에서는 세종로의 포장도로 아래에서 기억에서 사라진 전찻길과 조선시대 도로 유구가 발견되어 화제가 된 바 있으며, 동대문 운동장터에서도 훈련도감이 폐쇄되고 서울 성곽이 훼손되며 운동장이 들어서기까지 20세기 초의 여러 변화를 말해주는 물증이 발견되었다. 이러한 유구는 비단 서울뿐만 아니라 도시화가 진행된 모든 곳에서 발견될 것이며, 나아가 내륙에서뿐만 아니라 항포구 주변의 매립지나 바닷속에서도 발견될 것이다.

고려, 조선에서 근현대에 이르는 지난 천여 년에 대해 고고학계가 본격적으로 관심을 기울이기 시작한 것은 1990년대 말부터이다. 광복 이후 국립박물관이 독자적으로 실시한 첫 발굴이 개성 근처의 고려 무덤이었음에도 불구하고, 인적 자원의 한계 때문에 고고학 연구의 하한은 암묵적으로 통일신라까지라고 여겨져 왔던 경향이 있었다. 따라서 비록 관심이 없었던 것은 아니지만 고려 이후의 시기에 대한 체계적인 고고학적 조사·연구는 드문 편이었다. 1960년대 이후 비록 절터나 가마터를 중심으로 적잖은 수의 고려와 조선 시대 유적이 조사되긴 했지만, 많은 경우 유적 조사는 치밀한 고고학적 조사였다기보다는 건축사나 도자사 자료 수집을 위해서 혹은 사적지 복원을 위한 부수적 사업으로서 이루어지곤 했다.

그렇지만 1990년대부터 개발에 앞서 유적조사가 제도적으로 정착되며, 대규모 개발지에서 고려 이후 시기의 유적이 속속 알려짐과 더불어 고고학계의 관심도 자연스럽게 커지게 되었다. 이러한 관심은 2000년대에 들어 서울 사대문 내 재개발사

업지구에서 조선시대의 생활사와 문화상을 말해주는 유적과 유구가 속속 발견되면서 더욱 커지게 되었다. 그 결과, 고려에서 조선을 거쳐 대한민국 수립기에 이르는 지난 1000년의 시기에 대한 고고학적 연구의 중요성은 이제 누구도 부정할 수 없게 되었다.

그러나 근대는 물론이려니와 조선과 고려 시대의 유적과 유물에 대한 관심은 아직도 그 이전 시기에 비해 상대적으로 적은 편이며, 연구도 그리 활성화되지 못한 형편이다. 이러한 사정은 이 시기의 고고학적 연구를 지칭하는 용어가 아직 정착하지 못했음에서 잘 드러나고 있다. 즉, 고려 이후 시기의 고고 자료에 대한 연구를 가리켜 중세고고학이라고 부르는 경우도 있으며, 사대문 안에서 속속 드러나고 있는 조선시대에서 근대에 이르는 각종 유구에 대한 연구는 도시고고학이라고 규정할 수도 있겠지만, 이러한 용어는 아직 정착되지 않았으며 용어의 개념적 정의도 공개적으로 논의되지 못한 형편이다. 또한 막대한 자료가 발견되고 있음에도 불구하고, 연구는 아직 자료 정리 수준에서 크게 벗어나지 못하고 있으며 그러한 정리도 무덤이나 집자리같이 비교적 정리가 손쉬운 자료들에 집중되고 있다.

2010년 8월 현재, 단행본으로 간행된 고려 이후 시기의 유적발굴보고서는 1200권을 넘는다. 그러한 보고 중에서 양적으로 다수를 차지하는 것은 건물지와 무덤에 대한 조사결과이지만, 발간된 보고서에는 생각할 수 있는 모든 자료가 망라되어 있다. 따라서 이 시기의 고고학적 연구는 고려 황성이나 조선 한양 도성에 대한 도시건축학적 관심과도 같은 거시적 연구에서 시작해 개별 유적에서 발견된 유물 하나하나에 이르기까지, 연구의 시공적 스케일이나 연구대상 자료의 성격에 있어서 워낙 다양한 자료만큼이나 다양한 연구가 가능하다.

앞으로 이러한 다양한 연구가 활발히 이루어지기를 기원하며, 여기에서는 고려와 조선 시대의 연구 현황을 개괄적으로 살펴보고자 한다. 편의를 위해 서술은 궁궐과 도성이나 관아, 관방유적 혹은 주거지를 비롯한 건축물 관련 분야, 도요지나 제철유적 같은 생산유적 분야, 왕릉을 포함한 장제와 무덤 분야 및 절터나 제사유적 같은 신앙유적 분야로 나누어 살펴보도록 하겠다.

II 고려

1 궁궐·도성·관아 및 관방유적

개성의 고려 궁성은 고려 황성(皇城)의 중심지였으나, 1361년 불에 타 폐허가 되었다. 일명 만월대(滿月臺)로 불리는 이 궁성지는 북한 학계가 조사한 바 있으며, 근래에는 남북한 공동조사도 이루어졌다. 궁성지가 전면적으로 발굴된 것은 아니지만, 이러한 조사에서는 고려 궁성의 전모를 파악하는 데 필요한 자료를 어느 정도 확보할 수 있게 되었다.

궁성은 송악산 남쪽 기슭에 축대를 쌓고 만들었으며, 내전, 외전, 침전(寢殿)의 세 구역으로 조성되었다. 건물들은 조선 왕궁과 비교할 때 상대적으로 무질서한 느낌을 주도록 배치되었다. 궁성 외곽에서는 만월교, 임천각(臨川閣)과 법운사(法雲寺) 같은 부속 유구와 건물지도 발굴되었으며, 수많은 기와와 잡상 및 도자기류가 수습되었다. 그러나 궁성 밖의 황성 일대와 황성을 에워싼 나성 안팎을 포함한 개경의 면모가 어떤가에 대해서는 아직 그다지 알려진 바 없다.

그림 346 개성 만월대

그림 347 강화 전 고려궁지

　　몽고항쟁기의 수도였던 강화도의 고려궁지에서도 당대의 건물지가 청자를 비롯한 각종 유물과 함께 발견되었다. 그렇지만, 17세기 청(淸)의 강요로 파괴되기 이전까지 유지되던 성곽 등의 방어체제를 비롯한 강도(江都)의 전모에 대한 조사는 앞으로의 과제이다.

　　고려시대의 관아지 혹은 읍성지로서 분명하게 확인된 사례도 아직은 불분명한데, 개경을 제외한 5도 12목 치소의 정확한 위치나 관련 유적은 파악되지 않고 있다. 다만, 양주 관아지나 하남 교산동 혹은 광주 읍성지에서 발견된 고려시대 유구는 그 위치나 후대 유구와의 관계를 생각할 때 지방행정 거점일 가능성이 크다. 또 파주 혜음원지에서는 고려시대 역원 유구가 조사되었다.

　　고려 말 왜구가 발호하기 전까지 고려는 북방으로부터의 침략에 대비해야 했기 때문인 듯, 남한지역에서 고려시대에 새로 쌓은 성곽이나 요새 유적이 발견된 사

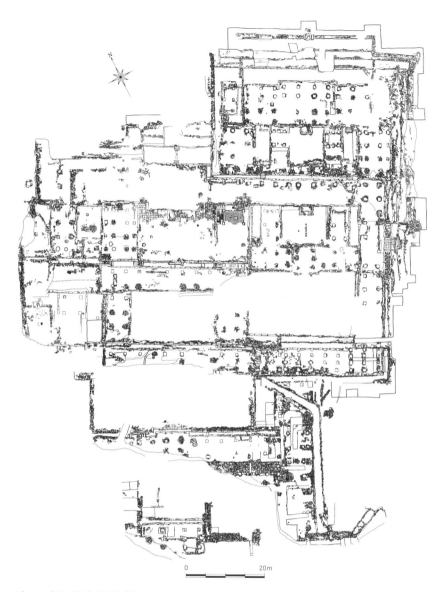

그림 348 파주 혜음원지 유구배치도

례는 뚜렷하지 않다. 그러나 당대의 주요 정치, 행정 중심지 주변의 삼국시대 초축 산성에서는 고려시대 토기나 와편이 심심찮게 발견되고 있어, 고려시대에도 그러한 시설이 계속 사용되었음을 말해준다.

그림 349 대전 상대동 유적: 대형 건물지군(상), 연못터(좌하), 도로 유구(우하)

2 생활유적

지상건물이나 움집을 비롯해, 고려시대의 주거지 혹은 생활유적은 최근 발견 사례가 부쩍 늘고 있다. 기단이나 초석이 남아 있는 지상건물지가 많이 발견되며, 수도권과 대전지역, 영남권을 중심으로 모두 30곳 내외의 관련 유적 조사가 보고되었다. 건물지 조사는 그 특성상 주로 건물의 구조적 특징 파악에 치중해 이루어지고 있으나, 영동 계산리에서 조사된 건물지는 출토 유물과 명문을 통해 지방 호족의 거소로 추정되었다. 최근 대전 상대동에서는 도로를 따라 많은 건물이 배치된 고려시대의 거리와 연못터, 담으로 둘러싸인 대규모 건물군이 발견되어 고려시대 지방도시의 거리와 관아터이거나 또는 장원(莊園)의 면모를 보여주는 자료라 여겨지고 있다. 이 외에도 김천, 경주 등지에서는 고려시대 도로유적이 조사되기도 했다.

3 분묘

공민왕릉은 고려시대 왕릉으로서 정식 조사가 이루어진 사례로, 무덤이 도굴되긴 했지만 약간의 유물과 함께 벽화가 발견되었다. 강화도에서도 석릉(碩陵), 가릉(嘉陵), 곤릉(坤陵) 같은 몽고항쟁기의 왕릉급 무덤이 조사되었으며, 능내리 석실분과 더불어 모두 석실분이다.

그림 350 개성 공민왕릉(상), 강화 곤릉(중)과 장릉 출토품(하)

그림 351 진안 수천리 고려 고분군(좌)과 22호 석곽묘(우)

일반인의 무덤으로는 석곽묘와 토광묘가 있다. 고려 묘제의 전반적 성격에 대해서는 큰 이견이 없으며, 석곽묘와 토광묘는 각각 상위와 하위 계층의 무덤이라 여겨지고 있다. 고려시대의 특징적 무덤인 석곽묘는 전국에 걸쳐 다양한 형식이 발견되며, 거창 둔마리의 사례와도 같이 벽화가 그려진 것도 있다. 고려시대 묘제에 대해서는 지역별 자료를 정리해 전 시대 무덤양식과의 관련성을 모색하거나, 혹은 토광묘의 대두를 비롯한 묘제와 부장품의 변화를 무신란과 몽고침입이라는 12~13세기의 사회상과 연관시켜 설명하려는 시도가 이루어지고 있다. 부장품에 대한 연구로서는 무덤에서 나온 중국 동전 분석을 통해 피장자의 계층을 추정하거나, 묘제에 따른 청자의 부장 양상을 분석하거나 혹은 금속공예품에 대한 공예사적 검토가 이루어지고 있다.

4 생산유적

일제강점기부터 간헐적으로 이루어진 고려 자기가마터에 대한 조사는 미술사 연구를 위한 자료 확보를 목적으로 실시되어, 층위나 가마의 구조에 대한 명확한 판단이 내려진 경우는 찾기 어렵다. 그러나 1980년대부터 나말여초기 유적에서 수입 자기가 발견되고 용인 서리나 여주 중암리 혹은 인천 경서동 같은 곳에서 고려 백자나 녹청자 요지가 알려지기 시작하며, 청자 발생기의 연구는 초기 도요지에 대한 고고학적 조사를 필요로 한다는 인식이 확산되기 시작했다. 이후 청자가마터는 강진이나 해남,

그림 352 청자가마: 시흥 방산동 유적(좌), 여주 중암리 유적(우)

부안같이 고려청자 생산지로 잘 알려진 곳뿐만 아니라 용인, 음성, 진천, 진해 등 각지에서 조사되기 시작해, 2000년대에만도 10여 권의 보고서가 출간되기에 이르렀다.

　이러한 조사를 통해, 자기는 10세기에 들어와 시흥 방산동, 봉산 원산리, 용인 서리에서 보는 바와 같은 벽돌가마에서 먼저 만들어지기 시작하다가, 이어서 강진 등지의 청자 생산 중심지에서 진흙가마를 이용해 본격적으로 생산되기 시작했으며, 곧이어 전국적으로 확산되었음이 확인되었다. 앞으로 가마터 폐기장에서 발견되는 자료의 층위에 따른 연구는 자기 편년에 대한 종래의 미술사적 방법론을 보완할 뿐만 아니라 이를 대체할 주요 연구수단이 될 수 있을 것이라 기대된다.

　최근에는 자기뿐만 아니라 일상생활용기인 도기의 가마터에 대해서도 관심도 커지게 되었다. 이러한 생활도기 생산시설로는 신라시대부터 대규모 가마가 조영된 보령 진죽리, 영암 구림리, 용인 죽전리 유적을 비롯해 이제까지 30곳 정도의 가마터가 1980년대부터 경남과 강원도, 제주도를 제외한 전국 각지에서 보고되었다. 이에 따라 도기와 자기의 형태적 관계나 도기 자체의 형식분류와 편년 및 가마와 제작 기

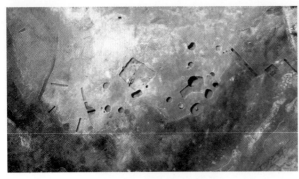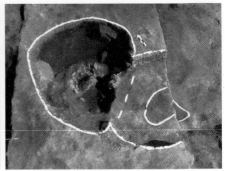

그림 353 충주 노계 야철지 D지구(좌)와 노 하부시설(우)

법의 특징에 대한 검토도 서서히 이루어지고 있다. 고려시대 도기는 대체로 3기 혹은 4기로 편년되고 있으며, 그릇 형태는 실용성을 반영하며 변화한다고 여겨진다.

기와가마터로서는 그간 모두 10여 곳의 조사결과가 보고되었다. 그중에는 부여 정암리와 같이 백제시대 이래 장기간에 걸쳐 조영된 대규모 가마도 있으나, 대다수 유적은 소규모 가마이다. 기와가마에 대한 체계적 연구는 상대적으로 미미하지만, 가마터와 각종 유적에서 워낙 많은 자료가 발견되고 있기 때문에 기와 제작 수법에 대해서는 여러 사항이 알려져 있다. 기와 연구에서는 주로 타날판, 문양, 조정 및 정면 방법, 평면 형태, 윤철흔(輪綴痕)과 같은 제작 방법의 변화를 기준으로 편년을 시도하거나, 명문과 문양 시문 방식의 특징에 대한 검토가 이루어지고 있다.

고려시대의 제철유적은 아직 그 사례가 드문데, 최근 충주 첨단지방산업단지 진입도로 구간에서 조사된 제철유적은 문헌 기록에 보이는 다인 철소로 비정되고 있다. 아직 단편적인 자료만이 알려져 있지만, 노의 형태나 기타 유물을 볼 때 철기 제작 과정은 삼국시대 이래 크게 변화하지 않았던 것으로 보인다. 유리나 금은세공 공방유적은 아직 확실하지 않다.

5 해저유적

1970년대 신안 앞바다에서 중국 원대의 무역선이 발견된 이래 완도, 목포 달리도, 군산 비안도·야미도·십이동파도, 무안 도리포, 안산 대부도 등 서해안 연안 항로를 따라 고려시대의 침몰선 유적이 각지에서 알려지고 있다. 유적에서는 선체와 청자 등의 각종 유물과 더불어, 경우에 따라서는 품목이나 수취인 명문이 쓰인 목간을 비롯해 사회상의 편린을 엿보게 해주는 자료도 발견되고 있다. 이러한 자료는 고려뿐만 아니라 동아시아 전반에 걸친 조선 기술, 항해사, 경제사, 사회사 연구에 자극을 주고 있다. 앞으로 연구는 당대의 선소나 포구를 비롯한 해양유적에 대해서도 확대되어야 할 것이다.

그림 354
신안선(상)과 태안 대섬 유물
매장 상태(하)

그림 355 원주 법천사지 I구역(상)과 남원 실상사 목탑지(하)

6 절터와 제사유적

불교를 국교로 삼은 고려에서는 크고 작은 사찰이 끊임없이 개창되거나 중창되었다. 주요 조사 유적으로는 중원 미륵리 사지를 비롯, 원주 법천사지, 안성 봉업사지, 여주 고달사지, 청주 흥덕사지, 충주 숭선사지, 논산 개태사지, 남원 만복사지, 화순 운주사지, 대구 부인사지, 완도 법화사지, 중원 탑평리 사지, 영암 천황사지 등을 꼽을 수 있다. 이렇게 다년에 걸쳐 조사된 대규모 절터 이 외에도 각지에서는 소규모 유적이 수시로 조사되고 있다. 고려시대 사찰은 전대의 정형화한 가람배치와는 상이한 특징을 보여주고 있는데, 발굴 자료의 축적과 더불어 사찰 구조와 유구의 특징 및 변화와 관계된 불교사상의 배경이나 사회적 의미를 비롯한 보다 종합적인 평가와 연구도 조만간 가능하리라 기대된다.

무속을 비롯한 민간신앙과 관계된 유적으로는 영암 월출산과 통영 안정리에서 조사된 제사유적이 있다. 문헌에 따르자면 월출산 정상에서는 고려시대에 정기적으로 제사를 지냈다고 하며, 뚜렷한 유구는 찾지 못했으나 많은 청자편이 발견되었다. 안정리에서는 언덕 위에서 제사유적으로 보이는 건물지가 확인되었다. 이 외에도 고인돌 아래에서는 종종 자기나 도기 조각 같은 고려시대 유물이 발견되며, 산성이나 건물지에서 더러 발견되는 시대 미상의 토제 혹은 철제 말 중에는 조선시대 것뿐만 아니라 고려시대 것도 포함되어 있을 것인데, 아마도 모두 당대의 민간신앙과 관계될 것이다.

III 조선

1 궁궐·도성·관아 유적

1990년대에 들어와 경복궁을 비롯한 조선 정궁의 복원사업이 진행되며, 경복궁·창경궁·경희궁 등에서는 소멸된 전각지를 비롯해 궁궐의 원 모습을 보여주는 유구가

그림 356 서울 경복궁 소주방지(상)와 창덕궁 어정(하)

발굴을 통해 속속 드러나게 되었다. 또 수원 화성과 광주 남한산성 행궁지도 발굴되었으며, 북한산성에 대한 지표조사도 이루어졌다. 남한산성 행궁지에서는 해당 지점이 이미 신라시대부터 중요한 지방통치 거점이었음을 말해주는 증거가 발견되었다.

　궁궐을 비롯해 관아터나 절터 등의 각종 역사시대 건축 유구와 유적의 조사는

그림 357 서울 세종로 육조거리 도로 단면

그림 358 서울 청계천 광통교(좌상), 남측 교대(우상) 및 모전교 좌안 석축(좌하), 수표교지(우하)

그림 359 서울 동대문 운동장 부지 서울 성벽과 이간수문

주로 공간의 배치와 건물 구조 확인에 그 초점이 맞추어져 왔다. 그러나 2000년대부터 서울에서 이루어진 청계천 복원사업과 각종 재개발사업은 세종로, 종로, 청계천을 따라 육조거리와 피맛골 같은 옛 한양의 면모를 드러내 주었다. 이에 따라 관아, 시전, 도로, 치수시설 등 조선시대의 각종 건물과 시설물 유구의 조사에 고고학 연구자가 본격적으로 참여하기 시작했고, 이로부터 조선시대 한양의 면모를 건축사뿐만 아니라 생활사와 문화사 연구의 측면에서도 이해할 수 있는 다양한 자료가 얻어지고 있다.

그러한 자료로는 육조거리가 있던 세종로에서 14세기에서 20세기에 이르는 도로 변천사를 한눈에 보여주는 증거가 확인되었고, 군기시가 있던 서울 시청 자리에서는 건물지와 더불어 화포류 유물이 발견되었다. 청계천에서는 광통교 자리에서 태종의 명으로 조성된 태조의 계비 신덕왕후 강씨의 초장 정릉에 있던 병풍석과 오간수문처럼 20세기에 들어와 잊혀진 조선시대 유구가 찾아졌다. 또 동대문운동장 터에서는 끊어진 서울성곽과 이간수문, 훈련도감의 하도감(下都監) 유구가 조사되었다.

서울을 벗어난 조선시대의 행정 중심지 중에서 1980년대까지 관아지나 읍성 유적으로서 부분적이나마 조사가 이루어진 곳으로는 동래·해미·고창 읍성 및 태백

그림 360 광주(光州)읍성

산과 전주 사고지(史庫址) 정도가 전부라고 할 수 있다. 그러나 1990년대 말부터 지
방자치단체가 유적 복원에 관심을 갖기 시작하며, 제주목 관아지, 나주읍성, 강원 감
영지, 고양 벽제관지, 고창 무장읍성, 고부 구읍성, 광주읍성 등이 조사되었다. 성곽
을 비롯한 조선시대 관방유적의 발굴은 이러한 조사 과정에서 부수적으로 이루어지
거나 성곽 복원을 위한 기초자료 수집을 위해 실시되고 있다. 한편 각지에서는 그 시
대가 확실치 않지만 아마도 조선시대일 가능성이 높은 토성지가 더러 조사되고 있
는데, 개중에는 조선시대 목마장(牧馬場)도 있다고 짐작된다.

2 생활유적

조선시대의 지상건물 유구로서 궁궐이나 관아, 사찰과 같은 공공건물이 아닌 일반 생

그림 361 서울 종로 시전행랑 추정 유구(상)와 진단구(하)

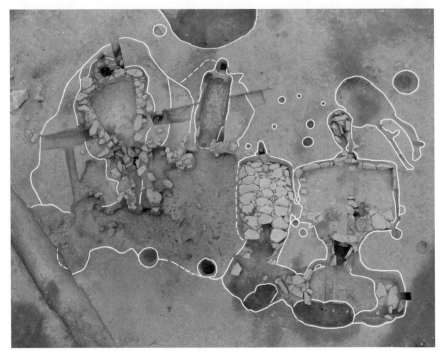

그림 362 원주 월송리 I-B지점 숯가마와 주거지

활유적은 서울시내에서 최근 조사된 사례 이외에는 별다른 자료가 없다. 주로 중인계급이 거주하던 종로구 청진동 일대에서 발굴된 집터와 각종 유구는 토지 경계와 도로 배치가 조선 초 이래 20세기까지 그 골격을 계속 유지한 채 내려왔음을 보여준다. 이런 조사에서는 1412년부터 3년에 걸쳐 종로를 따라 만들어졌다고 하는 육의전 관련 유구도 잘 보존된 채 발견되었는데, 종묘 입구의 시전행랑 유구에서는 15세기 초중반 인화문 분청사기 접시를 비롯한 일련의 진단구가 수습되었다.

서울 이외의 곳에서 발견된 생활유적은 거의 모두 움집으로, 1990년대 후반부터 본격적으로 보고되기 시작했다. 조선시대 움집은 경기도와 충청도를 중심으로 50곳 이상에서 조사되었으며, 구조에 따른 분류, 편년, 온돌이나 기타 유구와의 공반관계를 비롯한 여러 특징이 검토되고 있다. 아직 잠정적이라 할 수 있는 그러한 연구 결과에 따르자면, 움집은 16세기에 구들이 들어서기도 하는 등 모종의 구조적 변화가 일어나며 그 수가 줄어들다 17세기부터 다시 늘어나는 듯한데, 이러한 변화는 화전 금지령이나 임진왜란 같은 당시의 정치사회적 사정과 연관시켜 해석되기도 한다.

3 분묘

조선시대 무덤에 대한 연구는 1990년대까지 거의 이루어지지 않아, 문헌자료를 바탕으로 왕릉 구조를 살피거나 약간의 자료를 통해 토광묘와 회격묘의 성격을 논하는 한두 편의 글과 전 세종대왕 초장지나 서삼릉 태실 조사 정도가 그 전부였다. 그러나 2000년대에 들어와 민간 묘제자료 발견 사례가 급격히 늘어, 김해 구산동 유적을 비롯해 각지에서 크고 작은 유적이 조사되어 일일이 그 내용을 살펴보기 어려울 정도의 보고서가 발간되고 있다. 이에 더해 5천 기에 달하는 무덤이 조사된 서울 은평뉴타운 지구의 발굴 결과가 간행되면 조선시대 묘제에 대해 새로운 차원의 정보를 얻게 될 것이다.

조선 초에는 파주 서곡리, 밀양 고법리, 원주 동화리에서 보는 바와 같이 고려 벽화묘의 전통을 잇는 무덤도 만들어졌다. 그렇지만 조선의 특징적인 묘제는 특히 조선 중기 이후 주자가례가 확산되며 널리 만들어진 회격묘이다. 각지에서 많은 회격묘가 발견됨에 따라, 회격묘에 대한 지역별 검토는 비교적 활발히 이루어지고 있

그림 363 서울 은평 뉴타운 지구 분묘군과 토광묘, 회격묘

다. 그러한 검토로서는 신분, 경제력, 시기, 지방색 등의 여러 요인을 통해 영남지방 회격묘의 특징을 설명하고자 한 시도라던가 경기·충청 지방 묘제의 변화를 임진왜란의 영향을 비롯한 조선 중기 사회 변화의 맥락에서 살피려는 시도가 나오고 있다. 또한 무덤 축조 기술이나 장의 절차에 대한 고찰, 혹은 무덤의 지리적 위치를 비롯한 입지조건과 구조의 상관관계에 대한 검토도 조금씩 이루어지고 있다.

그림 364
밀양 고법리 벽화묘

4 생산유적

조선시대 자기에 대한 연구는 고려시대 자기와 마찬가지로 주로 미술사 연구의 관심 대상이었으며, 1980년대까지 광주 분원을 비롯한 두세 곳의 저명한 요지 유적에 대한 조사를 제외하면 체계적인 발굴조사 사례는 그다지 없었다. 그러나 2000년대에 들어와 각지에서는 조선시대 자기가마가 활발히 조사되고 있다.

분청사기가마로는 전라도와 충청도를 중심으로 광주 충효동, 서산 무장리, 고

홍 운대리, 고창 용산리, 나주 우산리, 곡성 구성리, 장성 추암리를 비롯해 모두 17
곳 정도에서 조사된 요지의 발굴보고서가 간행되었다. 백자가마는 분원이 있던 경
기도 광주지역에서 집중적인 조사가 이루어져, 번천리·선동리·도마리·건업리·우
산리 등지에서 발굴이 이루어졌다. 백자가마는 이외에도 군포 산본동, 성남 금토
동, 시흥 방산동, 안성 화곡리, 원주 귀래리, 보령댐 수몰지구, 서산 무장리, 부여 정
각리, 대전 장안동, 충주 구룡리, 무주 사천리, 무안 피서리, 장성 수옥리·추암리, 고
창 선운리, 장흥 용문리, 나주 대도리, 순천 문길리, 울산 방리, 산청 방목리 등 전국
각지의 40여 곳에서 조사되어 보고서가 간행되었다. 청양 광대리에서는 백자요지 4
기, 도기요지 1기와 함께 공방지 51기, 수비공 22기 등 자기 생산과 관련된 시설 일
체가 발굴되었다. 또 일상생활용기인 도기를 굽던 가마는 하동 고이리, 청도 순지
리, 무안 피서리, 울산 천전리, 나주 우산리, 해남 백야리, 장수 명덕리, 울산 덕현리
등 경상도와 전라도를 중심으로 10여 곳에서 조사되었다. 이러한 자료에 힘입어 평
면 형태, 봉통부와 설창기둥 등 구조를 바탕으로 도자기가마 편년에 대한 탐색이
시작되고 있다.

그림 365 청양 광대리 도요지와 공방지

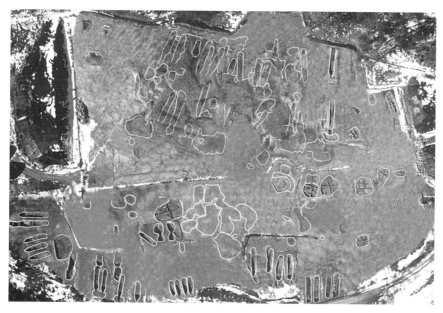

그림 366 공주 운암리 기와가마군

조선시대 기와가마도 전국 각지의 20여 곳에서 발굴 결과가 보고되었다. 기와는 일반적으로 시간에 따른 변화보다 지역성이 강하게 나타나기 때문에, 기와 연구는 한 시대에 국한되어 그 특징을 따지기보다 지역 내에서의 통시적 변화를 다루는 경향이 있다. 그 결과, 경기, 경남, 강원, 울산 등지의 가마 구조와 출토 기와의 형태적 변화상이 어느 정도 정리되었다.

한편, 석회는 조선시대 이래 1970년대까지도 중요한 건축 자재였을 뿐만 아니라, 회격묘를 만드는 데 없어서 안 되는 재료였다. 따라서 이를 굽던 석회가마는 조선 각지에 있었을 것인데 최근 들어 평택 옥길리, 고양 원당동에서 발견된 후 충주, 천안, 보은 등지로 발견 사례가 늘고 있다. 앞으로 좀더 조사되면 회를 굽는 기술적 측면뿐만 아니라 원자재의 조달에서 완

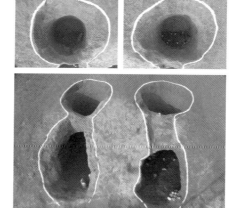

그림 367 충주 동막 석회가마

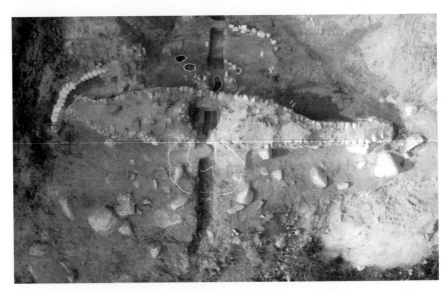

그림 368 경주 외동 모화지 쇠부리터

성품의 유통에 이르기까지의 과정을 이해할 수 있게 해줌으로써 조선시대 경제사의
일면을 보완할 수 있을 것이다.

　　야철유적으로는 울산, 경주, 합천, 고성 등 경상도에서 7~8개소가 보고되었으
며, 전라도와 충청도에서도 한두 곳이 발견되었다. 개별 유적의 양상은 삼국시대 이
래의 수공업적 전통이 변하지 않고 계속되는 모습이며, 아직까지는 유적 조사 현황
과 연구 방향 모색을 논하는 한두 편의 글이 관련 분야 연구의 전부인 셈이다.

5 절터와 제사유적

조선 초에는 크고 작은 불교 사찰이 계속 번성하고 있었으나, 16세기 이후 본격적으
로 시행된 억불정책과 임진왜란으로 많은 절이 폐허가 되었다. 이러한 사정을 반영하
듯, 그 수에 있어서 고려시대에 못잖은 조선시대 절터 발굴보고서가 간행되었다. 조
선시대 사찰유적으로서 특히 중요한 곳은 양주 회암사지이다. 1328년 인도 승려 지
공(指空)이 266칸 규모로 지은 회암사는 1376년 중건되었으며, 태조가 양위한 다음
이 절에서 머무르며 섭정을 펼친 곳으로 유명하다. 여러 해에 걸친 발굴에서는 1565

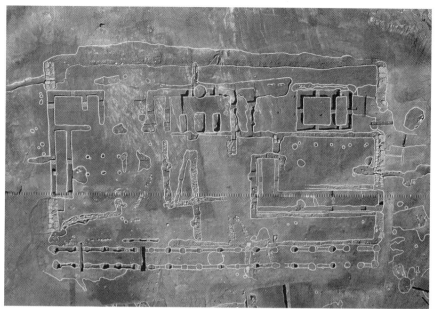

그림 369 화성 태안 3지구 건릉 재실터(상)와 대구 노변동 사직단(하)

년 불에 타 폐허가 되기 전의 모습을 보여주는 각종 유구와 더불어 수많은 유물이 수
습되었다. 회암사 이외의 주요 발굴 유적으로는 북한산 중흥사지, 남한산성 망월사

지, 부안 실상사지, 나주 운흥사지, 영암 도갑사지, 영덕 묘장사지, 영암 월암사지 등을 꼽을 수 있다.

한편, 화성 태안읍 안녕리에서는 정조의 초장지터에서 건릉(健陵)의 구 재실터가 발굴되었다. 국태민안을 빌기 위해 각지에 설치한 국사당은 조선시대 내내 유지되었을 뿐만 아니라 성황당 같은 민간신앙 유적은 마을마다 깔려 있었다. 그런 만큼, 대규모 개발지역에서는 민간신앙 유적일 것이라 의심되는 유구도 더러 보고되고 있다. 이러한 유적은 가시성이 높지 않아 이미 많은 것이 사라졌을 것이지만, 관련 유적에 대해서도 보다 적극적인 관심을 기울일 필요가 있다.

IV 연구의 활성화를 기대하며

현대인의 삶과 가장 가까이 닿아 있는 지난 천여 년의 시간은 21세기 한국인의 모습이 어떻게 만들어졌는가를 아는 데서 가장 중요한 시기라고 할 수 있다. 문헌기록은 기록을 남긴 사람들이 남기고 싶어 했고 보이고 싶어 했던 바에 따라 그 내용이 결정되어 우리에게 전해지지만, 고고학 자료는 사람들의 삶의 모습이 가감 없이 물질적인 증거로서 남는다는 점에서 과거의 모습을 좀더 정확하게 보여줄 수 있다. 문헌자료의 영성함 때문에라도 고려 이후 조선을 거쳐 20세기에 이르는 긴 시간대에 걸친 고고학적 연구는 좀더 적극적으로 이루어져야만 한다. 현대를 살고 있는 우리의 모습을 결정한 이 시기 한국인의 삶의 모습은 국가 차원에서 체계적인 자료 관리와 연구지원 방안이 마련될 때 더욱 잘 이해할 수 있게 될 것이다.

참고문헌

국립해양유물전시관, 2006, 『동아시아 전통선박과 조선기술』, 국립해양유물전시관.

_____, 2006, 『14세기 아시아의 해상교역과 신안해저유물』, 국립해양유물전시관.

김성태·이병훈, 2004, 「사료를 통한 조선시대 수혈주거지의 검토」, 『고고학』 3-2, 서울경기고고학회.

김연수, 2007, 「고려 분묘 출토 금속공예 분석 시고」, 『고고학』 6-1, 서울경기고고학회.

김우림, 2007, 「서울·경기지역의 조선시대 사대부 묘제 연구」, 고려대학교대학원 박사학위논문.

김형순 외, 2000, 「고려 및 조선시대 기와의 물성평가」, 『한국상고사학보』 32, 한국상고사학회.

박순발, 2002, 「영동 계산리 건물지의 성격-중세고고학의 일례」, 『호서고고학』 6·7합집, 호서고고학회.

박형순, 2005, 「조선시대 무덤양식」, 『금강고고』 2, 충청문화재연구원

안병우, 2003, 「중세고고학의 발전과 고려사 연구」, 『역사비평』 64, 역사비평사.

_____, 2007, 「고려시대의 고고학 연구와 역사학」, 『고고학』 6-1, 서울경기고고학회.

유형균, 2006, 「경상지역 고려사원의 특징과 변천」, 『한국상고사학보』 53, 한국상고사학회.

이경복, 2007, 「조선시대 움집과 온돌의 도입」, 『백산학보』 79, 백산학회.

_____, 2008, 「조선시대 움집에 설치된 온돌의 조사법 일사례」, 『호서고고학』 18, 호서고고학회.

이남규, 2005, 「한국 중세고고학의 현황과 과제-경기도의 고려시대 건물지를 중심으로」, 『한국매장문화재조사연구방법론 1』, 국립문화재연구소.

이명엽 외, 2008, 「서울지역 회곽묘 연구-서울 은평·신내동 유적을 중심으로」, 『야외고고학』 5, 한국문화재조사연구기관협회.

이인숙, 2007, 「고려시대 평기와 제작기법의 변천」, 『고고학』 6-1, 서울경기고고학회.

이종민, 2007, 「고려 분묘 출토 도자 연구」, 『호서사학』 46, 호서사학회.

이종수 외, 2008, 「조선시대 호서지역 묘제 일고찰」, 『야외고고학』 5, 한국문화재조사연구기관협회.

임영호·정여선, 2008, 「조선시대 수혈주거지에 대한 연구」, 『야외고고학』 3, 한국문화재조사연구기관협회.

정용화·임성태, 2008, 「완도 해저출토 고려청자의 산지분석 연구」, 『해양문화재』 1, 국립해양유물전시관.

최영희, 2004, 「고려시대 평기와의 속성에 관한 검토-강원지방 출토 유물을 대상으로」, 『강원고고학보』 3, 강원고고학회.

한민수·고경신, 2008, 「미량원소를 이용한 십이동파도 해저출토 고려청자의 생산지 연구」, 『호남고고학보』 28, 호남고고학회.

황대일, 2010, 「울산지역 조선시대 수혈주거지에 대한 소고」, 『영남고고학보』 52, 영남고고학회.